# 목은 이색의 정치사상 연구

도현철(都賢喆)

1962년 충남 논산에서 태어났다. 연세대학교 문과대학 사학과와 같은 학교 대학원에서 문학석사, 문학박사 학위를 받았다. 현재 연세대학교 문과대학 사학과 교수로 있다.

주요 논저

『高麗末 士大夫의 政治思想硏究』, 一潮閣, 1999
「『經濟文鑑』의 典據로 본 鄭道傳의 政治思想」, 『歷史學報』 165, 2000
「高麗末 尹紹宗의 현실인식과 정치활동」, 『東方學志』 131, 2005
「대책문을 통해본 정몽주의 국방 대책과 문무겸용론」, 『한국중세사연구』 26, 2009
「종법의 관점에서 본 고려말 왕권 변동」, 『韓國史學報』 35, 2009
「고려말 사대부의 일본인식과 문화 교류」, 『韓國思想史學』 32, 2009 외.

# 목은 이색의 정치사상 연구

도 현 철 지음

2011년 9월 30일 초판 1쇄 발행

펴낸이 · 오일주
펴낸곳 · 도서출판 혜안
등록번호 · 제22-471호
등록일자 · 1993년 7월 30일

우 121-836 서울시 마포구 서교동 326-26번지 102호
전화 · 3141-3711~2 / 팩시밀리 · 3141-3710
E-Mail hyeanpub@hanmail.net

ISBN 978-89-8494-432-9  93910

값 26,000 원

# 목은 이색의 정치사상 연구

## 도 현 철 지음

혜안

# A Study of Political Thought of Yi Saek

Do, Hyeon-chul

**책머리에**


고려후기 성리학 수용기에는 사회변동과 왕조교체를 둘러싸고, 유학의 체제 유지 논리를 활용하면서 고려왕조를 유지하려던 사대부와 유학의 체제 변혁 이론을 통하여 새로운 왕조를 개창하려던 사대부의 분기가 뚜렷하게 나타난다.

필자는 이러한 두 흐름의 정치적·사상적 맥락을, 전자의 대표적 인물인 이색과 후자의 대표적 인물인 정도전을 중심으로 검토한 바 있다. 성리학을 수용하면서도 왕조의 '유지'와 '개창'이라는 상반된 방향으로 전개되는 원인 분석에 초점을 맞추어 연구를 진행하였다. 그 과정에서 고려후기 사상계의 공통된 기반, 즉 외래의 성리학을 수용하는 자생적 토양으로 작용했던 공유된 문제의식이라는 측면과 함께 이색·정도전 각각의 사상을 원형 그대로 드러내는 연구는 후일의 과제로 미루어 두었다.

최근 『목은집』에 대한 자료적 검토가 진전되어, 시문의 성격과 연대기 정리, 전기 자료에 대한 분석이 이루어졌고, 과거 시험 답안지인 '對策文' 등 『목은집』에 빠진 글들이 속속 발굴되고 보고되었다. 또한 종래 주목하지 않았던 『목은집』 시고를 활용하여 이색 개인은 물론 그를 둘러싼 사회·정치적 사실을 실증적으로 밝히는 연구가 진행되었다. 게다가 사회사·경제사·정치사·사상사 등 각 분야에서 고려후기와 조선초기의 성격을 구명하는 진전된 연구 성과가 제출되면서 이색과 그 주변에 대한 이해도 한층 더

깊어지게 되었다.

이처럼 연구의 폭과 깊이가 다양화·심층화되면서 필자는 기존 연구의 문제의식을 토대로 최신의 연구를 수렴하여 보완하는 작업의 필요성을 절감하였다. 본 연구는 바로 이러한 문제의식에서 출발하여 이색의 정치사상을 실증적·종합적으로 살펴본 결과물이다.

본 연구에서는 이색 사상의 형성과정을 원 유학 생활과 원 제과 응시, 성균관에서의 동류간의 학문적 교류를 주제로 하여, 혈연적·사회적·정치적 측면에서의 인적 네트워크를 중심으로 살펴보고자 하였다. 이와 함께 이색이 사회변동에 대처하기 위하여 성리학의 이론들을 어떻게 활용하고 있는지, 다시 말하면 성리학의 理氣·性情·仁義 등의 핵심 개념이나, 유학의 은둔·출처·윤리 이론들이 그의 정치사상에 활용되고 있는 양상을 구체적으로 살펴보고자 하였다. 그리고 이러한 정치사상이 위화도 회군 이후 급변하는 정국 변동 속에서 이색의 정치활동과 어떤 연관을 맺고 있는지를 분석함으로써, 왕조를 유지하려는 그의 기본적 입장과 정치활동 사이의 유기적 관계를 실증적으로 설명하고자 하였다.

본 연구를 통하여 필자는 종래의 연구 성과를 재확인한 부분도 있고, 새로이 밝혀낸 내용도 있다. 기존의 연구를 통해 확인하였듯이, 이색은 고려의 유교·불교·도교를 종합적으로 이해하고 현실에 활용하려 한 당대 최고의 학자로서의 면모를 보여주었다. 그는 고려의 학문적 전통을 계승하는 가운데 성리학이라는 새로운 유학을 수용하여 인간의 도덕적 본성을 해명하고 유교적 인륜도덕에 누구보다도 충실하였다. 아울러 서연 강의나 대책문을 통하여 성리학적 정치사상과 정책을 제시함으로써 고려왕조를 성리학에 입각해서 유지하려 하였다. 이와 함께 유학의 출처관에 근거하여 자신의 사상과 활동에 일관성 있는 논리를 제시하였음과, 새로 발견된 대책문에 제시된 이민족 대책 속에서 왜구와 분리된 일본 인식을 갖고 이에 대응하고 있었음을 밝힌 것은 새로운 수확이라고 할 수 있겠다.

　본 연구를 통해 앞으로 진행되어야 할 과제도 구상하게 되었다. 과거 시험 대책문의 발견에서 알 수 있듯이, 이색의 저작은 『목은집』 이외에도 다수 존재하고 있다. 각종 족보류나 해외, 특히 일본에는 여전히 『목은집』에 수록되지 않는 이색 관련 자료가 풍부하게 존재하고 있다. 이에 대한 조사와 연구는 무엇보다도 시급한 작업이다. 또한 이색과 대비되는 인물인 정도전의 정치사상을 최근에 발견된 『삼봉집』 초간본에 대한 분석과 『삼봉집』의 전거에 대한 새로운 자료를 기반으로 재조명할 필요가 있다. 아울러 왕조교체를 둘러싸고 이색과 정도전과 달리 제3의 길을 걷는 유학자들의 사상과 행적을 분석하는 것도 향후 중요한 과제가 될 것이다.

　박사학위논문을 출간한 뒤 본 연구를 마무리하는 데 10년이 넘는 시간이 소요되었다. 본 연구를 수행하는 과정에서 많은 분들의 도움을 받았다. 故 이종영, 하현강, 김용섭, 이희덕, 故 김준석, 故 방기중 선생님은 한국

8

역사 그것도 한국 중세의 변동기인 여말선초를 바라보는 역사적 안목과 문제의식의 측면에서 기존의 틀에 안주하지 않도록 끊임없이 경계하고 충고해 주셨다. 연세대학교 사학과의 박영철, 김도형, 최윤오, 김성보, 하일식 선생님은 연구에 매진할 수 있도록 여러 가지 배려를 아끼지 않으셨다. 2001년부터 지속된 한국역사연구회의 고려시대 인물사 연구반 선생님들(박종기, 채웅석, 남동신, 김인호)은 고려시대 연구의 현주소를 성찰할 수 있도록 자극해 주었다. 학부시절부터 인연을 맺어온 윤훈표, 조성을, 이봉규, 서태원, 아사이 요시수미, 안대회, 문중양, 장동우, 정호훈, 조경철, 박진훈 선생님 등은 크고 작은 일들의 의논 상대가 되어주었다. 이번에도 타산이 맞지 않는 인문학 서적의 간행을 흔쾌히 허락해 주신 도서출판 혜안의 오일주 사장님과 꼼꼼한 교정과 품위있는 책이 되도록 힘쓰신 김태규, 김현숙 님에게 감사의 마음을 전한다. 자식에 대한 염려로 평생을 보내신 부모님과 사위 건강을 늘 염려하시는 장인 장모님, 학자의 길을 갈 수 있도록 든든한 지원자가 되어준 아내, 그리고 딸(희수)에게 고마운 마음을 전한다.

이 저서는 2006학년도 연세대학교 학술연구비의 지원에 의하여 이루어졌다.

2011년 9월
저자 씀

# 차 례

12

표 차례

# 제1장 머리말

고려후기는 사회변화가 급격히 진행되는 변동기였다. 무신집권기 이래 생산력 발전과 토지 분급제, 토지소유관계의 변화, 왕실의 권위 실추와 권신의 출현, 기강의 이완과 제도의 문란, 왜구와 홍건적의 침입, 원·명의 압력과 간섭, 그 결과로서 체제의 파탄 현상이 나타났다. 고려의 지배층으로서는 이를 극복할 수 있는 대응 논리로서의 사상과 정책이 필요하였다.

목은 이색(1328~1396)은 이러한 사회변동기에 원으로부터 성리학을 수용하여 정치적, 사상적으로 대응한 고려말의 저명한 학자요 정치가였다. 그는 세계제국 원에 유학하여 선진문명을 받아들이고, 정치, 교육제도 정비에 관여하였으며, 정도전 등에 정치적 사상적으로 대응하여 왕조를 유지하고 체제를 강화하려는 정치세력의 중심 역할을 하였다. 그러므로 고려말 정치사, 사상사를 이색의 사상과 활동을 중심으로 이해하는 것은 유효한 하나의 방법이라고 생각된다.

이색은 조선시대에도 논란의 중심에 있었다. 조선초기 성리학이 국정교학으로 정해지면서 성리학 수용에 공이 있는 이색을 어떻게 자리매김할 것인가가 논란이 되었고, 그러한 논란은 문묘종사 논의로 표출되었다. 권근의 제자인 金泮과 金日孜는 성리학 정착의 공을 들어 권근, 이제현과 함께 이색의 문묘종사를 주장하였고,[1] 이것은 성리학 수용의 공적과 의리를 실천하는 절의론으로 확대되었다.[2] 그러나 이들의 주장은 불교에 아첨하였다는 반론에 부딪히게 되었고,[3] 결국 이색은 문묘종사에서 배제되었다. 하지만 사림계 일원인 박상(1474~1530)은 『東國史略』에서 정도전, 윤소종과는 달리 이색의 절의를 높이 평가하기도 하였다.[4]

이색의 문장도 주목되었다. 선초부터 이색의 문장은 자주 언급되었다.[5] 서거정(1420~1488)은 『牧隱詩精選』을 편찬하였고, 조선전기의 시문선집인 『東文選』, 『東文粹』, 『別本 東文選』과 조선후기의 시문선집인 『大東文雋』, 『東文八家選』, 『東文集成』 등에는 이색 시가 다수 선정 수록되었으며,[6] 김창협, 김택영 등 조선의 이름난 문인들은 이색의 영향하에 자신의 문장을 만들어갔다.[7] 중국에서도 이색의 문집을 보내줄 것을 청하였고,[8] 陳璉은

---

1) 『世宗實錄』 권59, 15년 2월 계사(3책, 442~443쪽) "成均司藝金泮上言曰,……" ; 권72, 18년 5월 정축(3책, 675~676쪽) "成均生員金日孜等上言……."

2) 池斗煥, 「朝鮮初期 文廟從祀論議 - 鄭夢周·權近을 중심으로」, 『釜大史學』 9, 1985 ; 金鎔坤, 『朝鮮前期 道學政治思想硏究』, 서울대 박사논문, 1994.

3) 『成宗實錄』 권82, 8년 7월 병술(9책, 480쪽) "……上曰, 李穡佞佛者也. 安可入文廟乎?"

4) 韓永愚, 「16세기 사림의 私撰史書에 대하여」, 『朝鮮前期 史學史 硏究』, 서울대학교 출판부, 1981, 228~230쪽.

5) 『太宗實錄』 권5, 3년 3월 경진(1책, 258쪽) ; 『世宗實錄』 권51, 13년 3월 임신(3책, 299쪽) ; 『世宗實錄』 권84, 21년 1월 경인(4책, 180쪽) ; 『世祖實錄』 권5, 2년 9월 병술(7책, 153쪽).

6) 安大會, 「朝鮮時代 文章觀과 文章選集」, 『精神文化硏究』 68, 1997 ; 『東文選』의 수록 작가를 조사한 연구에 의하면, 『東文選』은 130권, 56개의 문체, 550명의 작가, 4556편(시 : 1940편, 문 : 2516편)을 싣고 있는데, 이 가운데 이색은 이규보(451편) 다음가는 322편(문246, 시 : 76)이 수록되어 있다. 이는 최치원(191), 권근(117), 이첨(142), 이곡(119), 이제현(117), 김부식(102)보다 많은 양이다(김종철, 『동문선의 이해와 분석』, 청문각, 2004).

7) 柳廣眞, 「諸家評文을 通해 본 牧隱의 詩」, 『誠信漢文學』 3, 1991 ; 李炳赫, 「牧隱詩의 後人評說考」, 『詩話學』 3·4, 2001 ; 정재철, 「韓國 詩話에 있어서 李穡 詩의 비평 양상」, 『漢文學論集』 18, 2001.

8) 『太宗實錄』 권1, 원년 6월 병자(1책, 207쪽).

이색의 묘지명을 짓기까지 하였다.9) 명종 22년(1567) 명 사신인 許國과
魏時良은 이색의 시인「浮碧樓」를 보고 감탄하였다.10) 조선시기에 성리학
이 중시되고 절의가 강조되면서, 불교에 대한 이색의 미온적인 태도를
비판하는 등 평가가 다양하지만, 평가의 내용과 관계없이 이색은 논쟁의
중심에 서 있었다. 그 점에서 이색에 대한 연구는 여말선초 뿐만 아니라
조선시기를 이해하는데 유효한 방법이 될 수 있다고 생각한다.

　이색에 대한 연구는 1960년대 들어 본격화되었다. 초기에는 이색 개인에
대한 연구에 한정되었지만,11) 점차 이색을 둘러싼 고려말과 조선초의
상황과 고려를 둘러싼 국제 관계를 염두에 두면서 연구의 폭이 넓어지고
내용이 깊어졌다. 유학사상12)과 불교 인식,13) 정치사상,14) 교육사상,15)
역사인식,16) 문학17) 등에서 괄목할만한 연구가 이루어졌다.18) 최근『목은

---

　9)『太宗實錄』권21, 11년 6월 무오(2책, 588쪽).

10) 申太永,『明나라 사신은 朝鮮을 어떻게 보았는가』, 다운샘, 2005, 250~252쪽.

11) 李銀順,「李穡 硏究」,『梨大史苑』4, 1962.

12) 鄭載喆,「牧隱 李穡의 思惟樣式」,『漢文學論集』12, 1994 ; 尹絲淳,「목은 이색의
　　사상적 위상」; 琴章泰,「목은 이색의 유학사상」,『牧隱 李穡의 生涯와 思想』,
　　一潮閣, 1996.

13) 安啓賢,「李穡의 佛敎觀」,『趙明基博士華甲紀念佛敎史學論叢』, 1965 ; 趙明濟,
　　「牧隱 李穡의 佛敎認識」,『韓國文化硏究』6, 1993 ; 崔柄憲,「목은 이색의 불교관-
　　공민왕대의 개혁정치와 관련하여-」,『牧隱 李穡의 生涯와 思想』, 一潮閣, 1996 ;
　　高惠玲,「『牧隱集』을 통해 본 李穡의 불교와의 관계」,『震檀學報』102, 2006.

14) 朴珠,「목은 이색과 그의 정치사상에 관한 연구」,『曉星女大論文集』25, 1982 ; 都賢
　　喆,『高麗末 士大夫의 政治思想硏究』, 一潮閣, 1999.

15) 申千湜,『牧隱 李穡의 學問과 學脈』, 一潮閣, 1988.

16) 金南日,「李穡의 歷史意識」,『淸溪史學』11, 1994 ; 都賢喆,「李穡의 歷史觀과
　　公羊春秋論」,『歷史學報』185, 2005 ; 馬宗樂,「牧隱 李穡의 生涯와 歷史認識」,
　　『震檀學報』102, 2006.

17) 呂運弼,『李穡의 詩文學 硏究』, 太學社, 1995 ; 정재철,『이색 시의 사상적 조명』,
　　집문당, 2002 ; 朴美子,『韓國高麗時代における「陶淵明」觀』, 白帝社, 2000. ;「牧隱
　　李穡と「연못(蓮池)」」,『朝鮮學報』181, 2001 ; 김보영,「이색 : 여말선초 여성 인식
　　의 일국면」,『우리 한문학사의 여성인식』, 집문당, 2003 ;「牧隱 李穡의 버들골살이

집』에 대한 자료적 검토가 이루어져, 시문의 성격과 연대기에 입각한 정리[19]
와 전기 자료에 대한 검토가 이루어졌고,[20] 후술하는 바와 같이 과거
시험 답안지인 對策文[21] 등 『목은집』에 빠진 글이 발굴 검토되었다. 또한
종래 주목되지 않았던 『목은집』 시고를 주 자료로 활용하여 이색 개인은
물론 이색을 둘러싼 사회 정치에 대한 사실을 밝히는 연구가 진행되었으며,
이색을 종합적으로 다룬 심포지엄이 열렸다.[22] 더욱 고려후기와 조선초기
의 사회사,[23] 경제사,[24] 정치사,[25] 사상사[26] 등 각 분야에서 깊이 있는

　　와 시」,『東洋古典研究』 27, 2007 ; 姜玟求, 「牧隱 李穡의 疾病에 대한 意識과
　　文學的 表現」,『東方漢文學』 42, 2010.
18) 고려후기 성리학 수용에 관한 기왕의 연구는 다음과 같다(김인호, 「유교정치이념의
　　발전과 성리학」,『한국역사입문』②, 한국역사연구회, 풀빛, 1995 ; 김두진, 「고려
　　시대 사상 및 학술」,『韓國史論』 23, 국사편찬위원회, 1993 ; 이범직, 「유교사상의
　　전래와 정립에 관한 연구」 ; 지두환, 「고려말—조선시대 유학사상 연구동향」,
　　『韓國史論』 28, 국사편찬위원회, 1998).
19) 이익주, 「『牧隱集』의 간행과 사료적 가치」,『震檀學報』 102, 2006.
20) 남동신, 「牧隱 李穡의 전기 자료 검토」,『韓國思想史學』 31, 2008.
21) 도현철, 「이색의 유교교화론과 일본인식—새로 발견된 대책문을 중심으로—」,
　　『韓國文化』 49, 2010.
22) 이익주, 「『牧隱集』의 간행과 사료적 가치」 ; 呂運弼, 「牧隱詩의 多樣한 志向과
　　面貌」 ; 都賢喆, 「李穡의 經學觀과 그 志向」 ; 馬宗樂, 「牧隱 李穡의 生涯와 歷史認
　　識」 ; 高惠玲, 「『牧隱集』을 통해 본 李穡의 불교와의 관계」,『震檀學報』 102, 2006 ;
　　도현철, 「이색의 서연강의」 ; 김인호, 「이색의 자아의식과 심리적 갈등—우왕
　　5년기를 중심으로—」 ; 남동신, 「목은 이색과 불교 승려의 시문(詩文) 교유」 ; 채웅
　　석, 「『목은시고』를 통해본 이색의 인간관계망—우왕 3년(1377)~우왕 9년(1383)을
　　중심으로—」,『역사와 현실』 62, 2006 ; 朴宗基, 「이색의 당대사(當代史) 인식과
　　인간관」,『역사와 현실』 66, 2007 ; 이익주, 「우왕대 이색의 정치적 위상에 대한
　　연구」,『역사와 현실』 68, 2008.
23) 채웅석, 「『목은시고』를 통해본 이색의 인간관계망—우왕 3년(1377)~우왕 9년
　　(1383)을 중심으로—」,『역사와 현실』 62, 2006.
24) 李鎭漢, 「高麗末 對明 私貿易과 使行貿易」,『The Annual Report Research Center
　　for Korean Stddies』 Vol.9, 2009.
25) 이익주, 「고려말 신흥유신의 성장과 조선 건국」,『역사와 현실』 29, 1998 ; 洪榮義,
　　『高麗末 政治史研究』, 혜안, 2005 ; 尹薰杓, 「高麗末 改革政治와 六典體制의 導入」,

연구 성과가 제출되어 이색과 그 주변에 대한 이해도 한층 더 깊어지게
되었다. 이처럼 연구의 폭과 깊이가 다양화, 심층화 되면서 오히려 기존의
연구에 최신의 연구를 수렴할 수 있는 종합적인 정리에 대한 필요가 절실해
지고 있다. 조선시기부터 최근에 이르기까지 이색에 대한 이해는 특수
주제에 한정된 분산적인 것이어서, 시대 상황을 고려한 종합적인 검토가
이루어지지 않았기 때문이다.

본 연구는 이러한 문제의식 하에 기획되었는데 다음과 같은 점을 유의하
고자 한다.

첫째, 이색의 사상을 시대 배경 속에서 살펴보는 문제이다. 당시는 고려
체제의 근간이 무너져 왕실의 권위는 실추되고, 제도는 문란하였으며 왜구·
홍건적의 침입과 원·명이 교체되는 변동기였다. 이색의 문제의식은 이러한
배경과 밀접하게 연관되어 있으며, 성리학이라는 외래 사상을 수용하여
현실을 보다 폭넓게 설명하고 있었다. 그러므로 고려말 사회에 대한 구조적
이고 종합적인 이해를 바탕으로 이색의 사상을 추동한 사회적, 시대적
조건을 살펴보고자 한다.

둘째, 이색의 혈연적, 사회적, 정치적인 인적 네트워크를 살펴보는 문제이
다. 이색은 이곡의 아들로 인척관계 혹은 혼인관계를 통하여 인적 네트워크
를 형성하였고, 성균관과 같은 학교나 과거제, 좌주문생제, 기타 교류를
통하여 지식인 동료들과 네트워크를 형성하면서 사회적 정치적 결합과
단절을 보여준다. 이색의 인적 네트워크는 여말 변동기에 정치적 행동의

『學林』27, 2006 ;「고려말 개혁정치와 경연제도의 개편」,『史學硏究』93, 2009 ; 이
익주,「『牧隱詩藁』를 통해 본 고려 말 李穡의 일상－1379년(우왕5)의 사례－」,
『韓國史學報』32, 2008.
26) 장동우,「朱熹 禮學에서『朱子家禮』의 位相과 企劃 意圖」,『정신문화연구』, 2000년
가을호 ; 이봉규,「권근(權近)의 경전 이해와 후대의 방향」,『韓國實學硏究』13,
2007 ; 李廷柱,『性理學 受容期 佛敎 批判과 政治·思想的 變容－鄭道傳과 權近을
중심으로』, 고려대학교 민족문화연구원, 2007.

근거로서 혹은 여말 정국의 하나의 변수로 작용한다. 그러므로, 이색의 사적, 공적인 결합 관계를 살펴봄으로써 여말의 정치, 사회 세력의 한 특징을 파악할 수 있을 것이다.

셋째, 이색의 사상 형성을 가능하게 했던 지적 배경을 탐구하는 문제이다. 이색은 고려의 전통 학문의 측면에서는 정몽주, 이숭인, 정도전 등의 학자들과 교류하며 당대 최고의 학문을 구가하였고, 중국 원나라에 유학하여 다양한 세계의 문화를 접촉하였을 뿐만 아니라 원 유학자들과 교류하며 세계 수준의 학문체계를 이해하였다. 그러므로 고려의 유불도 삼교의 지적 조건을 염두에 두면서 새로운 지식의 수입과 유통의 측면을 고려하는 작업이 필요하다.

넷째, 이색이 고려말의 사회변동을 타개하기 위하여 성리학 이론을 어떻게 활용하고 있는지 유의하고자 한다. 이는 성리학의 세계와 인간에 대한 논리를 파악하고 같은 맥락에서 구체적인 정치 현실을 어떻게 이해하고 있는지를 살피는 일이다. 성리학의 理氣, 性情, 仁義 등의 핵심 개념이 고려의 법제, 윤리 규범과 어떻게 일관성있게 설명되느냐 하는 문제가 중심이 된다.

다섯째, 고려왕조를 유지하려는 이색의 사상 근거를 파악하기 위하여 유학의 은둔, 출처, 윤리 규범에 관한 견해를 그의 정치 활동과 견주어 살펴보는 문제이다. 이는 천하에 도가 있으면 나아가고, 도가 없으면 숨는다는 유학의 출처관과 인간이 지켜야할 윤리로 강조된 국왕에 대한 충성과 의리를 이색이 어떻게 이해하고 있는지 조명하는 것이다. 곧 고려를 유지하려는 입장에서 조선에 출사를 거부한 그의 입장을 유학적 진술을 통하여 살펴보는 일이 된다.

여섯째, 이색의 정치사상과 위화도 회군, 공양왕 즉위 등 당시 정치적 현안과의 관련성을 파악한다. 이색은 유학적 출처관에 입각해서 위화도 회군, 전제개혁 논의, 공양왕 즉위 등 고려말의 복잡한 정국 현안에 대하여 분명하게 자신의 입장을 표명하였고 다른 유학자와 결합하거나 대립하였다. 이색과 정몽주, 이숭인 그리고 이성계, 정도전, 조준 등 여러 유학자들의 사상과 동이점을 면밀히 분석하여 이 시기의 정치사를 보다 풍부하게 이해할 수 있는 토대를 마련할 것이다.

일곱째, 이상과 같은 이색의 사상을 여말선초 사상계의 특질로서만이 아니라 한국 중세 사상사의 맥락에서 파악한다. 이색의 사상에는 고려의 유불도 삼교가 전제되는 가운데 세계관, 인간관과 함께 현실 정치의 운영방식, 법제 등에 관한 내용이 포함되었는데, 성리학을 수용하면서부터 성리학이 제시하는 정치사회 운영 원리가 적극적으로 활용된다. 구사상과 신사상의 변화 양상을 살핌으로써 여선교체기 이색 사상의 특징과 역사적 의의를 보다 분명하게 드러낼 수 있을 것이다.

본 연구는 이러한 문제의식 하에 기왕의 연구를 바탕으로 『목은집』의 자료적 성격을 유의하면서 이색의 정치사상의 특징을 밝혀보고자 한다.

본 연구에서는 조선 현종대에 간행된 중간본 『목은집』을 영인한 『목은집』을 주 자료로 삼았다.[27] 『목은집』은 55권으로 태종 4년(1404)에 이종선에 의해 처음 간행되었다.[28] 최근에 『목은집』에 누락된 이색의 불교 관련 기록이 제시되었고,[29] 여기에 염흥방이 부탁하여 쓴 발문 하나가 추가로 확인되었다.[30] 대책문[31]을 비롯한 후대의 여러 자료를 근거로 이색의

---

27) 본고에서 『牧隱集』(『韓國文集叢刊』 권3, 4, 5, 민족문화추진회, 1990)을 주 자료로 이용하였고, 『국역목은집』 1~11(임정기·이상현 옮김, 민족문화추진회, 2000~2003), 『역주목은시고』 1~12(여운필·성범중·최재남, 月印, 2000~2007)를 참고하였다.

28) 태종 4년의 초간본 『牧隱集』은 日本國立公文書館 內閣文庫에 있고, 『牧隱漢詩選』은 宮內省圖書寮의 朝鮮刊本 舊楓山文庫에 있다(千惠鳳, 『日本 蓬左文庫 韓國典籍』, 지식산업사, 2003, 228~231쪽) 한다. 국내에는 초간본 『牧隱集』은 국립중앙도서관과 연세대에 소장되어 있다.

29) 남동신, 「목은 이색과 불교 승려의 시문(詩文) 교유」, 『역사와 현실』 62, 2006.

30) 우왕 7년 9월 염흥방이 대장경을 인쇄할 때, 『大般若波羅密多經』 권10(日本 京都

비불교 자료를 조사한 내용은 표와 같다.

<표 1> 『목은집』에 없는 비불교 관련 이색의 글

| 번호 | 題目 | 저작시기 | 전거 및 소장처 |
|---|---|---|---|
| 1 | 五言絶句 題詠 | 공민왕10년 | 『東國輿地勝覽』 권14, 丹陽郡 題詠 |
| 2 | 五言絶句 拱北樓 | 공민왕11년 | 『東國輿地勝覽』 권15, 淸州牧 拱北樓 ; 『淡庵先生逸集』 권1, 伏次拱北樓應製詩韻 幷序 |
| 3 | 五言絶句 訪密陽兩朴先生 | 우왕4년 | 『松隱集』 권2, 附錄 |
| 4 | 五言絶句 碧沙驛 | 태조원년 | 『東國輿地勝覽』 권36, 長興都護府 碧沙驛 |
| 5 | 五言絶句 題詠 | 태조원년 | 『東國輿地勝覽』 권36, 長興都護府 題詠 |
| 6 | 七言絶句 鄕校 | | 『東國輿地勝覽』 권39, 龍潭縣 |
| 7 | 七言絶句 嶺南樓 | | 『東國輿地勝覽』 권26, 密陽大都護府 |
| 8 | 七言絶句 枕溪樓 | 우왕4년4월 | 『新增東國輿地勝覽』 권40, 順天都護府 ; 『湖南邑誌』 8책 順天, 新增昇平志下 題詠 (1871) |
| 9 | 彌勒院南樓記 | 우왕7년2월 | 『懷德黃氏大同譜』 |
| 10 | 聚遠樓記 | | 『東國輿地勝覽』 권43, 延安都護府 聚遠樓 |
| 11 | 中寧山皇甫城記 | 태조원년 | 『東國輿地勝覽』 권36, 長興都護府 中寧山 ; 『東文選』 권76, 中寧山皇甫城記 |
| 12 | 映湖樓讚序 | 공민왕16년 | 『東國輿地勝覽』 권24, 安東大都護府 |
| 13 | 陳時務書 | 공민왕원년 | 『東文選』 권53, 奏議 ; 『高麗史』 列傳 |
| 14 | 對策文 | 공민왕2년 | 『策文』(2종)(日本 蓬佐文庫, 고려대), 『東人策選』(고려대, 서울대) |
| 15 | 賀平定安南箋 | 우왕 | 『東文選』 권32, 表箋 |
| 16 | 史論 | 우왕 | 『麗史提綱』 권20, 恭愍王11년1월 |
| 17 | 鄭宗之詩文錄跋 甲子秋 | 우왕10년 | 『三峰集』 권14, 諸賢敍述 |

大谷 大學 소장)에 이색이 쓴 발문이 있다(小田幹治郎, 「內地に渡れる高麗大藏經」, 『朝鮮』 74, 1921 ; 梶浦晋, 「本館所藏高麗版大藏經-傳存と現狀」, 『書香』 11, 1990 ; 馬場久幸, 「고려판대장경의 일본 전존에 관한 연구」, 『韓國宗敎』 27, 2003 ; 「日本 大谷大學 소장 高麗大藏經의 傳來의 特徵」, 『海外典籍文化財調査目錄』, 國立文化財硏究所, 2009).

31) 이색의 대책문은 『목은집』에 보이지 않는 글로서 『策文』((兪鎭 편 고려대, 일본 名古屋 蓬左 문고 소장의 2종)과 『東人策選』(고려대, 서울대 소장)에 수록되어 있다. 이에 대해서는 다음의 글에 자세하다(도현철, 「이색의 유교교화론과 일본인식-새로 발견된 대책문을 중심으로-」, 『韓國文化』 49, 2010).

| 18 | 題鄭三峰金陵紀行詩文跋 乙丑 | 우왕11년 | 『三峰集』 권14, 諸賢敍述 |
|----|------------------------------|---------|------------------------|
| 19 | 書江南紀行詩稿後 | 우왕12년 | 『圃隱集』 附錄 |
| 20 | 金台鉉妻王氏 墓誌銘 | 공민왕7년 | 『光山金氏族譜』[32] |
| 21 | 柳淸臣行狀 | 태조4-5년 | 『高興柳氏世譜』 |

『목은집』의 빠진 글과 관련되어, 『목은집』이 70권이냐 55권인가의 논란이 있는데, 이에 대해서는 정리된 연구가 있다.[33] 『목은집』에는 공민왕 원년에 올린 시무상소와 원과 고려의 과거 대책문이 빠져 있고, 『목은집』 시고에 특정 시기의 시가 전부 빠졌다는 점이 주목된다. 이색의 시와 관련해서는 이견이 있지만, 최근 연구에 따르면 15편, 4246제이고, 문고는 232편이라고 한다. 그런데 시의 경우, 공민왕 10년부터 우왕 원년 때까지와 우왕 9년 8월부터 우왕 14년, 태조 원년부터 태조 7년 죽을 때까지의 시가 빠져 있다.

---

32) 金龍善 編著, 「金台鉉妻王氏 墓誌銘」, 『韓國墓誌銘集成』, 1993, 558쪽.
33) 이익주, 「『牧隱集』의 간행과 사료적 가치」, 『震檀學報』 102, 2006.

# 제2장 교유관계와 성리학의 수용

## 1. 생애와 교유관계

### 1) 생애

이색의 본관은 충청도 韓山이다.[1] 稼亭 이곡(1298~1351)의 1남4녀 중 외아들로 외가인 경상북도 영해에서 태어났다. 이색의 집안은 한산에서 대대로 호장직을 이어왔다. 조부인 李自成은 한산 郡吏였는데, 부친인 이곡이 원나라에서 과거에 합격하고 고려에서 고위직을 역임하면서 이곡대에 이르러 한산 이씨는 명문가문으로 성장하였다.[2]

이색은 충목왕 2년(1346)에 안동 권씨의 딸과 혼인하였다. 어려서부터 영민하고 학문을 좋아하여 이름이 알려져 있었으므로, 명망있는 가문에서 이색을 사위로 삼으려고 혼인하는 날 저녁까지 다투었다고 한다.[3]

---

1) 이색의 생애를 살피는데 다음의 글이 참고된다『高麗史』권115, 列傳28 李穡 ;『陽村集』권40, 牧隱先生李文靖公行狀 ;『東文選』권129, 有明朝鮮國特進輔國崇祿大夫韓山伯牧隱先生李文正公墓銘(1405, 하륜찬) ;『牧隱集』年譜, 李光靖, 1764/『國譯牧隱先生年譜』, 1985).

2) 강대철,「이색의 정치활동에 대한 일고찰」, 전남대 석사논문, 1983, 5~9쪽 ; 申千湜,『牧隱 李穡의 學問과 學脈』, 일조각, 1998.

3)『陽村集』권39, 貞愼宅主權氏墓誌銘 "將笄, 擇所宜歸. 以至正辛巳, 適牧隱李公, 公卽稼亭文孝公之一子, 時文孝公以文章位宰相, 而公少精敏好學, 已有成名聲籍

이색은 원 유학 이전까지 산사에서 호연지기를 닦으며 학문에 정진하였
다. 8세 때 한산 숭정산, 14세에 교동 화개산, 16~17세에 詩僧을 따라
묘련사에서 공부했고,[4] 감악산·청룡산·대둔산 등에서도 독서하였다.[5] 여
기에는 오동, 한홍도, 장의랑, 한수, 백린, 김직지와 승려인 환암 혼수와
나잔자 등이 함께 참여하였다.[6]

이색은 이곡의 정치적 성장으로 상대적으로 안정된 생활을 할 수 있었다.
충혜왕 2년(1341)에 김광재가 시관인 진사시에 합격하였고,[7] 15세 때 父蔭
으로 別將이 되었으며,[8] 충목왕 4년(1348)에 원의 관료(朝官)의 아들이므로
원 국자감의 생원으로 3년간[9] 머물렀다.[10]

---

甚, 一時選佳壻者, 爭欲納公, 至婚夕猶爭之, 竟爲花原得.";권40, 牧隱先生李文靖
公行狀 "始冠將婚, 一時高門望族, 擇東床者, 皆欲歸其女, 至婚夕猶爭, 乃娶安東權
氏. 宣授明威將軍諸軍萬戶府萬戶·本國重大匡. 花原君仲達之女, 元朝朝列大夫, 太
子左贊善·本國三重大匡·都僉議右政丞漢公之孫也."

4) 『牧隱集』 文藁 권15, 韓文敬公墓誌銘 幷書.
5) 『牧隱集』 文藁 권4, 幻庵記;권8, 贈休上人序.
6) 許興植, 「李穡의 18인 結契로 본 高麗 靑少年의 集團행태」, 『정신문화연구』 21-1,
   1998(『고려의 문화전통과 사회사상』, 집문당, 2004).
7) 『高麗史』 권115, 列傳28 李穡(하, 522) "年十四中成均試, 已有聲";『牧隱集』 詩藁
   권6, 我昔詩.
8) 『牧隱集』 文藁 권6, 重房新作公廨記 "穡年十五, 以父陰白身受別將."
9) 이색의 국자감 생활에 관한 최근의 연구가 있다. 이에 의하면, 이색은 1348년(충목왕
   4) 5월에 원 국자감에 입학하였다가 1349년 11월에 귀국하고, 1350년(충정왕
   2) 정월에 다시 국자감에 들어갔다. 1351년(충정왕 3) 정월에 부친이 돌아가시자
   귀국하였다. 이색의 국자감 재학 달수는 31개월 전후일 것으로 추정된다. 국자감에
   는 上·中·下兩齋가 있었다. 이색은 국자감에 재학한 지 18개월이 되었는데도
   下兩齋에 머물렀다. 국자감의 교수 학습방법이 먼저 박사와 조교가 직접 句讀와
   音訓을 교수하고 이어 正錄과 伴讀이 차례로 傳習되었다. 하양재에서 사행한
   강설은 읽은 순서대로 正錄과 伴讀이 차례로 전습되고, 다음날 학생들이 찌를
   뽑아 그 찌에 표시된 부분을 다시 강설하도록 하였다. 이색은 당에 올라 찌를
   뽑아 전날 익힌 내용을 다시 강설하는 것이 가장 두렵다고 하였다. 발음이 서툴러
   자신의 생각이 제대로 전달되지 못해서이다. 모든 학생들이 더듬거리지 않고
   정미하게 강설하였으나, 이색은 입을 굳게 닫은 채 마른 나무처럼 중당에서

이곡은 충목왕 3년(1347) 겨울에 고려에 있는 이공수에게 이색을 원 국자감에 입학시키려는 뜻을 전하고, 사신으로 중국에 올 때 이색과 함께 올 것을 청하였다.[11] 이에 이색은 충목왕 4년(1348) 4월 원의 天壽節을 하례하러 파견된 李凌幹, 이공수와 함께 고려를 출발하였다.[12]

이색은 이곡의 정동행성 동료였던 洪彬이 자신의 아들 洪壽山을 가르칠 때 같이 기숙하였는데, 당시 홍빈의 집에는 浙東 지방의 胡仲淵이 있었다.[13] 이색은 호중연에게서 절구를 배웠다.[14]

공민왕 2년 5월에 이제현과 홍언박 문하에서 장원으로 급제[15]하였다. 공민왕 2년(1353) 가을에 安輔(1302~1357)가 시관이었던 정동행성 鄕試에 합격하고,[16] 원에 會試를 보러 가려던 차에,[17] 조정에서 동궁 책봉을 축하하

---

올연히 앉아 있었다. 외국 유학생이라면 누구나 겪게 마련인 언어적 고충이 잘 드러나 있다(정재철, 「이색의 국자감 유학과 문화교류사적 의미」, 『고전과 해석』 8, 2010, 200~203쪽)고 한다.

10) 『高麗史』 권115, 列傳28 李穡(하, 522) "穡仕元爲中瑞司典簿, 穡以朝官子, 補國子監 生員, 在學三年, 穡在本國, 卒自元奔喪."

11) 『稼亭集』 권19, 寄李密直.

12) 『牧隱集』 文藁 권18, 有元資善大夫大常禮儀院使·高麗國推忠守義同德贊化功臣·壁 上三韓三重大匡·益山府院君. 諡文忠李公墓誌銘 "……戊子(충목왕 4, 1348) 四月, 入賀天壽聖節……公之賀聖節也, 穡實從之. 受業胄庠, 用文科躋膴仕, 以至今日, 皆公之賜也.……"

13) 『牧隱集』 文藁 권19, 唐城府院君洪康敬公墓誌銘.

14) 『牧隱集』 詩藁 권19, "靜坐偶記九齋都會, 刻燭賦詩. 第其高下, 激屬諸生, 亦一勸學方 便也.……又於胡仲淵先生處學絶句. 賦閑居詩云, 籬落依依傍斷山, 溪花半落鳥聲 閑, 幽人興味須天賦, 明月淸風不可刪,……."

15) 『高麗史』 권73, 志27 選擧1 科目1(중, 610) "恭愍王二年五月, 金海君李齊賢知貢擧, 贊成事洪彦博同知貢擧, 取進士賜乙科李穡等三人, 丙科七人, 同進士二十三人, 明 經二人及第."

16) 『牧隱集』 文藁 권19, 鷄林府尹諡文敬公安先生墓誌銘 幷序 "……穡之鄕試也, 先生 又爲主文……."

17) 『牧隱集』 詩藁 권2, 予將會試京師, 會國家遣金判書希祖入賀立東宮, 因以書狀官偕 行, 途中有作 ; 『高麗史』 권115, 列傳28 李穡(하, 526) "(恭愍王)二年, 擢魁科, 授肅雍 府丞, 中征東省鄕試第一名, 充書狀官如元應擧."

는 사절의 일원으로 이색을 서장관으로 삼아 判書 金希祖를 함께 가게
했다. 이색은 공민왕 3년 원 제과에 제2갑 제2명으로 합격하고 應奉翰林文字
를 제수받았다.[18] 공민왕 4년 봄에 密直宰인 尹之彪가 사은사가 되어
원에 갈 때 서장관이 되었다.[19]

원 유학중 이색은 당시로서는 세계 제국의 선진 문화를 접하여 자신의
학문 세계, 의식 세계를 넓힐 수 있는 길을 열어가고 있었다. 이색은 원
유학 기간에 수준 높은 유학자를 만나고 새로운 문물제도·사상조류를
수용하였다. 당시 원 국자감에는 성리학자인 宇文諒, 歐陽玄 등이 있었다.
그중 구양현(1274~1358)[20]은 元 四朝의 실록과 『經世大典』 및 『遼史』·『金
史』·『宋史』를 찬수하는 데 있어 실질적인 책임을 맡고 있었고, 원 과거
시험을 주관하여 고려인을 비롯한 당시 유학자에게 큰 영향을 주었다.[21]
특히 이색을 2갑 2명으로 합격시키며[22] 이색을 가르칠 만하다고 칭찬하면
서 자신의 학통을 전해줄 인물로 평가하였다.[23]

당시 원은 지배체제를 유지하기 위한 방편으로 성리학을 관학화하면서
과거를 부활시켰다. 고려인으로 원 과거에 합격한 사람은 이색의 부친인
이곡을 포함하여 10여 명 이상인데, 이색은 원 과거 합격 성적이 제2갑
2명이고, 이곡은 제2갑 8명으로 성적이 우수하여 문한관을 역임하였다.

---

18) 『高麗史』 권74, 志28 選擧2 科目2 制科(중, 616) "恭愍王二年, 以李穡充書狀官應擧.
三年, 穡中制科第二甲第二名, 授應奉翰林文字."
19) 『牧隱集』 詩藁 권3, 是歲春, 密直宰尹之彪爲謝恩, 使予忝書狀官赴都, 金郊途中 ; 『高
麗史』 列傳28 李穡 "充書狀官, 如元應擧."
20) 『元史』 권182, 列傳69 歐陽玄.
21) 『牧隱集』 文藁 권4, 朴子虛貞齋記 ; 詩藁 권23, 書登科錄後.
22) 『高麗史』 권115, 列傳28 李穡(하, 526) "讀卷官叅知政事杜秉彝翰林承旨歐陽玄,
見穡對策, 大加稱賞, 遂擢第二甲第二名."
23) 『牧隱集』 詩藁 권13, 紀事 "衣鉢誰知海外傳, 圭齊一語尙琅然. 邇來物價皆翔貴,
獨我文章不直錢, 中原豪傑古來多, 命也時哉不奈何. 獨有冥鴻飛自遠, 肯從一面入
湯羅, 半山節義與文章, 高視乾坤獨擅場. 只是水淸泥在底, 偶因一擾濁無光."

고려인으로 원 제과에 합격한 인물들은 대부분 성적이 좋지 않아 行省이나 그 예하의 지방관에 임명되었으나, 이곡·이색 부자는 이례적으로 문한관을 맡았던 것이다. 이는 이곡과 마찬가지로 이색이 원으로부터 학문적 재능을 인정받은 결과였다.[24]

<표 2> 이색의 중국 방문 시기

| 번호 | 시기와 내용 | 전거 |
|---|---|---|
| 1 | 충목왕 4년(1348) 4월 국자감에 입학, 충정왕 2년 (1350) 11월 귀국 | 『高麗史』 권115 列傳28 李穡 ; 『牧隱集』 年譜 |
| 2 | 충정왕 3년(1351) 1월 국자감에 재입학, 공민왕 원년 1월 부친 사망으로 귀국 | 『高麗史』 권115 列傳28 李穡 |
| 3 | 공민왕 2년(1353) 10월 蔡河中을 賀千秋節使, 金希祖를 太子의 책봉을 축하하는 사절로 보내는데, 이색을 서장관으로 삼아 원 제과에 응시하게 함, 공민왕 3년 2월 會試, 3월 殿試 합격 | 『高麗史節要』 권26, 恭愍王(2년 10월) ; 『高麗史』 74, 選擧2 科目 2 制科 |
| 4 | 공민왕 4년(1355) 元에서 翰林院權經의 벼슬을 받음, 공민왕 5년 모친이 年老하다고 귀국 | 『高麗史』 권115 列傳28 李穡 |
| 5 | 창왕 즉위년(1388) 10월 명에 갔다가 창왕 원년 4월 귀국 | 『高麗史』 권115 列傳28 李穡 |

원의 선진적인 학문을 익힌 이색은 공민왕의 개혁에 참여하였다. 공민왕은 원에 의한 부당한 간섭을 시정하고 국왕을 중심으로 한 지배질서를 확고히 다지려 하였다. 이색은 공민왕 원년(1352) 25세 때 복중상서를 올렸는데, 田制와 국방, 학제와 과거제, 불교 등에 관한 내용이었다. 특히 여기에서는 修己를 기반으로 治人을 관료의 요건으로 제시하였다. 당시 식자들은 文章과 詩句를 다듬는데만 지나치게 마음을 써 誠意·正心의 道를 알지 못한다는 지적이었다.[25] 그는 문장을 꾸미고 다듬는데 힘쓰는

---

24) 高惠玲,「高麗 士大夫와 元의 科擧」,『高麗後期 士大夫와 性理學 受容』, 일조각, 2001, 101쪽.

25)『高麗史』권115, 列傳28 李穡(하, 524~525) "服中上書曰,……古之學者將以作聖, 今之學者將以干祿. 誦詩讀書, 嗜道未深, 而繁華之戰已勝, 彫章琢句, 用心大過, 而誠

선비와 대비되는 '經明行修之士' 곧 인륜도덕에 밝아 현실을 책임지는
의리의 선비를 지향함으로써, 유교 교양을 쌓아 군자가 되고 그것을 기반으
로 당면한 사회문제를 해결할 것을 기약했던 것이다.

공민왕 5년에는 시정에 관한 8가지 상소를 올렸는데 그 가운데 하나가
정방의 혁파였다. 정방은 무신집권기에 만들어진 사적인 인사 행정기구로,
권세가의 측근을 등용하는 데 이용되었다. 공민왕은 정방혁파와 능력 중심
의 인재등용을 역설한 이색의 주장을 받아들이고, 고려의 문물제도가 정비
된 시기인 문종대의 제도를 복구하여 왕조를 재건하려고 하였다. 이색은
이 일로 이부시랑겸병부시랑으로 임명되고 개혁의 중심적 역할을 수행하게
되었다.[26]

공민왕 6년에는 삼년상을 시행하도록 청하였고,[27] 홍건적의 침입 때
공민왕을 안동까지 호종한 공로로 辛丑扈從功臣 1등이 되어 田 100結,
奴婢 10口를 받았다.[28] 공민왕 18년에는 공민왕 8년과 10년 홍건적의
침입으로 무너진 예제를 복구하도록 하였다.[29] 성리학을 통하여 제도를
개혁하고 예제를 바로잡아 시대변화에 조응하는 정책을 제기하고 있었던
것이다.

공민왕 14년에 신돈이 집권하자, 이색은 시관으로 활약하였다. 이색은
공민왕 14년, 17년, 18년, 20년, 우왕 12년에 독권관, 지공거가 되어 과거

正之功安在."

26) 『高麗史』 권115, 列傳28 李穡(하, 526) "(恭愍王)五年以母老弃官東歸, 上書言時政八
事, 其一罷政房, 復吏兵部選也. 王嘉納, 遂以穡爲吏部侍郎兼兵部郎中, 以掌文武之
選."

27) 『高麗史』 권64, 志18 禮6 凶禮 五服制度(중, 429) "恭愍王六年十月辛巳, 諫官李穡等,
請行三年喪, 從之."

28) 『高麗史』 권40, 世家40 恭愍王3(12년 윤월 기유)(상, 799~800).

29) 『高麗史』 권62, 志16 禮4 吉禮中祀 文宣王廟(중, 402) "恭愍王十八年八月丁卯,
命三司右使李穡釋奠于文廟, 自辛丑播遷之後, 禮文廢墜, 釋采之儀, 不中法式. 穡考
正其失選, 諸生爲執事, 肄儀三日禮度可觀."

28

합격자를 선발하였다. 공민왕 14년에 이색은 응시자들이 시험장에 책을 가지고 들어가거나 답안지를 바꾸어보는 것을 엄금하였고, 공민왕 20년에는 25세 미만에게는 과거에 응시할 자격을 부여하지 않기도 했다.[30]

이색은 공민왕 16년에 성균관이 다시 재건되자 유교진흥에 진력하였다. 성균관 대사성이 되어 김구용·정몽주·박상충·박의중·이숭인 등과 함께 성리학을 부흥시키는 데 기여하였다.[31]

이색의 지향은 현실정치의 벽에 부딪혀 타협한 측면이 있었다. 공민왕 6년에 전녹생·정추와 함께 염철별감의 폐지를 건의하였다. 새로이 별감을 파견하면 이서배가 농간을 부리게 될 것이고, 내버려두면 별감은 稅布를 많이 거두어 왕의 총애를 받으려 할 것이기 때문에, 민은 소금을 받지도 못하고 포만 납부해야 할 것이라며 그 폐단을 지적하였다. 그런데 막상 왕이 대소신료에게 별감 파견의 가부를 묻자, 이색은 병을 칭탁하여 피하였다.[32] 이 일로 정추 등 다른 간관은 좌천되었으나,[33] 이색은 관직을 유지하였다.

공민왕 11년에 이색은 成均試의 합격자를 뽑던 중, 왕이 환관을 보내어 총애하는 승려에게 賜牌田을 지급하도록 명령을 내렸을 때에도, 처음에는 신하들과 의논할 일이라며 반대하다가 이내 왕의 노여움을 두려워하여

---

30)『高麗史』권73, 志27 選擧1 科目1 東堂試(중, 594) "(恭愍王)十四年十月, 李仁復李穡建議, 禁擧子挾冊, 易書試卷, 以防假濫……二十年三月, 敎自今年, 未滿二十五歲者, 毋得赴擧."

31)『高麗史』권115, 列傳28 李穡(하, 526~527) "(恭愍王)十六年重營成均館, 以穡判開城府事兼成均大司成, 增置生員, 擇經術之士. 金九容·鄭夢周·朴尙衷·朴宜中·李崇仁, 皆以他官兼敎官. 先是館生不過數十, 穡更定學式, 每日坐明倫堂, 分經授業, 講畢相與論難忘倦, 於是, 學者坌集, 相與觀感, 程朱性理之學始興."

32)『高麗史』권79, 志33 食貨2 鹽法(중, 741) "恭愍王六年九月, 分遣諸道塩鐵別監. 右諫議李穡·起居舍人田祿生·右司諫李寶林·左司諫鄭樞等上書, 論塩鐵別監之弊曰……."

33)『高麗史』권79, 志33 食貨2 鹽鐵(공민왕 6년 9월)(중, 741).

승인하였다. 賜牌는 국왕이 충성의 대가로 공신이나 기타 사원에 설정해주
는 토지의 증빙문서였는데, 당시에는 권세가의 토지확대 방법으로 이용되
어 토지겸병과 수취체계 중첩화의 원인으로 지목되고 있었다. 그런데 이색
은 국왕과 타협하여 자신의 뜻을 관철시키지 못하고 그냥 묵인하고 말았던
것이다.[34]

　공민왕 17년에 왕은 죽은 노국대장공주의 영전을 마암에 지으려고 하였
다. 당시 시중인 유탁이 이에 반대하자, 공민왕은 노하여 이색에게 죄의
내용을 적어 올리라고 하였다. 이색이 공민왕에게 죄명을 묻자, 공민왕은
재상으로 있으면서 불의를 행하여 가뭄이 들었고, 연복사의 토지를 빼앗으
며, 노국대장공주가 죽었을 때 3일이나 제사에 참여하지 않았고, 장례를
永和公主의 예에 따라 치름으로써 노국공주의 위상을 떨어뜨렸다고 지적하
였다. 이에 이색은 4가지 일로 죄를 묻는다고 해도 사람들은 유탁이 상소
때문에 죄를 받은 것이라 여길 것이고, 또 4가지 일도 죽일만한 사안이
아니라고 하였다. 이색의 말을 받아들이지 않은 공민왕은 결국 이색을
하옥하였다.[35]

　이색은 성리학을 이해하면서도 불교를 존중하였다. 불교를 이단으로
보았지만, 심하게 거부하지 않았다. 호감을 가지고 승려와 어울렸고 불교의
禍福 因果의 설은 많은 사람에게 공감을 갖게 한다고 하였다.[36] ‘부처는
대성인이다’·‘부처는 지극히 성스럽고 공정하다’[37]고 하여 불교 자체를

---

34) 『高麗史』 권115, 列傳28 李穡(하, 526).
35) 『高麗史』 권115, 列傳28 李穡(하, 527).
36) 『牧隱集』 文藁 권1, 麟角寺無無堂記(공민왕 11년) “釋氏域外之教也, 而軼域中之教,
　　而獨尊焉, 何也? 域中之人爲之也. 其禍福因果之說, 既有以動人之心, 而趨釋氏者,
　　率皆惡常厭俗, 不樂就名教繩墨豪傑之才也. 釋氏之得人才如此, 無怪其道之見尊於
　　世也. 余是以不拒釋氏甚, 或與之相好, 蓋有所取焉耳.”
37) 『高麗史』 권115, 列傳28 李穡(하, 525) “服中上書曰……佛氏入中國, 王公士庶尊而
　　事之, 自漢迄今, 日新月盛.……佛大聖人也.……佛者至聖至公…….”

존중하였다. 이처럼 유교의 윤리와 불교의 그것을 서로 배치되는 것으로 보지 않았다.

　우왕 원년에 정몽주, 정도전 등 성리학자들은 북원 사신의 영접에 반대하였다. 그런데 이색은 이에 대하여 의사표시를 하지 않았다. 우왕 3년초에 "宣光 洪武 두 龍이 나니 외국의 孤臣 두 줄기 눈물 흘리네"[38]라고 하여, 宣光이라는 북원의 연호와 洪武라는 명의 연호 사이에서 외국의 외로운 신하로 눈물짓고 있는 자신의 모습을 노래했다. 동아시아의 국제정세 속에서 명이 중원의 지배자임을 분명히 알고 있었지만 심정적으로는 받아들이기 어려웠던 것이다. 아버지 이곡과 같이 원 시절에 文名을 날리고 가문을 드높였던 이색으로서는 反元에 상당한 심리적 부담을 느꼈던 것이다.

　공민왕 20년에 어머니가 돌아가시자 3년상을 치르고, 병이 들어 관직을 맡지 않은 채 7~8년간을 두문불출하였다.[39]

　우왕대 이색의 정치 참여는 제한되어 있었다. 우왕대 이색이 현직으로 있었던 시기는 우왕 5년 10월부터 다음해 3월까지(정당)와 우왕 9년 11월부터 다음해 7월까지(판삼사사)의 두 차례였다.[40] 우왕 5년 5월에 홍중선의 뒤를 이어 우왕의 사부가 되고[41] 12년[42]까지 그 지위를 유지하였다. 우왕

---

38) 『牧隱集』詩藁 권6, 卽事 "宣光洪武二龍飛, 外國孤臣雙淚揮, 塞北雪深朝覲數, 海南天闊往來稀, 靑山是處僧多占, 明月無枝鵲可依, 臥病老生心獨苦, 願從靑史得羈縻."

39) 『陽村集』권40, 牧隱先生李文靖公行狀 "(恭愍王 20년) 九月, 丁母遼陽縣君憂. 明年壬子六月, 王命起復政堂文學, 以疾辭. 癸丑冬, 封韓山君, 階大匡. 甲寅秋, 恭愍王薨, 公自遼陽之逝, 哀毀成疾, 中惡嘔泄. 聞王薨愈篤, 杜門臥者七八年.";『牧隱集』文藁 권15, 有元奉議大夫征東行中書省左右司郎中·高麗國端誠佐理功臣·三重大匡興安府院君·藝文館大提學·知春秋館事·諡文忠公樵隱先生李公墓誌銘(幷序)(우왕 6년) "車駕北狩七年, 而先生歿, 樵以病莫能興者, 又六年矣. 樵之始病也, 甚劇. 先生過門悲泣久而後去, 數月而先生仙去, 樵至于今悲焉."

40) 이익주, 「우왕대 이색의 정치적 위상에 대한 연구」, 『역사와 현실』 68, 2008, 161~162쪽.

41) 『高麗史節要』권31, 辛禑(5년 5월)(774) "以韓山君李穡, 代仲宣爲師傅."

42) 『高麗史節要』권32, 辛禑(12년 하4월)(811) "韓山府院君李穡, 掌貢擧, 以舊例享禑于

10년에 명 황제가 장부, 주탁을 보냈는데, 장부 등이 국경에 도착하여 이색의 안부를 묻자, 우왕은 이색을 판삼사사로 명 황제의 조칙을 받게 하였다.[43] 우왕 3년에 대장경을 간행하였고,[44] 광통보제선사비문[45]과 당 태종 百字碑를 주석하였으며,[46] 西普通塔記를 짓는 등[47] 주로 외교, 과거, 文翰 등에 종사하였다.

우왕 12년에는 지공거가 되어 策問을 시험과목으로 다시 제시하고, 20살 미만은 과거에 응시하지 못하게 하였으며,[48] 동지공거였던 염흥방은 불합격한 아들을 합격시키려던 판문하부사 조민수의 요청을 거절하였다.[49] 우왕 13년에 이성림과 염흥방이 토지와 인민을 광점하여 일시에 세 저택을 소유하고 수탈을 일삼는다고 비판하였다.[50] 임견미, 염흥방과 거리를 두고 비판적으로 바라보던 그는 이들이 제거되자, 판삼사사가 되었다.[51]

우왕 14년에 철령위의 설치와 최영의 요동정벌, 위화도 회군에 대하여

　　花園, 禑以穡爲師傅, 敬重之, 親執手入, 欲對榻坐. 穡固辭, 禑親牽內廐鞍馬賜之."
43) 『高麗史』 권115, 列傳28 李穡(하, 528) "(禑王)十年以病辭, 進封韓山府院君, 帝遣張溥 周倬等來. 溥等至境問穡安否, 禑以穡稱爲判三司事, 出迎誥命."
44) 『高麗史』 권115, 列傳28 李穡(하, 528) "穡追父穀志, 成大藏經. 禑聞之, 命知申事盧嵩 降香."
45) 『牧隱集』 文藁 권14, 廣通普濟禪寺碑銘 幷序 "而載事之石, 先王嘗求諸中原, 石至矣, 而工役方殷, 繇是未刻也. 今董役官陜山君臣朴元鏡, 密陽君臣朴成亮等言, 功訖矣. 乞文之石, 臣等竊謂臣穡爲文, 臣脩書, 臣仲和篆宜爲, 謹昧死請."
46) 『高麗史』 권133, 列傳46 辛禑1(3년 11월)(하, 880) "命韓山君李穡, 註唐太宗百字碑以 進."
47) 『高麗史』 권113, 列傳28 李穡(하, 528) "(禑王 13年)禑修西普通塔, 命穡作記. 其略曰, ……識者譏其諂主佞佛……."
48) 『高麗史』 권113, 列傳28 李穡(하, 528).
49) 『高麗史』 권113, 列傳28 李穡(하, 528).
50) 『高麗史』 권115, 列傳28 李穡(하, 528).
51) 『高麗史節要』 권33, 禑王(14년 정월)(818) "以崔瑩爲門下侍中, 我太祖守門下侍中, 李穡判三司事."

32

유학의 대외관인 사대외교로 대응하였다. 이색은 小로서 大를 치는 것은 옳지 않다고 보았고 타협적 외교론으로 해결하려고 하였다. 당시 최영의 요동정벌에 대한 조정의 논의에서 임금의 뜻에 부합해서 반대하는 자가 적고 찬성하는 자가 많았다. 이색도 衆議를 따랐지만 물러 나와서 의리에 거슬리는 논의를 했다고 하였다.[52] 이색은 최영의 요동정벌에 찬성하지 않은 것이다. 그는 철령위 설치를 통고하러 온 왕득명에게 고려의 실정을 명 황제에게 설명해 주도록 요청하였다.[53]

　이색은 위화도 회군에 찬성하였다. 명에 대해 사대외교를 지향하는 입장에서 요동정벌은 명분질서를 어기는 것이라고 인식했기 때문이다. 또한 우왕을 폐위하고 창왕을 즉위시키는 데에도 동의하였다. 우왕의 폐위는 北伐, 곧 요동정벌에 대한 책임을 묻는 것으로 이해되었기 때문이다.[54] 이때 좌군도통사 조민수가 정비의 전교를 받들어 창왕을 세우는 논의를 요청하였는데, 이색은 전왕의 아들을 세워야 한다[55]고 하였다.[56] 그해 7월 조민수가 사전개혁을 저해한다는 이유로 창녕현에 유배되자,[57] 8월에

52) 『太祖實錄』권9, 5년 5월 계해(1책, 91쪽) "韓山君李穡卒于驪興神勒寺,……戊辰崔瑩請功定遼衛, 禑命耆老兩府會議可否, 皆希旨, 否者少而可者多. 穡亦附衆議, 退謂子弟曰, 今日我爲汝輩, 從逆義之論, 及上回軍, 執退瑩等."
53) 『高麗史』권137, 列傳50 辛禑5(14년 3월)(하, 950) "大明後軍都督府, 遣遼東百戶王得明, 來 告立鐵嶺衛. 禑稱疾, 命百官郊迎, 判三司事李穡領百官, 詣王得明, 乞歸敷奏. 得明曰, '在天子處分, 非我得專'."
54) 李佑成, 「高麗史 및 李朝文獻 記錄과 圃隱의 재평가」, 『實是學舍散藁』, 1995 ; 「牧隱에게 있어서 禑昌問題 및 田制問題」, 『牧隱 李穡의 生涯와 思想』, 1996, 4~10쪽.
55) 『高麗史』권115, 列傳28 李穡(하, 528) "曹敏修謀立昌, 以穡爲時名儒, 欲藉其言, 密問於穡. 穡亦欲立昌, 乃曰, 當立前王之子. 遂立昌."
56) 신흥유신이 창왕의 옹립에 반대하지만, 이색이 창왕을 옹립한 것은 이색이 우왕대 정치를 부정하지 않는다는 선에서 타협이라는 해석이 있다(이익주, 「우왕대 이색의 정치적 위상에 대한 연구」, 『역사와 현실』68, 2008).
57) 『高麗史節要』권33, 禑王(창왕 즉위년 7월)(833) "流曹敏修于昌寧縣. 敏修當林廉之誅, 恐禍及己. 凡攘奪民田, 悉還其主, 旣得志, 稍稍還奪, 復肆貪婪, 沮革私田. 大司憲趙浚, 劾而逐之."

문하시중이 되고 이성계는 수문하시중이 되었다.[58]

창왕 원년(1389) 4월에 급진적인 개혁을 추진하려던 정도전 등은 권세가들의 토지 탈점으로 국가재정이 악화되고 농민들의 생활이 어려워졌다는 명분으로 토지제도의 개혁을 시급하게 처리해야 할 현안문제로 제기하였다. 조준은 私田을 혁파하자는 田制改革을 주장하였는데, 이색은 舊法을 가벼이 고쳐서는 안 된다는 이유로 이에 반대하였다. 이성계·정도전·윤소종 등은 조준의 의견에 동의하였고, 우현보·변안열·유백유 등은 이색의 의견을 좇았다.[59]

이색은 정도전 등이 주장하는 급진적인 제도개혁에 맞서 온건하고 점전적인 입장을 취하였다. 지배질서의 근거가 되는 예제 시행과 관련해서, 고려의 유불도 3교가 결합된 예제 대신 주자가례를 보급하려 하였지만, 이를 실행할 때에는 과거의 습속도 존중해야 한다고 하였다. 구래의 예제는 그 뿌리가 깊고 튼튼히 박혀 있으므로 갑자기 혁파되어서는 안 된다는 이유에서였다.[60]

이색은 창왕의 즉위를 통해 왕조를 유지하고자, 명을 천자국으로 하는 사대외교론에 근거해 명과의 관계를 강화하려고 하였다. 이를 위해 자청하여 명으로 가 이른바 명의 監國과 창왕의 入朝를 관철시키려고 했다.[61]

---

58) 『高麗史節要』 권33, 禑王(창왕 즉위년)(833) "八月 以李穡爲門下侍中, 我太祖守侍中. 開書筵以李穡領書筵事, 門下評理鄭夢周, 知書筵事, 左代言權近, 左副代言柳琰, 成均大司成鄭道傳, 竝充書筵侍讀. 又令司憲府, 重房159員, 各一人, 更日入侍."

59) 『高麗史』 권118, 列傳31 趙浚(하, 589) "我太祖與浚·鄭道傳議革私田, 浚與同列上疏辛昌極論之, 語在食貨志. 舊家世族交相謗毁, 執之愈固, 都堂議利害. 侍中李穡以爲不可輕改舊法, 持其議不從. 李琳·禹玄寶·邊安烈及權近·柳伯濡, 附穡議. 道傳·紹宗附浚議. 鄭夢周依違兩間. 又令百官議, 議者五十三人, 欲革者十八九. 其不欲者, 皆巨室子弟也. 太祖卒用浚議, 革之."

60) 『高麗史』 권117, 列傳30 李詹(하, 580) "成均博士金貂上書曰,……剃髮者殺無赦, 淫祀者殺無赦. 議者謂, 此二弊根深蔕固, 不可遽革. 然殿下中興一新法制, 豈可因循. 若能革之, 堯舜之治可及也."

61) 『高麗史節要』 권33, 禑王(창왕 즉위년 10월)(841) "遣侍中李穡, 簽書密直司事李崇

34

명과 조선을 천자와 제후라는 명분관계를 통해 설정하는 가운데, 국왕의
지위를 강화하고 국왕을 정점으로 하는 상하·존비의 군신질서를 확립하려
고 하였다.62) 이색은 자신의 생각을 홍무제에게 전달하지 못하고, 창왕의
명 입조도 이루어지지 않은 상태에서 명에서 돌아오게 되었다. 이로써
구래의 군신관계를 명확히 하고, 명의 감국을 통해 왕조를 수호하려던
이색의 시도는 실패하고 말았다. 이색이 시중에서 물러나겠다고 하자,
창왕은 이색을 판문하부사에 임명하였지만,63) 그 해 10월에 사직하였다.64)

　　정도전 등은 우왕은 고려의 왕씨가 아니라는 이른바 '우왕비왕설'을
주장하였다. 마침 여주로 쫓겨난 우왕을 받들었다는 김저의 옥을 구실로,
창왕을 폐하고 공양왕을 옹립하였다. 창왕 옹립에 찬성한 이색은 공양왕의
즉위에도 찬성하였다. 공양왕의 즉위를 고려 왕실의 정통을 계승한 것으로
본 것이다.65) 우왕은 공민왕의 지명에 의한 것이고, 창왕은 우왕의 아들이며,
공양왕의 즉위는 왕씨의 계승이라고 보았기 때문이다.66)

　　1389년 11월에 공양왕이 즉위하자 장단현에서 돌아와 공양왕에게 하례
하였다.67) 오사충과 조박은 왕씨가 아닌 창왕을 옹립했으며, 儒宗으로서
불교에 미혹되어 많은 사람을 현혹시키고 풍속을 어지럽혔다고 이색을
탄핵하였다.68) 이색에 대한 비판은 정도전 등이 추구하는 개혁에 장애가

　　　仁, 如京師賀正, 請王官監國. 又請子弟入學, 自玄陵之薨, 天子每徵執政大臣入朝,
　　　皆畏懼不敢行."
62) 본서 제6장 2절, 「형세·문화적 화이관과 사대 외교」 참조.
63) 『高麗史節要』권34, 恭讓王1(848) "(恭讓王 即位年 7月) 門下侍中李穡, 乞解職,
　　擧李琳自代, 以穡判門下府事, 琳爲侍中, 洪永通領三司事."
64) 『高麗史節要』권34, 恭讓王(원년 10월)(854) "判門下府事李穡, 乞退, 不允. 穡又上箋
　　曰, 臣於去歲, 賀正京師, 副使崇仁, 今被彈劾流竄, 臣不敢自安, 乞辭職事, 不允.
　　下敎賜酒慰諭."
65) 『高麗史』권115, 列傳28 李穡(공양왕 3년)(하, 534)
66) 도현철, 「종법의 관점에서 본 고려말 왕권 변동」, 『한국사학보』35, 2009, 105~114
　　쪽.
67) 『高麗史』권115, 列傳28 李穡(하, 530) "恭讓即位, 穡自長湍還詣闕賀."

되는 미온적인 인물을 비판하고, 성리학적 개혁 이념을 널리 公布함으로써
자신들의 지향대로 정국을 이끌어가려는 것이었다.

　공양왕 2년(1390) 5월의 윤이·이초 사건과, 11월의 이성계 살해계획이
알려지면서 이색은 또 한번 탄핵을 받게 된다. 윤이·이초의 옥은 명에게
고려로 출병할 것을 요청한 사건으로 이에 연루된 인물은 이색·이림·우현
보·권근·우인열·정지·이숭인·이종학·이귀생·권중화 등이다. 또 西京千戸
윤귀택이 이성계를 살해하려 모의하다가 발각되었는데, 심덕부·지용기·정
희계·박위·윤사덕·이빈·이무·진원서·이옥 등이 연루되었다.[69]

　당시 공양왕과 왕조를 유지하려는 이색 등은 정도전 계열의 움직임에
적극적으로 대처하였다. 이들은 윤이·이초의 옥이 무고임을 표방하였고,[70]
공양왕은 求言教(3년 4월)를 내려 신하의 의견을 구했는데, 상소를 올린
정도전과 남은의 말은 받아들이지 않고 불교배척 상소를 올린 김초를
죽이고자 하였다. 공양왕 3년 7월 정몽주와 재상들은 이른바 五罪에 대한
진상을 밝히고자 함으로써 정도전 등과 대결을 시도하였고,[71] 마침내
공양왕 3년 9월 省憲과 刑曹의 탄핵을 받아 정도전이 봉화로 유배되었다.
이해 12월에 정몽주를 安社功臣으로, 이색과 우현보를 각각 韓山府院君과
丹山府院君으로 봉하고, 유배당한 인물들을 대부분 복권시켰다. 공양왕
4년 4월에 조준·정도전·남은·윤소종 등과 같은 사대부가 논핵되고 먼 지방
으로 유배되었다. 그러나 이들이 유배된 지 2일 후 정몽주가 암살되고
이성계·정도전 계열이 다시 권력을 잡게 되어 결국 역성혁명에 성공하게
된다.

---

68)『高麗史』권115, 列傳28 李穡(하, 530) “恭讓王元年十二月, 左司議吳思忠·門下舍人
　　趙璞等上疏曰,……又以儒宗, 佞佛印成藏經…….”

69)『高麗史節要』권34, 恭讓王(2년 11월)(880~881).

70)『高麗史』권117, 列傳30 金震陽(하, 572) “震陽語同僚曰, 彝初之事, 三歲小童, 亦知其
　　誣.”

71)『高麗史節要』권35, 恭讓王(三年七月鄭夢周與宰相上疏曰)(899).

조선왕조가 개창되고 이색은 고려말에 당을 결집하여 난을 일으켰다고
지목된 56인과 더불어 논죄의 대상이 되었지만 사면된다.[72] 이해 10월
외방에서 편의대로 살게 하도록 하자 한산으로 돌아왔다. 태조 이성계는
이색을 좋은 친구로 생각하고 있었고 왕에 오른 후에도 특별히 예우하고자
하였다. 태조 2년에 명을 내려 서울이나 외방에서 편리한대로 살도록 하였
고, 태조 4년에 이색이 오대산에 들어가 그곳에서 살려고 하자 태조는
그를 한산백으로 봉하였다. 이어 대나무로 만든 요여를 선물하고, 이색을
위하여 잔치를 베풀었다.[73] 이색은 고려의 신하로서 조선에서 출사하지
않고자 하였다.[74] 태조 5년(1396) 5월에 여흥의 신륵사에서 세상을 떠났다.

---

72) 『太祖實錄』 권1, 원년 7월 기사(1책, 22쪽) "敎中外大小臣僚閑良耆老軍民. 王若
曰……有司上言, 禹玄寶·李穡·偰長壽等五十六人, 在前朝之季, 結黨謀亂, 首生厲
階, 宜置於法, 以戒後來. 予尙愍之, 俾保首領其禹玄寶·李穡·偰長壽等, 收其職貼,
廢爲庶人, 徙諸海上, 終身不齒. 禹洪壽·姜淮伯·李崇仁·趙瑚·金震陽·李擴·李種學·
禹洪得等, 收其職貼, 決杖一百, 流于遐方. 崔乙義·朴興澤·金履·李來·金畝·李種善·
禹洪康·徐甄·禹洪命·金瞻·許膺·柳珣·李作·李申·安魯生·權弘·崔咸·李敢·崔關·
李士穎·柳沂·李詹·禹洪富·康餘·金允壽等, 收其職貼, 決杖七十, 流于遐方. 金南得·
姜蓍·李乙珍·柳廷顯·鄭寓·鄭過·鄭蹈·姜仁甫·安俊·李堂·李室等, 收其職貼, 放置
遐方. 成石璘·李允紘·柳惠孫·安瑗·姜淮中·申允弼·成石瑢·全五倫·鄭熙等, 各於本
鄕安置. 其餘凡有犯罪者, 除一罪常有不原外, 二罪已下, 自洪武二十五年七月二十
八日昧爽已前已發覺·未發覺, 咸宥除之."
73) 『太祖實錄』 권8, 4년 12월 辛亥(1책, 88쪽) "以李穡爲韓山伯, 仍命爲義成德泉等五庫
都提調." ; 권8, 4년12월 壬子 "賜韓山伯李穡竹腰輿" ; 권8, 4년 12월 甲寅(1책,
88쪽) "上宴韓山伯李穡, 判三司事鄭道傳亦與焉. 上聞文德武功二曲曰, 歌頌功德,
實惟過情, 每聞此曲, 予甚愧焉. 道傳對曰, 殿下有此心, 歌所以作也."
74) 이색의 卒記에 "개국하던 날 어찌 저에게 알리지 않았습니까? 저에게 만일 알렸다면
읍양하는 예를 베풀었을 것인데……"(『太祖實錄』 권9, 5년 5월 계해(1책, 92쪽))라
고 하였다. 이색이 국왕인 이성계에 대한 예를 갖춘 것으로 볼 수 있다.

## 2) 교유관계

### (1) 혈연을 매개로 한 친인척 관계

이색의 조부는 이자성이고, 아버지는 이곡이다.[75] 이자성은 韓山 郡吏였고, 祖母인 부인 이씨(1267~1350)는 興禮府 사람으로 15세에 井邑監務로 있던 이자성과 혼인하였다. 이자성은 이곡이 13세 때 죽고, 부인 이씨가 40년을 수절하면서 두 아들을 출세시켰다. 이곡은 원 제과에 급제하여 韓山君에 봉작되었고, 이로 인하여 이자성을 秘書監丞으로, 부인을 三韓國大夫人으로 봉하였다.[76]

이자성은 3남1녀를 두었는데, 큰아들은 李培로 司儀署丞을 지내고, 둘째가 李畜으로 일찍 죽었으며, 셋째가 이곡이고, 딸은 장씨에게 시집갔지만 먼저 죽었다.[77] 공민왕 8년 무렵에 이색이 백부에게 보낸 시가 있고,[78] 堂弟 李友諒[79]과 堂妹[80]에게 보낸 시가 있다. 이들은 이배의 자녀로 추정된다.[81]

이곡(1298~1351)의 자는 仲父, 호는 稼亭이다.[82] 이곡은 영해향교의

---

75) 이색의 혈연관계를 포함한 교유관계에 대해서는 다음과 같은 선행 연구가 있다(高惠玲,「목은 이색의 사승과 교우관계」,『牧隱 李穡의 生涯와 思想』, 일조각, 1996 ; 申千湜,『牧隱 李穡의 學問과 學脈』, 일조각, 1998).

76)『益齋亂藁』권7, 大元制封遼陽縣君高麗三韓國大夫人李氏墓誌銘 有序 "大夫人姓李氏, 興禮府人. 曾大父諱淳匡, 司宰注簿, 大父諱祐, 父諱椿年, 皆不仕. 旣笄, 歸韓山李氏監井邑務諱自成. 原兩家所以得氏, 非一李也. 生三男一女, 長曰培, 次夭, 次曰穀, 女適張氏, 先沒. 井邑府君卒, 守寡四十年, 明敏慈嚴, 勉二子宦學, 俾有立培官司儀署丞. 穀登國試秀才科, 又登皇朝制科. 今以奉議大夫爲郎中征東行省, 又爲國相, 爵韓山君, 由是朝命贈井邑府君秘書監丞. 大夫人封縣君, 而國命封三韓國大夫人, 當世榮之, 年八十三, 至正十年十月壬寅卒. 其年十二月丙申, 葬韓原. 銘曰, 持身有節, 訓子有則, 士也其難, 惟母時克, 身享尊榮, 由子名逐, 刻文幽墟, 于永厥視."

77)『氏族原流』韓山李氏, 경인문화사, 1991, 100쪽.

78)『牧隱集』詩藁 권5, 早春寄呈伯父(공민왕 8년).

79)『牧隱集』詩藁 권21, 得堂弟李友諒書及茶鍾一雙(우왕 5년 12월).

80)『牧隱集』詩藁 권13, 卽事(우왕 4년 12월) "老年堂妹小相依."

81) 이익주,「『牧隱詩藁』를 통해 본 고려 말 李穡의 일상-1379년(우왕 5)의 사례-」,『韓國史學報』32, 2008, 101쪽.

大賢[83]인 함창 金澤의 딸과 혼인하여, 1남4녀를 두었다. 네 딸은 朴寶生, 朴尙衷, 羅繼從, 鄭仁良과 각각 혼인하였다. 이곡은 1320년(충숙왕 7)에 秀才科, 충숙왕 복위 1년(1332년)에 征東行省 鄕試, 그 다음해에 殿試에 합격하였다. 원에서는 翰林國史院 檢閱官, 徽政院管勾 征東行中書省左右司員外郎 등의 벼슬을 역임하였다.[84] 이제현 등과 함께 민지가 편찬한 「편년강목」을 증수하고, 충렬·충선·충숙 삼조의 실록을 편수하였으며,[85] 허백과 함께 시관이 되어 배우지 않은 世家子弟를 선발하였다는 비난을 받았다.[86] 1350년(충정왕 2)에 원나라로부터 봉의대부 征東行中書省左右司郎中에 제수되었다. 원나라에서 빈번하게 童女를 요구하자, 이를 혁파할 것을 건의하였다.[87] 원과의 사대관계를 존중하면서도 고려의 독자성을 유지하려고 하였던 것이다.

이색의 외조부이며 이곡의 장인인 金澤은 1남3녀를 두었다. 1남은 金饒이고, 女는 각각 金顯·金義明·李穀과 혼인하였다. 이색은 경상도 영해의

---

82) 高惠玲, 『高麗後期 士大夫와 性理學 受容』, 일조각, 2001 ; 韓永愚, 「稼亭 李穀의 生涯와 思想」, 『韓國史論』 40, 1998.

83) 문과를 실시하기 전의 시험이 監試이고 詩賦를 시험하여 합격자를 進士라 하며, 문과를 실시한 후에 시험이 升補試로 疑義를 시험하여 합격자를 大賢이라 불렀다. 그후 生員試를 升補試에 대신하게 하고 監試도 시행하였다(『世宗實錄』 권40, 10년 윤4월 무술(3책, 129쪽) ; 朴龍雲, 「高麗時代 科擧의 考試와 體系에 대한 檢討」, 『高麗時代 蔭敍制와 科擧制研究』, 일지사, 1990, 178쪽).

84) 『高麗史』 권109, 列傳22 李穀(하, 391).

85) 『牧隱集』 文藁 권15, 有元奉議大夫征東行中書省左右司郎中高麗國端誠佐理功臣 三重大匡興安府院君藝文館大提學知春秋館事謚文忠公樵隱先生李公墓誌銘(幷序)(우왕 6년) "是歲, 先君稼亭公, 建言修忠烈忠宣忠肅三王實錄. 益齋李侍中謹齋安 贊成分年秉筆, 公亦與焉." ; 『高麗史』 권109, 列傳22 李穀(하, 391) "與李齊賢等, 增修閔漬所撰編年綱目, 又修忠烈忠宣忠肅三朝實錄."

86) 『高麗史』 권109, 列傳22 李穀(하, 391) "與陽川君許伯掌試, 取金仁琯等. 穀伯徇私, 多取世家不學子弟. 憲司彈之, 不出新及第, 依牒復還于元."

87) 『高麗史』 권109, 列傳22 李穀(하, 388) "元屢求童女于本國, 穀言於御史臺請罷之, 代作疏曰……."

외가에서 출생했는데, 영해에는 외가쪽 친척들이 많았다. 외숙부인 金饒는 과거에 합격하여 重大匡 咸寧君을 역임하였다.[88] 김요는 이색에게 많은 글을 부탁했다. 김요는 연못의 연꽃을 감상하는 것을 즐겼다.[89] 이색은 愛蓮說을 남긴 주렴계를 존중하고, 연꽃 감상을 즐겼는데, 외숙부인 김요가 연꽃을 감상하는 것을 잘 알고 시문을 지어주었다. 「淸香亭記」는 김요가 조그마한 연못에 연꽃을 심고 그 곁에 정자를 세우려 하면서 이색에게 정자의 기문을 부탁하여 쓴 글이다. 여기에서 이색은 향기가 멀수록 더욱 맑다는 뜻의 청향으로 이름을 짓고, 외삼촌의 맑은 덕이 자손들에게 전해질 것이라 칭송하였다.[90] 이외에 이색은 「청향정기」를 짓고 느낀 소감을 시로 읊었고,[91] 청향정을 그리는 마음을 적기도 하였다.[92] 우왕 6년에는 중국의 악부의 하나인 채련곡을 가지고 외삼촌을 받드는 시를 쓰기도 하였다.[93]

김요는 4남1녀를 두었는데, 金有暾·金有昫·金有暄·金有暘이 아들이다.[94] 영월군에 부임하는 김유돈을 전송하기 위하여 천수봉에 간다는 기록[95]과 김유양이 성균시의 하나로 100자의 시를 쓰는 백자과에 응시하고자 구본을 청해왔다고 한다.[96] 떠나려는 김유양을 만류한 시도 있다.[97]

---

88) 『新增東國輿地勝覽』 권29, 咸昌縣 人物條 "金饒, (金)澤之子登第, 官至重大匡 咸寧君."; "金澤, 李穀少時, 薄遊寧海, 澤時爲鄕校大賢, 知其必貴, 以女妻之, 遂生檣, 大賢生徒年長之稱."
89) 『牧隱集』 詩藁 권18, 寄題舅氏池亭 池有蓮(우왕 5년 6월).
90) 『牧隱集』 文藁 권4, 淸香亭記.
91) 『牧隱集』 詩藁 권12, 爲舅氏作蓮亭記 因賦此.
92) 『牧隱集』 詩藁 권12, 奉呈舅氏.
93) 『牧隱集』 詩藁 권24, 採蓮曲 奉寄舅氏.
94) 『氏族原流』 咸昌金氏, 경인문화사, 1991, 255쪽.
95) 『牧隱集』 詩藁 권18, 送異姓四寸弟金有暾 赴任寧越郡天水峯頭作(우왕 5년 6월).
96) 『牧隱集』 文藁 권8, 十雲詩序 "今舅氏金有暘 將由是科."
97) 『牧隱集』 詩藁 권23, 留金有暘.

　　이곡과 동서간이며 이색에게는 이모부로 金顯·金義明이 있다. 김호에게
는 金敵과 金元咸의 두 아들이 있고, 김원함의 아들로는 金漢係와 金係先이
있다.[98] 金義明에게는 아들 하나(金乙兼)와 두 딸이 있다. 『목은집』에 이모
부 金顯의 아들로 이종사촌형인 金敵이 왔을 때 시를 남겼다.[99]

　　『목은집』에는 영해에 거주하고 있는 외가쪽 사촌형과 시문을 통한 왕래
가 많았음을 보여주는 자료들이 실려있다. 김좌윤이 바로 그 인물이다.
이색이 공민왕 11년(1362)에 영해에 있는 외가형의 流沙亭에 부친 기문이
「流沙亭記」이다. 외가형과 함께 정자에서 술을 마시다가 형이 기문을 청하
므로 流沙의 의미를 풀이하였던 것이다.[100] 이밖에도 김좌윤의 이름을
거명하면서 쓴 시가 10여 수 존재한다.[101]

　　이밖에 외가쪽 사촌으로 추정되는 金副使兄과 三司兄이 있다.[102] 영해
金副使兄의 아들 김계원이 오는 길에 三司兄의 서신과 副使가 보낸 면포를
받고 시를 지었다.[103]

　　이곡의 사위이며, 이색의 매부는 박보생, 박상충, 나계종, 정인량이다.
朴寶生은 寧海 朴元桂의 두 아들 가운데 장남이다. 전법판서로서 박원계가
죽은 충정왕 원년(1349)에 박보생은 判衛尉寺事였다. 동생인 朴童生은

---

98) 『氏族原流』 咸昌金氏, 경인문화사, 1991, 255쪽.
99) 『牧隱集』 詩藁 권35, 姨兄金敵德原君 携族孫摠持僧錄 以酒食來餉.
100) 『牧隱集』 文藁 권4, 流沙亭記.
101) 『牧隱集』 詩藁 권8, 奉寄金左尹；詩藁 권10, 寄寧海金左尹；詩藁 권12, 得寧海金左
　　　尹書；詩藁 권24, 代書寄呈金左尹兄；詩藁 권28, 寄甫城李判事, 金左尹兄弟, 因省
　　　珠大選南去也；詩藁 권30, 外兄金左尹來自寧海, 喜相逢, 吟短律；詩藁 권30, 謝金
　　　左尹兄携酒見訪；詩藁 권31, 左尹兄見和前韻, 有對牀風雨之語, 復作一首；詩藁
　　　권33, 金左尹自咸昌至, 喜而志之；詩藁 권35, 寄上院禪師, 兼簡金石諧左尹.
102) 최근 연구에서 金副使兄은 金元咸, 三司兄은 金敵으로 보았다(이익주, 「『牧隱詩藁』
　　　를 통해 본 고려 말 李穡의 일상－1379년(우왕 5)의 사례－」, 『韓國史學報』 32,
　　　2008, 104쪽).
103) 『牧隱集』 詩藁 권17, 奉寄金三司兄諸族中；詩藁 권21, 寧海金副使兄之子系元來,
　　　得三司兄書及副使綿布之惠, 因成一首.

典工判書로 재직하였다.104)

　박상충(1332~1375)은 이색과 더불어 공민왕 2년 과거에 합격한 동년이다. 공민왕 13년(1364)에 이곡의 문집인『가정집』을 동년인 華之元의 도움을 받아105) 간행하였다.106) 우왕 원년 북원 사신 영접을 반대하다가 유배 중에 죽었다. 이색은 일찍 죽은 박상충에 대한 정이 남달랐던 것으로 보인다. 박상충의 아들인 朴誾(1370~1422)은 창왕 원년 과거에 급제하였다. 이색이 박은에게 보낸 시가 있고,107) 시집가는 박상충의 딸에게 보낸 시가 있다.108)

　나계종(1339~1415)의 본관은 나주, 자는 述先, 호는 竹軒이다. 아버지는 증밀직부사 織이며, 어머니는 안동 김씨로 在澤의 딸이다. 15세 때에 공민왕으로부터 四書六經을 하사받았다. 공민왕 9년(1360) 국자감시에 합격하고, 공민왕 12년(1362) 문과에 급제하였다. 공민왕 16년 成均館 諄諭 博士를 겸임하면서 四書集註를 깊이 연구하였고, 典理佐郎으로 상소문을 올렸다. 장인인 이곡의 稼亭先生畫像贊을 찬했다.109)

　이색에게는 세 아들이 있다. 첫째는 이종덕(1350~1388)이다. 자는 得性,

---

104)『牧隱集』文藁 권19, 判書朴公墓誌銘(金龍善 編著,『高麗墓誌銘集成』, 朴元桂墓誌
　　銘(공민왕 4년), 556쪽).
105) 이색이 한림공봉으로 韓山에 있을 때, 同年인 華之元이 전주에 있다가 금주를
　　다스리게 되었다. 이색은 錦州에는 새길만한 나무가 많으므로 선인 이곡의 문집을
　　간행하기 위하여 화지원을 방문하였다『牧隱集』詩藁 권3, 予旣僥倖登科, 拜翰林
　　供奉, 須次于家, 本國同年諸公, 方爲各州司錄. 而內科頭臨河華之元在全州, 與吾家
　　甚近, 將往訪之. 會華君攝錦州, 錦多木可刻書, 欲鋟先稼亭文集, 因訪華君于錦置酒
　　長歌).
106)『稼亭集』後識(尹澤) "稼亭李中父與予俱出益齋門下, 又同游翰苑, 凡所質疑, 山斗是
　　仰, 奄然先逝. 嗚呼惜哉. 今其子密直提學李穡, 於辛丑播遷蒼黃之際, 能不失遺稿,
　　編爲二十卷, 令妹夫錦州宰朴尚衷書以壽諸梓. 予得而閱之, 慨然圭復, 益歎其所樹
　　立如此. 又嘉其有子如此, 於是乎書. 至正甲辰五月初吉. 栗亭老人尹澤, 謹識."
107)『牧隱集』詩藁 권28, 甥朴誾下學來見 喜而志之(우왕 7년 3월).
108)『牧隱集』詩藁 권30, 送朴氏女適人(우왕 7년 10월).
109)『竹軒遺集』(羅繼從),『韓國文集叢刊』(續), 민족문화추진회, 2005, 行狀(吉再, 永樂
　　16년, 1418).

致久, 호는 玄巖, 三堂이다. 공민왕 18년(1369) 생원시에 합격하였다. 우왕 5년에 승선, 우왕 6년에는 밀직이 되었다. 이해 12월에 우왕이 그의 기첩인 매화를 빼앗았다.[110] 우왕 13년(1387) 10월에 지밀직사사에 올라 賀正使가 되어 남경에 갔으나 목적을 달성하지 못하고 귀국하였는데,[111] 얼마 후에 죽었다.[112] 부인은 진주 유씨 유방손의 딸이다. 4남2녀를 두었다. 아들은 孟畎, 孟均, 孟畷, 孟畛이고, 장녀는 유기에게 출가하고, 차녀는 목은의 문생인 하륜의 아들 河久에게 출가했다.

둘째 이종학(1361~1392)[113]의 호는 麟齋로, 공민왕 23년(1374) 성균시에 합격하고, 우왕 2년(1376)에 정당문학 홍중선과 지밀직 한수의 문하에서 합격하였다. 우왕 12년에 성균관대사성, 우왕 14년에 우대언이 되고, 4월에 요동 정벌을 위한 助兵六丁神에게 초재를 올렸다.[114] 창왕이 즉위하자, 8월에 성균시를 주관하였고, 9월에 동지공거가 되어 판개성부사 柳源과 더불어 김여지 등 33인을 선발하였다.[115] 공양왕이 즉위하고 이색이 탄핵을 받자, 순천으로 유배되었다. 공양왕 2년에 윤이·이초 사건으로 청주옥에 갇혔고, 3년에 사헌부의 탄핵을 받아 진천으로 유배되었다. 이때 정도전과

---

110) 『高麗史』 권134, 列傳47 辛禑(6년 12월)(하, 898) "十二月禑遊黃丙沙洞, 遇美女, 携入民家, 淫之. 又嘗奪密直李種德妓妾梅花, 淫于路, 傍人家, 尋納宮中."

111) 『高麗史』 권134, 列傳47 辛禑(13년 10월)(하, 936).

112) 『牧隱集』 詩藁 권35, 長湍吟 寄省郎諸兄 "……去年長子入皇天, 仲氏今冬謫海壖, 聞說三郎方被劫, 奈何天也奈何天……."

113) 『麟齋遺稿』, 『韓國文集叢刊』 7, 민족문화추진회, 1990.

114) 『高麗史』 권137, 列傳50 辛禑5(14년 4월)(하, 952) "遣右代言李種學, 行助兵六丁神醮禮."

115) 이종학에 대하여, "옛 예에 登第者는 비록 參上(6품이상 종3품이하의 직계)이라도 모두 3館에 분속되는 것인데, 지신사 이행이 이종학의 청을 듣고 새로 급제한 문경으로 내시를 삼으매 참상원 김여지 안순 안윤의 김후 유한 강회계도 모두 분관하지 아니하니 이들은 모두 세가의 자제였다(『高麗史』 권137, 列傳50 辛禑5(辛昌)(하, 968) "十月……甲子霧, 舊例登第者, 雖參上, 皆分三館. 知申事李行, 聽李種學之請, 以新及第文褧爲內侍城, 上員金汝知安純安允宜金後柳漢姜淮季, 並不分館, 皆勢家子弟也.")라는 기록이 있다.

연계된 손흥종이 고문으로 이종학을 죽이고자 하였으나, 그의 문생 김여지의 도움으로 죽음을 면하였다. 다시 장사현으로 유배지를 옮겼는데 茂村驛에 이르러 손흥종이 보낸 자들에 의하여 죽음을 당하였다.[116] 문하시중을 지낸 이춘부의 딸을 부인으로 맞이하여 6남1녀를 두었다. 아들은 叔野·叔畦·叔當·叔畎·叔福·叔時이고, 딸은 의안대군 李和의 아들인 李漸에게 시집갔다. 이색이 오랫동안 문형을 맡고 아들 이종학에게 두 번이나 과거시험을 관장하게 하였는데, 이종학은 본래 문에 능하지 못하였으므로 士林이 "이색이 그 아들에게 私情이 있다"[117]고 하였다.

셋째는 이종선(1368~1438)이다. 자는 慶夫, 음직으로 낭장이 되었다. 15세에 우왕 8년(1382)에 안종원과 尹珍의 문하에서 과거에 합격하였다. 사헌집의와 사간을 지내다가 공양왕 4년에 첨서로 있었는데, 김진양의 옥사에 연루되고, 조선이 건국되자 결당모란의 죄로 형 종학과 논죄의 대상이 되었다. 태종 11년(1411)에 호조참의가 되었다. 6월에 명의 국자조교 陳璉이 지은 '牧隱墓誌銘'이 문제가 되어 탄핵을 받게 된다. 이 묘지명에서 "공양왕이 즉위하자 用事者들이 자기들에게 협조하지 않는다고 하여 목은 선생을 탄핵하고 장단으로 유배시켰다"라고 하였는데, 조정에서는 用事者가 태조를 의미한다고 문제를 제기하였다. 杖 100의 형을 받고 동해로 유배되었다.[118] 11월에 사면을 받고 풀려났다. 권구의 딸을 첫째 부인으로, 권근의 딸을 후처로 맞이하였다. 5남2녀를 두었다. 아들은 季疇·季疄·季甸·季畹·季町이고, 장녀는 시중 이춘부의 손자인 이백상에게, 차녀는 좌사간 김섭의 아들인 김숭노에게 출가하였다. 이 가운데 이계전(1404~1459)은 세종대에 이름을 날렸다.[119]

---

116) 『太祖實錄』 권1, 원년 8월 임신(1책, 27쪽).
117) 『高麗史』 권115, 列傳28 李穡(하, 530) "又久典文衡, 以其子種學再掌試. 種學素不能文, 士林頗議穡私其子."
118) 『太宗實錄』 권21, 11년 6월 무오(2책, 588쪽).

44

이색은 권중달의 딸(1331~1394)과 혼인하였다. 權仲達은 都僉議政丞, 醴泉府院君으로『고려사』간신열전에 실린 권한공의 아들이며, 이복동생이 이색과 동년인 권중화이다. 당시 안동 권씨는 염제신, 이제현, 한수처럼 과거에 합격한 우수한 인재를 사위로 삼아 가문의 영예를 이어갔는데, 어려서부터 정민하고 학문을 좋아하여 그 명성이 자자한 이색도 포함되었다.[120] 특히 출중한 인재를 사위로 택하려는 이들이 이색을 사위로 맞이하려 혼인하는 날 저녁까지 다투었는데 마침내 권중달의 사위가 되었다고 한다.[121]

권중달은 2남5녀를 두었다. 아들은 權嗣宗과 權季容이고, 사위는 全賁, 柳惠芳, 閔瑾, 이색, 金允轍이다.[122] 이색은 廣平侍中 이인임에게 처남인 權嗣宗의 자리를 부탁하기도 하였다.[123] 권사종의 아들로는 권집중,[124] 권집경, 권집지, 권집덕이 있다. 이색은 권집경이 과거에 합격하자 이를 기뻐한 시를 남겼다.[125] 권집경은 우왕 12년에 성균시를 관장하였고,[126]

---

119) 申千湜,『存養齋 李季甸의 生涯와 行錄』, 景仁文化史, 2001.
120) 金光哲,『高麗後期世族層研究』, 동아대출판부, 1991 ; 閔賢九,「高麗後期 安東權氏 家門의 展開－元 干涉期의 政治的 位相을 중심으로」,『道山學報』5, 1996 ; 朴龍雲, 「安東權氏의 사례를 통해 본 高麗社會의 一斷面－'成化譜'를 참고로 하여－」, 『歷史敎育』94, 2005.
121)『陽村集』권39, 貞愼宅主權氏墓誌銘 幷書.
122)『牧隱集』詩藁 권23, 端午, 拜掃奠物, 吾家承次謹備, 閔兄適還京, 與權判書同行. 予以天陰骨酸不能與, 坐題一篇, 仍戒子孫云(우왕 6년 5월) "花原之門壻五人, 全柳閔金風釆新, 當時豪逸皆名士, 酸寒獨有韓山李, 自上而下次於三, 自下而上爲第二, 武德將軍酷愛酒, 白楊幾見秋風起, 如今判書獨當門, 我與老閔能生存, 閔氏歸來爲拜掃, 我病不出心中煩, 淸齋貞愼謹爲饌, 白日照破重陰昏, 山頭松樹高幾尺, 松花滿山露交滴, 焚香酌酒再三拜, 錫類子孫應善積, 陵谷易處知者誰, 閭閻自古多盛衰, 但將忠孝保箕裘, 不用汲汲求名馳."
123)『牧隱集』詩藁 권21, 以折簡呈廣平侍中 爲妻弟判閣官(우왕 6년 4월).
124) 권집중에 대해서는 태종 8년 10월 명 사신이 조선에 貢女를 요구할 때, 전전서 권집중의 딸이 첫 번째로 뽑혔는데(『太宗實錄』권16, 8년 10월 을유(1책, 457쪽)), 명 영락제의 후궁인 현인비가 되었다(『太宗實錄』권16, 9년 4월 갑신(1책, 481쪽))라는 기록이 있다.

우왕 14년 임견미, 염흥방이 죽임을 당할 때 이인임의 사위(妻壻)라는 이유로 안동에 유배되었다.[127) 태종 3년 안동부사로 나가는데 권근이 전송하는 서문을 지었다.[128] 權季容은 우왕 6년 7월에 典法判書, 楊廣全羅道察理使를 거쳐 우왕 10년 9월에 同知密直이 되었다.[129] 아들로 權總, 權綏, 權緩이 있다. 권총은 철원부사일 때, 이색을 찾아간 적이 있고[130] 여흥군수로 재직하였다.[131]

권중달의 5명의 사위 가운데 3명은 일찍 죽은 것 같다. 우왕 6년 12월경에 쓰여진 글에 권중달의 두 아들과 다섯 사위 가운데 살아있는 사람은 권계용과 민근, 이색뿐이라고 언급하고 있기 때문이다.[132]

첫째 사위인 全賁은 旌善 사람으로 2남1녀를 두었다. 아들은 全五倫과 全五教이고, 1녀는 파평 윤씨와 혼인했다.『고려사』에 의하면, 전오륜은 공양왕 3년 3월에 좌상시,[133] 동12월에 형조판서[134]가 되었다. 이색은

---

125)『牧隱集』詩藁 권24, 賀權執經登第(우왕 6년 6월).

126)『高麗史』권74, 志28 選擧2 科目2 國子試之額(중, 623) "(禑王 12年 4月) 知申事權執經 取鄭坤等九十九人."

127)『高麗史節要』권33, 禑王(14년 정월)(819) "安置廣平府院君李仁任于京山府, 竄前門 下評理李仁敏于鷄林府, 配烽卒,……知申事權執經于安東,……執經仁任之妻壻, 稷 仁敏之子也. 初李仁復惡仁任, 仁敏之爲人曰, 敗國亡宗者, 必是二弟也. 其孫存性, 果連坐."

128)『陽村集』권19, 序前知申事權公執經出尙州牧使(태종 3년 가을 8월 초하룻날).

129) 이인임의 이웃에 사는 同知密直 權季容이라는 기록으로 알 수 있다(『高麗史』 권135, 列傳48 禑王(10년 9월)(하, 918).

130)『牧隱集』詩藁 권35, 權總來別(공양왕 2년 정월).

131)『陽村集』권7, 驪江宴集詩序(공양왕 3년 11월) "上卽位三年辛未冬十有一月, 吾座主 韓山牧隱先生, 承恩命朝京, 次于驪江別墅. 都觀察使安公, 設酌以慰,……簽書種學, 先生男也. 驪興郡守權總, 其甥也. 近與都事李愚, 俱門人也……."

132)『牧隱集』詩藁 권27, 外舅花原君之內外孫 凡於慶弔迎餞, 相聚曰四寸會. 歲二人掌其 事, 名曰有司. 有司於歲終作會, 以授其事於來歲之有司, 蓋家法也. 必邀父行一二人 押座, 庚申仲冬二十又四日, 閔中立及吾豚犬種學辦其會. 僕與閔判事·權判書在座, 大醉而歸, 日午始起, 吟一首(우왕 6년 12월) "七人今日只三人."

133)『高麗史』권46, 世家46 恭讓王(3년 4월)(상, 890~891) "以門下評理金湊兼大司憲許

그에게 시를 지어 보내고,[135] 그의 字인 仲至에 대해 字說을 써주었으며,[136] 정도전도 그의 자설을 썼다.[137] 전오륜은 조선왕조가 개창된 뒤, 논죄된 사람 가운데 한명이었다.[138]

둘째 사위인 柳惠芳은 진주 사람으로 아들은 柳珣, 柳瑚, 柳義湖(出家)와 3녀가 있었다. 柳惠芳의 형인 柳惠蓀의 女는 이색의 장남인 이종덕과 혼인하였다.[139] 유혜손은 김저의 옥에 연루되어 정지, 이거인과 함께 유배되었고,[140] 공양왕 4년 7월에 공양왕이 폐위되고 옥새가 왕대비에게 넘어갈 때 귀양보내졌다.[141] 조선이 건국되고 논죄된 대상이었다.[142] 이색은 장인의 제사를 사위들이 돌아가면서 지내는 것을 시로 남겼다. 우왕 5년에는 장인 권중달의 기제를 유혜방의 부인이 주관하였고, 7년에는 동서 민근이 주관하였다. 우왕 5년 처조모 蔡氏의 제사를 처고모의 後夫 염제신이 맡고, 우왕 6년에는 유혜방의 부인이 주관하였다.[143] 이밖에 유혜손이 유배되고 위로하는 자리에 참석하여 시를 남기기도 하였다.[144]

柳珣(1335~1398)는 공민왕 9년에 과거에 급제하여, 홍건적의 침입 때

---

應, 全五倫爲左右常侍, 全伯英爲右司議大夫, 權軫爲右獻納, 金汝知爲左正言."

134) 『高麗史』 권46, 世家46 恭讓王(3년 12월)(하, 902).

135) 『牧隱集』 詩藁 권25, 有感一首示伯至廉使 ; 권25, 送伯至廉使.

136) 『牧隱藁』 文藁 권10, 仲至說 "大姨夫全氏, 旌善望姓. 仲子曰五倫, 請予字說曰……."

137) 『三峯集』 권3, 五言古詩 題全典客字說卷中.

138) 『太祖實錄』 권1, 원년 7월 정미(1책, 22쪽).

139) 『氏族原流』 晉州柳氏, 경인문화사, 1991, 556쪽.

140) 『高麗史』 권45, 世家45 恭讓王1(원년 11월 병술)(상, 870).

141) 『高麗史』 권46, 世家46 恭讓王2(4년 6월 신묘)(상, 910).

142) 『太祖實錄』 권1, 원년 7월 정미(1책, 22쪽) "禹玄寶·李穡·偰長壽等五十六人, 在前朝 之季, 結黨謀亂, 首生厲階, 宜置於法, 以戒後來……柳惠孫……全五倫·鄭熙等, 各 於本鄕安置……."

143) 채웅석, 앞의 논문(2006), 85쪽.

144) 『牧隱集』 詩藁 권21, 昨赴柳判書惠孫席上, 蓋其子壻輩設燕, 追慰其見謫而歸也. 曉起吟得一首.

경성을 수복한 공로로 2등 공신이 되었고,[145] 공민왕 22년(1373)에는 元代
許衡에서 楊弘道에 이르는 123名賢의 表와 詔 등을 선별한 「聖元名賢播芳續
集」을 편집했다. 공민왕 23년 9월 안종원과 함께 도당에 글을 올려 최만생의
대역을 지적하였고,[146] 조선 태조 5년에는 朴光春과 함께 京師에서 예부의
자문을 가지고 돌아오기도 하였다.[147] 柳瑚는 우왕 8년(1382)에 강릉부사로
부임하게 되자 이색이 시를 써 전별하였다.[148]

셋째 사위인 閔瑾은 驪興인으로 아들로는 閔中立, 閔中理가 있다. 처갓집
제사를 여러 차례 주관하였고, 이를 기록한 이색의 7편의 시가 전한다.[149]
이색이 민중립에게 보낸 시가 4수 있는데, 여기에는 민중립이 사위를 맞아들
이던 날 돌아오는 길에 지은 시가 포함되어 있다.[150] 차남인 민중리는
공민왕 17년 親試가 시행되고 이색이 독권관일 때 과거에 합격했다. 우왕
4년 11월에 정당문학 권중화와 判書雲觀事 張補之를 보내 峽溪의 입지를
살펴보도록 했다. 이때 前摠郎인 민중리는 道詵密記에 실린 北蘇箕達이

---

145) 『高麗史』 권40, 世家40 恭愍王3(12년 윤3월)(상, 802) "乙酉……又錄收復京城
功……."
146) 『高麗史節要』 권29, 恭愍王(23년 11월)(747) "諫官柳珣·安宗源等, 上書都堂曰……."
147) 『太祖實錄』 권9, 5년 4월 을사(1책, 94쪽).
148) 『牧隱集』 詩藁 권31, 江陵府使柳瑚赴任告行.
149) 『牧隱集』 詩藁 권16, 晚晴, 贈大姨夫閔判事, 慰解其志云. ; 詩藁 권20, 聞咸陽大姨夫
閔判事家爲倭奴所劫 ; 詩藁 권21, 奉寄大姨夫閔判事 ; 詩藁 권23, 端午, 拜掃奠物,
吾家承次謹備, 閔兄適還京, 與權判書同行, 予以天陰骨酸不能與, 坐題一篇, 仍戒子
孫云. ; 詩藁 권25, 寄呈閔兄 ; 詩藁 권27, 外舅花原君之內外孫, 凡於慶弔迎餞, 相聚
曰四寸會, 歲二人掌其事, 名曰有司, 有司於歲終作會, 以授其事於來歲之有司, 蓋家
法也. 必邀父行一二人押座. 庚申仲冬二十又四日, 閔中立及吾豚犬種學辦其會, 僕
與閔判事·權判書在座, 大醉而歸, 日午始起, 吟一首. ; 詩藁 권28, 外舅忌齋, 閔判事
設行, 歸而困甚. ; 詩藁 권28, 外舅花原君諸孫, 爲權正郎煖房, 正郎張幕設筵, 妓樂
甚盛. 請父行押坐. 於是, 小丈人密直公, 居主人之位, 權判書·閔判事及僕與焉. 李商
議·廉東亭·任大諫·廉大卿, 亦以醴泉外孫, 皆在賓次, 而東亭又其座主也,故特邀. 朴
密直至, 則兩恩門, 叔父姑夫內外兄弟皆在, 正郎榮矣哉. 入夜醉歸, 明日吟成一首,
呈李密直·李商議·廉東亭·朴密直.
150) 『牧隱集』 詩藁 권32, 閔中立納壻歸途一首(우왕 8년 5월).

峽溪이니 천도할만하다고 하였지만, 조정에서는 협계가 궁벽하게 산골짜기에 있기 때문에 선박의 조운이 통하지 않는다 하여, 논의가 중지되었다[151]는 기록이 있다. 우왕 5년 한여름에 자하동에 들어가 刻燭賦詩하여 '松風' '宰相行' '驟雨'라는 시제로 이색, 이무방, 한수, 이종학, 민중리, 염정수, 임헌, 김가구 등이 참여하였고,[152] 우왕 8년에 서장관으로 명의 금릉에 갔다 왔다[153]고 한다. 창왕 원년 3월 민중리가 진주목사로 있으면서 부친상을 당하여 분상할 때 생선과 고기를 싣고 다녔으며, 이모부인 이색에게 부탁하여 판도판서로 제수되었을 때 起復의 명을 받지 않고 일을 보았다는 이유로 사헌부의 탄핵을 받았다.[154]

다섯째 사위인 金允轍은 영양 사람인데 일찍 죽은 것으로 보인다. 아들은 金廉, 金思忠, 金詠으로, 이색은 이들이 모두 입사하지 못한 것을 아쉬워하였다.[155]

---

151) 『高麗史節要』 권30, 辛禑(4년 11월)(770) "遣政堂文學權仲和·判書雲觀事張補之, 相宅于峽溪. 時前摠郎閔中理上言, '道詵密記所載北蘇箕達者, 卽峽溪, 可以遷都.' 仲和還曰, '得北蘇宮闕舊基凡百八十間,' 朝議以峽溪, 僻在山谷, 漕舶不通, 議遂寢."

152) 『牧隱集』 詩藁 권18, 昨至九齋坐松下, 松陰薄, 日將午, 熟尤甚. 於是告諸生曰, "入紫霞洞, 就涼冷處, 賦詠如何? 諸生踊躍導行, 至安心寺前亂水坐南岸, '刻燭出題, 燭未半, 雨驟至, 引諸生走入寺. 衣巾盡濕, 殊有佳致, 賦三詩,' 曰松風, 予所命也. 曰宰相行, 光陽君李先生所命也. 曰驟雨, 上黨韓先生所命也. 初持馬報僕者, 閔祗候安仁也. 從僕者, 閔令中理豚犬種學也. 從上黨者, 乃子尙敬壻安景儉也. 其邂逅者, 典校令金可久, 典法摠郎任獻, 典校副令廉廷秀也. 旣歸頹然困臥, 及覺眞如夢中, 歌以錄之, 日已高矣."(우왕 5년)

153) 『牧隱集』 詩藁 권26, 聞兒子輩餞閔中理金陵書狀之行.

154) 『高麗史』 권137, 列傳50 辛禑5(하, 964) "三月 憲府劾閔中理, 嘗爲晉州牧使, 奔父喪, 載魚肉以行. 又托姨父李穡除版圖判書, 不待起復之命, 視事受祿之罪, 流之. 初憲府, 不署中理告身, 持平金瞻私署與之, 又有富商家女殺孕婦, 瞻故脫其罪. 及瞻赴衙, 糾正等不庭迎."

155) 『牧隱集』 詩藁 권27, 谷州仲子金思忠來, 問其職曰散員, 因問其兄弟, 則兄廉亦散員, 弟詠未仕, 予悲之. 今花原外孫, 壯者皆參官以上, 至有入兩府爲六部典書者, 獨金氏子非幼也而如此, 何哉. 異日功名, 則未散必其如何. 據今所見, 寧可恝然乎. 第恨無

### (2) 과거제를 통한 교유관계

이색은 과거제를 존중하고 과거제에서 파생된 좌주문생제, 용두회, 同年
會와 名簇會 등을 중시하였는데, 이런 모임을 예가 있는 자랑스러운 일로
생각했다. 이색은 좌주인 이제현의 손자 이보림이 이제현의 문생인 안보
문하의 출신이고, 이색의 장남인 종학이 이곡의 문생인 한수의 문생이라고
하여 父의 문생을 아들의 좌주로 삼게 한 사실을 자랑스럽게 생각하였다.[156]
宗伯은 좌주의 아들을 부르는 말인데,[157] 이곡의 문생들에게 이색은 종백이
되고, 이제현의 문생 역시 이제현의 아들은 종백이 된다. 이곡의 문생인
박형은 이색을 종백이라 하고,[158] 이색은 이제현의 아들인 李彰路를 종백이
라고 하였으며,[159] 홍언박의 아들인 洪師瑗을 종백이라고 하였다.[160]

이색의 성균관시 좌주는 김광재이다. 김광재(1294~1363)는 金台鉉
(1261~1330)의 아들로, 본관은 전라도 광주이다.[161] 충선왕 5년(1313)에
권한공, 최성지 문하에서 급제하였다. 충혜왕 2년(1341)에 성균시를 관장하
였는데,[162] 이때 이색이 14살의 나이로 합격하였다. 이해 7월에 이군해와

力, 不能薦之銓曹耳.

156) 『牧隱集』 文藁 권8, 贈宋子郊序 "崔疏齋來曰, 彪與廉東亭, 俱出星山宋令公門下,
今其孫子郊, 又爲東亭所取, 將歸謁乃祖于星山. 吾等餞其行, 東亭亦不敢自重, 來與
會中, 當以言贈, 詩若序 吾等非不能. 然吾等自度不足動我恩門, 先生雖後進, 同在龍
頭會中. 視子郊必非他人比, 幸一言以華之. 予曰, 吾老矣. 又病忘失已甚, 然吾座主益
齋侍中之孫李政堂, 出乃祖門生安政堂門下, 謹齋安文貞之孫正郞景恭, 出乃祖門生
洪贊成門下, 吾豚犬種學得爲先稼亭公門生韓淸城之門生."

157) 『牧隱集』 詩藁 권9, 憶丁亥科諸公  三首(國俗進士及第 稱其座主之子曰宗伯).

158) 『牧隱集』 詩藁 권22, 今庚申年東堂監試主司, 皆與僕親厚. 知貢擧廉東亭, 從僕習擧
業, 且姻親也. 同知貢擧朴密直, 先君門生. 稱僕則曰宗伯, 監試試員徐承旨, 同年之
子, 其習擧業也. 亦以其所爲文求是正. 吾老矣, 病也久矣. 獲覩盛事, 自幸之甚, 吟成
一首.

159) 『牧隱集』 詩藁 권14, 奉寄李開城 ; 詩藁 권16, 謝李開城携酒見訪 ; 詩藁 권16, 次宗
伯開城韻.

160) 『牧隱集』 詩藁 권20, 宗伯洪尙書見訪.

161) 『牧隱集』 文藁 권17, 松堂先生金公墓地銘幷書.

함께 安元龍, 안종원 등 33명을 뽑았다.163) 부친인 金台鉉은 역대 시문을
집성한『東國文鑑』을 편찬하였고, 김대현의 문생인 최해는『동국문감』의
문제점을 보완하여「東人之文」을 편찬하였다. 이는 金祉의『選粹集』과
趙云仡의『三韓詩龜鑑』과 같은 시문선집을 간행하는데 영향을 주었다.164)
안향, 안축 집안과 인척관계였고, 김대현의 문생인 최해와 긴밀하게 결합하
였으며 이곡과도 친하게 지냈다.

　이색의 예부시 좌주는 이제현과 홍언박이다. 이제현(1287~1367)은 원
간섭기의 역사학자, 정치가로서 성리학의 보급과 인재양성에 공헌하였다.
충렬왕 27년(1301)에 권영과 조간이 시관인 과거에 합격하였다. 충숙왕
7년과 공민왕 2년 두 번에 걸쳐 시관을 역임했다. 충선왕을 따라 원나라의
만권당에 머물렀고, 立省論에 반대 상소를 올렸다. 충목왕에게 四書를
익혀 修己·修養을 전제한 치인론165)을 제시하였다. 공민왕이 즉위하자
재상이 되었다. 공민왕 5년 기철 등을 제거하는 반원운동에 소극적이었으
로, 주기철공신에 책봉되지 못하였다.166)

　홍언박(1309~1363)은 본관은 남양, 호는 陽坡이다. 공민왕의 인친으로

162)『高麗史』권74, 志28 選擧2 科目2 國子試之額(중, 623) "忠惠王後二年, 金光載取成元
　　達等."
163)『高麗史』권73, 志27 選擧1 科目1(중, 610) "忠惠王後二年七月, 密直副使李君侅知貢
　　擧判, 典儀寺事金光載同知貢擧, 取進士賜安元龍等三十三人及第."
164) 金乾坤,「高麗時代의 詩文選集」,『精神文化研究』68, 1997 ; 邊東明,「金台鉉의
　　『東國文鑑』편찬」,『震檀學報』103, 2007.
165)『高麗史』권110, 列傳23 李齊賢(하, 415) "上書都堂曰, 今我國王殿下, 以古者元子入
　　學之年, 承天子明命, 紹祖宗重業, 而當前王顚覆之後, 可不小心翼翼以敬以愼. 敬愼
　　之實, 莫如修德. 修德之要, 莫如嚮學. 今祭酒田淑蒙, 已名爲師, 更擇賢儒二人, 與淑
　　蒙講孝經語孟大學中庸, 以習格物致知誠意正心之道, 而選衣冠子弟, 正直謹厚好學
　　愛禮者十輩爲侍學, 左右輔導, 四書旣熟, 六經以次講明."
166) 閔賢九,「高麗 恭愍王代『誅奇轍功臣』에 대한 檢討」,『李基白先生古稀紀念韓國史
　　論叢』, 1995 ; 이익주,「공민왕대 개혁의 추이와 신흥유신의 성장」,『역사와 현실』
　　15, 1995.

공민왕 3년에 문하시중이 되어 기철 일파를 죽이는데 기여하였다. 공민왕 11년 유숙과 더불어 과거를 주관하였다. 이색은 좌주인 홍언박을 기리는 시를 남겼다.[167] 특히 우왕 6년 3월 홍언박의 기일날에는 정사에 쫓겨 매년 찾아뵙지 못하는 자신을 자책하면서 恩門에 대한 예를 말하였다.[168] 이색은 용두회와 동년회, 명족회와 같이 과거제에서 파생된 유대 관계를 중시했다. 용두회는 역대 과거의 장원 모임이다. 염흥방은 공민왕 6년 이인복, 김희조 하의 장원급제자로서 공민왕 2년의 장원급제자인 이색 그리고 자신이 주관한 과거의 장원급제자가 긴밀하게 연결되었다. 공민왕 23년의 김자수, 우왕 6년의 이문화, 우왕 12년의 맹사성이 그들이다.[169]

동년회는 충혜왕 2년에 성균시에 합격한 사람들의 모임인데, 동년으로는 한홍, 오혁림, 이동수, 안종원, 서영, 이몽유, 성사달, 이무방, 김군필, 주인성, 박언진, 곽충수, 안면, 임희좌 등이 포함된다. 우왕 5년에 두 차례에 걸쳐 안종원이 모임을 주선했다고 한다. 공민왕 2년에 예부시의 동년으로는 한홍도, 권중화, 정추, 박진록, 곽충록, 채련, 정양, 이구, 송무 등이다.

이색은 공민왕 17년에 독권관, 18년, 20년, 우왕 12년에 시관이 되어 과거합격자를 선발하였다. 그의 문생 가운데 이백유(?~1399),[170] 남재(1351~1419),[171] 윤호(?~1393),[172] 오사충(1327~1406),[173] 안경공(1347~1421)[174] 등 개국공

---

167) 『牧隱集』詩藁 권20, 宗伯洪尙書見訪 ; 詩藁 권21, 三月初陽坡先生忌日 ; 詩藁 권24, 送梨至恩門 宅夫人出別墅 詩以記之 ; 詩藁 권30, 拜掃恩門南陽侍中墳墓.
168) 『牧隱集』詩藁 권21, 三月初陽坡先生忌日.
169) 『牧隱集』詩藁, 권24, 送龍頭與李狀元文和偕行 ; 詩藁 권29, 東亭復入都堂 詩以陳賀 ; 詩藁 권29, 東亭走其門生壯元金正言來招, 僕以身困不可出, 恨然吟成一首 ; 詩藁 권31, 鄭簽書·金正言兩會長見訪, 旣去. 朴正子虛與斯文李畉又來.
170) 『牧隱集』詩藁 권20, 薦李伯由之父.
171) 『牧隱集』詩藁 권35, 南在送蓴酒奏紙.
172) 『牧隱集』詩藁 권16, 韓柳巷邀同往尹判書園林 ; 권16, 尹判書席上.
173) 『牧隱集』詩藁 권19, 書淸風太守吳思忠到界書目後.
174) 『牧隱集』詩藁 권28, 曩不獲讓, 銘烏川君之幽堂, 其子典校副令鄭洪, 壻內府副令安

신이 다수 존재한다.[175)

### (3) 성균관에서의 교류 인물

이색은 성리학을 수용하고 많은 당대 인사와 교류하였다. 공민왕 16년에 성균관이 중영되었는데,[176) 이때 이색은 성균관대사성이 되고 김구용(1338~1384), 정몽주(1337~1392), 박상충(1332~1371), 박의중(1337~1403), 이숭인(1347~1392)은 비록 산직이기는 하였지만 교관이라는 명칭으로 성리학을 연구하고 학생을 교육하였다.[177)

김구용(1338~1384)[178)의 초명은 齋閔이고 후에 九容으로 고쳤다. 자는 敬之, 호는 惕若齋, 본관은 안동이다. 공민왕 4년(1355)에 이공수, 안보 문하에서 과거에 급제하였다. 공민왕 16년(1367)에 성균관이 중영될 때 교관으로 참여하였다. 우왕 원년(1375)에 북원 사신 영접에 반대하여 竹州로 유배당했다.[179) 이후 천녕현으로 옮겨 7년간 한거하며 육우당에서 살았다. 우왕 7년(1381)에 좌사의대부, 성균관대사성이 되었다. 우왕 10년(1384) 정월 行禮使로 遼東의 都指揮司事에게 사행가 본국에서 獻馬가 지연된 일로 중국 雲南省 大理衛에 유배되었는데, 가는 도중 西川(사천성)의 남쪽 경계인 瀘州 永寧縣 江門站에서 47세의 나이로 병사하였다.[180)

景恭 以盛饌來餉. 又以紫袍爲潤筆, 觀其意勤且禮也, 受之, 當俟後日還之耳.

175) 『太祖實錄』 권1, 즉위년 9월 갑오(1책, 29쪽) ; 韓永愚, 「朝鮮 開國功臣의 出身에 대한 硏究」, 『朝鮮前期社會經濟硏究』, 을유문화사, 1983.

176) 閔賢九, 「辛旽의 執權과 그 政治的 性格」, 『歷史學報』 38, 40, 1968.

177) 『高麗史』 권113, 列傳28 李穡(하, 526~527) "(恭愍王 16年) 重營成均館, 以穡判開城府事兼成均大司成, 增置生員, 擇經術之士, 金九容·鄭夢周·朴尙衷·朴宜中·李崇仁, 皆以他官兼敎官. 先是, 館生不過數十, 穡更定學式, 每日坐明倫堂, 分經授業, 講畢相與, 論難忘倦. 於是, 學者坌集, 相與觀感, 程朱性理之學始興."

178) 成範重, 『惕若齋 金九容의 文學世界』, 울산대출판부, 1997.

179) 『高麗史節要』 권30, 辛禑(원년 추7월)(750).

180) 『高麗史』 104, 列傳17 金方慶 金九容(하, 293).

이색과 김구용과의 왕래는 빈번하였다. 김구용은 이제현, 이곡, 최해와 교류하였고 이색이 배운 바가 많은 민사평(1295~1359)의 외손이었다.181) 하지만, 무엇보다도 자신과 뜻을 같이 하는(同志) 몇 안 되는 사람 중에 하나였다.182) 김구용의 시집의 서문183)과 川寧縣 유배시에 六友堂에 대한 기문을 써주었다.184)

정몽주(1337~1392)는 자는 달가, 호는 포은이다. 공민왕 6년(1357) 감시에 합격하고 공민왕 9년 문과에 합격하였다. 공민왕 16년 성균관이 중영될 때 성균박사가 되어, 이색과 함께 성리학을 연구하였다. 이색은 "정몽주가 理에 관해 논한 것이 종횡으로 관통하여 이치에 맞지 않는 것이 없다"고 하고, '東方理學之祖宗'이라고 평가하였다.185) 『목은집』에는 정몽주와 관련된 18편의 시가 전하고, 『포은집』에도 목은에게 보내는 시가 전한다.186) 우왕 12년에 하정사로 명에 갈 때 정도전을 서장관으로 데리고 갔으며, 정도전의 사상 형성에 큰 영향을 미쳤다. 우왕 11년에는 정도전을 이성계에

---

181) 이색은 "내가 급암의 문하에 들어갔을 때에는 선생은 이미 노쇠하였다. 하지만, 온화하고 점잖은 성품으로 남에게 뒤질세라 후진들을 이끌어 주었다. 하루는 급암선생께서 누추한 나의 집으로 찾아오시어 나무 그늘 아래에 앉아 계시다가 해그림자가 옮겨진 후에야 돌아가신 일이 있었다. 나는 그때 일을 지금까지도 잊지 못하고 있다(『牧隱集』 文藁 권13, 惕若齋學吟)." 그리고 그의 시집에 서문을 쓰면서 "선생의 시는 담담한 것 같으면서도 천박하지 않고 고운 것 같으면서도 사치스럽지 않도다. 마음에 세운 뜻이 진실로 심원하여 읽으면 읽을수록 더욱 맛이 난다."(『牧隱集』 文藁 권10, 及菴詩集序)고 하였다.
182) 『牧隱集』 文藁 권7, 江陵道按廉使金先生詩序 "予之念此蓋久, 志予同者, 數人而止耳. 永嘉金氏兄弟, 亦其一也. 伯氏字敬之, 叔氏字仲賢."
183) 『牧隱集』 文藁 권7, 江陵道按廉使金先生詩序 ; 文藁 권13, 惕若齋學吟.
184) 『牧隱集』 文藁 권3, 六友堂記.
185) 『高麗史』 권117, 列傳30 鄭夢周(하, 563) "(恭愍王)十六年以禮曹正郎兼成均博士, 時經書至東方者, 唯朱子集註耳. 夢周講說發越, 超出人意, 聞者頗疑, 及得胡炳文四書通, 無不脗合, 諸儒尤加嘆服. 李穡毎稱之曰, 夢周論理橫說堅說, 無非當理."
186) 『圃隱集』 권1, 次牧隱先生詩韻日本茂上人 ; 권1, 次牧隱先生詩九日韻 ; 권1, 次牧隱先生詩韻七夕遊安和寺.

54

게 소개하였고, 위화도 회군 이후 공양왕 즉위 9공신에 참여하였으나 이성계, 정도전의 역성혁명에는 반대하였다.[187]

박의중(1337~1403)[188]의 자는 子虛, 초명은 實, 密省, 본관은 밀양이다. 공민왕 11년(1362) 과거에 합격했다. 과거의 장원급제자로서 이색과 더불어 용두회의 일원이다.[189] 우왕 3년 이색은 박의중의 거처를 貞齋라고 하여 기문을 써주었고,[190] 우왕 8년 우왕에게 상소를 올린 뒤 김제 벽골제로 낙향할 때 글을 써준다.[191] 왕조 교체에도 불구하고 아무런 신분상의 변화가 없었다. 태조 원년 10월에 조준·정도전·정총·윤소종과 함께『고려사』수찬 작업에 참여하였다.[192]

윤소종(1345~1393)은 이곡, 이색과 긴밀한 관계를 유지하던 윤택의 손자로서, 이색이 시관인 공민왕 18년 과거에 장원으로 급제하였다. 윤택은 이곡과 동년이다. 이색은 "내가 젊었을 때 선생(윤택)을 스승으로 섬겼고, 기거랑(고모부, 許遲)은 나의 몽매함을 깨우쳐주었으며, (윤)소종이 나의 門生이 된 인연이 있다. 여러 의리를 헤아려 볼 때 사양할 수 없다"[193]고

187) 李亨雨,「鄭夢周의 政治活動에 대한 一考察」,『史學研究』41, 1990 ; 林鍾旭,「鄭夢周의 中國體驗과 性理學的 世界觀」,『高麗時代文學의 研究』, 1998 ; 엄경흠,「정몽주와 권근의 사행시에 표현된 국제관계」,『한국중세연구』16, 2004 ; 도현철,「대책문을 통해본 정몽주의 국방 대책과 문무겸용론」,『한국중세연구』26, 2009.
188) 朴金奎,「貞齋 朴宜中의 詩世界」,『春岡柳在泳博士華甲紀念論叢』, 이회문화사, 1992 ; 李重孝,「『貞齋集』所收 博學宏詞榜目에 대하여」,『全南史學』9, 1995 ; 具仕會,「朴宜中의 詩世界」,『東岳語文論集』33, 1998.
189)『牧隱集』詩藁 권25, 歷科壯元作誥曰, 龍頭會, 凡於迎餞慶慰, 無不如禮…… ; 詩藁 권31, 鄭簽書·金正言兩會長見訪, 既去, 朴正子虛與斯文李眛又來(우왕 8년 3월).
190)『牧隱集』文藁 권4, 朴子虛貞齋記(우왕 3년 11월).
191)『牧隱集』文藁 권7, 送朴中書歸覲序(우왕 8년).
192)『太祖實錄』권2, 원년 10월 신유(1책, 33쪽) "右侍中趙浚, 門下侍郎贊成事鄭道傳·藝文館學士鄭摠·朴宜中·兵曹典書尹紹宗, 高麗史修撰."
193)『牧隱集』文藁 권8, 栗亭先生逸藁序 "予少也師事先生, 起居公又擊予蒙, 紹宗爲吾門生, 揆諸義, 在所不辭."

하여 윤택의 逸藁의 서문을 썼고, 윤택과 며느리(윤소종의 모친)의 묘지명을
써주었다.194) 공민왕 16년 이후 성균관에서 이색에게 성리학을 학습하였고,
공민왕 22년에 개혁상소를 비롯하여 다수의 상소를 통하여 성리학에 입각
한 제도 개혁을 주장하였다. 우왕 12년에 성균사예가 되어, 조준과 현실개혁
을 논하고, 조준을 통하여 이성계와 결합하였다. 위화도 회군 이후 조준의
개혁상소에는 윤소종의 의견이 많이 반영되었고, 정도전, 조준과 함께
전제개혁 논의에 찬성하였다. 위화도 회군이후 본격적인 개혁 작업을 행하
면서 오사충, 조박과 더불어 정치개혁의 논리를 제공하고 반대파를 비판하
였다. 처음에는 이인임, 변안열, 조민수 등 성리학과는 거리가 있는 구세력을
비판하였지만, 점차 성리학을 익힌 유학자 가운데 개혁에 미온적인 인물을
비판하였다. 누구보다도 개혁에 앞장선 윤소종은 좌주인 이색을 비판하는
상소에 간관으로서 서명하지 않았고,195) 이성계가 소인을 등용한다고 비판
하여 관직에서 물러나게 되었다.196) 결국, 윤소종은 여말에 개혁 정치에
큰 공을 세웠지만, 개국공신이 되지는 못하였다. 조선 개국후 병조전서에
기용되지만, 태조 2년 8월에 병으로 사직하고 이렇다 할 활동을 보여주지
못하였다.197)

이숭인(1347~1392)의 字는 子安이며, 호는 도은, 본관은 성주이다.198)

---

194) 『東文選』권69, 尹氏墳墓記(백문보) ; 『牧隱集』文藁 권17, 栗亭先生尹文貞公墓誌
    銘(공민왕 19) ; 文藁 권19, 尹母崔夫人墓誌(우왕 7년).

195) 『高麗史』권115, 列傳 권28 李穡(하, 532) "恭讓王二年, 諫官又上疏, 請下穡敏修于
    憲司, 嚴加鞠問, 置之極刑, 命削穡職, 與敏修徒遠地. 左常侍尹紹宗以穡門生不署
    名."

196) 『高麗史節要』권34, 恭讓王(2년 3월)(875) "放禮曹判書尹紹宗于錦州. 初紹宗, 謂上
    護軍宋文中, 今李侍中, 不能進君子退小人, 若一朝隨於小人之計, 悔何及哉? 沈德符
    等聞之, 告于王, 王怒 欲罪紹宗. 我太祖請曰, 廷臣直言者, 唯紹宗耳, 不可罪之,……
    王曰, 予旣除紹宗高官, 人惡得而言哉? 李侍中功在社稷, 紹宗等敢辱之, 其可不罪
    歟? 遂放于錦州."

197) 도현철, 「高麗末 尹紹宗의 현실인식과 정치활동」, 『東方學志』 131, 2005.

198) 姜芝嫣, 「高麗末 李崇仁의 政治活動 硏究」, 『全州史學』 28, 1995 ; 鄭載喆, 「陶隱

공민왕 11년(1362)에 홍언박과 유숙이 지공거인 과거에 합격하였다. 좌주인 홍언박은 이색의 좌주이므로 같은 좌주가 된다.[199] 공민왕 16년 이색이 성균관 대사성일 때 장흥고사로 성균관 교관이 되었다.[200] 우왕 원년 북원 사신 영접을 반대하여 유배를 당하였다. 당시 이숭인은 천품이 영민하고 문장에 재능이 있는 것으로 알려져, 이색이 병들고 난 후에는 중국과의 외교문서는 모두 그가 담당하였고, 중국 사대부들도 그의 文才를 칭찬했다[201]고 한다.『도은집』에 하등극표를 비롯하여 17편에 달하는 외교문서가 수록되어 있다.[202] 우왕 6년 제도를 개혁하는 상소를 올렸고,[203] 창왕 원년(1388) 이색과 함께 중국에 가서 監國과 자제의 입학을 청하였다.[204] 같은 해 10월에 간관 오사충 등에 의하여 탄핵받아 경산부로 유배되었고,

---

詩의 思想的 志向과 風格 研究」,『泰東古典研究』15, 1998 ; 李楠福,「제5장 李崇仁의 생애와 性理學」,『高麗後期 新興士族의 研究』, 경인문화사, 2004 ; 金聖基,「李崇仁論」,『韓國漢詩作家研究』, 태학사, 1996 ; 송재소,「陶隱 李崇仁의 詩文學」,『麗末鮮初漢文學의 再照明』, 태학사, 2003.

199) 목은의 공민왕 2년 동년들은 우왕 7년에 홍언박의 공민왕 11년 문생들과 함께 홍언박의 묘를 掃墳하고 제를 올렸다(『牧隱集』詩藁 권30, 拜掃恩門南陽侍中墳墓). 그리고 李崇仁과의 관계에 대하여 "나와 子安氏는 모두 南陽公(洪彦博)의 문인인데다 성균관의 동료로 서로 어울려 지낸 지가 오래되었다"(『牧隱集』文藁 권4, 陶隱齋記)고 설명하였다. 당시 좌주가 여러 번 과거를 관장했을 경우에 문생이 後門生들을 宴饗하기도 하였는데(『牧隱詩藁』권22, 門生盤果…), 이는 동일좌주 아래에 있는 여러 기수의 문생들 간의 유대의식에서 나온 것이라고 이해할 수 있다(채웅석, 앞의 논문(2006), 77~82쪽).

200)『高麗史』권112, 列傳25 李存吾(하, 453) "與鄭夢周·朴尙衷·李崇仁·鄭道傳·金九容·金齊顔, 相友善, 講論無虛日, 大爲人稱賞."

201)『高麗史』권115, 列傳28 李崇仁(하, 547) ;『太祖實錄』권1, 원년 8월 임신(1책, 27쪽) "李穡病後, 事大文字, 全出其手, 高皇帝稱之曰, 表辭精切. 李穡曰, 吾東方文章, 前輩無如子安者."

202) 姜芝嫣,「高麗末 李崇仁의 政治活動 研究」,『全州史學』28, 1995.

203)『高麗史』권115, 列傳28 李崇仁(하, 541) "與同僚上疏曰,……近因倭寇. 諸道貢賦, 大半未納, 百官之俸, 歲減一歲, 崇敬府尙瑞寺及興福崇福典寶三都監, 已無所職, 但糜廩祿, 乞皆革罷."

204)『高麗史』권137, 列傳50 辛昌(즉위년, 1388년 10월)(하, 962).

공양왕 3년 여름에 윤이·이초의 옥사에 연루되어 청주에 갇혔다. 그 다음해 여름에 순천으로 유배되었는데, 황거정에 의하여 나주에서 죽었다.[205]

### (4) 기타 교류 인물

『목은시고』에는 15편 4,246시가 수록되어 있는데, 많은 교류 빈도를 보여주는 인물들은 한수, 염흥방, 정추, 이집이다.[206] 『목은시고』가 우왕대 자료가 많고, 이색이 40~50대의 일상생활과 정치생활을 경험하면서 소회를 밝힌 작품이 많다는 점을 생각하더라도 이 당시 이들과의 정서적 교류가 깊었던 것은 분명하다.

『목은시고』에 가장 많은 등장하는 인물은 한수(1333~1384)[207]인데, 자는 孟雲, 호는 柳巷, 본관은 청주, 초서와 예서를 잘 썼다.[208] 한수의 아우는 韓理(平齋)이고, 아들은 韓尙桓, 韓尙質, 韓尙敬, 韓尙德이다.[209] 충목왕 3년(1347)에 허백과 이곡의 문하에서 15세에 과거에 합격하였다. 공민왕 14년(1365)에 신돈을 등용하였을 때, 한수는 "(신돈은 바른 사람이 아니어서 어지러움에 이를까 두려우니 바라건대 왕께서는 이를 생각하소서. 신이 아니면 누가 감히 말하리요" 하였다. 후에 신돈이 패배하자 왕이 "한수는 선견지명이 있었다"고 하였다.[210] 우왕이 즉위하고 공민왕을 죽인 韓安의

---

205) 『太祖實錄』 권1, 원년 8월 임신(1책, 27쪽).
206)　　〈표 3〉 『목은집』 시고에 보이는 이색이 교류 인물에게 보낸 시 빈도 수

| 한수 | 염흥방 | 정추 | 이집 | 이종학 | 권중화 | 정몽주 | 이무방 | 환암 | 이숭인 | 이인임 | 최영 | 나잔자 | 이성계 |
|---|---|---|---|---|---|---|---|---|---|---|---|---|---|
| 130 | 57 | 31 | 22 | 22 | 22 | 19 | 19 | 18 | 17 | 16 | 16 | 15 | 14 |

207) 한수의 문집이 전한다(정종 2년(1400) 정월 柳巷先生詩集이 간행됨)(성범중·박경신, 『한수와 그의 한시』, 국학자료원, 2004).
208) 『高麗史』 권107, 列傳20 韓康 附 脩(하, 353~354) ; 『牧隱集』 文藁 권15, 韓文敬公墓誌銘 ; 『陽村集』 권17, 柳巷先生 韓文敬脩文集序.
209) 이색은 한수의 네 아들을 위하여 字說을 써주었다(『牧隱集』 文藁 권10, 韓氏四子名字說).

58

친족이라 하여 외지에 유배되었다가 소환되어 淸城君에 봉해졌다. 우왕 2년(1376) 홍중선과 함께 정총 등 33인을 선발하였다.[211]

한수는 이곡의 문생이라는 점에서 이색과 인연이 맺어졌고, 공민왕에게 은혜를 입었다는 생각을 이색과 공유했다.『목은집』에는 한수에게 전하는 글이 제일 많다. 마찬가지로 한수가 남긴 218수의 시 가운데 차운시가 109수인데, 그 가운데는 목은의 시에 차운한 것이 무려 78수에 달한다고 한다. 이색과 한수의 긴밀한 교류는 45세인 1377년(우왕 3)부터 52세인 1384년(우왕 10)에 집중된다. 우왕 5년 10월 이색은 한수와 서로 왕래하면서 잠시도 떨어진 적이 없었는데, 중구절의 모임에서는 만나지 못했다고 하였다.[212] 이색과 한수가 주고받은 시 가운데 눈에 띄는 것은 한수의 유포 별장에서 꽃놀이[213]를 하면서 지은 것이 많다는 사실이다.

이색과 한수는 공민왕릉에 비문을 새기는 문제로 자주 논의했다. 공민왕은 노국대장공주가 죽자 묘를 光巖寺 근처에 쓰고, 이 절에서 자주 명복을 빌었으며, 1372년에 증수확장을 하였다. 1374년에 공민왕이 죽자 현릉을 이곳에 모신 뒤, 광암사는 공민왕의 원찰이 되었다. 「광통보제선사비문」은 우왕 3년 겨울에 이색이 찬하고, 한수가 글씨를 썼으며 권중화가 글을 새겼다.[214]

---

210) 『高麗史』권107, 列傳20 韓康 附脩(하, 354) "恭愍王召復爲必闍赤, 累遷代言典銓選. 辛旽方得幸於王, 其跡甚秘, 脩知之密啓, 旽非正人, 恐致亂, 願上思之. 非臣誰敢言. 王方惑旽拜脩禮儀判書盖踈之也. 旽敗. 王曰, 脩有先見之明, 授理部尙書修文殿學士, 尋復拜右承宣知銓選."

211) 『高麗史』권73, 志27 選擧1 科目1(중, 611) "辛禑二年, 政堂文學洪仲宣知貢擧, 知密直韓脩同知貢擧, 取進士黨鄭摠等三十三人, 明經四人及第."

212) 『牧隱集』詩藁 권19, 明日聞韓柳巷數遣人, 候僕還家, 蓋欲相携登高也. 平時幅巾往來, 無有少阻, 九日之會, 胡爲睽乎? 吟成一首, 錄呈座下, 以資一笑.

213) 『牧隱集』詩藁 권20, 九月晦日 携八句詩 訪籍田韓上黨別墅 ; 詩藁 권20 途中 ; 詩藁 권20, 題上黨別墅 ; 詩藁 권21, 韓上黨游柳浦別墅 ; 詩藁 권25, 思歸 ; 詩藁 권29, 有懷孟雲先生時遊柳浦別墅(우왕 9년 7월).

214) 『牧隱集』文藁 권14, 廣通普濟禪寺碑銘 幷序 "而載事之石, 先王嘗求諸中原, 石至矣,

염흥방(?~1388)의 본관은 瑞原(파주), 곡성부원군 염제신의 3남5녀 가운데 차남이고, 자는 東亭, 호는 漁隱이다. 이색의 부인과 염흥방의 어머니는 안동 권씨로 이종사촌간215)(처의 고모부 아들)이다.216) 공민왕 6년(1357)에 이인복과 김희조 문하에서 장원으로 급제하였다. 동생인 염정수는 공민왕 20년(1371)에 이색 문하에서 급제하였고, 우왕 9년(1383)에 이색의 맏아들 이종덕의 둘째아들인 이맹균을 성균시에 합격시켰다. 염흥방, 염정수 형제는 이색과 돈독한 관계를 유지했고 이색의 시문집에도 이들과 주고받은 시문이 수십여 편 전한다.

공민왕 16년에 성균관을 숭문관의 옛터에 중건하였는데, 염흥방은 이 일을 주관하면서 문관들에게 職品에 따라서 국학운영비를 부담시켰다. 이때 전교랑 윤상발은 의복을 팔아서 포목 50필을 구득하여 그 비용을 보태었으므로, 염흥방이 이를 구실로 단 10일만에 1만 단에 달하는 포목을 얻었다고 한다.217) 염흥방은 이색, 김구용, 정몽주, 박상충, 박의중, 이숭인

---

而工役方殷, 繇是未刻也. 今董役官陜山君臣朴元鏡, 密陽君臣朴成亮等言, 功訖矣. 乞文之石, 臣等竊謂臣稿爲文, 臣脩書, 臣仲和篆宜爲, 謹昧死請."

215) 이색은 염흥방과 관련되어 시문을 남겼다. 먼저 죽은 염흥방의 부인의 장례식에서 시를 짓고(『牧隱集』 詩藁 권32, 八月初十日, 葬曲城夫人權氏, 冒雨因甚, 明日歸歇馬, 午飡入城, 日已西矣.) 염재신의 죽음을 애도하는 시(詩藁 권31, 哭廉侍中)와 신도비(文藁 권15, 高麗國忠誠守義同德論道輔理功臣 壁上三韓三重大匡 曲城府院君 贈諡忠敬公廉公神道碑)를 지었으며, 3일동안 시 짓는 것을 끊었다(詩藁 권31, 因曲城喪三日 不吟 今成長句). 염재신의 부인의 죽음을 애도하는 시도 남겼다(詩藁 권32, 哭廉侍中夫人). 이색은 염흥방에게 漁隱이라는 호의 기문(文藁 권2, 漁隱記)과 천녕현 유배시절에는 침류정이라는 정자의 기문(文藁 권2, 枕流亭記)을 짓고 염흥방을 매개로 한 글짓기 부탁을 들어준다. 또한 염흥방에게서 음식물, 고기 갓 찧은 밀, 보리, 술, 햅쌀, 노루고기 등을 받는 등 많은 경제적 도움을 받았다(詩藁 권9, 謝廉東亭送肉 ; 권9, 謝廉東亭惠牟來糙米).

216) 『牧隱集』 文藁 권2, 萱庭記 ; 文藁 권15, 高麗國忠誠守義同德論道輔理功臣壁上三韓重大匡 曲城府院君 贈諡 忠敬公 廉公神道碑.

217) 『高麗史』 권126, 列傳39 姦臣2 廉興邦(하, 745) "王欲興儒術, 重營國學于崇文館舊址. 興邦主其事, 令文臣隨品出布, 典校郎尹商拔, 賣衣得布五十端, 以助其費. 興邦責不出布者曰, 商拔寒儒祿不足以度朝夕, 尙賣衣助費, 公等可出商拔下乎. 旬日閒得布

등과 함께 성리학 진흥에 참여하였고, 우왕 원년에 북원 사신 영접에 반대하다가, 정몽주, 이숭인, 김구용 등과 함께 유배당했다.[218] 이때, 정도전은 나주의 회진현으로 유배갔는데, 염흥방이 쓴 陶詩後序를 읽고 讀東亭陶詩後序를 지었다.[219] 여기에서 염흥방은 도연명을 시인의 경계를 넘어서 聖賢으로 존숭하였는데,[220] 정도전은 그의 도연명에 대한 생각에 깊이 공감하면서 자신의 처지에 연결시키고 마음의 안정을 도모하고 있다.[221]

그런데, 임견미가 世家大族인 염흥방과 혼인하기를 바랬고, 염흥방도 전일 유배당했던 것을 경계하여 그 몸을 보존하려고 이를 받아들였다. 이후 염흥방은 이인임과 임견미의 말을 옳다고 쫓으면서 권세를 누렸다.[222] 그 과정에서 염흥방은 전민을 탈점하는 등 온갖 부정을 저지르는 온상이 된다.[223] 염흥방은 성리학적 이상을 포기하고, 권력과 결탁하며, 권력의 논리에 빠져 더 많은 부와 권력을 추구하였던 것이다.

이색은 달라진 염흥방과 절연한다. 처음에 이색은 염흥방의 절제적 삶과 수신적 행동을 높이 평가했다. "염흥방은 옛 것을 좋아하고 몸을

---

至萬端, 時影殿役大興, 倉庚虛竭, 而不仰公廩得營國學."

218) 『高麗史節要』 권30, 辛禑(元年 5월, 6월, 秋7월)(750~752).

219) 『三峯集』 권4, 讀東亭陶詩後序.

220) 金宗鎭, 「「讀東亭陶詩後序」에 대하여」, 『어문논집』 27, 1987 ; 「鄭道傳의 陶淵明에 대한 好尙」, 『碧史李佑成先生定年退職紀念國語國文學論叢』, 1990.

221) 『三峯集』 권1, 奉次廉東亭興邦詩韻 ; 권1, 月夜奉懷東亭 ; 권2, 奉題東亭竹林 ; 권4, 讀東亭陶詩後序.

222) 『高麗史』 권126, 列傳39 姦臣2 林堅味(하, 744) "仁任久竊國柄, 支黨根據, 堅味爲其腹心, 疾惡文臣, 放逐甚衆, 興邦亦在逐中. 後堅味以興邦世家大族, 請與昏姻, 興邦亦懲前日流貶, 欲保其身. 惟仁任堅味言是從. 於是, 以興邦異父兄成林爲侍中, 權奸親黨, 布列兩府, 中外要職無非私人, 專權自恣, 賣官鬻爵, 奪人土田, 籠山絡野, 奪人奴婢千百爲群, 以至陵寢宮庫州縣津驛之田. 靡不據占, 背主之隷逃賦之民, 聚如淵藪. 廉使守令, 莫敢徵發. 由是民散寇熾, 公私匱竭, 中外切齒."

223) 염흥방, 염정수 형제가 이인임, 임견미와 밀착된 사실은 다음의 연구에 자세하다(李亨雨, 『高麗 禑王代의 政治的 推移와 政治勢力 硏究』, 고려대 박사논문, 1999, 157~161쪽).

단속하며 참된 마음을 간직하고 사물을 아끼는데, 가렴주구로 백성들을 괴롭히는 자들을 개, 돼지보다 못하게 여겼다"[224]고 이색은 평가하였다. 하지만, 임견미 집안과 혼인관계를 맺고 부정과 탈법을 일삼자, 염흥방이 전민을 탈점하고 한꺼번에 큰집 세 채를 지어 나라를 그르친다고 비판하였다.[225] 이색은 우왕 8년 어느 시점부터 염흥방의 행적에 의구심을 품고 염흥방과의 관계를 끊어버렸던 것이다.[226]

李岡(1333~1368)의 처음 이름은 綱, 호는 平齋이다.[227] 본관은 고성이고 李嵒(1297~1364)의 아들이다. 이강은 이곡이 과거 시관일 때인 충목왕 3년에 합격하여 그의 문생이 되고 이색과 벗이 되었다. 이색은 이강과 친구가 되면서 이강의 아버지인 이암을 아버지처럼 섬겼다.[228] 후에 이암이 『농상집요』를 간행할 때 이색은 『농상집요』의 후서를 쓰고,[229] 이암과 이강의 묘지명을 썼다. 이색은 "나는 일찍이 행촌 이시중공을 스승으로 모셨으며, 그의 아들, 조카들과 함께 어울렸다"고 하였다.[230]

후에 이강의 딸은 권근과 혼인하고 이강의 아들인 이원의 딸은 권근의 손자인 권람과 혼인하였다. 이색은 이강이 일처리를 할 때에는 신중하였고, 벗과 사귈 때는 신의를 지켰으며 착한 일하기를 독실하게 좋아하고 마음가짐은 항상 공평하다고 평가하고, 하늘이 그의 수명을 연장해주어 그가 자신의 소신대로 조정에 나가 정사를 베풀었다면 내가 장차 스승으로

---

224) 『牧隱集』 文藁 권2, 漁隱記 "東亭好古律己, 存心愛物, 其視聚斂掊克之流, 不啻犬彘, 汲汲於魚鼈咸若之效自任."
225) 『高麗史』 권115, 列傳28, 李穡(하, 528) "(禑王 13年) 侍中李成林, 生長矮屋, 及爲宰相, 廣占田民, 一時並起三第. 左使廉興邦, 亦以取斂爲事, 誤國家者, 必此二人也."
226) 도현철, 「고려말 염흥방의 정치활동과 사상의 변화」, 『東方學志』 141, 2008.
227) 한영우·이익주·윤경진·염정섭, 『행촌 이암의 생애와 사상』, 일지사, 2002.
228) 『牧隱集』 文藁 권17, 鐵城府院君李文貞公墓誌銘 "穡以岡故父事公."
229) 『牧隱集』 文藁 권9, 農桑輯要後序
230) 『牧隱集』 文藁 권3, 長城縣白巖寺雙溪樓記 "予嘗師事杏村侍中公, 與子姪遊, 師其季也."

62

섬겼을 것이라고 하였다.231) 공민왕 17년(1368)에 이강이 36세로 죽자 이색은 한수, 염흥방 등 세 사람이 모여 "이제 우리 벗이 죽었으니, 어찌 명문을 남기지 않으리오" 하고는 이색이 묘명을 지고 한수가 글씨를 쓰고 염흥방이 글을 새겼다. 실무 총괄은 염흥방과 한수가 맡았다.232)

정추(1333~1382)의 호는 圓齋·公權, 본관은 청주이다. 『圓齋集』이 있다. 아들은 鄭摠, 鄭拯, 鄭擢, 鄭持인데, 정총과 정탁은 조선 개국공신이다. 이색과 동년이다.233)

공민왕 6년에 정추는 이색, 전녹생과 함께 염철별감의 폐단을 논하면서 새로이 별감을 파견하면 이서배가 농간을 부리고 민은 소금을 받지도 못하고 포만 납부해야 할 것이라고 지적했다. 이색과 이보림이 유화적인 자세를 취한 것과 달리 정추는 염철별감의 파견을 반대하다가 유배되었다.234) 공민왕 15년에는 정언 이존오와 함께 신돈이 나라를 잘못되게 한 죄를 논하였다가, 순군옥에 갇혔고 다시 동래현령으로 강등되었다.235) 이색 등의 탄원으로 좌간의대부가 되고 얼마 후 成均大司成으로 우왕을 가르쳤다.236) 『고려사』 史評에 항상 권간들이 나라의 정치를 좌우하는

---

231) 『牧隱集』 文藁 권18, 文敬李公墓誌銘 "至於臨事懼 交友信, 好善之篤, 存心以平, 吾所以友也. 天或假年, 坐廟堂, 決大疑, 行大政, 無不如志, 則吾將師之, 而未果也."

232) 『牧隱集』 文藁 권18, 文敬李公墓誌銘 "其友人上黨韓脩孟雲, 曲城廉興邦仲昌父, 謀於韓山李穡曰, 自吾友亡, 人孰不悲之. 然猶未免死吾友使可傳者傳而死, 則吾三人者之責, 而亦所以自慰其悲也. 於是. 以銘屬穡, 脩書, 興邦篆, 而其刻石則仲昌父孟雲實幹之."

233) 李成鎬, 「圓齋 鄭樞와 그의 詩에 대한 小考」, 『韓國漢文學研究』 18, 1996 ; 具本機, 「鄭樞 詩에 投映된 麗末 知識人의 內面風景」, 『韓國漢詩研究』, 1996 ; 金鎭卿, 「圓齋 鄭樞 詩世界 研究」, 『漢文學敎育研究』 20, 2003.

234) 『高麗史』 권79, 志33 食貨2 鹽鐵(공민왕 6년 9월)(중, 741).

235) 『高麗史』 권106, 列傳19 鄭瑎 鄭樞(하, 342) "恭愍王十五年四月)甲子, 左司議大夫鄭樞·右正言李存吾上疏, 論辛旽, 王大怒, 貶樞爲東萊縣令, 存吾爲長沙監務."

236) 『高麗史』 권44, 世家44 恭愍王7(22년 7월)(하, 852) "乙巳, 賜牟尼奴名禑, 封爲康寧府院大君, 百官賀 命政堂文學白文寶·田祿生, 大司成鄭樞等, 傳之."

것을 미워하고 분개하여 마음에 불평을 갖고 있다가 우왕 8년에 등창이
나서 죽었다[237]고 기록되어 있다.

이색은 정추가 죽자 그를 애도하며 "뜻이 고결하여 세속을 따르기 어려웠
고, 재주가 높아 허여한 사람이 적었다. 간신을 공격하여 곧음을 팔지
않았고, 질박함을 길러 스스로 가난을 편히 여겼다"[238]고 하였고, 한수
역시 "어찌하여 시사를 염려하다가 힘에 감당하기 어렵게 되었는가"[239]
하여 정추의 의로움을 높이 평가하였다. 아들인 정총과 정탁은 조선 건국
1등 개국공신이 되었다.

### (5) 승려와의 교류

이색은 유학자이면서 불교를 긍정하였고, 국사, 왕사부터 하급 승려,
비구, 비구니까지 교류하였다. 그는 유불동도론을 견지하였고, 조계종,
천태종, 화엄종, 법상종 외에 군소종파까지 망라한 불교 경전을 익히고,
법회, 도량에 참석하였다. 아버지의 명복을 비는 대장경을 간행하였다.
『목은시고』에 담긴 15편 4246시 가운데 불교 관련 소재를 다룬 작품은
12%인 510제 가량이다. 그 가운데 승려가 합석한 모임에서 지었거나 승려에
게 지어준 시도 205제에 달한다고 한다.[240]

이색은 원 유학 이전까지 산사에서 심신을 수련하며 幻庵 混修와 懶殘子,
絶磵, 吳全,[241] 휴상인[242]과 같은 승려와 교류하였다.[243]

---

237) 『高麗史』 권106, 列傳19, 鄭瑚 鄭樞(하, 342) "常疾權奸用事, 憤惋不平. 八年, 疽發背
    卒."
238) 『牧隱集』 詩藁 권32, 聞圓齋辭世哭之.
239) 『柳巷詩集』 哭鄭圓齋 "豈憂時事力難任."
240) 李益柱, 「『牧隱集』의 간행과 사료적 가치」, 『震檀學報』 102, 2006 ; 남동신, 「목은
    이색과 불교 승려의 시문(詩文) 교유」, 『역사와 현실』 62, 2006.
241) 『牧隱集』 文藁 권20, 吳全傳 "時年十五六歲也. 稍長, 補成均生, 能以禮自檢, 人人皆
    自以爲莫能及. 前輩老儒延譽稍廣, 不幸短命死矣. 悲夫. 全讀書三角山僧舍, 人有薦
    亡齋呈疏於香卓, 會僧中無識字者, 衆髡汗出, 莫知所爲. 全曰, 是不難. 吾爲汝讀之.

幻庵 混修(1320~1392)는 이색과 16~17세 때부터 사귀어온 친구로, 이색이 교류한 승려 가운데 가장 많은 시와 글을 남겼다.[244] 환암의 본관은 廣州, 성은 趙氏, 호는 幻庵, 자는 무작, 청주 경씨이다. 1341년(충혜왕 복위2) 승과에 합격하였다. 공민왕대 懶翁과 자주 만나 토론하였다. 공민왕 19년(1370)에 나옹이 주관한 功夫選場에서 뽑혔고, 우왕 9년(1384)에 국사로 책봉되었다. 나옹을 이으면서 왕사 粲英과 함께 당시 불교계를 주도하였다. 광암사는 공민왕과 비의 원찰로서 공민왕에 대한 흠모의 정을 가진 이색이 자주 찾은 곳이었는데, 환암이 광암사 주지로 있었다. 또한 환암은 승려 俊에게 명하여 송의 장천각이 쓴『護法論』을 충주 청룡사에서 중간하고 이색에게 발문을 부탁하였다.[245]

천태종 懶殘子는 了圓이라고 한다.[246] 이색이 15~16세 때 노닐던 18인과

---

乃被僧衣, 髻其髮於頂 蒙之以其冠, 群立於衆髠, 佯爲施主曰, 吾病頭風不可出, 然飽施主飯而不與法席, 吾罪大矣, 衣冠之異於衆, 其罪小, 請施主無怪. 旣梵唄, 施主捧香爐長跪不敢動, 全起於群中, 若將去其冠者. 施主遽曰, 請比丘無去冠. 全佯應曰, 諾. 會旣罷, 施主去矣. 群髠大噱, 聲震山谷, 至今傳爲山中故事. 今天台判事懶菴元公愛與縫掖游, 全亦在其中, 未久病歿."

242)          〈표 4〉『목은집』 시고에 이색이 승려들에게 보낸 시 빈도수

| 幻庵 | 懶殘子 | 祐世君 | 無說 | 絶磵 | 龜谷 | 竹庵 |
|------|--------|--------|------|------|------|------|
| 24 | 21 | 6 | 7 | 7 | 3 | 3 |

243) 安啓賢,「李穡의 佛敎觀」,『韓國佛敎史硏究』, 동국대출판부, 1983 ; 趙明濟,「牧隱 李穡의 佛敎認識」,『韓國文化硏究』6, 1993 ; 許興植,「李穡의 18인 結契로 본 高麗 靑少年의 集團行態」,『정신문화연구』21-1, 1998『고려의 문화전통과 사회사상』, 집문당, 2004) ; 高惠玲,『牧隱集을 통해 본 李穡의 불교와의 관계』,『震檀學報』102, 2006 ; 남동신,『목은 이색과 불교 승려의 시문(詩文) 교유』,『역사와 현실』62, 2006 ; 여운필,「高麗 末期 文人의 僧侶 交遊-三隱과 僧侶의 詩的 交遊」,『고려시대의 문인과 승려』, 파미르, 2007.

244)『陽村集』권37, 有明朝鮮國普覺國師碑銘幷書 ; 靑龍寺普覺國師定慧圓融塔碑,『朝鮮金石總覽』하 ;『牧隱集』文藁 권4, 幻翁記 ;『慵齋叢話』권6, 釋混修幻庵 ; 許興植,『제2장 나옹혜근』,『高麗로 옮긴 印度의 등불』, 일조각, 1997 ; 黃仁奎,「태고 보우의 수제자 환암 혼수」,『고려후기 조선초 불교사연구』혜안, 2003, 380~387쪽.

245)『牧隱集』文藁 권13, 跋護法論(우왕 5년 8월).

계를 맺을 때 천태종 圓公과 조계종 수공이 포함되었다.[247] 이색은 나잔자와
교류하며 지속적으로 정감을 나누었다. 이색은 한수와 함께 나잔자를 찾아
가 같이 노닐며 돌아오기도 하고,[248] 나잔자에게 가동을 보내 차를 구하였으
며,[249] 한수와 함께 나잔자가 있는 보제사에 가 뵙고 차를 마시고 돌아오기도
하였다.[250] 우왕 7년 정월에 이심전심의 묘법을 전수한 산문의 영수인
나잔자가 이색을 찾아준 것에 대하여 크게 감격해 하고 있다.[251] 또한
나잔자가 복리군에 임명되자 이색은 축하하는 글을 지었다.[252] 우왕대에
이색은 연꽃을 좋아하여 한수 등 사대부들과 광제사 연못을 찾아가 광제사
주지인 나잔자를 만났다.[253] 나잔자는 소동파의 시를 능숙하게 읽어 유자들
이 그의 강설을 듣고자 하였고,[254] 이색에게 「東人之文」의 의심나는 곳을

---

246) 남동신,『목은 이색과 불교 승려의 시문(詩文) 교유』,『역사와 현실』62, 2006,
　　146~147쪽 ; 여운필,「高麗 末期 文人의 僧侶 交遊－三隱과 僧侶의 詩的 交遊」,
　　『고려시대의 문인과 승려』, 파미르, 2007, 171쪽.

247)『牧隱集』文藁 권4, 幻庵記 "予之未冠也, 喜游山中, 與釋氏狃, 聞其誦四如偈, 雖不盡
　　解 要其歸, 無爲而已. 夢者寢則已, 幻者法謝則空, 泡歸於水, 影息於蔭, 露晞電滅,
　　皆非實有也. 非實有焉, 而不可謂之無, 非實無焉, 而不可謂之有, 釋氏之敎蓋如此.
　　稍長, 縫掖十八人, 結契爲好. 今天台圓公, 曹溪修公與焉, 相得之深, 相期之厚, 復何
　　言哉. 及予官學燕京, 修公亦入山."

248)『牧隱集』詩藁 권28, 昨韓淸城携盛饌招僕, 同訪懶殘子, 醉歸就寢達旦, 吟成一首(우
　　왕 7년 정월).

249)『牧隱集』詩藁 권27, 遣家童索茶於懶殘子 去後 吟一首 ; 詩藁 권27, 懶殘子送茶來
　　又吟一首拜謝(우왕 6년 9월).

250)『牧隱集』詩藁 권26, 同韓柳巷訪李開城, 過松峯之南, 訪洪二相, 皆不遇. 特勞金令公
　　召還小酌, 就訪鄭南又不遇, 入普濟謁懶殘子飮茶, 韓公昏定而去, 獨歸一首(우왕
　　6년 10월).

251)『牧隱集』詩藁 권28, 謝懶殘子見訪三首,

252)『牧隱集』詩藁 권28, 進賀懶殘子新封福利君 醉飽而歸 ; 詩藁 권28, 奉賀懶殘子新封
　　福利君,

253)『牧隱集』詩藁 권18, 仲夏以來, 苦欲賞蓮, 一日遣長鬚往候, 則雲錦池花亡久矣,
　　獨廣濟池盛開, 於是, 命駕而往, 緣堤信馬, 偶得任中郞林亭邀天台懶殘子同賞. 公設
　　食作碧筒飮, 向晚解携, 因過南溪院, 旣歸則日已晩矣. 吟成二首.

254)『牧隱集』文藁 권20, 白氏傳 "今天台懶殘子喜與縫掖游, 又能讀東坡詩, 縫掖群進而

66

질문하기도 하였다.[255] 당시 승려들과 유학자들의 교류는 빈번하였고, 승려들이 유학자들에게 자문을 구하는 사회적 분위기를 반영하는 것이라 할 수 있다.

絶磵 益倫은 이색과 환암 혼수와 더불어 15~16세 때 노닐던 인물 가운데 한 사람으로, 懶翁 惠勤(1320~1376)의 제자이며 조계종의 승려이다. 이색은 윤절의 처소 이름인 松風軒에 대한 기문을 써주었고,[256] 절간의 요청을 들어 장성의 백암사의 기를 썼다.[257] 나옹의 부도탑과 탑비의 완성 등 나옹의 공적을 기리는 일에 앞장섰다. 회암사 주지로 있을 때 회암사의 시말을 기록하여 나옹의 공적을 드러내고자 이색에게 중수기를 부탁하였다.[258] 우왕 6년 9월경 절간이 혼자 찾아오자 이색은 이와 관련한 시를 짓기도 하였다.[259]

龜谷 覺雲[260]은 담양 이예의 2남으로 졸암의 문하에서 출가하였다. 졸암 행온은 유경의 증손이고 유청의 아우이며 이존비의 외손이다. 졸암의 조카인 각운은 남원의 승련사를 증축하면서 사원의 기문을 이색에게 부탁하였고, 이색은 남원의 勝蓮寺에 대한 이야기를 일찍부터 들었고 각운 스님의 어진 덕에 대하여 들은 바 있어서 글을 쓴다고 하였다.[261] 공민왕 17년에 왕의 명으로 내원당에 들어가『傳燈錄』을 강설하고『경덕전등록』을 공민왕 21년(1372)에 간행할 때, 이색에게 서문을 부탁하였다.[262] 공민왕

聽其說, 日滿座."

255)『牧隱集』詩藁 권21 懶殘子携崔拙翁選東人詩 質問所疑 穉喜其志學也不衰 吟成一首.
256)『牧隱集』文藁 권5, 松風軒記.
257)『牧隱集』文藁 권3, 長城白巖寺松雙溪樓記.
258)『牧隱集』文藁 권2, 天寶山檜巖寺修造記.
259)『牧隱集』詩藁 권26, 松風軒詩 絶磵特來索賦.
260) 黃仁奎,「태고 보우의 수제자 환암 혼수」,『고려후기 조선초 불교사연구』, 혜안, 2003, 394~395쪽.
261)『牧隱集』文藁 권1, 勝蓮寺記(공민왕 13년).

21년에 內願堂兼判曹溪宗事 直旨寺 住持가 되었다. 공민왕이 達磨折蘆渡江圖와 童子普賢六牙白象圖를 하사하자 이를 기록하고자 이색에게 글을 청하였다.[263] 우왕 6년(1380) 3월에 백련사에 있으면서 직지사를 중수코자 연화문을 이색에게 부탁하였다.[264] 우왕 4년에 이색은 安政堂, 韓簽書와 함께 예원의 龜谷을 방문하고 돌아오는 길에 자은사의 祐世君을 본 다음 십자가에 이르러 서로 헤어져 돌아왔다.[265] 우왕 6년에는 각운이 죽자 그를 위한 만사를 지었다.[266]

祐世君 宗林은 자은종의 선승이다. 이색은 우세군의 瑜伽道場을 보고 돌아와 시를 지었고,[267] 安政堂, 韓簽書와 함께 예원의 龜谷을 방문하고 돌아오는 길에 자은사의 祐世君을 만났다.[268] 이호연, 이숭인, 민자복, 한수가 중구일을 기념해서 만나 즐거움을 같이 했다.[269] 자은종 도승통인 우세군이 새로 밀직된 이종덕을 축하하기 위하여 성찬을 베풀었고,[270] 자은종 우세군이 해안사에서 경을 강론할 때 이종덕이 술과 음식을 가지고

---

262) 『牧隱集』 文藁 권7, 傳燈錄序(공민왕 21년).

263) 『牧隱集』 文藁 권12, 賜龜谷書畫讚 幷書.

264) 『牧隱集』 詩藁 권21, 前內願堂雲龜谷在白蓮社 與普門社主 將重營黃岳山直指寺書報老人 求緣化文.

265) 『牧隱集』 詩藁 권26, 同安政堂·韓簽書, 訪藥院龜谷大禪師, 歸途謁慈恩祐世君, 至十字街 分馬而歸.

266) 『牧隱集』 詩藁 권30, 哭內院監主龜谷大禪師.

267) 『牧隱集』 詩藁 권25, 昨觀祐世君瑜伽道場 歸而志之.

268) 『牧隱集』 詩藁 권26, 同安政堂 韓簽書 訪藥院龜谷大禪師 歸途謁慈恩祐世君 至十字街 分馬而歸.

269) 『牧隱集』 詩藁 권30, 浩然·子安·子復, 邀僕及韓孟雲先生, 登松山左麓. 作重九, 至則鄭密直圃隱與慈恩祐世君金山長老李判書士渭, 已來相候, 登其峯四眺, 猶不滿意, 稍西徙至甘露寺南峯, 則敝豁益甚, 酬酢吟詠, 更約菊花會重開, 至夜分乃歸, 李淸州士穎, 鄭副令□, 又其後至者也. 明日追思, 已如夢中, 情不能已, 吟成一首(우왕 7년 9월 9일).

270) 『牧隱集』 詩藁 권28, 昨蒙慈恩都僧統祐世君, 來賀種德新拜密直, 且設盛饌, 僕雖病餘, 不敢辭, 痛飮至醉, 是晚有雨, 明日吟成三首, 錄呈.

가서 대접하였다.[271] 祐世君 宗林이 추운 겨울에 숯을 보내었기 때문에
사례하기도 하였다.[272]

千峰 卍雨[273]는 공민왕 6년(1357)에 태어나 어려서 출가하여 귀국 각운의
제자가 되었다. 이색의 부인인 안동 권씨는 태조 3년(1394) 8월에 죽었는데,
만우는 2주일간 머물면서 讀經을 하였다.[274] 이색은 만우에게 천봉이라는
호와 호설을 지어 주었다.[275]

이색이 교류한 승려는 대부분 나옹 혼수와 연관된다.[276] 玆上人,[277]
分上人,[278] 安上人[279] 등 환암 혼수의 제자들이 이색에게 글을 요청하는
경우가 많았다.

이밖에 천태 승려로 이색과 교류한 사람으로는 승산사의 장로 전의
이씨 무은암[280]이 있고, 화엄의 大選인 景元,[281] 조계의 대선에 뽑힌 天亘은
이색의 동년인 최병부의 아우,[282] 이름이 日昇이고 호가 杲菴,[283] 無說[284]

---

271) 『牧隱集』 詩藁 권29 慈恩祐世君, 在海安寺講經, 種德副樞, 略以酒饌往餉, 老夫身困
　　不能出城, 吟成一首.

272) 『牧隱集』 詩藁 권26, 謝祐世君宗林送炭.

273) 沈慶昊, 「麗末鮮初의 詩僧, 卍雨와 義砧」, 『莊峰金知見博士華甲記念師友錄－東과
　　西의 思惟世界』, 1991.

274) 『牧隱集』 文藁 권9, 送峰上人遊方序(태조3, 1394년 8월).

275) 『牧隱集』 文藁 권10, 千峰說.

276) 許興植, 제2장 나옹혜근, 『高麗로 옮긴 印度의 등불』, 일조각, 1997.

277) 『牧隱集』 文藁 권8, 送玆上人.

278) 『牧隱集』 文藁 권10, 平源說 ; 詩藁 권24, 題平源卷.

279) 『牧隱集』 文藁 권6, 平心堂記.

280) 『牧隱集』 文藁 권5, 無隱菴記.

281) 『牧隱集』 文藁 권6, 寂菴記 ; 文藁 권8, 贈元上人序.

282) 『牧隱集』 文藁 권6, 古菴記.

283) 공민왕대 광암사의 주지로 10여 년간 있었는데, 일승 고암이란 친필을 공민왕으로
　　부터 하사받았다. 그가 신륵사에서 한수를 만나자 이색에게 기문을 부탁하였다.
　　마침 이숭인이 찾아오자 대신 글을 쓰게 하였다(『牧隱集』 文藁 권4, 杲菴記).

284) 목은은 승려 한림이라고 하였다(『牧隱集』 詩藁 권7, 無說長老). 정도전(『三峯集』
　　권3, 贈祖明山人詩序 ; 권4, 無說 上人克復樓記後說)과 김구용(『惕若齋學吟集』

粲英(1328~1390)[285] 등과 교류하였다.

나옹 혜근(1320~1376)은 이색과 직접적인 교류는 없었지만, 그의 제자들이 이색과 인연을 맺었다. 혜근은 경상도 영덕 출신으로 1347년 원에 유학을 가서 禪思想을 받아들였다. 인도 승 指空에게 법을 인가받고 당시로서는 최신의 선사상을 수용하였다. 1358년에 귀국하였다. 공민왕 19년(1370)에 국사인 보우와 더불어 왕사가 되었다. 혜근은 불교계를 망라하는 功夫選을 주관하였다.[286] 회암사를 낙성할 때 중앙과 지방의 많은 사람들이 구름같이 몰려들었다. 정부는 이를 우려해서 나옹을 밀양 영원사로 추방하였는데, 가는 도중 신륵사에서 죽었다.[287]

나옹 혜근이 우왕 2년(1376) 신륵사에서 입적하자, 그 문승들은 사승의 舍利 奉安과 眞堂 건립에 힘썼다. 그 과정에서 관련된 사실 기록을 이색에게 부탁하였다.[288] 우왕 5년에 신륵사에 보제의 사리석종기가 만들어지자, 각주는 川寧縣에 유배 중이던 염흥방을 통해 이색의 글을 요청하였다.[289] 이색은 본제존자 나옹을 기리는 기문을 썼다.[290] 그해 여름 각주는 이색에게

---

하, 寄無說長老子埜先生)이 보낸 시가 있다.

285) 성은 한씨, 본관은 양주, 자는 古樗, 호는 목암. 14세 출가하여 보우의 제자가 되었다. 공민왕 때 兩街都僧統이 되고, 우왕 9년에 왕사가 되었다. 내원당 감주로 판조계종사로 집을 송월헌이라고 하는데 이색에게 시를 청하였다(『牧隱集』 詩藁 권6, 內願堂監主判曹溪宗事英公, 號古樗, 所居曰松月軒, 於予同庚故人也. 請題故賦此(우왕 3년 7월)).

286) 『高麗史』 권42, 世家42 恭愍王5(19년 9월 辛丑)(상, 837) "幸廣明寺, 大會僧徒, 命僧惠勤, 試功夫選."

287) 『高麗史』 권133, 列傳46 辛禑1(하, 869) "(二年 四月)懶翁設文殊會于楊州檜巖寺, 中外士女, 無貴賤, 賚布帛果餌施與, 恐不及, 寺門嗔咽. 憲府遣吏, 禁斥婦女, 都堂又令閉關, 尙不能禁, 放于慶尙道密城郡, 行至驪興神勒寺死.";『高麗史節要』 권30, 辛禑(2년 4월)(755~756) "放僧懶翁于密城郡, 時懶翁於楊州檜巖寺, 設文殊會, 中外士女無貴賤, 爭賚布帛果餠, 施與猶恐不及, 寺門塡咽. 故放之行至驪興神勒寺死."

288) 남동신, 「여말선초기 懶翁 현창 운동」, 『韓國史研究』 139, 2007.

289) 『牧隱集』 詩藁 권15, 珠禪者求銘石鍾(우왕 5년 2월).

290) 『牧隱集』 文藁 권2, 新勒寺普濟舍利石鐘記(우왕 5년).

둥근 부채를 선물했다.[291] 그리고 얼마 후 각주는 순동암을 위하여 견암의 기문을 청하였고,[292] 우왕 5년 6월에 완성된 글이 巨濟縣 牛頭山 見菴禪寺重修記이다.[293] 우왕 10년(1384)에 覺持가 묘향산 安心寺에 石鐘을 만들고 지공과 나옹의 사리를 봉안했을 때는 石鐘記를 썼고,[294] 왕명에 의하여 石鐘碑銘도 찬술하였다.[295]

또한 이색은 나옹의 윤필암기를 썼다. 윤필은 글을 쓴 사례로 주는 것을 말하는데, 이색은 그것을 받지 않고 허물어진 절을 수리하도록 하였기 때문에 윤필암이라고 불렀다.[296] 윤필암은 나옹이 생전에 인연을 맺었던 곳에 사리를 모시고 眞堂(명당)을 지어 향등을 올리기 위해 세운 것이다.[297] 대장경을 간행하러 해인사에 가는 나옹의 제자에게 보내는 시가 있다.[298]

나옹의 제자로 이색과 관련이 있는 인물은 覺雄(중영),[299] 澈首座,[300] 설악산인,[301] 英露菴,[302] 雪牛(乳上人),[303] 一漏 등이 있다.

291) 『牧隱集』 詩藁 권17, 神勒珠師 以團扇見遺.
292) 『牧隱集』 詩藁 권17, 珠上人爲順同菴請記見菴.
293) 『牧隱集』 文藁 권2, 巨濟縣牛頭山見菴禪寺重修(우왕 5년 6월).
294) 『牧隱集』 文藁 권3, 香山安心寺石鐘記.
295) 安啓賢,「李穡의 佛敎觀」,『韓國佛敎史硏究』, 동국대출판부, 1983, 310~312쪽.
296) 이상현,『국역목은집』10(文藁 권2, 香山潤筆庵記, 36쪽 주) 19,『신증동국여지승람』 권8, 砥平縣 佛宇). 묘향산, 금강산, 소백산, 사불산, 치악산, 용문산, 구룡산 등 7곳에 진당을 세우고 사리를 봉환하였다(『牧隱集』 文藁 권2, 金剛山潤筆庵記(우왕 5년 윤5월) "普濟懶翁旣入寂, 人始大信其道, 從而思慕焉. 況爲其徒者乎. 韓山子奉 敎課銘, 潤筆菴之所由作也. 凡七所而供養, 坐禪之具, 皆精潔致其極, 普濟之身, 雖已 冥漠, 而普濟之道, 愈益光顯如此.").
297) 『牧隱集』 文藁 권2, 香山潤筆菴記；文藁 권2, 金剛山潤筆菴記；文藁 권3, 潤筆菴 記；文藁 권4, 砥平縣彌智山潤筆菴記；文藁 권6, 淸州龍子山松泉寺懶翁眞堂記 南東信,「여말선초기 懶翁 현창 운동」,『韓國史硏究』139, 2007.
298) 『牧隱集』 詩藁 권28, 送懶翁第子印大藏海印寺(우왕 7년 3월).
299) 『牧隱集』 文藁 권6, 仲英說.
300) 『牧隱集』 文藁 권6, 澄泉軒記.
301) 『牧隱集』 文藁 권6, 負喧堂記.
302) 『牧隱集』 文藁 권6, 五臺山上院寺僧堂記.

  한편 이색이 교류한 승려 가운데에는 일본인 승려304)도 있다.305) 이색이
가장 긴밀하게 교류한 인물은 允中庵이다. 이름은 守允, 호는 息牧叟 또는
매월헌, 일본의 학승으로 그림을 잘 그렸다. 1359년 25세에 중국에 유학하려
다가 풍랑을 만나 고려에 머물렀는데, 이색을 비롯한 당대 학자들과 교류하
였다.306) 우왕 5년 7월에 집을 방문하자 이색이 시를 지었고,307) 우왕
7년 12월에 이집과 이숭인이 靈隱寺에서 중암과의 만남을 상상하며 시를
짓기도 하였다.308) 또한 唐나라 裴休가 편찬한『黃蘗傳心要訣』과『宛陵錄』
의 발문을 써주었다.309) 이외에도 이색이 교류한 일본 승려는 萬峯 惟一·天
祐大有·弘慧 등이 있다.

---

303) 『牧隱集』文藁 권6, 雪牛說.

304) 　　　　　〈표 5〉『목은집』에 이색이 일본 승려와 교류 사례

| 일본승려 | 『牧隱集』 |
|---|---|
| 中菴 | 詩藁 권1, 雪梅軒小賦爲日本釋允中菴作 號息牧叟<br>詩藁 권9, 中菴允上人見過<br>詩藁 권31, 道村來過云 將與陶隱 守歲靈隱寺 中菴所居也(우왕7년12월)<br>文藁 권12, 息牧叟讚<br>文藁 권13, 跋黃蘗語錄 |
| 萬峯 惟一 | 詩藁 권6. 萬峯爲惟一上人題 日本人也 時奉使其國(우왕3년) |
| 天祐大有 | 詩藁 권8, 送日本釋有天祐(우왕5년) |
| 弘慧 | 詩藁 권12, 日本釋弘慧求詩(우왕7년)<br>詩藁 권12, 送日本釋 因有所感(우왕7년) |

305) 도현철, 「고려말 사대부의 일본인식과 문화 교류」, 『韓國思想史學』32, 2009.

306) 일본인 연구자는 牧庵을 서술한 이색의 글을 인용하여 이색의 호가 牧隱인 이유를
　　中庵이 "우리 스님은 牧子였고 중생은 소"(『牧隱集』文藁 권12 息牧叟讚)라고
　　한 것에 연유한다고 하였다(學鷗漁史,「騎牛子と息牧叟」,『朝鮮』1925년 1월(제117
　　호)).

307) 『牧隱集』文藁 권9, 中菴允上人見過 "靈隱煙霞鎖一區, 天磨岩壑接扶蘇, 半輪明月千
　　峯頂, 肯向紅塵憶老夫."

308) 『牧隱集』詩藁 권31, 道村來過云, 將與陶隱, 守歲靈隱寺, 中菴所居也. "中菴出日本,
　　道氣絶纖塵, 二李慰獨夜, 三韓知幾春, 氷崖纡筆硴, 雲嶺聳嶙峋, 偃臥想高會, 如聞佳
　　句新."

309) 『牧隱集』文藁 권13, 跋黃蘗語錄.

# 2. 원·명초의 성리학과 그 수용

## 1) 원과 명초의 성리학

세계 제국을 건설한 몽골족 원은 1264년 燕京으로 수도를 옮기고 1271년 국호를 元으로 정하면서, 정복에서 지배 위주로 체제를 전환하였다. 몽고는 초기 유목국가의 방식대로 약탈적 성격이 강한 대외원정을 수행하였으나, 정복지에 대한 직접적인 지배와 적극적인 관리를 목적으로 한 지배정책으로 방향을 전환하였다. 그 때문에 중국식 제도를 통한 중국 지배 예컨대, '以漢法治漢地, 以漢人治漢地'라는 漢化 정책을 통하여 유교를 관학화하고 과거제를 실시하였다.[310] 그리하여 耶律楚才(1190~1244)·姚樞(1203~1280)·竇默(1196~1280)·許衡(1209~1281) 등으로 이어지는 관학자를 통하여 원의 유학의 틀이 형성되었다.[311]

원은 송대의 여러 학문 가운데 정자, 주자로 이어지는 程朱學 곧 道學을 正統으로 삼았다. 이에 따라 程朱學이 원의 학술이나 정치운영에 활용되고

---

310) 周采赫, 「元 萬卷堂의 設置와 高麗儒者」, 『孫寶基博士停年紀念韓國史學論叢』, 1988, 225~239쪽.

311) 金鍾圓, 「元代 蒙古 「國子學」과 「太學」에 對하여」, 『東洋史學研究』 3, 1969 ; 安部健部, 『元代史の研究』, 創文社, 1972 ; 牧野修二, 「元代の儒學教育－教育課程を中心にして－」, 『東洋史研究』 37-4, 1978 ; W. Theodore de Bary, 「元代における道學の興隆」, 『東洋史研究』 38-3, 1979 ; 鄭仁在, 「元代의 朱子學－二儒의 道統意識을 中心으로－」, 『東洋文化』 19, 1979 ; 高令印·陳其芳, 『福建朱子學』, 福建人民出版社, 1986 ; 候外廬, 『宋明理學史』, 人民出版社, 1984/박완식 옮김, 이론과 실천, 1995 ; 金承炫, 『元代 北許南吳 理學思想研究』, 輔仁大學박사논문, 1988 ; 포은사상연구회, 『元代 性理學』, 1993 ; 周采赫, 위의 논문 ; 岩間一雄, 『中國政治思想史研究』, 未來社, 1990/김동기, 민혜진 옮김, 「원대 유교」, 『중국정치사상사연구』, 동녘, 1993 ; 馬淵昌也, 「元·明初性理學の一側面－朱子學の瀰漫と孫作の思想－」, 『中國哲學研究』 4, 1992 ; 劉澤華 主編, 『中國政治思想史』, 浙江人民出版社, 1996 ; 張東翼, 『元代麗史資料集錄』, 서울대학교출판부, 1997 ; 三浦秀一, 『中國心學の稜線－元朝の知識人と儒道佛三教－』, 研文出版, 2003 ; 徐遠和, 『洛學源流』, 齊魯書社, 1987/손흥철 옮김, 『이정의 신유학』, 동과서, 2011.

원의 지배제체를 옹호하는 이념적 근거로 작용하였다. 과거 시험과목에
주자의 주에 기초한 四書五經이 채택되었고,312) 1343년(지정 3)에 『遼史』·『金
史』와 함께 편찬된 『宋史』에는 성리학의 입장이 크게 반영되었다. 『宋史』에
는 25史와 달리 儒林傳 이외에 별도로 道學傳이 있다.313) 4권으로 된 도학전
의 권1에 周敦頤와 二程, 張載, 邵雍, 권2에는 程氏 文人, 권3에는 朱熹,
권4에는 朱氏 文人들이 수록되어 있다. 道學傳 은서문에서, 삼대 전성기에
는 천자가 이 道로써 정치하고 大臣百官들이 이 道로써 업을 삼았으며,
時君과 世主가 天德·王道의 정치를 회복하려면 반드시 道學을 법으로
삼아야 된다고 천명하고 있다.314)

　　『宋史』에서는 신법당을 부정적으로 인식한다. 왕안석이 열전에 수록된
반면, 왕안석과 견해를 같이 했던 신법계열인 蔡確·呂惠卿·章惇·蔡京·蔡卞
등은 姦臣傳에 포함되었다. 『송사』에 반영된 원의 유학이 정주학(도학)을
正學으로 보고 군자소인론에 의한 인물평가 기준을 마련한 결과라고 할
수 있다.315)

　　원의 성리학자인 歐陽玄(1274~1358)은 왕안석의 新學으로 인하여 송나
라가 어지럽게 되었고 결국 멸망하게 되었다고 하였다.316) 주자를 정점으로

---

312) 『元史』 권81, 志31 選擧1 科目 "考試程式,……漢人南人, 第一場明經經疑二問,
　　　大學論語孟子中庸内出題, 竝用朱氏章句集註, 復以己意結之, 限三百字以上, 經義
　　　一道, 各治一經, 詩以朱氏爲主, 尙書以蔡氏爲主, 周易以程氏, 朱氏爲主, 以上三經,
　　　兼用古註疏, 春秋許用三傳及胡氏傳禮記用古註疏, 限五百字以上, 不拘格律."

313) 權重達, 「元代의 儒學 思潮와 元 王朝의 知識人 對策」, 『中國近世思想史研究』,
　　　중앙대출판부, 1998.

314) 『宋史』 권427, 列傳186 道學1 "道學之名, 古無是也. 三大盛時, 天子以是道爲政敎,
　　　大臣百官有司以是道爲職業, 黨庠術序弟子以是道爲講習, 四方百姓日用以是道而
　　　不知,……道學盛於宋, 宋弗究於用, 其於世時君世主, 欲復天德王道之治, 必來此取
　　　法矣."

315) 金陽燮, 「遼·金·宋 三史 編纂에 대하여」, 『中央史論』 6, 1988, 257~261쪽 ; 權重達,
　　　「中國 近世의 國家權力과 儒學思想의 變遷」, 앞의 책, 276쪽.

316) 『圭齋文集』 권5, 趙忠簡公祠堂記(影印 文淵閣 四庫全書 集部, 1210~37) "臨川王安

74

하는 성리학의 입장에서 왕안석을 비판적으로 보고 있는 것이다. 원 성리학
에서는 程朱學을 正統, 正學으로 보고, 舊法黨을 중심으로 송대 정치사를
이해하는 남송대 주자의 견해를 받아들이고 있었던 것이다.[317]

그런데 몽고족 원은 이민족과 이민족의 사상에 적대적이던 성리학을
그대로 받아들이기 어려웠다. 성리학은 漢族 중심의 중국 지배이념이기
때문이다. 따라서 원은 성리학 전체를 받아들이기보다는 이민족 국가로서
중국 지배에 유리한 부분만을 받아들였다. 원은 漢族 중심의 華夷論을
변용하여 이민족인 몽고족을 인정하였고, 사물에 대한 본원적 탐구와 도덕
적 본질에 대한 철학적 논의보다는 주어진 직분에 충실하는 守分的 성리학
과 도덕윤리 규범을 중시하였다.[318]

화이론의 변용 및 유교의 국교화 작업은 허형(1209~1281)에 의하여
주도되었다. 그는 漢族 중심의 華夷 개념인 種族·義理보다는 形勢·文化를
강조하였고, 중국 지배에 필요한 실천적 규범과 윤리론을 제시하여 원의
중국 지배를 합리화하는 유교이념을 확립하였다. 허형은 화이론의 준별기
준을 種族에서 文化로 바꾸어 원을 인정하였다. 원래 성리학은 漢人對非漢
人이라는 혈연적 구별을 上·下, 尊·卑로 준별하고, 남송이 처한 대외적
위기의식을 지주전호제와 중국=漢의 혈연적 유대감으로(중국전체 對 夷民
族) 극복하고자 하였다. 허형은 漢族 중심의 성리학을 원 지배체제에 맞게
변용하여, 주자의 화이론 중 夷狄을 사람과 금수의 중간으로 받아들여
이적도 중국과 같은 漢法을 적용할 수 있는 존재로 수정함으로써, 이민족
원을 긍정하였다.[319]

石, 以新學誤宋, 致天下騷然, 河南程氏兩夫子出而救之, 卒不勝其說, 旣蔡京爲相,
宗王氏說, 黜程氏學, 宋遂大壞.……及南宋中興解人, 趙忠簡公鼎爲相, 首罷王安石
孔廟配享, 尊尙二程子書, 凡其文人之僅存者, 悉見召用, 江左乃復振."
317) 본서 제4장 1절 경학인식과 敬 중시의 성리학 참조.
318) 文喆永, 「麗末 新興士大夫의 新儒學 수용과 그 특징」, 『韓國文化』 3, 1982, 118~123
쪽 ; 周采赫, 앞의 논문(1988), 239~243쪽.

허형에게서 보이는 화이론의 수정은 원 성리학자 楊維楨(1296~1347)의 도통론에서도 확인된다. 그는 道統은 治統에 있다고 전제한 후, 도통은 요·순·우·탕·문·무·주공·공자에게 전해졌다고 보았다.320) 도통의 기준을 種族에 두지 않고 治統 곧 治道의 논리로 설명한 것이다. 이는 원대의 성리학자들이 화이의 준별기준을 혈통이나 종족보다는 문화에 두고 춘추공양학의 大一統 관념에 근거해서 원의 중국 지배를 합리화하고 있음을 보여주는 것이다.321)

그리하여 원 사대부들은 "중국이 夷禮를 이용하면 夷가 되고, 夷가 중국에 들어오면 중국이 된다"322)라는 논리를 통하여 유교의 도덕, 예와

---

319) 魯齋 許衡(字 : 仲平)은 懷慶府(河南省) 사람이다. 대대로 金 치하에서 농업에 종사하였는데 부친 通은 몽고가 金을 정벌할 때 世亂을 피하여 江南으로 이주하였다. 이 시기는 남송의 유자 趙復(1206~1299)이 북방 舊金지역에 성리학을 전파하고, 楊惟中·姚樞에게 燕京에 太極書院과 周子祠를 건립하고 講學케 하여 성리학을 북방에 전수한 시기였다. 1242년 허형은 竇默(1196~1280)과 姚樞(1203~1280)로부터 성리학을 전수받고 伊川의 易傳, 주자의 論孟集註, 中庸章句, 大學章句, 或問, 小學 등을 접하게 되었다. 세조대 조정에 참여하고 時務五事를 올렸다(『宋元學案』 제6책, 권90, 魯齋學案 ; 『元史』 列傳 권158 ; 袁國藩, 『元許魯齋評述』, 臺灣商務印書館, 1978 ; 安部健夫, 「元代知識人と科擧」, 『元代史の硏究』, 1972 ; 金洪徹, 「元代 許衡의 朱子學 受容과 官學 主導에 관한 一考察」, 한양대 석사논문, 1991 ; 福田殖, 「許衡について」, 『文學論輯』 31, 九州大學 敎養部, 1985 ; 文載坤, 「許衡의 哲學思想」, 『元代 性理學』, 포은사상연구회, 1993 ; 候外廬, 앞의 책 ; 岩間一雄, 앞의 책 ; 竹越 孝, 「許衡の經書口語解資料について」, 『東洋學報』 78-3, 1996).

320) 『輟耕錄』 「正統辯」(楊維楨編)(影印文淵閣四庫全書 集部 439, 1040) "然則論我元之大一統, 當在平宋, 而不在平遼金,……華統之大, 屬之我元, 承乎有宋, 如宋之承唐, 唐之承隋承晉承漢也.……道統者治統之所在也. 堯以是傳之舜, 舜以是傳之禹湯文武周公孔子, 孔子沒幾不得其傳, 百有餘年, 而孟子傳焉. 孟子沒又幾不得其傳, 千有餘年, 而濂洛周程諸子傳焉.……豫章羅氏, 延平李氏及於新安朱氏, 朱子沒而其傳及於我朝許文正公. 此歷代道統之源委也. 然則道統不在遼金而在宋, 在宋而後及於我朝."

321) 金陽燮, 「제4장 '尊王賤覇'의 군주론과 正統論」, 『方孝孺(1357~1402) 硏究』, 경희대 박사논문, 1992, 120~125쪽.

322) 『元文類』 권32, 正統八例總序(楊奧)(影印文淵閣四庫全書 集部 306, 1367권) "中國而用夷禮, 則夷之, 夷而進於中國, 則中國之也."

덕의 실행여부가 문명국 華의 변별기준이 된다고 하였다. 그것은 송대의 種族에 의한 화이론이 아니라 形勢·文化를 중심으로 하는 화이론이었다. 金과 遼와의 항쟁과정에서 형성되었던 성리학의 종족 중심의 화이론은 형세·문화 중시의 화이론으로 바뀌게 되었다.

또한 허형은 유교의 국교화와 원의 漢化 정책을 주장하였다. 그는 1266년 세조에게 올린 時務五事를 통하여 수정된 화이론을 기초로 漢法 곧 유교의 국교화를 본격적으로 추진하려고 하였다. '立國規模', '立法', '聖君之道', '人才養成', '學校設置', '人心安定'이라는 時務五事는 유교의 체득과 실천을 통하여 원을 천자국(문명국)으로 전환시켜야함을 강조한 것이었다.[323] 그는『소학』과『사서』는 '내가 신명처럼 존중하고 신뢰하는 것이다'(小學四書, 吾敬信如神明)[324]라고 하여『소학』과『사서』에 주안점을 두고 實踐躬行을 중시하였다. 이기와 태극을 기반으로 우주와 자연에 대한 근원적인 탐구나 人性과 心의 문제를 깊이 있게 천착하기보다는 敬을 중심으로 한 수양론, 실천윤리를 내세운 것이다.[325]

한편, 원 성리학에는 원 관학의 문제점을 비판하는 吳澄·鄭玉·劉因 등의 유학이 존재하였다. 오징(1249~1333)[326]의 학문적 성격에 대해서는 다양한 관점이 제시되어 있다.[327] 그는 강서 지역의 朱子－黃幹－饒魯－程若庸

---

323)『魯齋遺書』권7, 時務五事(影印淵閣四庫全書 集部 137, 1198권) ; 金洪徹, 앞의 논문, 47쪽.
324)『魯齋遺書』권9, 與子師可(影印文淵閣四庫全書 集部 137, 1198권).
325) 文喆永,「麗末 新興士大夫의 新儒學 수용과 그 특징」,『韓國文化』3, 1982, 113~115쪽.
326) 吳澄의 字는 幼淸(혹은 伯淸), 호는 초려, 撫州路 崇仁縣(江西省) 사람이다『宋元學案』제6책, 권92, 草廬學案 ; 石田和夫,「吳草廬と鄭師山－元代陸學の一展開－」,『哲學年報』39, 九州大學, 1980 ;「趙東山について－元朝朱陸折衷學についての一考察」,『人文論叢』14-3, 1982 福岡大學總合研究所 ; 福田殖,「吳澄小論」,『文學論輯』32, 1986, 九州大學敎養部 ; 竹越 孝,「吳澄「經筵講義」考」,『人文學報』273, 東京都立大學人文學部, 1996).
327) 오징에 대한 기왕의 연구정리는 위의 福田殖의 연구(1985)가 참고된다.

으로 이어지는 성리학의 계보에 있었다. 程若庸의 가르침을 받은 오징은
젊은 시절 성리학에 정진하였고, 程紹開(1212~1280)를 만나면서 성리학의
문제점을 깨닫고 象山學의 영향을 받았다고 한다.[328]

　하지만, 오징의 기본적인 입장은 주자학에 바탕을 둔 것이었다. 그는
주자는 道問學에 치중하였고, 陸象山은 尊德性을 위주로 하였다고 보고,
공부 방법에서 양 측면을 동시에 고려하되 존덕성 공부를 강조하였다.
즉 問學은 德性에 근본을 두지 않으면 반드시 문자의 훈고와 해석의 말단에
치우치는 폐단이 있게 되기 때문에 학문은 덕성을 근본으로 삼아야 한다[329]
고 하였다. 그는 마음공부를 할 때 주자학의 主敬의 방법을 쓸 것을 강조하였
다.[330] 오징은 주자학자로서 원 관학 주자학을 비판하기 위하여 육산상학을
활용하였다고 하겠다.

　정옥(1298~1358)[331]은 성리학에 근본하여 원 관학을 비판하였다. 주자

---

328) 오징의 글에 주자(1130~1200)를 비판하고 陸象山(1139~1192)에 기우는 듯한
　글이 보인다. 오징이 만년에 쓴 '尊德性道問學齋記'에서 朱門末學의 폐해를 비판하
　고, 陳淳(北溪), 饒魯(쌍봉)의 논의는 記誦詞章의 俗學과 실제로 다르지 않다고
　하였다(『吳文正集』 권40, 尊德性道問學齋記(影印文淵閣四庫全書 集部 136, 1197
　권). 이 齋記에는 "此科曰之中 垂四十年 而始覺其非"라고 하여 주자의 공부방법을
　비판하였다. 청대 학자 이불은 送陳洪範序(권15), 象山先生語錄序(권17), 尊德性道
　問學齋記(권40), 仙城本心樓記(권48)(『吳文正集』 권22)를 들어 오징 학문의 도달점
　은 陸學이고 朱學이 아니라고 하였다(福田殖, 앞의 논문, 23~24쪽)). 그리하여
　오징 학문의 성격을, 陸學, 朱陸和會, 宗陸背朱 등의 여러 가지 견해 가운데,
　오징의 고제인 虞集이 말한 朱陸和會라는 관점 곧 성리학의 格物窮理論에 바탕을
　두면서 그 위에 陸學 心學의 覺悟의 체험을 도입한 朱陸 절충이라는 점이 강조되었
　다(候外廬, 「饒魯, 吳澄의 理學과 歷史 地位」, 『宋明理學史』, 人民出版社, 1984/박완
　식 옮김, 이론과 실천, 1995 ; 福田殖, 「吳澄小論」, 『文學論輯』 32, 九州大學敎養部,
　1986).
329) 『宋元學案』 제6책, 권92, 草廬學案 "爲學者言 朱子于道問學之功居多 而陸子以尊德
　性爲主 問學不本于德性 則其蔽必偏于言語訓釋之末 故學必以德性爲本 庶幾得之."
330) 홍원식, 「주륙화회론과 퇴계학의 심화화」, 『오늘의 동양사상』, 2003 ; 「권근의
　성리설과 그 철학사적 위치」, 『韓國思想史學』 28, 2007.
331) 鄭玉의 자는 子美, 호는 師山이다. 사산은 그 서원이 소재한 산명으로 인하여

의 본관인 新安과 인근한 곳에서 출생한 그는 일찍부터 성리학의 연찬에 힘썼고, 성인의 도를 구했으며, 우집, 구양현, 게사혜 등 원 성리학자와 교류하였다. 하지만, 정옥은 朱陸和會에 기울어 朱陸의 문제를 태극도를 중심으로 절충하는 입장을 견지했다. 육상산과 주자의 학문은 삼강오상, 인의도덕이라는 공통의 기반 위에 있고, 요·순·주공·공자 등의 성인을 논하고 불교와 같은 이단을 배척했다는 점에서 차이가 없다고 주장하였기 때문이다.[332] 같은 맥락에서 주자와 육상산 사이에 전개된 무극태극논쟁 역시 '周程이 같은 것도 太極圖 때문이고, 朱陸이 갈라진 것도 태극도 때문'이라고 하여 두 사람 모두 주렴계와 정자의 학도라고 하였다. 太極圖라는 기반 위에 같고 다름이 있고 이는 곧 周程과도 일치한다고 하였다.[333] 주자학과 육산상의 학문이 周濂溪, 程子라는 공통의 학문적 기반 위에 있다는 견해를 표방하였다.

유인(1249~1293)은 원 관학과 달리 정통 성리학의 입장을 견지하고 주자의 理의 철학을 받아들였다. 그는 현실의 불규칙한 변화의 밑바닥에는 보편적 원리 법칙으로서의 理가 있음을 강조하고, 주자와 육상산의 '無極太極論爭'에서 陸子형제의 설을 비판했다. 그리하여 理에 입각한 세계와 현실에 대한 인식으로 이민족 왕조인 원을 인정하지 않고, 출사를 거부하였

붙인 호이다. 安徽省 徽州 합현 貞白里 출신이다(『宋元學案』 제6책, 권94, 師山學案 ; 石田和夫, 「吳草廬と鄭師山－元代陸學の一展開－」, 『哲學年報』 39, 1980, 九州大學 ; 張淑必, 「鄭玉의 朱陸和會說에 대한 검토」, 『元代 性理學』, 1993).

332) 『師山集』 권3, 送葛熙之武昌學錄序(影印 文淵閣四庫全書 集部 156, 1217권) "以予觀之, 陸子之質高明, 故好簡易, 朱子之質篤實, 故好邃密. 蓋各因其質之所近而爲學, 故所入之塗有不同, 爾及其至也. 三綱五常, 仁義道德, 豈有不同者哉. 況同是堯舜, 同非桀紂, 同尊周孔, 同排釋老, 同以天理爲公, 同以人欲爲私, 大本達道, 道無有不同者乎."

333) 『師山集』 권3, 送葛熙之武昌學錄序(影印 文淵閣四庫全書 集部 156, 1217권) "周子之學, 親傳之二程子, 無不同也. 及二先生出而後, 道學之傳, 始有不同者焉. 周程之同, 以太極圖也, 朱陸之異, 亦以太極圖也. 一圖異同之間, 二先生之學從可知矣."

다.[334]

오징, 정옥의 학문적 입장은 원 관학의 비판에서 출발하였다. 당시 원 성리학의 고답적 이해와 그에 따른 실천의 강조에 대하여, 보다 실제적인 학문·공부 방법을 요구하였던 것이다. 이에 따라 주자학 본래의 문제의식을 연구하고 새로운 공부 방법을 탐구하며, 원 관학의 교조적 성격을 비판하였다. 오징이 원 조정에 오래 머물지 못하고 물러난 것과 유인이 출사를 거부한 것 또한 이런 맥락에서 이해할 수 있다.

말하자면, 오징, 정옥, 유인의 주자학자로서의 학문적 성격은 서로 다르지만, 이들이 원 관학 성리학과 일정한 거리를 두면서 陸學과 같은 사상에 관심을 보인 것은 원 관학에 대한 학문적 비판이면서 동시에 원 체제에 대한 비판을 의미하는 것이라고 할 수 있다.

원을 이어 등장한 明(1368~1644)은 이민족 왕조를 멸망시키고 성립된 중국 정통의 漢族 왕조다.[335] 주원장(재위 1368~1398)은 처음에는 反元·反地主투쟁을 벌였지만, 지주계층과 제휴하는 가운데 오랑캐를 몰아내고 중화를 회복한다('驅逐胡虜 回復中華')는 구호를 내걸고 유학자와 결합하였다.[336]

명은 건국과 체제 정비 과정에서 유학을 체제이념으로 활용하고 유학자를 적극 등용하였다.[337] 명은 원에 의해 달라진 중국의 문물제도를 정상화하

334) 『宋元學案』 제6책, 권91, 靜修學案 ; 黃公偉, 『宋明淸理學體系論史』, 幼獅文化事業 公司, 1979 ; 候外廬, 「劉因의 理學思想」, 『宋明理學史』, 人民出版社, 1984/박완식 옮김, 이론과 실천, 1995 ; 石田和夫, 「劉因에 대하여」, 『福岡大學總合硏究所報』 79, 1985 ; 杜維明, 「劉因의 儒家的 隱遁主義에 대한 이해」, 『元代 性理學』, 1993.
335) 명 성리학에 대해서 다음을 참고했다(左野公治, 「明代前半期 思想動向」, 『日本中國 學報』 26, 1974 ; 祝平次, 『朱子學與明初理理學的發展』, 學生書局, 1990 ; 李東熙, 「明初 朱子學과 朝鮮前期의 朱子學」, 『동서문화』 4, 1988 ; 「元代 및 明初 朱子學의 전개 양상－도덕적 실천주의－」, 『동양철학연구』 22, 2000.
336) 山根幸夫, 「元末의 反亂과 明朝支配의 確立」, 『世界歷史』 12, 1971.
337) 全淳東, 『明王朝成立史硏究』, 개신, 2000, 75쪽.

고, 중국 고유의 철학과 역사, 문물제도의 정리 작업을 벌였다. 그리하여
명초에는 經世學, 功利學風, '博文考據'의 類書學이 발달하면서 중국의
역대 제도, 법령, 古來 帝王의 행적을 통한 古今의 변천사가 제시되었다.[338]

주원장은 중국을 통일하기 전부터 儒士, 耆儒를 불러 자문을 구하였는데,
건국 후에도 많은 유학자를 등용하였다. 주원장 정권에 참여한 성리학자
가운데 주목되는 인물은 浙江지방의 金華를 중심으로 한 劉基(1311~1375)·
宋濂(1301~1381)·章溢·葉琛 등 浙東 4선생이다.[339] 원래 절강지역은 사공
학파(영가학파)로 불리는 葉適, 진량, 그리고 강서 지역에는 육구연, 복건지
역에는 주자가 각각 학문적 뿌리를 내리고 있었는데, 이들은 이 지역의
유학적 전통을 계승하고 남송시기, 이민족의 침입과 농민항쟁이라는 격랑
속에서 현실대응책을 제시하고 또 상호간에 학문적 정체성을 놓고 논전을
벌인 바 있다.

특히 금화지역[340]에는 주자의 제자로 黃幹(1151~1221)·王伯(1197~1274)·
何基(1188~1269)·金履祥(1232~1303)·許謙(1270~1337)이 있고, 원말에는 宋
濂·王褘·胡翰 등이 있었다.[341] 원말명초 시기 절동지방의 송렴은 博學致知,
復通經古를 종지로 하는 金華의 성리학과 남송대에 금화지역에 널리 퍼진
呂祖謙의 역사학·唐仲友의 경세학·陳亮의 事功學 등을 계승하고 있었다.[342]

건국초 명은 유학과 교육제도를 활용하여 절대군주체제를 강화하려고
하였다. 주원장은 황제권에 대항하는 유학자를 제거하고 교육제도의 관학
화를 꾀하는 가운데 명 체제를 강화하고자 하였다. 1380년 胡惟庸의 獄을

---

338) 黃公偉, 『宋明理學體系論史』, 幼獅文化事業公司, 1971 ; 文喆永, 「朝鮮初期 新儒學
    수용과 그 性格」, 『韓國學報』 36, 1984.
339) 權重達, 「朱元璋 政權 參與 儒學者의 思想的 背景」, 앞의 책, 305~308쪽, 311~312쪽.
340) 金陽燮, 「南宋代 金華地域의 反道學運動과 朱子學 受容」, 『中央史論』 10·11, 1998.
341) 『宋元學案』 제5책, 권82, 北山四先生學案 ; 檀上寬, 『明朝專制支配の史的構造』,
    汲古書院, 1995, 416~418쪽.
342) 荒木見悟, 「思想家宋濂」, 『明代思想研究』 ; 金陽燮, 앞의 논문, 327~331쪽.

비롯한 정치사건을 빌미로 儒臣·功臣을 제거하였고, 중앙에 국자감을 개편하고 지방에 학교를 정비함으로써 관학체제를 확고히 하였다. 영락제 때의 『사서오경대전』·『성리대전』의 대전체제는 이러한 명대의 관학체제가 지향한 사상 통일을 목표로 제시된 것이었다.[343]

명초의 성리학은 국정 교학의 위치를 확고히 하면서 실천적 성격을 갖는다. 명초 학교의 교육 내용은 원리나 의리 등 원초적이고 근본적인 문제를 궁구하는 것보다는, 실무에 필요한 지식의 주입과 제시된 성인의 가르침을 실천하는 것을 목표로 하였다. 金履祥이 '주자의 이론이나 말은 절대적 진리로 누구도 바꿀 수 없다'[344]고 하듯이, 성리학은 진리탐구의 교과서가 되었고 그 결과 학자들에게는 이를 이해하고 실천하는 일만이 남겨지게 되었다. 학자들은 聖人이 무엇인가를 탐구하는 것이 아니라 어떻게 성인이 될 것인가 하는 實踐躬行에 관심을 기울였다. 이에 따라 원과 명초의 학문은 우주 자연과 인간사회를 설명하며 그 이치를 근본적으로 탐구하기보다는 주자의 말을 실천하고 학습하는 실용적인 측면이 강조되었다.

그리하여 이 시기 학자들은 관학이 된 성리학을 전제하였으므로 새로운 학설을 창출하거나 異說을 제기하지 못하였고, 또 성리학 내에서 所以然과 所當然의 이치를 궁구하는 것이 아니라 주자가 밝혀놓은 성리학을 학습하고 이를 실천하는 일에 매진하였다. 이는 天理 自然의 理致를 끊임없이 탐구하여 현실 정치에 올바른 도를 실천하려는 公論政治를 주장하는 유학과 부합하지 않는 것이고, 이에 대한 비판적 관점이 제시된 것은 불가피한 것이었다.[345]

---

343) 權重達, 「명대의 교육제도」, 앞의 책, 368~372쪽.
344) 『大學疏義』(影印文淵閣四庫全書 經部 202) "自程夫子始明其義, 以開大學之原, 而朱子又修其辭以補傳議之缺. 然後, 聖賢所以爲學之方, 與其敎人之法, 燦然復明于天下, 其辭明而盡 其說精而密……雖使聖人復生于世, 其爲說無以易此矣."

## 2) 성리학의 수용

이색은 원으로부터 중국의 새로운 사상을 받아들였다. 이색은 원의 국자감에서 공부하고 과거에 응시하면서 성리학을 익혔다. 21세 때 부친 이곡이 원의 中瑞司典簿라는 관직을 얻었으므로 朝官의 자제로 원 국자감에서 3년간 수학하였고,[346] 공민왕 2년 가을에 정동행성 향시에 합격하고, 이듬해 2월에 원의 제과에 합격하였다.[347]

이색은 원 유학 생활을 통하여 당시로서는 최신의 학문을 받아들이고 당대 최고의 학자들과 교류할 수 있었다.[348] 원 세조가 至元 24년(1287)에 국자감을 세워 학칙을 정하고 허형을 국자좨주겸집현전학사로 이를 관장하게 한 이래, 구양현과 오백상, 宇文公諒, 吳當, 홍의손, 余闕(廷心), 成遵 등 높은 수준의 성리학자들이 교관으로 임명되었다. 원 국자감의 교과 과목은 상중하 三齋로 나뉘어 모두 六齋를 설치하였고, 강의 내용은 下兩齋에서는 송서강설과 소학을, 中兩齋에서는 四書와 詩律을, 上兩齋에서는 易·詩·書·春秋·禮를 익히게 하였다. 매월 초2일에 박사와 조교가 직접 인지를 주고 출제하여 성적을 기록해 두었다가 승급에 반영하였고, 몽고인과 색목인을 제외한 고려 한인들은 3년 동안 一經을 통과하지 못하거나 학업에 힘쓰지 않을 경우 출학하였다.[349]

---

345) 權重達, 앞의 책, 372~377쪽.

346) 『高麗史』 권115, 列傳28 李穡(하, 522, 526) "穀仕元爲中瑞司典簿, 穡以朝官子補國子監生員, 在學三年.……(恭愍王)二年, 擢魁科, 授肅雍府丞, 中征東省鄕試第一名, 充書狀官如元應擧."

347) 『高麗史』 권74, 志28 選擧2 科目2 制科(중, 616) "恭愍王二年, 以李穡充書狀官應擧. 三年, 穡中制科第二甲第二名, 授應奉翰林文字."

348) 명 국자감에 수학한 인물로 閔璿이 있다. 자는, 仲玉, 閔漬의 손자이고, 閔祥正의 아들이다. 원 국자감에 수학하다 잠시 귀국하여 당대 유학자들의 시를 모은 것이 바로 『還學詩卷』인데, 이색은 이에 跋文을 썼다(『牧隱集』 文藁 권13, 跋仲玉還學詩卷 ; 詩藁 권18, 跋閔仲玉還學燕都詩卷 因成三首(우왕 5년)).

349) 『元史』 권81, 志31 選擧1 學校 ; 정재철, 『이색 시의 사상적 조명』, 집문당, 2002,

또한 원은 과거를 실시하였고 많은 사람들에게 응시할 기회를 주었다. 1316년부터 1366년까지 16차례 제과가 실시되었는데, 3년에 한번씩 거행되었고 鄕試·會試·殿試의 3단계를 거쳐야 했다. 원의 향시에서는 11개 行省 2개의 宣慰司, 直隷省部路 4개 등 모두 17개 지역에서 300명을 뽑되, 종족별, 지역별로 배정하고, 정동행성 향시에서는 蒙古, 色目, 漢人 1명씩 배정되었는데, 고려인은 漢人의 범주로 취급되어 고려인 3명이 모두 차지하였다. 향시 합격자 300명을 회시에 응시하게 하고, 회시에서 100명을 선발하였다. 그 중 몽고, 색목, 한인, 남인 각 25명씩 뽑았으나, 합격 정원이 다 채워진 적은 거의 없었다. 전시는 策問 1편만 시험하였는데, 몽고인과 색목인의 문제는 漢人南人의 그것과 달랐다. 전시에서는 낙제자가 없이 순위만 결정하였다. 전시의 제1갑 제1명은 반드시 몽고인으로 하였다.[350]

원 과거의 시험 과목은 주자가 주석한 四書五經이 그 중심이었다.『四書集註』와『詩經』은 朱子의 주,『尙書』는 蔡沈,『周易』은 주자와 程伊川,『春秋』는 三傳 및 胡氏傳 겸용,『禮記』는 古註疏가 사용되었다.[351]

원 제과가 실시된 1315년부터 1366년까지 고려인은 매번 응시하였고, 합격한 사람도 20여 명 이상이 된다. 원 제과 합격자의 수와 고려 응시자 및 합격자에 대해서는 기왕의 연구에 자세히 표로 설명되어 있다.[352]

---

11~12쪽.

350) 高惠玲,「高麗 士大夫와 元의 科擧」,『高麗後期 士大夫와 性理學 受容』, 일조각, 2001 ; 金錚 지음, 김효민 옮김,「제4장 원대의 과거문화」,『중국과거문화사』, 동아시아, 2003.

351)『元史』권81, 志31 選擧1 科目 "考試程式,……漢人南人, 第一場明經經疑二問, 大學論語孟子中庸內出題, 並用朱氏章句集註, 復以己意結之, 限三百字以上, 經義一道, 各治一經, 詩以朱氏爲主, 尙書以蔡氏爲主, 周易以程氏, 朱氏爲主, 以上三經, 兼用古註疏, 春秋許用三傳及胡氏傳禮記用古註疏, 限五百字以上, 不拘格律."

352) 오금성,「중국의 과거제와 그 政治·社會的 機能」,『科擧』, 일조각, 1981, 15~16쪽 ; 柳浩錫,「高麗時代의 制科應試와 그 性格」,『宋俊浩敎授 停年紀念論叢』, 1987, 80~83쪽 ; 이성무,「賓貢科와 制科」,『한국과거제도사』, 민음사, 1997 ; 주채혁,『元朝 官人層 硏究』, 정음사, 1986, 214~225쪽 ; 高惠玲,『高麗後期 士大夫와

원 과거에 합격하려면 향시를 보아야 했고, 이를 위해 고려에서는 정동행
성 향시가 실시되었다. 원 과거 실시에 대해서는 1314년 정월 황제의
칙서를 통해 고려에 알려졌다.[353] 첫해인 충숙왕 2년(1315)에는 고려에서
정동행성 향시를 준비할 겨를이 없어, 당해년 과거에 합격한 박인간·안목·
조렴[354]이 원 과거에 응시하였다.[355] 2년 후인 충숙왕 4년(1317)부터 정동행
성 향시를 실시하여 원 과거의 회시에 응시하도록 하였다.[356] 후술하지만
명이 건국되고 과거를 실시하자, 공민왕 22년에 應擧試를 실시하여 3명을
명 과거에 응시하도록 하였다.[357]

당시 원과 고려가 정치적으로 긴밀해지면서, 원으로의 진출이 용이해지
고 새로운 학문을 수용할 기회도 그만큼 많아지게 되었다. 원과의 교류는
뒤에 고려와 조선의 문명 전환, 세계화를 통한 새로운 학문·학풍으로 무장한
지도자, 새로운 정치집단의 형성 등 다양한 변화를 추동하여 조선왕조를
창업하는 기반이 될 수 있었다.[358]

고려후기의 대표적인 유학자인 이제현(1287~1367)[359]은 원 연경에 설치

性理學 收容』, 일조각, 2001, 100~101쪽 ; 裵淑姬, 「元代 科擧制와 高麗進士의
應擧 및 授官格」, 『東洋史學硏究』 104, 2008 ; 李康漢, 「고려 충숙왕대 科擧制
정비의 내용과 의미」, 『大東文化硏究』 71, 2010.
353) 『高麗史』 권34, 世家34 忠肅王(원년 1月 丙午)(상, 698) ; 『高麗史』 권74, 志28
選擧2 科目2 制科(중, 616) "忠肅王 元年 正月, 元頒科擧詔, 令選合格者三人, 貢赴會
試."
354) 『高麗史』 권73, 志 권27 選擧1 科目1 選場(중, 610) "忠肅王二年正月, 李瑱考試官尹奕
同考試官, 取進士賜朴仁幹等三十三人及第."
355) 『高麗史』 권74, 志 권28 選擧2 科目2 制科(중, 616) "(忠肅王)二年正月, 遣朴仁幹等三
人, 應擧, 皆不第."
356) 『高麗史』 권74, 志 권28 選擧2 科目2 制科(중, 616) "(忠肅王)四年十二月, 遣安震,
應擧."
357) 『高麗史』 권74, 志 권28 選擧2 科目2 制科(중, 617) "(恭愍王)二十二年六月, 白文寶權
仲和取應擧試, 金潛宋文中權近曹信金震陽, 近又以年少不赴."
358) 김용섭, 「고려국가의 몽골·원과의 관계 속 문명전환 정책」, 『東아시아 역사 속의
한국문명의 전환―충격, 대응, 통합의 문명으로』, 지식산업사, 2008, 155~156쪽.

된 만권당에서 종유하였는데, 牧菴 姚燧(1239~1314), 子靜 閻復(1236~1312), 復初 元明善(1269~1322), 子昻 趙孟頫(1254~1322), 張養浩(1269~1329) 등과 교류하였고,360) 허형(1209~1281)의 묘지를 둘러보고 깊은 감회를 토로하였다.361) 이색의 부친인 이곡(1298~1351)은 4차에 걸친 10여 년의 재원생활을 통하여 원 성리학자들과 교류하였다. 이곡과 교류한 陳旅(1288~1343), 王沂, 歐陽玄, 宋本(1281~1334), 揭傒斯(1274~1344), 程謙, 王士點, 蘇天爵 (1294~1352), 謝端(1279~1340), 黃溍(1277~1357), 王思誠(1291~1357), 宋褧 (1292~1344), 劉聞, 貢師泰(1299~1362), 余闕(1303~1358), 成遵 등은 翰林國史院을 중심으로 監察御使나 禮部侍郎의 직함을 띠고 있었다.362) 이는 이곡이 자신이 소속된 관청이라는 제약을 벗어나서 폭넓게 교류를 하였음을 보여준다.363) 1334년(원통2년) 陳旅, 宋本, 歐陽玄, 焦鼎, 岳至, 王士點, 王沂, 潘迪, 揭傒斯, 宋褧, 程益, 程謙 등은 고려로 돌아가는 이곡에게 격려의 글을 써주었다.364)

359) 金庠基, 「李益齋의 在元 生涯에 對하여-忠宣王의 侍從의 臣으로서」, 『大東文化硏究』 1, 1963 ; 池榮在, 「益齋長短句의 成立」, 『中國文學報』 4, 1980 ; 鄭玉子, 「麗末 朱子性理學의 導入에 관한 試考」, 『震檀學報』 51, 1981 ; 金時鄴, 「麗元間 文學交流에 對하여」, 『한국한문학연구』 5, 1981 ; 張東翼, 「麗·元 文人의 交流」, 『高麗後期外交史硏究』, 1994 ; 朴現圭, 「李齊賢과 元 文士들과의 交遊攷-『益齋亂藁』와 元代文集을 위주로」, 『嶠南漢文學』 3, 1990.
360) 『益齋亂藁』 권9, 忠憲王世家 ;『牧隱集』 文藁 권8, 益齋先生亂藁序 ; 文藁 권18, 鷄林府院君諡文忠李公墓誌銘 ;『高麗史』 권110, 列傳23 李齊賢(하, 409) "忠宣佐仁宗定內亂迎立武宗, 寵遇無對, 遂請傳國于忠肅, 以大尉留燕邸, 構萬卷堂, 書史自娛, 因曰, 京師文學之士 皆天下之選, 吾府中未有其人, 是吾羞也. 召齊賢至都, 時姚燧閻復元明善趙孟頫等, 咸游王門 齊賢相從, 學盆進, 燧等稱嘆不置, 遷成均祭酒, 奉使西蜀所至題詠膾炙人口, 驟陞選部典書."
361) 『益齋亂藁』 권2, 許文正公魯齋墓 "魏公懷粹德, 倔起際風雲, 絳灌雖同列, 唐虞欲致君, 辟雍方繪像, 泉路久修文, 慕藺嗟生晚, 荒涼馬鬣墳."
362) 『稼亭集』 권20, 雜錄.
363) 高惠玲, 「이곡과 원 사대부와의 교류」, 『高麗後期 士大夫와 性理學 受容』, 일조각, 2001.
364) 『稼亭集』 雜錄, 送李中父使征東行省事.

고려인 원 제과 합격자와 중국인 원 제과 합격자와의 교류 또한 매우 빈번하였다. 최해는 1321년 制科 장원인 宋本을 비롯한 동년들과 교류하였고, 安軸은 程端學, 이인복은 馬彦暉 등과 교류하였다. 또한 제과 급제자 사이에는 선후배라는 연대의식을 매개로 교류가 진행되었다. 이인복이 안축의 동년인 宋褧과, 이색이 洪義孫·傅亨·元明善 등과 교류한 것이 그것이다.365)

이색은 국자감에서 구양현과 오백상, 宇文諒, 吳當, 홍의손,366) 이곡과 동년인 余闕(廷心),367) 成遵368)에게 배웠고, 원 성리학자인 姚樞·閣復·元明善·趙孟頫·張養浩,369) 宇文諒,370) 歐陽玄, 蘇天爵,371) 揭徯斯,372) 危太朴,373) 金履祥,374) 王師魯(王沂), 趙仲穆(趙雍), 吳宗師,375) 劉因,376) 姚燧377) 등을 직간접적으로 알고 있거나 그들의 글을 읽었다. 그리고 원 제과 동년인 牛繼之,378) 曾堅(子白), 王景初, 趙致安379) 등과 교류하였고, 고문으로 유명

---

365) 張東翼,「麗·元 文人의 交流」,『高麗後期外交史硏究』, 1994, 207~209쪽.

366) 『牧隱集』 詩藁 권2, 謁洪仲誼博士義孫.

367) 『牧隱集』 詩藁 권2, 成侍郎宅 見余廷心 先生退而志之.

368) 『牧隱集』 詩藁 권2, 謁成誼叔侍郎.

369) 『牧隱集』 文藁 권7, 益齋先生亂藁序.

370) 『牧隱集』 文藁 권4, 朴子虛貞齋記 "會先君同年, 宇文子貞先生以學官召至."

371) 『牧隱集』 文藁 권9, 金敬叔秘書詩序 "近世趙郡蘇大參伯修父撰國朝名臣史略, 又撰文類 圭齋先生以爲伯修學有餘暇, 筆札又富, 故能就此. 穡曰, 蘇公在大平全盛之世, 四方文學之交游, 累祖典則之諳練, 又有精敏之才, 非獨筆札之富也.……"

372) 『牧隱集』 詩藁 권3, 歸來 "所以盱江揭文安 迎養一語警衣冠"; 詩藁 권5, 新宮 ; 文藁 권4, 松月軒記 ; 文藁 권5, 陽軒記.

373) 『牧隱集』 文藁 권4, 松月軒記 ; 文藁 권13, 證道歌後.

374) 『牧隱集』 詩藁 권7, 讀書 "最愛仁山學."

375) 『牧隱集』 文藁 권4, 送月軒記 "如翰林承旨歐陽原功, 集賢學士, 揭曼碩, 國子祭酒王師魯, 中書參政危太朴, 集賢待制趙仲穆, 道家如吳宗師, 皆爲之題贊敍引, 集賢待制趙仲穆, 員人張彦輔吳興唐子華, 又爲松月軒傳神, 今皆失之."

376) 『牧隱集』 詩藁 권21, 圓齋又□□催釀載醪等語 起予者也.

377) 『牧隱集』 詩藁 권14, 題眞觀寺道樹院記後.

378) 『牧隱集』 詩藁 권6, 同年歌.

한 馬祖常(伯庸), 偰伯遼遜(偰遜), 公遠과 公文과 公素380) 등과도 교류하였다.

한편 이색은 최신의 서적을 폭넓게 받아들였다. 우선 杜祐의 『通典』, 王應麟의 『玉海』,381) 『文獻通考』,382) 『冊府元龜』383) 등의 류서를 통하여 유학적 세계관을 익혔다. 『문헌통고』는 元의 馬端臨(1254~1323)이 중국 고대에서 송대에 이르는 문물제도를 기록한 책으로, 諸經·史書·傳記를 비롯한 名臣의 奏議, 송대 儒者의 評論·隨筆 등은 물론 왕조의 治亂興亡과 典章 經制를 함께 기록하고 있다.384) 이들 類書들은 백과사전식 설명을 통해 손쉽게 많은 성리학의 내용을 풍부하게 이해할 수 있도록 해주는 장점이 있었다.

이색은 성리학 연구에 핵심이 되는 『자치통감강목』·『주자가례』·『대학연의』와 같은 성리학서뿐만 아니라 문학에 대한 소양을 쌓았다. 姚鉉이 지은 『文粹』,385) 蕭統의 『文選』,386) 元好文이 쓴 『中州集』,387) 송대 魏慶之가 엮은 시화집인 『詩人玉屑』,388) 송 謝枋得이 한나라부터 당송에 이르기

379) 『牧隱集』 詩藁 권3, 次同年王景初詩韻, 兼柬曾子白·趙致安二同年.
380) 『牧隱集』 文藁 권7, 近思齋逸藁後序 "元朝北庭進士以古文顯于世, 如馬祖常伯庸余闕廷心, 尤其傑然者也. 乙酉乙科偰伯遼遜公遠學於南方, 年未踰冠, 盡通擧業, 間攻古文, 名大振."
381) 『牧隱集』 詩藁 권19, 六言三首 "索隱無如玉海 發微還向天原."
382) 『牧隱集』 文藁 권7, 傳燈錄序 ; 文藁 권9, 贈金敬叔秘書詩序 "梁選·唐粹·宋文鑑·通典·通考精英儲."
383) 『牧隱集』 文藁 권7, 傳燈錄序 "冊府元龜, 歷代君臣之事跡, 而姚鉉文粹, 唐之文章, 關於世敎者也. 二書皆成於祥符間, 刻板宣布之命, 未之聞焉."
384) 白壽彝, 金裕哲 譯,「文獻通考의 歷史觀」,『中國의 歷史認識』上, 창작과 비평사, 1989 ; 高國抗, 『中國古代史學史槪要』, 廣東高等敎育出版社, 1985/오상훈·이개석·조병한 옮김, 「제3장 원대사학과 마단림」, 『중국사학사』 상, 풀빛, 1998.
385) 『牧隱集』 文藁 권7, 傳燈錄序 ; 권9, 選粹集序.
386) 『牧隱集』 文藁 권8, 栗亭先生逸藁序 ; 권9, 選粹集序.
387) 『牧隱集』 詩藁 권9, 卽事.
388) 『牧隱集』 詩藁 권8, 讀玉屑卷末.

까지 여러 대 69편의 문장을 모아 7권으로 엮은 책인『文章軌範』,389) 唐
韋應物의 시집인『韋蘇州集』,390) 杜牧(803~852)의『樊川集』,391)『東坡集』
(東坡詩註),392) 송 왕안석이 당나라 덕종과 현종의 시를 위시해서 107인의
시 1262수를 20권으로 모아놓은 책인『唐百家詩選』,393) 李艾谷의 詩集394)
등이 그것이다.

　이색이 다양한 서적을 섭렵할 수 있었던 것은 고려와 원의 긴밀한 문화교
류의 결과였으며, 고려후기 지적 수준을 보여주는 것이었다. 충숙왕은
江南에서 1만권의 서적을 구입하였고,395) 송 秘閣 소장의 서적을 얻기도
하였다.396) 공민왕 13년에는 王應麟의『玉海』나 鄭焦의『通志』397)가 수입
되었고, 기왕의 연구에서 지적되듯이 중국 역대 왕조의 문물제도를 망라한

---

389)『牧隱集』詩藁 권14, 思鄕.
390)『牧隱集』詩藁 권6, 稼亭所畜唐詩中有韋蘇州集, 兒時愛讀之, 後爲人借去不還.
　　游燕時, 又得一本於吳宗道縣尹, 東歸而又爲人借去, 今未知在誰氏也. 吟成一首.
391)『牧隱集』詩藁 권8, 讀樊川集題其後.
392)『牧隱集』詩藁 권10, 東吳八詠, 沈休文之作也. 宋復古畫之, 載於東坡集. 予少也讀之,
　　而忘之矣. 今病餘悶甚, 偶閱東坡詩註, 因起東吳之興, 作八詠絶句.
393)『牧隱集』文藁 권7, 雪谷詩藁序.
394)『牧隱集』詩藁 권22, 夏日, 坐讀李艾谷詩集. 其孫慶尙道按廉使左尹復始辱書惠.
　　欣然題一首以寄.
395)『高麗史』권34, 世家34 忠肅王1(원년 6월 경인)(상, 699) "贊成事權溥, 商議會議都監
　　事李瑱, 三司使權漢功, 評理趙簡, 知密直安于器等, 會成均館考閱新, 購書籍. 且試經
　　學. 初成均提擧司, 遣博士柳衍學諭兪迪于江南, 購書籍, 未達而船敗, 衍等赤身登岸,
　　判典校寺事洪瀹, 以太子府參軍在南京, 遣衍寶鈔一百五十錠, 使購得經籍一萬八百
　　卷而還."
396)『高麗史』권34, 世家34, 忠肅王1(원년 가을7월 갑인)(상, 699) "元皇太后遣使賜公主
　　酒果, 帝賜王書籍四千三百七十一冊, 共計一萬七千卷, 皆宋秘閣所藏, 因洪瀹之奏
　　也."
397)『高麗史』권40, 世家40 恭愍王3(13년 6월 乙卯)(상, 809) "明州司徒方國珍, 遣照磨,
　　胡若海 偕田祿生, 來獻沉香弓矢及玉海通志等書." ;『高麗史』권112, 列傳25 白文
　　寶(하, 452) "初王還都, 權置廟主于彌陀寺, 設還安都監, 文寶與平陽伯金敬直主其
　　事, 稽緩踰月, 王怒督之, 對以無典籍可稽, 遣史官禹永伸, 詣海印史庫, 取三禮儀杜祐
　　通典, 至文寶倣通典, 又採寢園老給事朴忠語爲儀制, 朴忠不識字, 多出於臆計."

'博文考據'의 類書學을 받아들였던 것이다.398) 또한 중국의 과거시험을 준비하기 위하여 중국 송원의 시험문제와 모범답안인「宋聖元名賢播芳續集」399)·「朝表牋總類」400)·「新刊類編歷擧三場文選對策」401)·「御試策」402)과 주자학 관련 기본 서적인「주자집주」403)·「근사록」404)·「農桑輯要」405)가 간행되었다.

　요컨대, 이색은 당·송·원의 새로운 지식, 서적을 학습하고 주자서나 百科事典式 博文考據의 類書學 등을 통하여 송·원대의 문물제도와 성리학을 이해하였던 것이다.

---

398) 李泰鎭,「『海東繹史』의 學說史的 檢討」,『震檀學報』53·54, 1982 ;「15·16세기 新儒學 정착의 社會經濟的 배경」,『朝鮮儒敎社會史論』, 지식산업사, 1989 ; 文喆 永,「朝鮮初期 儒學思想의 歷史的 특징」,『韓國思想史大系』, 정문연, 1991.

399)「聖元名賢播芳續集」은 유구(1335~1398) 등이 공민왕 22년(1373)에 목판으로 元代 許衡에서 楊弘道에 이르는 123名賢의 表와 詔 등을 선별하여 편집한 것이다.

400)「宋朝表牋總類」는 태종 3년(1403)에 송조에서 황제에 아뢰던 표문, 전문을 류별로 구분, 주의자의 글을 집록하여 참용에 편리하도록 엮은 것이다(千惠鳳,「癸未字本 《宋朝表牋總類》解題」,『奎章閣』16, 1993).

401) 고려본「新刊類編歷擧三場文選對策」은 元本이 간행된 해인 1341년을 상한선으로 명 태조의 조칙에 따라 처음 명나라로 과거생이 파견된 해인 1370년을 하한선으로 하여 그 사이에 간행되었는데, 원 전시에 급제한 몽고인, 색목인, 한인 등의 策論을 엮어 과거시험 학습용으로 활용되었다(조병순,『高麗本新刊類編歷擧三場 文選對策硏究』, 韓國書誌學會, 2006, 16~19쪽, 78~92쪽).

402) 千惠鳳,「朝鮮朝의 乙亥小字體 活字本《御試策》」,『書誌學硏究』15, 1998.

403)『高麗史』권107, 列傳20 權昍 權溥(하, 360) "嘗以朱子四書註, 建白刊行, 東方性理 之學 自溥倡.";『櫟翁稗說』前集2 "其後白彛齋(頤正)從德陵, 有道下十年, 多求程 朱性理之書以歸, 我外舅政丞菊齋, 權公得四書集註, 鏤板以廣其傳, 學者又知有道 學矣."

404) 김상기,「근사록 해제」, 숙명여자대학교 소장『古書百選』(개교50주년), 1988.

405)『牧隱集』文藁 권9, 農桑輯要後序 ; 金容燮,「高麗刻本『元朝正本農桑輯要』를 통해 본『農桑輯要』의 찬자와 자료」,『東方學志』65, 1990.

# 제3장 성리학적 군자 지향과 출처관


## 1. 마음 수양과 성리학적 군자 지향

### 1) 도연명의 귀거래와 도의의 중시

유학적 인간상을 지향한 이색은 陶淵明(365~427)을 모범으로 도의를 중시하고 天人合一에 근거한 삶을 지향했다.[1] 이색은 "도연명은 나의 스승"[2]이라고 말하였듯이 도연명의 삶과 행동을 동경하며 삶의 지침으로 삼았다.

이색의 도연명 인식에 대해서는 이미 정리된 연구가 있다.[3] 이색이 도연명에게서 본받고자 한 바는 유학적 道義를 중시했다는 점과 현실 변화에 휩쓸리지 않고 초연하게 자신의 삶을 살았다는 점이었다. 원의 쇠망과 명의 등장, 왜구와 홍건적의 침입, 정치권력의 변화와 다양한 삶의 혼동이 존재하는 고려후기 현실에서, 현실 변화에 초연하며 흔들리지 않는 꿋꿋한 모습을 도연명에게서 본받고자 하였다.[4]

---

1) 『晋書』 권94, 列傳64, 隱逸 陶潛 ; 『宋書』 권93, 列傳53, 隱逸 陶潛 ; 『南史』 권75, 列傳65, 隱逸 陶潛.

2) 『牧隱集』 詩藁, 권19, 遇興 "彭澤是吾師."

3) 朴美子, 『韓國高麗時代における「陶淵明」觀』, 白帝社, 2000.

4) 『牧隱集』에는 도연명을 연상시키는 표현이 많다. '歸來', '對菊', '淵明'이 그것이다.

이색은 도연명이 유학의 名敎, 名節에 충실한 인물로 보았다. 그는 "명교를 중히 여겼음을 누가 알리오? 배와 밤 때문에 깊이 한탄하였다"5)고 하였다. 또 다른 시에서 이색은 다음과 같이 자신의 심정을 서술하고 있다.

단단하면 부러지기 쉽나니 자웅을 다투지 말고,
가장 좋기로는 인정을 잊음이니 즐거움 그 속에 있네.
흰 머리카락 가을에 놀라는 추한 늙은이 되었지만,
나라를 위한 근심 걱정 처음과 끝 똑같아라.
나 이제 천명을 기다리노니 무엇을 염려하랴만.
그대 또 입사하여 충성을 다해야지,
진나라에는 세신 도정절이 있었다네,
천년동안 또렷이 높은 풍도 남아있네.6)

그런데, 그런 표현이 있다고 해서 모두 도연명을 말하는 것은 아니다. 예컨대, 『牧隱集』詩藁, 권3, 歸來는 공민왕 4년(1355)에, 원에서 고려로 돌아옴을 노래한 시이다. 또한 『牧隱集』詩藁에는 국화와 관련된 시가 있는데(권18, 菊 ; 권19, 對菊有感 ; 권25, 十日菊 ; 권25, 詠罷蒙送梨 ; 권25, 淸曉對菊 ; 권26, 對菊 ; 권26, 對菊語 ; 권26, 十月初二日詠菊 ; 권26, 詠菊 ; 권30, 九月十五夜 柳巷招飮 對月泛菊), 이 가운데 도연명을 관련시킨 시는 권19 對菊有感, 권25 淸曉對菊, 권26 對菊 뿐이다.
『목은집』 시고에 도연명과 관련된 시는 44수이다(권4, 題南大藩司尹菊詩卷末(공민왕 4년) ; 권8, 讀歸去來詞(우왕 4년) ; 권9, 詠菊 ; 권11, 天台判事携酒見訪 曹溪猊公適至二首 ; 권11, 訪南鄰 ; 권12, 對菊 ; 권13, 歸來篇(우왕 5년) ; 권16, 種菊未訖雨 又作作短歌 ; 권17, 幽居 ; 권17, 有感 ; 권18, 淵明 ; 권18, 遣興 ; 권19, 早興 ; 권19, 明日聞韓柳巷數遣人--- ; 권19, 對菊有感 ; 권19, 中童凌晨來 ; 권19, 遇興 ; 권20, 自詠 ; 권21, 有求者戲題 ; 권21, 門前有一株柳 日繫馬…… ; 권22, 偶吟(우왕 6년 4월) ; 권22, 淵明 ; 권22, 自笑 ; 권22, 自詠 ; 권23, 世事 ; 권23, 逑懷 ; 권24, 奉呈六益亭 ; 권24, 讀歸去來辭 ; 권25, 庸夫…… ; 권25, 喜晴 ; 권25, 淸曉對菊 ; 권26, 代菊語 ; 권27, 晨興 ; 권28, 自詠 ; 권28, 晩歸馬上 ; 권29, 六言三首 ; 권29, 得無說書 ; 권31, 有感呈柳巷 ; 권32, 雨中獨坐 欲酌一杯而無酒 因自嘲 ; 권33, 我自 ; 권33, 浮生 ; 권35, 宿臨津金龜聯判事野莊).
5) 『牧隱集』詩藁, 권22, 淵明 "淵明時不識, 貌枯氣自華, 顔公千萬錢, 卽日送酒家, 風霜天地秋, 東籬採黃花, 誰知重名敎, 梨栗生深嗟."
6) 『牧隱集』詩藁, 권19, 中童凌晨來 "磽磽易折莫爭權, 寔是忘情樂在中, 衰髮驚秋成老

92

    우왕 5년 8월경에 지어진 위의 시가 쓰여진 정확한 정황은 알 수 없지만, '단단하면 부러지기 쉬우니 자웅을 다투지 말고'라는 표현에서 세속의 다툼 속에서 초연하도록 스스로를 경계하고 있다. 더 나아가 천명과 충성 그리고 '晉나라의 世臣 陶淵明'이라는 표현에서 유학적 名敎와 道義에 충실한 인물로 도연명을 평가하고 있음을 알 수 있다. 후술하는 바와 같이, 이색은 도연명의 출처가 성리학의 명분에 맞을 뿐만 아니라 주자의 綱目的 역사인식에 근거한 것으로 보았다.[7] 東晉 사람인 도연명은 처음부터 출처에 의리가 있었는데, 劉宋의 시대에 끝내 벼슬하지 않음으로써 名節을 잘 보전했다는 것이다. 즉 劉裕의 송에 벼슬하지 않은 '진나라의 온전한 사람(晉全人)'이라는 것이다.[8] 이색은 주자가 '곧장 處士라고 쓰고 晉나라 사람이라고 썼으니, 綱目의 밝고 밝은 筆法 새롭기도 하여라'라고 하여 주자의 도연명 인식에 찬동하였다.[9] 이런 점에서 도연명은 이색에게 스승이 되고, 名敎를 확립한 사람이 되는 것이다.[10]

    한편으로 이색은 도연명이 조정을 떠나간 것은 名敎의 위배되는 일이라 평가했다. 이는 앞서 이색은 "옛날의 군자들이 임금을 보필하고 그 의리를 다하면서 하루라도 나라를 잊은 적이 없었다. 홍건적의 침입으로 공민왕이 남쪽으로 피난 갈 때, 諸老들이 관직을 떠나 한가로운 몸으로 자처하고 있었음에도 임금을 호위하고 숙직하면서 풍우와 한서에도 그만두지 않았다"[11]고 하였다. 도연명과 죽림칠현이 名敎의 죄인이 된다는 사실을 이들과

---

醜, 苦心憂國保初終, 我今竣命夫何慮, 爾輩持身且盡忠, 晉有世臣陶靖節, 宛然千載有高風."

7) 본서 제4장 2절 성리학적 역사관과 국사체계 참조.
8) 임정기,『국역목은집』 2, 226쪽, 권8, 讀歸去來詞 주) 172.
9)『牧隱集』詩藁 권8, 讀歸去來詞 "歸去來兮千載人, 高風當日有誰親, 中興詩道非他術, 上合天心是此眞, 臨水登皐時縱目, 倚窓入室自怡神, 直書處士仍書晉, 綱目明明筆法新."
10)『牧隱集』詩藁, 권22, 淵明 "淵明時不識, 貌枯氣自華, 顔公千萬錢, 卽日送酒家, 風霜天地秋, 東籬採黃花, 誰知重名敎, 梨栗生深嗟."

비교해 보면 분명하다는 것이다.

　그러나 이색은 도연명이 현실 정치에서 벗어나 전원으로 돌아간 것은 또 다른 道義의 실천으로 본다. 이색은 도연명이 천명을 즐기며 자연의 조화에 순응한 인물로 보았다.[12] 도연명이 관직을 버리고 田園에 돌아간 것은 왕조에 대한 절의를 지키려는 것이기 때문이라는 것이다. 따라서, 도연명과 竹林七賢은 표면적으로는 名敎의 죄인이라고 할 수 있지만, 심층적으로는 천하에 유학의 도를 실현하기 위해 또 다른 방법을 선택한 것으로 평가한다. 도연명을 名敎(유학)의 죄인으로 표현한 것은 현실을 떠나 존재할 수 없는 유학의 원칙적 입장을 말한 것일 뿐이다. 이처럼 이색은 고려중기의 현실도피적 유학자들[13]과는 달리 名節을 중시하는 도연명에 대한 인식을 보여주고 있다.[14]

　이색은 현실정치의 혼란함을 회피하기 위하여 도연명처럼 고향으로 돌아갈 것을 생각하지는 않았다. 현실이 어지러워 관직에서 떠난다하더라

---

11) 『牧隱集』文藁, 권9, 元嚴謙集唱和詩序 "古之君子, 相其君也, 盡其義. 故其君之所以禮貌者, 極其豊.……及其老也,……而未始以去位, 一日忘國家. 有議則決, 有難則赴, 君臣之間, 何其相得之深哉. 予於元嚴謙老謙集詩, 蓋三嘆焉. 上之南幸也,……諸老旣以佚豫自居, 且樂其還都之近也. 於是, 擧酒相屬, 侑之以歌者.……諸老旣老矣, 然痛上不在扶蘇之陽, 法宮之中, 身率橐鞬, 更直野次, 風雨寒暑不易. 百司庶僚, 是則是效, 各修厥職, 無敢有缺, 則其所以觀感人心, 裨益國體於朝夕周旋之間者多矣, 與坐廟堂出號令者奚擇哉. 彼柴桑竹林, 名敎罪人也, 好事者尙圖而歌之.……"

12) 『牧隱集』詩藁 권17, 有感 "白頭朝列苦吟詩, 身世悠悠甚矣衰, 長白山前沙漠漠, 大明殿上草離離, 誰敎南渡開新主, 欲頌中興無好辭, 古往今來只如此, 樂天彭澤復奚疑."

13) 고려중기에 보이는 도연명의 귀거래 이해는 현실도피적 성격이 강하다. 이인로는 유자로서 현실에 관심을 가지고 도연명의 은둔을 말하면서도 귀향의 기쁨을 볼 수 없다. 이규보의 귀거래는 아직 관직이 없는 젊을 때의 것으로, 사환의 생각을 버릴 수 없었다. 두 사람이 보여준 귀거래의 은둔사상은 관념적 경향이 강하다. 이규보는 꿈을 실현할 수 없는 심정을 도연명의 귀거래에 의탁하였고 도가사상에 침잠하였다(朴美子, 앞의 책(2000), 100~104쪽).

14) 朴美子, 위의 책(2000), 105~117쪽.

94

도, 결코 현실을 벗어날 수 없으며 현실에서 모든 문제를 풀어야 한다는 유학자로서의 입장을 보여주는 것이다.

> 궁벽한 곳 그윽한 삶 가장 좋아라,
> 임천의 흥취 넘쳐나네.
> 문을 나서면 산이 말을 둘러 안고,
> 방에 들어서면 술거품 피어오르네.
> 고요한 동산 거닐기 그만이고,
> 밝은 창앞 독서하기 유쾌하네.
> 흥겹게 취하는 것 참 隱者의 삶이러니,
> 귀거래를 읊을 이 뭐 그 무언가.15)

이색은 세상에서 가장 귀한 것이 성인의 도를 지키는 것이요, 출처 또한 성인이 만든 彝倫을 밝히는 데 있는 것으로 생각하였다. 그가 살 곳은 임금과 신하가 있고, 가족이 있는 구체적인 현실이었다. 문을 나서면 산이 말을 감싸고, 방에 들어가면 술이 있으며, 고요한 정원을 산책하다가 창 아래에서 책을 읽는 것이 참다운 은자의 모습인 것이다. 이색이 小隱보다는 大隱과 吏隱16)을 말한 것 또한 산 속에 숨어 현실과 완전히 격리되는

---

15) 『牧隱集』詩藁 권5, 幽居 "最愛幽居僻, 林泉興有餘, 出門山擁馬, 入室酒浮蛆, 園靜宜扶策, 牕明快讀書, 陶然是眞隱, 何必賦歸歟."

16) 출사와 은둔을 통일적으로 생각하는 또 다른 표현이 吏隱이다(朴鍾赫, 「鮮初 官僚文人의 吏隱論과 詩意識」, 『韓國漢文學研究』22, 1998 ; 「鮮初 吏隱詩考－權近을 中心으로－」, 『中國學論叢』14, 1998). 이색은 家奴를 보내 新田을 踏驗하도록 시키면서 먹고사는 일에 얽매여야 하는 삶을 구차하게 여기며 大隱을 생각하고(詩藁 권12, 將遣家奴 踏驗新田), 吏隱이라 하여 낮은 벼슬로 드러나지 않은 삶을 생각하였다(詩藁 권21, 又用前韻). 中隱과 유사한 吏隱은 小隱과 大隱과 함께 은둔자의 다양한 모습 가운데 하나이다. 진나라 王康琚의 反招隱詩에 "작은 은자는 산림 속에 숨고, 큰 은자는 조시에 숨는 지라, 백이는 수양산에 숨었고 노자는 주하사에 숨었다(小隱隱陵藪 大隱隱朝市 伯夷竄首陽 老聃伏柱史)"(임정기, 『국역 목은집』3, 권12, 懷抱二首, 228쪽, 주) 158)고 한다. 中隱은 白居易의 시에 "大隱은

것과 무조건 현실 속에서 참여하는 것의 중도를 지키고자 하는 입장을 표현한 것이다.[17] 그의 궁극적인 지향점은 林泉에 있거나 盛市에 있거나 어느 자리에 나아가든지, 중도로써 마음을 깨끗이 하여 현실에 집착하는 인정에서 벗어나 천부의 도덕성을 피어나게 하는 중화에 자리하는 것이라고 할 수 있다.[18]

이색이 도연명을 성리학의 의리와 절개라는 측면에서 주목한 것은 이 시기 성리학을 익힌 이들의 공통된 생각을 반영한 것이다. 공민왕과 우왕대 이색과 교류한 염흥방과 정도전은 도연명이 안빈낙도하며 절개 있는 행동을 한 것에 공감을 표시하였다.[19] 염흥방은 도연명이 故國에 대한 高節한 마음에서, 관직을 가치 없는 것으로 보고 출사하지 않았고, 도연명의 심성이 道體 本然의 至純至善한 天理 그대로이기 때문에 事事物物이 즐겁고 마땅하지 않는 데가 없으며, 마음과 행적 모두가 도에 합당한 것으로 보았다. 염흥방과 정도전은 도연명을 시인의 경계를 넘어선 聖賢으로 존숭하였는데,[20] 이색 역시 도연명을 흠모하여 성리학적 명분과 의리를 지키고 변동하

---

朝市에 머무르고, 小隱은 丘樊에 머무르네. 丘樊은 너무 쓸쓸하고, 朝市는 너무 시끄러워, 中隱하여 지방에 머물러 숨어야지, 나아가는 듯 물러나는 듯, 바쁘지도 한가하지도 않으니(大隱住朝市 小隱入丘樊 丘樊太冷落 朝市太囂喧 不如作中隱 隱在留司官 似出復似處 非忙亦非閑)"라고 하였다. 산 속에 숨어 현실과 완전히 격리되는 것과 무조건 현실 속에서 참여하는 것의 중도를 지키려는 것이다(朴美子, 앞의 책(2000), 33~36쪽).

17) 朴美子, 위의 책(2000), 33~36쪽.

18) 정재철, 『이색시의 사상적 조명』, 집문당, 2002, 44~58쪽.

19) 『三峰集』 권4, 讀東亭陶詩後序 "今得東亭先生陶詩後序曰, 憔悴於飢寒之苦, 而有悠然之樂, 沈冥於麯蘖之昏, 而有超然之節. 伏以讀之, 不覺歎息曰, 噫, 此所以爲淵明也.……先生(염흥방)曰, 淵明生於衰叔之世, 知其時不可爲, 高蹈遠引, 養眞衡茅之下. 塵觀軒冕, 銖看萬鍾, 雖衣食不給, 而悠然樂以忘其憂.……蓋淵明之樂, 不出飢寒之外, 而其節亦在沈冥之中也. 何也. 知淵明不義萬種之祿, 甘於畎畝之中, 則飢寒乃所以爲樂也. 託於麯蘖, 終守其志, 則沈冥乃所以爲節也. 不可以內外異視也."

20) 金宗鎭, 「「讀東亭陶詩後序」에 대하여」, 『어문논집』 27, 1987 ; 「鄭道傳의 陶淵明에 대한 好尙」, 『碧史李佑成先生定年退職紀念國語國文學論叢』, 1990.

96

는 현실에 초연하며 평상심을 유지할 수 있었던 삶의 교훈자로서 추앙했던 것이다.

## 2) 소옹의 安樂窩와 마음의 안식

이색은 소옹의 삶을 동경했다. 복잡하고 혼돈된 삶에 위안을 주고 마음을 안정시키는 수단으로 소옹의 安樂窩를 자주 언급하였다. 우왕 5년 자신의 삶이 마치 병에 걸린 것 같다고 하면서 소옹을 배우고 싶다고 하였다.[21] 우왕 6년 7월 삼복 더위에 약간의 취기 속에서 마음을 보존한 곳은 소옹에게 질문해야 한다고 하였고,[22] 공양왕 3년 12월에 정도전 등에 의해 탄핵을 받고 장단에 유배갔을 때 소옹을 읊조리며 자신의 복잡한 심정을 달래고 있다.[23] 이색은 구체적인 생활에서 소옹을 언급하며 심란한 마음을 달래고,[24] 스스로를 擊壤歌를 부르는 노인으로 칭하며, 天命을 즐기며 몸을 보존하겠다고 하였다.[25] 이색이 소옹을 삶을 흠모하고 안락와를 자주 노래한 것은 自樂의 태도 곧 때와 만물의 변화에 항상 안정된 마음을 유지하고 즐거워하는 생활태도를 갖고자 하는 것이다.

송의 邵擁(1011~1077)은 자는 堯夫, 號는 康節, 하북 낙양사람이다. 소옹은 周濂溪(1017~1073)와 張橫渠(1020~1077), 程伊川(1033~1107)과 함께 북송 성리학의 일원으로 나중에 朱子(1130~1200)가 성리학을 완성하는데 기초를 놓았다. 관직에 나아갈 수 있었지만 고사하고 강학에 전념하였다. 사는 곳이 伊川이기 때문에 자호는 伊川翁이라고 하였다. 王拱宸이

---

21) 『牧隱集』 詩藁 권15, 自和.
22) 『牧隱集』 詩藁 권24, 至正癸巳四月, 益齋先生陽坡先生典貢擧, 無燕會, 僕與同年成行, 罷則休于家, 甚蕭索也…….
23) 『牧隱集』 詩藁 권35, 欲語.
24) 『牧隱集』 詩藁 권11, 卽事 三首 ; 詩藁 권16, 春遊.
25) 『牧隱集』 詩藁 권13, 正月.

天津橋 근처 長生洞에 집을 지어 주었는데, 이 집 이름을 安樂窩, 자신의 호를 安樂선생이라 했다.[26] 安樂窩는 편안하고 즐거운 곳을 의미하는데, 소옹이 낙양에 거처했던 거실로 몸소 농사지어 의식을 해결하면서 살았던 집이다. 이 집을 중심으로 한 명칭들을 성리학자들이 즐겨 쓰게 되었는데, 伊川, 天津橋, 長生洞, 安樂窩 등이 그것이다. 소옹은 요순시대를 노니면서 태평을 즐기며 격양가를 불러 문집이름을 伊川擊壤集이라고 하였다.[27]

소옹의 문학은 重志輕情論, 自樂, 觀物에 특징이 있다고 한다. 그는 志를 情에서 분리시켜 정에 의존한 시는 의미없는 것으로 파악하고, 객관적인 사물을 관찰할 때 주관적인 나를 개입시키지 않고 이치를 찾아내야 한다고 하였다. 이러한 사물의 관찰은 스스로를 즐거워하는 것이라 하였다. 이는 유가사상의 기초 위에 노장사상을 흡수한 것이라고 한다.[28]

이색은 소옹의 삶을 안락와를 통해서 이해하고 마음의 평화를 찾고자 하였다.[29] 이색은 안락와를 두 가지 의미로 사용했다. 하나는 현실의 어려움, 즉 복잡하게 얽히고 바람직한 방향으로 진행되지 않는 현실에서 벗어나 마음의 안정을 취한다는 의미이다.[30] 이때, 안락와는 자신의 집을 의미한다.[31] 한편, 다른 의미로는 유교의 태평성대이고 이상향인 하은주 삼대,

---

26) 『宋史』 권427, 列傳186 道學 邵雍.

27) 候外廬, 『宋明理學史』, 人民出版社, 1984/박완식 옮김, 이론과 실천, 1995 ; 李炳赫, 「牧隱 李穡의 性理學的인 詩」, 『東方漢文學研究』 10, 1996의 2장 2절의 제목이 邵雍의 '安樂窩'의 憧憬과 觀物精神이다.

28) 金昌龍, 「酒肆丈人傳에 나타난 邵康節 배격의 意義」, 『漢城語文學』 2, 1983 ; 李炳赫, 위의 논문, 1996 ; 이종진 외 19인, 「중국시와 시인－송대편」, 2004, 335～349쪽 ; 송용준·오태석·이치수, 「宋詩史」, 亦樂, 2004, 272～297쪽.

29) 『牧隱集』 詩藁에서 安樂窩를 말한 부분은 모두 22곳이다(권3, 自詠 ; 권6, 易菴歌 ; 권7, 自詠 ; 권9, 卽事 ; 권11, 小雨 ; 권11, 卽事 ; 권13, 明日又賦 ; 권15, 雀影行 ; 권16, 古意 ; 권17, 早興 ; 권19, 曉吟 ; 권23, 虛堂歌 ; 권24, 至正癸巳年…… ; 권27, 曉吟 ; 권27, 夢廻 ; 권28, 誰歟 ; 권29, 雨中 ; 권29, 今日 ; 권32, 遣興 ; 권33, 卽事二首 ; 권33, 酒 ; 권34, 郡雀).

30) 『牧隱集』 詩藁 권11, 卽事.

혹은 요순시대를 말하며,[32] 無極, 天根, 月窟 등으로 성리학의 이치를 탐구하는 의미로 쓰인다.[33]

이색의 소옹에 대한 추숭은 그의 사상보다는 안락와를 통하여 자신의 마음의 안정을 얻고 정서를 함양하는 것에 중심이 있었다. 이는 自樂으로 표현되듯 현실을 초탈하여 항상 평상심을 유지하는 삶을 추구한 결과이다. 이색은 소옹(강절)의 사상에는 동의하지 않았다. 이색은 상수학에 경도된 邵康節의 『주역』 해석이 아니라[34] 공자를 계승한 程子의 『주역』 이해를 존중하였기 때문이다.[35] 비록 이색이 『주역』에 대한 이해에서는 정자에 치우쳐 있기는 하였지만, 이색은 소강절의 마음 자세나 자연에 대한 自樂적 관점을 수용하고, 수양론으로 활용하였다.


### 3) 주렴계의 애연설과 군자 지향

#### (1) 연꽃 감상과 정서 함양

이색은 인간 사회에 대한 깊은 관심과 함께 자연과 합일되는 인간의 삶을 노래했다. 집에 머물러 독서만 하지 않고 주변 지역을 돌아다니며 자연을 음미하며 동화되기를 추구하였다. 이는 천인합일의 유학적 세계관을 견지하고 있었음을 보여준다고 할 수 있다.

---

31) 『牧隱集』 詩藁 권7, 自詠 ; 詩藁 권28, 誰歟 ; 詩藁 권33, 酒.

32) 『牧隱集』 詩藁 권23, 虛堂歌.

33) 『牧隱集』 詩藁 권11, 小雨 ; 詩藁 권16, 古意 ; 詩藁 권17, 早興.

34) 『牧隱集』 文藁 권3, 六友堂記 "康節之學, 深於數者也. 令雖以江山冠之, 示不康節同. 然易之六龍六虛, 爲康節之學之所從出, 則是亦歸於康節而已. 雖然, 旣曰不願學, 則舍是豈無言乎?" ; 詩藁 권21, 圓齊讚用前韻 "予曰, 夫子贊易, 多以先賢象其事, 故程子註易, 引古人實之者又多, 予沿程而求孔者也."

35) 琴章泰, 「牧隱 李穡의 儒學思想」, 『朝鮮前期의 儒學思想』, 서울대학교 출판부, 1997 ; 權正顔, 「麗末鮮初 朱子學 導入期의 經典理解(1)-牧隱 李穡의 경전이해를 중심으로-」, 『東洋哲學硏究』 22, 2000.

　　이색의 자연에 대한 관심 가운데 두드러진 것은 꽃 감상과 이를 통한
자연과의 합일을 지향했다는 점이다. 이색은 봄의 매화,36) 4월과 5월의
작약,37) 배나무38)와 버드나무,39) 들꽃,40) 7월과 8월의 연꽃,41) 9월의 국
화,42) 소나무,43) 5월과 10월의 철쭉꽃44) 등 사시사철 피는 꽃을 들판에

---

36) 『牧隱集』 詩藁 권21, 曲城府梅花必開矣, 未能進謁自責. ; 詩藁 권28, 前數日謁曲城
　　府, 有蘭無梅. 予所得盆梅盛開, 不敢相邀, 特命種學, 進呈因賦三絶. 春分日也. ; 詩
　　藁 권28, 陜山君携至花園, 賦蘭 ; 詩藁 권28, 花園林都領, 以梅花來曰, 朴令公所送
　　也. 踊躍喜甚, 對坐半日, 徐吟一篇 ; 권31, 聞曲城府梅花開.

37) 『牧隱集』 詩藁 권22, 同年李夢游見訪, 談及洛城君金公先致園中牧丹已謝, 芍藥盛
　　開, 自言日陪棋局, 僕不覺動興, 吟得三首錄呈(우왕 6년 4월).

38) 『牧隱集』 詩藁 권21, 梨花月 ; 詩藁 권21, 梨花下自詠 ; 詩藁 권21, 梨花下又賦 ; 詩
　　藁 권22, 詠廳北梨樹 ; 詩藁 권24, 園中有梨樹, 六月熟, 撼之則墜, 以其體小, 故不傷,
　　甚酸甘有味, 吟成一首. ; 詩藁 권25, 詠梨樹 ; 詩藁 권25, 李光輔判事索梨 ; 詩藁
　　권28, 昨鄭圃隱提學公與李判閣士渭·李判事集·金大諫九容·吾門生崔崇謙, 携酒而
　　來曰, 賞花也前例也. 聽北梨花半開, 嘯吟歡甚, 明日吟成一首.

39) 『牧隱集』 詩藁 권21, 門前有一株柳, 日繫馬傷其皮, 蟲又入其腹久矣. 春來, 與他柳無
　　少異, 黃嫩綠搖, 甚可愛. 一日有風不甚狂, 暫觸之便仆, 予始知傷之甚矣.……

40) 『牧隱集』 詩藁 권23, 野花.

41) 『牧隱集』 詩藁 권17, 將賞蓮龍化池, 花無開者. ; 詩藁 권18, 是日, 命僮僕入池,
　　捲去浮萍, 花影倒垂, 上下一色, 甚可愛也. 因思太白日照紅粧水底明之句, 卽欲足成
　　一首, 竟未能而罷, 數日骨酸, 雖或吟哦, 不得沈思, 略寫一時情景, 以爲後日追述之
　　地. 衰病如此, 可不悲哉. ; 詩藁 권18, 峯下蓮池盛開 ; 詩藁 권18, 賞蓮坐久, 兒子輩
　　取米, 城中設食. 午後雨映東西山, 而不至坐上, 甚可樂也. 僮僕猶懼其或至也, 邀入寺
　　中, 飮啖夜歸. 代蓮花語作. ; 詩藁 권18, 天水池蓮 ; 詩藁 권18, 賞蓮餘興, 不能自已.
　　吟成一首. ; 詩藁 권18, 再賦廣濟蓮池 ; 詩藁 권24, 七月初七日, 主上殿下誕日也.
　　曲城府院君爲首, 諸君進手帕, 穡從其後, 行禮拜, 飮宣賜酒, 趣出. 與李判事開城·廉蓬
　　城·韓淸城, 同至廣濟寺池邊任中郎家賞花, 開者一, 未折者二三而止, 中郎云, 尙未
　　也, 今月望後, 當盡開. 於是, 更約後會而歸, 吳六和判事設食. ; 詩藁 권30, 韓公見和
　　一首, 末句云, 却憶年前此時節, 蓮花處處賞亭亭, 讀之興動, 又吟三首錄呈. ; 詩藁
　　권30, 對雨, 忽起賞蓮之興 ; 詩藁 권30, 法華寺南小池有蓮, 白者五六, 紅者一二,
　　開而落者已七八, 未開者又數朵而止. 足以慰吾之志, 吟詠不能盡其意, 聊以短律,
　　爲他年再賞張本. ; 詩藁 권30, 韓柳巷邀僕及東亭, 賞蓮籍田村莊, 雨作溪漲, 難於行,
　　病發不敢動, 長吟一首.

42) 『牧隱集』 詩藁 권18, 菊 ; 詩藁 권25, 十日菊 ; 詩藁 권25, 詠罷蒙送梨 ; 詩藁 권25,
　　淸曉對菊 ; 詩藁 권26, 對菊 ; 詩藁 권26, 對菊語 ; 詩藁 권26, 十月初二日詠菊 ; 詩

피는 꽃뿐만 아니라 국가에서 관장하는 花園에 가서 꽃구경하는 것을
즐겼다.45) 꽃구경을 통하여 술을 즐기고 인생을 논하며 세상사를 언급하였
다.

  한수와 함께 척산군 박원경을 찾아갔다가 공민왕이 하사한 철쭉꽃이
피어있는 것을 보고는 왕을 사모하는 마음이 일기도 하였다.46) 척산군이
데리고 가 화원에서 난을 읊었고,47) 낙성군 김선치가 동년 이몽유를 급히
보내 초청하자, 가서 꽃을 구경하고 시를 읊었으며,48) 동년인 김직지가
도연명의 소나무, 대나무, 국화의 세 가지에 뽕나무, 밤나무, 버드나무를
더하여 그의 정자 이름을 삼자, 각각의 꽃과 나무가 상징하는 바를 설명하는
기문을 지었다.49) 한수와 달을 마주하며 국화꽃을 잔에 띄우며 시를 짓기도
하였다.50)

  이색은 꽃 중에서 특히 연꽃을 좋아했다. 연꽃이 피는 약력 7월과 8월이

---

藁 권26, 詠菊 ; 詩藁 권30, 九月十五夜 柳巷招飮 對月泛菊.
43) 『牧隱集』 詩藁 권28, 對松樹有感.
44) 『牧隱集』 詩藁 권13, 正月初二日, 詣曲城府中, 見梅花, 躑躅一時盛開, 退而不能忘,
    因成三. ; 詩藁 권28, 同韓柳巷訪陜山君, 躑躅花盛開, 公設酌, 因言玄陵賜宴嘗揷此
    感慕之餘. 吟成一首以誌. ; 詩藁 권35, 携中童與鄰長朴英起, 看躑躅長湍石壁.
45) 『牧隱集』 詩藁 권31, 看花伴 ; 詩藁 권31, 三月十二日, 六友金敬之·陶隱李子安,
    邀與韓淸城, 賞花于鄭陶隱山亭, 圃隱以使事出, 於是, 至奉先寺松岡. 旣而圃隱回,
    權判事鑄·閔判事霽·李判事浩然·李判事士穎又至, 此皆與敬之有約者也. 僕馳豚犬
    種學, 邀同年鄭圓齋, 而同年朴判書晉祿·李判事釋之·契友崔判書元儒·李右尹舒
    原, 皆以敬之之招而集. 松下風多, 帷以避, 聯句飛騰日將夕. 李判事設醉食, 醉飽乘月
    而歸.
46) 『牧隱集』 詩藁 권28, 同韓柳巷訪陜山君, 躑躅花盛開, 公設酌, 因言玄陵賜宴嘗揷此
    感慕之餘. 吟成一首以誌(우왕 7년 5월).
47) 『牧隱集』 詩藁 권28, 陜山君携至花園, 賦蘭(우왕 7년 5월).
48) 『牧隱集』 詩藁 권22, 同年李夢游見訪, 談及洛城君金公先致園中牧丹已謝, 芍藥盛
    開, 自言日陪棋局, 僕不覺動興, 吟得三首錄呈(우왕 6년 4월). ; 詩藁 권22, 洛城君走
    李同年夢游邀僕, 旣至見花, 吟成一首.
49) 『牧隱集』 文藁 권6, 六益亭記.
50) 『牧隱集』 詩藁 권30, 九月十五夜, 柳巷招飮, 對月泛菊.

되면 연꽃을 감상하며 정서적 안정을 취하고 동료들과 그 정감을 나누었다. 『목은집』 시고에 나오는 꽃을 노래한 많은 시 가운데도 단연 연꽃에 관한 것이 제일 많았다.51) 우왕 5년 여름 어느 날에 연꽃을 감상하고 싶어서 하인을 시켜 가보게 하고, 廣濟寺에서 任중랑과 천태의 나잔자와 연꽃을 감상하였다.52) 이날 하인을 시켜 연못에 들어가서 부평초를 걷어내게 하니, 꽃 그림자가 거꾸로 비쳐서 위아래가 한 빛이 되어 매우 사랑스러웠다53)고 술회하고 있다. 최해(1287~1340)가 郭預(1232~1286)의 상련이라는 시를 차운하여 지은 송시 구절을 연상하여 읊조리고,54) 천수산 천수사의 연못에서 오랫동안 연꽃을 감상하였다.55) 연꽃이 피는 약력 7월과 8월이 되면 연꽃을 감상하며 정서적 안정을 취하였던 것이다.

이색의 연꽃 감상에는 연못, 연꽃, 누정이 결합되어 나타난다. 연못은 연꽃의 못이라고 해서 연못이라고 한다. 그는 대에 올라 널리 자연경관을 보고 즐기며, 눈 아래 펼쳐진 연못의 화려한 자태를 보며 즐거워하고 있다. 여기에서 樓와 池와 蓮 세 가지는 한데 어우러져 있다. 서경의 風月樓는

---

51) 〈표 6〉『목은집』 시고에 보이는 이색이 노래한 꽃과 나무

| 종류 | 연꽃 | 국화 | 배나무 | 매화 | 철쭉 | 버드나무 | 작약 | 소나무 |
|---|---|---|---|---|---|---|---|---|
| 빈도수 | 32 | 9 | 8 | 5 | 2 | 1 | 1 | 1 |

52) 『牧隱集』 詩藁 권18, 仲夏以來, 苦欲賞蓮, 一日遣長鬚往候, 則雲錦池花亡久矣, 獨廣濟池盛開, 於是, 命駕而往, 緣堤信馬, 偶得任中郎林亭邀天台懶殘子同賞. 公設食作碧筒飮, 向晚解携, 因過南溪院, 旣歸則日已晚矣. 吟成二首.

53) 『牧隱集』 詩藁 권18, 是日, 命僮僕入池, 捲去浮萍, 花影倒垂, 上下一色, 甚可愛也. 因思太白日照紅粧水底明之句, 卽欲足成一首, 竟未能而罷, 數日骨酸, 雖或吟哦, 不得沈思, 略寫一時情景, 以爲後日追述之地. 衰病如此, 可不悲哉.

54) 『牧隱集』 詩藁 권16, 閏五月初九日, 獨坐, 至日斜有微雨, 日光雨點相雜. 因記崔拙翁和郭密直賞蓮詩, 漏雲殘照雨絲絲, 心語口曰, 宋詩有五月臨平山下路, 藕花無數滿汀洲之句, 五月政荷花開時也, 而微雨又如此, 拙詩情興可想. 予以二毛, 承乏領史翰, 郭公玉堂老之語, 先得僕之風情鬢絲也. 吟成一篇, 爲他日池之會張本.

55) 『牧隱集』 詩藁 권18, 賞蓮坐久, 兒子輩取米城中設食. 午後雨映東西山, 而不至坐上, 甚可樂也. 僮僕猶懼其或至也, 邀入寺中, 飮啖夜歸. 代蓮花語作(우왕 5년 6월).

붉은 색을 띤 새가 날개를 펼친 형태를 띠고 있다. 江水를 이용하여 연못을 조성하고 연을 심었는데, 부벽루보다도 뛰어나다고 하였다. 당시 문인 사이에 루를 건립하는 것이 유행하였는데, 루를 세울 때는 연꽃이 있는 연못을 조성하는 것을 많이 볼 수 있다.56) 경관이 좋은 루는 세간의 번뇌를 잊게 해준다. 「영광루기」에서 申子殿의 말을 빌어 "누거란 막히고 답답한 마음을 화락하게 하고 정신을 상쾌하게 하는 것이다. 따라서, 다만 美觀을 위하는 것이 아닌 만큼 사람에게 아주 유익한 것이다"57)라고 하였다. 이처럼 樓와 池와 蓮이 서로 어우러져, 뛰어난 경관을 잘 보여주고 연이 그 흥취를 더해준다.58)

당시 자연적 지세를 바탕으로 도시가 성립된 개경에는 주변에 경관이 좋고 꽃을 비롯한 풍치를 즐길만한 곳이 많았다. 이색은 개경 주변의 산을 찾아 꽃구경에 나서는가 하면, 국가가 관장하는 花園, 개인 저택에 있는 庭院에서 꽃구경을 즐겼다. 花園은 개경에 있는 꽃동산으로 공민왕 22년 (1373)에 泥峴에 2층으로 팔각전을 짓고 아름다운 꽃을 심고 기암괴석으로 장식하여 연회에 대비하게 했다.59) 이색은 큰 규모의 정원을 갖추어 사시사철 다양한 꽃을 구경할 수 있었기 때문에 이를 자주 애용하였다.60) 개경

---

56) 『牧隱集』 文藁 권1, 西京風月樓記.

57) 『牧隱集』 文藁 권1, 靈光新樓記.

58) 朴美子, 「牧隱 李穡と「연못(蓮池)」」, 『朝鮮學報』 181, 2001, 187~189쪽.

59) 『高麗史』 권44, 世家44 恭愍王7(22년)(상, 852) "是月, 作花園二層八角殿於泥峴, 周植花木, 以備宴遊."

60) 『牧隱集』 詩藁 권11, 塗遇韓平齋, 賞花花園, 權政堂過其門, 知吾二人在其中, 亦下馬而庫官李判事設小酌, 實僕病後第一樂事也. 夜歸賦十韻. ; 詩藁 권17, 花園養花員求薦, 因呈知印承制. ; 권19, 昨與上黨, 謁廣平侍中, 至淸城侍中府, 上黨入見出云, 公方醉歇不敢入, 至花園, 朴陜山來餉, 摘葡萄侑酒. 回訪權希顔, 同至淸城府, 公欲設酌, 予以醉辭趨出. 旣歸就枕, 頹然達旦 恍如夢中吟成一篇. ; 詩藁 권20, 女眞千戶差來官進獻土物, 上出御花園八角殿受其禮. ; 詩藁 권28, 花園令史, 請署都目狀. ; 詩藁 권28, 花園林都領, 以梅花來曰, 朴令公所送也. 踊躍喜甚, 對坐半日, 徐吟一篇 ; 詩藁 권28, 陜山君携至花園, 賦蘭.

주변의 산에 올라 경치 좋은 곳을 자유롭게 선택하여 꽃구경을 하고[61] 윤호의 園林,[62] 권준의 정원인 吉昌園, 권중화의 庭院(東皐),[63] 김선치의 庭園,[64] 김요의 池亭,[65] 한유항의 작은 別莊[66] 등을 찾기도 하였다.

이색은 사찰 연못의 연꽃 구경도 즐겼다. 천수사 연못의 연꽃,[67] 雲錦樓와 광제사[68] 연못의 연꽃,[69] 법화사 남쪽 작은 연못의 연꽃,[70] 혹은 분재로 만든 소나무, 국화, 매화의 꽃 감상을 하였다.[71] 연꽃 감상은 혼자할 때도 있었고, 승려인 난잔자, 한수, 그리고 동년인 김직지와 같이 마음을 나누고 한가로운 시간을 같이 보낼 수 있는 친우들과 함께 한 경우도 있었다.

꽃 감상을 즐겼던 이색은 꽃을 관리하는 관원에게도 주의를 게을리하지 않았다. 청탁에 분명한 태도를 갖고 있었음에도 이색은 화원의 꽃을 기르는

---

61) 『牧隱集』 詩藁 권25, 韓柳巷與其弟判書公, 携酒見過. 於是, 登東山欲坐, 謂其尙低出 園墻, 至故萬戶朴公園, 有小丘. 天磨諸山, 鵠峯龍岫, 四顧周帀南至三角, 實勝地也. 欲坐…….

62) 『牧隱集』 詩藁 권16, 韓柳巷邀同往尹判書園林 ; 詩藁 권16, 尹判書席上.

63) 『牧隱集』 詩藁 권25, 庸夫將扁其室, 問名於予, 予曰, 先生居城東, 庭院幽邃, 丘壑可 愛, 請以東皐塞責如何? 庸夫曰, 可矣. 於是詩以誌之(우왕 6년 9월).

64) 『牧隱集』 詩藁 권22, 同年李夢游見訪, 談及洛城君金公先致園中牧丹已謝, 芍藥盛 開, 自言日陪棋局, 僕不覺動興, 吟得三首錄呈(우왕 6년 4월).

65) 『牧隱集』 詩藁 권18, 寄題舅氏池亭 池有蓮.

66) 『牧隱集』 詩藁 권30, 韓柳巷邀僕及東亭, 賞蓮籍田村莊, 雨作溪漲, 難於行, 病發不敢 動, 長吟一首.

67) 『牧隱集』 詩藁 권18, 峯下蓮池盛開 ; 詩藁 권18, 天水池蓮.

68) 廣濟寺는 普濟寺, 演福寺, 廣通普濟寺, 大寺, 唐寺로 불리다가 1313년부터 연복사로 통일되었다(여운필 외, 『역주목은시고』 6, 권16, 昨力疾 出弔廣平侍中弟喪……, 221쪽, 주) 104).

69) 『牧隱集』 詩藁 권18, 仲夏以來, 苦欲賞蓮, 一日遣長鬚往候, 則雲錦池花亡已久矣, 獨廣濟池盛開, 於是, 命駕而往, 緣堤信馬, 偶得任中郎林亭邀天台懶殘子同賞. 公設 食作碧筒飮, 向晚解携, 因過南溪院, 旣歸則日已晚矣. 吟成二首. ; 文藁 권3, 葵軒記

70) 『牧隱集』 詩藁 권30, 法華寺南小池有蓮, 白者五六, 紅者一二, 開而落者已七八, 未開者又數朶而止. 足以慰吾之志, 吟詠不能盡其意, 聊以短律, 爲他年再賞張本.

71) 『牧隱集』 詩藁 권19, 詠盆松 ; 詩藁 권19, 詠盆菊 ; 詩藁 권28, 前數日謁曲城府, 有蘭無梅. 予所得盆梅盛開, 不敢相邀, 特命種學, 進呈因賦三絶. 春分日也.

관원이 천거해 주기를 청하자 知印房 承制에게 추천장을 올리기까지 하였다.[72] 꽃을 기른 공로를 인정한 것이다.

고려시대의 연꽃은 불교·유교와 관련되어 널리 이해되고 있다. 이색은 홍영통(?~1395), 이무방(1319~1398)과 南禪寺에서 백년회를 개최하였다.[73] 이색의 蓮에 관한 90개의 시 가운데 반 이상이 寺院과 관련있다. 이색은 사원에 가 승려를 만나지는 않았지만, 연이 상징하는 불교적 분위기에 심취하였다. 호수에 가득한 蓮에서 승려의 진심인 청정함을 느꼈다. 연은 선심을 심어주고 번거로운 세간의 번뇌를 잊게 해주는 역할을 한다.[74]

### (2) 주렴계 인식과 연꽃으로의 군자 형상화

이색은 성리학을 익혔고, 성리학에서 제시하는 인간형을 추구했다. 그는 송의 성리학자인 주렴계를 흠모했다.[75]

외삼촌 中樞 致政公이 조그마한 못에 연꽃을 심고 그 곁에 정자를 세우려고 사람을 보내, 그 정자의 이름과 기문을 물어왔다. 나는 병든 여가에 오직 春陵의 光風霽月같은 깨끗한 흉금을 사모하게 되지라, 드디어 그의 '향기가 멀수록 더욱 맑다'는 말을 취하여 대략 그 뜻을 서술하고자 한다.

---

72) 『牧隱集』 詩藁 권17, 花園養花員求薦, 因呈知印承制.

73) 『高麗史節要』 권34, 恭讓王1(848) "(恭讓王 卽位年 7月) 穡嘗與永通·李茂方等, 設白蓮會於南神寺, 佛者以穡藉口, 盆肆其說."

74) 朴美子, 「高麗時代 詩에 있어서의 「蓮」의 一考察」, 『人文學研究』30, 2000, 192~197 쪽.

75) 『牧隱集』 詩藁에 보이는 주렴계의 연꽃과 관련된 시는 모두 15개이다(권4, 題南大藩司尹菊詩卷末 ; 권12, 爲舅氏作蓮亭記 因賦此 ; 권13, 正月 ; 권16, 自詠 ; 권16, 古風三首 ; 권17, 雨中忽有賞蓮之興 難於上馬吟得三首 ; 권17, 卽事 ; 권18, 仲夏以來…… ; 권18, 又賦 ; 권18, 賞蓮坐久 兒子輩取米城中 ; 권18, 再賦廣濟蓮池 ; 권18, 使丘從往視駱駝橋水 ; 권19, 卽事 ; 권21, 又賦 ; 권21, 近承佳作, 唱和多矣. 皆浮言戲語, …… ; 권23, 古風 ; 권32, 寄呈西鄰孟雲先生 ; 권32, 籍田莊吉昌樓上 對蓮語二首 ; 권34, 詠蓮).

하늘과 땅이 처음 나누어질 때 가볍고 맑은 것이 위에 있게 되는데, 인물이 생겨날 때 이 기운을 온전히 부여받은 자는 성인이 되고 현인이 되며, 그가 나라를 다스리는 법은 향기 높은 덕으로 神明을 감동케 하니 옛 하·은·주와 같은 융성했던 시대에 찾아보면 알 수 있다.

용릉이 송나라의 문명 시대를 당하여 五季(후량·후당·후진·후한·후주) 시대의 어둡고 막힌 혼란한 정치가 가져온 재앙을 追悼하고 성인 經傳의 太極의 본지를 추리·해명하여 孔孟의 道統을 이었는데 그의 愛玩함이 여기에 있어 愛蓮說을 지어 밝히기까지 하고서도, 오히려 그의 생각을 다하지 못하여, 특히 결론에 이르기를 "연꽃 사랑하기를 나만큼 할 사람이 누구인가?" 하였으니, 아득하고 적막한 천년 전에 후생들에게 주의를 환기시킴이 깊도다.

내가 늘그막에 경전을 추구할 제 날로 그를 경모하더니, 다행히도 외삼촌의 사랑하는 바도 용릉과 같은지라, 내가 기뻐 즐거워함도 평일과 다름이 있다. 내가 생각하건대 시골의 부형과 빈객이 이르면 술잔을 들어 권하며 聯句시를 지을 것인데, 갠 날 물결 위의 연꽃과 비오는 언덕 아래의 연꽃, 바람결의 잎새와 안개 속의 꽃봉오리는 마치 그림 같으면서 그림이 아니요, 詩가 아니면서 시 같은 것이다. 홍안 백발이 그 가운데에서 술 마시고 즐기며 노래하고 춤추니, 이것이 바로 葛天氏의 백성이며 義皇氏의 세월이 아니던가. 마음이 편하여 몸을 마음껏 펴고 기운이 강건한 속에 조용한 날을 보내니, 홀로 맑은 연꽃의 향기가 아니라도 외숙의 맑은 덕이 더욱 멀리 전파하여 자손에게 유물이 될 것이다. 후일에 나이들어 벼슬을 사양하고 돌아가 이웃집 빈터를 얻어서 집을 지어 정하고 외출하실 때 지팡이와 신발을 신칙하며 모시게 되면, 다시 외숙을 위하여 시를 지으리라. 무오년 동지 전 9일에 쓰다.76)

---

76) 『牧隱集』文藁 권5, 淸香亭記(우왕 4년) "舅氏中樞致政公植蓮小池, 將結亭其側, 走書問名與記. 穡今病餘, 惟舂陵光風霽月是慕, 遂取其香遠益淸之語, 略述其義. 天地之判也, 輕淸者在上, 而人物之生, 稟是氣以全者, 爲聖爲賢, 其於治道也, 馨香而 感于神明, 求之三代盛時可見已. 舂陵當宋文明之世, 追悼五季晦盲否塞之禍, 推明 聖經太極之旨, 以紹孔孟之統, 而其所愛, 乃在於此, 至著說以明之, 猶以爲未盡其意, 特結之曰, 蓮之愛同予者何人, 則寥寥千載, 所以警動後學者深矣. 穡也皓首窮經,

106

이는 이색이 우왕 4년(1378) 12월에 외숙 金饒가 조그마한 연못에 연꽃을
심고 그 곁에 정자를 세우려 하면서 정자의 기문을 부탁하여 쓴 글이다.
여기에서 이색은 향기가 멀수록 더욱 맑다는 뜻의 淸香으로 이름을 짓고
외삼촌의 맑은 덕이 자손들에게 전해질 것이라 하였다. 「청향정기」를 짓고
느낀 소감을 시로 읊고,[77] 청향정을 그리는 마음을 적기도 하였다.[78]

이색은 주렴계의 사상뿐만 아니라 개인적인 삶도 숭모했다. 이색은
병든 여가에 주렴계의 光風霽月같은 풍모를 흠모하게 되었고, 백발에 경전
을 궁구하매 그를 경모한다고 하였다. 이색은 주렴계가 유학의 도를 밝힌
인물로,[79] 오대인 후량, 후당, 후진, 후한, 후주가 암흑시대라고 추도하고,
經書와 太極의 뜻을 명확히 하여 공자와 맹자의 道統을 계승했다고 하였다.
이색은 다른 글에서 『태극도설』의 '無極而太極'을 인용하여 '태극이 본래
하나의 無極이라'고 하였고,[80] '어떻게 하면 原道와 太極을 후세에 전할
까'[81] 염려하였다.

日以景慕, 幸而舅氏愛同春陵, 故其喜躍也, 爲異於平日. 吾想鄕先生賓客之至, 擧酒
聯句, 晴波雨岸, 風葉烟蕚, 似畫非畫, 非詩似詩, 蒼顔白髮, 醉歌其中. 是爲葛天氏之
民歟. 羲皇氏之世歟. 心寧而體舒, 氣完而守寂, 不獨蓮香之淸也. 而舅氏之淸德, 當益
遠播, 爲子孫之遺矣. 異日告老而歸, 卜隣隙地, 得以陪杖屨, 更爲舅氏賦之, 戊午冬至
前九日 記.

77) 『牧隱集』詩藁 권12, 爲舅氏作蓮亭記, 因賦此. "淸香亭記僅成篇, 病後文章豈可傳,
愧我苦心明後學, 羨君淸德繼前賢, 風翻翠蓋傾珠露, 日照紅粧曳素煙, 漫說濂溪曾
獨愛, 咸昌別有洞中天."
78) 『牧隱集』詩藁 권12, 奉呈舅氏 ; 詩藁 권18, 寄題舅氏池亭 池有蓮(우왕 5년 6월).
79) 『牧隱集』詩藁 권18, 再賦廣濟蓮池(우왕 5년 6월) "元公茂叔明吾道."
80) 『牧隱集』文藁 권3, 養眞齋記 "夫人之受是氣以生也, 乾健坤順而已矣. 分而言之,
則水火木金土而已矣. 求其陽奇陰, 陽變陰化之原, 則歸於無極之眞而已矣. 無極之
眞, 難乎名言矣. 詩曰, 上天之載, 無聲無臭, 其無極之所在乎? 故周子作太極圖, 亦曰,
無極而太極, 蓋所以贊太極之一無極耳. 在天則渾然而已, 發風動雷之前也, 在人則
寂然而已, 應事接物之前也. 發風動雷而渾然者無小變, 則應事接物而寂然者當如何
哉?" ; 詩藁 권21, 近ახ佳作, 唱和多矣. 皆浮言戲語, 不可示人, 後二篇, 志於功名,
自傷之甚也. 嗟, 夫士生於世, 功名而已乎. 直述所懷, 爲圓齋誦之. "濂溪夫子是異人,
描出太極元無因"; 詩藁 권13, 正月 "直探無極强名眞."

이색은 원 관학 성리학을 받아들였고 "人心惟危 道心惟微 惟精惟一 允執厥中"의 16字가 전수된 내력인 유교의 道統이 요·순을 거쳐 주나라의 공자, 맹자, 송의 주렴계와 정이천을 거쳐 원의 허형에게 이어졌다고 보고[82] 주돈이를 공자와 맹자로 이어지는 도통의 계승자의 일원으로 파악하였던 것이다.

송의 렴계 주돈이(1017~1073, 字 : 茂叔)는 성리학적 세계관의 기초를 세운 사람으로, 『태극도설』에서 '無極而太極'이라 하여, 太極에서 양의와 사상을 거쳐, 우주 만물로 이어지는 생성의 과정을 설명하였다. 그리고 성인가학의 주장과 情과 욕망에 대한 설명을 통해 사대부학으로서의 송학의 토대를 다졌다. 그는 愛蓮說을 통하여 우주 자연의 이치를 일원적으로 설명하면서 천과 인간을 관통하는 이치를 강구하고 우주 자연의 세계를 설명하였다. 한 인간을 우주 자연의 한 부분으로 위치지우며 인간에 대한 보편성과 주체성을 부여하였다. 연꽃은 군자에 비유되므로 연꽃을 좋아한다는 것은 군자다운 면모를 갖거나 지향하는 것으로 이해된다. 연꽃은 진흙 속에서 자라나 결코 그것에 물들지 않으며, 맑은 물결에 씻어도 요염하지 않으며, 속이 통하고 밖이 곧으며, 덩굴지지 않고 가지가 없다. 게다가 연꽃의 향기는 그것과 거리가 멀수록 더욱 맑아, 우뚝 깨끗이 서 있는 군자를 상징하기에 충분하다. 연꽃을 군자로 비유하고 연꽃을 좋아한다는 것은 마음 속이 맑고 깨끗하며, 세파 속에서도 흔들리지 않고 정도와 위엄을

---

81) 『牧隱集』 詩藁 권18, 使丘從往視駱駝橋水, 云涉者腰以上, 於是, 縮坐又吟.(우왕 5년 6월) "由來聲臭苦難藏, 且問蓮花幾斛香, 揷水碧筒元正直, 翻風翠蓋儘悠揚, 濂溪地爽稱光霽, 華嶽峯尖隔渺茫, 原道何如傳太極, 牧翁雙鬢素絲長."

82) 『牧隱集』 文藁 권9, 選粹集序 "孔氏祖述堯舜, 憲章文武, 刪詩書, 定禮樂, 出政治, 正性情 以一風俗, 以立萬世大平之本. 所謂生民以來, 未有盛於夫子者, 詎不信然, 中灰於秦, 僅出孔壁 詩書道缺, 泯泯棼棼, 至于唐韓愈氏, 獨知尊孔氏, 文章逐變, 然於原道一篇, 足以見其得失矣. 宋之世, 宗韓氏學古文者, 歐公數人而已. 至於講明 鄒魯之學, 黜二氏詔萬世, 周程之功也. 宋社旣屋, 其說北流, 魯齋許先生用其學, 相世祖, 中統至元之治, 胥此焉出."

지키며 도의를 실천하려는 의지를 천명하는 것이라고 할 수 있기 때문이다. 주렴계는 군자라는 유교적 이상향을 지향하면서, 군자다운 면모를 갖춘 연꽃을 통해 자신의 인간적 완성을 꾀하였다고 할 수 있다.

주렴계는 지방 관료로 있을 때, 죄인이 부당하게 사형 당하는 사정을 알고, 전운사인 王逵에게 부당성을 호소했으나, 왕규가 들어주지 않자, "이처럼 벼슬할 수 있는가. 살인하여 다른 사람에게 아첨하는 것을 나는 하지 않겠다"라고 말하고는 관직을 버리고 떠났다고 한다. 얼마 후 왕규는 자신의 잘못을 깨달아 죄인을 사면했다. 이처럼 렴계는 관직보다는 도리를 중시하고 옳은 일에 대하여 굽히지 않은 자세를 보여주었다. 이러한 주렴계를 묘사하여 "구름 한점 없이 말끔히 개인 날씨처럼 흉금없이 시원하다(胸懷灑落 光風霽月)"라고 하였다.[83]

이색은 누구보다도 주렴계의 사상을 잘 이해하였고, 주렴계와 같은 군자다운 삶을 동경하였다. 光風霽月이라 하여 갠 날씨에 부는 온화한 바람과 밝은 달빛같은 시원스럽고 밝은 인품으로 보았고, 자신의 사람됨은 렴계의 글에서 비롯되었다[84]고 고백하였다. 주렴계가 연꽃을 군자의 꽃으로 비유하고 애연설을 지은 것도 그의 품격을 말해주는 것이라 하였다.[85] 송대 황정견(1045~1105)이 주렴계의 인품을 평가하여 "그의 인품이 높고 마음이 시원하고 깨끗하여 맑은 날의 바람과 비갠 날의 달과 같다"고

---

83) 島田虔次, 『朱子學と陽明學』/김석근·이근우 옮김, 까치, 1986 ; 候外廬, 『宋明理學史』, 人民出版社, 1984/박완식 옮김, 이론과 실천, 1995 ; 함현찬, 『주돈이』, 성균관대출판부, 2007.

84) 『牧隱集』詩藁 권18, 賞蓮坐久, 兒子輩取米, 城中設食. 午後雨映東西山, 而不至坐上, 甚可樂也. 僮僕猶懼其或至也, 邀入寺中, 飮啖夜歸. 代蓮花語作(우왕 5년 6월) "先生霽月光風如 愛我始自濂溪書."

85) 주렴계는 노장사상과 불교의 자연관을 적극적으로 도입하여 異色의 사상을 전개했다. 菊, 牧丹, 蓮을 題材로 전통적인 인간관을 검토하고 삼교융합에 의한 새로운 인간관을 제시했다(黑坂滿輝, 「周敦頤の『愛蓮說』について」, 『福井大學敎育學紀要』 37, 1989)고 한다.

하였는데,[86] 이색은 이를 인용하였다.[87] 그리하여 이색은 우왕 5년 6월에 광제사 연못의 연꽃을 보며 "군자답다는 이름 수륙의 꽃 가운데 드높네"[88]라고 하고, "옛부터 호걸들 세파에 시달렸으나, 세상을 피해 흠뻑 취해 산이 그 몇이던가" "벼슬길에 풍파 많음 일찍부터 알았으니, 어찌 늘그막에야 비로소 남산에 집을 마련하랴"라 하여 세속의 복잡함에 마음이 편치 않음을 말하고 이어 연못 속에 연꽃의 아름다움을 주렴계의 애연설과 연관시키고 있다.[89] 진흙 속에서도 물들지 않고, 안팎으로 곧은 연꽃의 모습은 마치 군자가 세속이 어지러워도 도리를 다하는 삶과 비유하였던 것이다.[90]

애연설로에 표현된 군자상을 견지하며 연꽃과 관련하여 시문을 짓는 유학자들이 등장한 것은 고려후기이다.[91] 이제현은 君子池를 말하면서

---

86) 『宋史』 권427, 列傳186, 道學1 周惇頤 "黃庭堅稱, 其人品甚高, 胸懷灑落, 如光風霽月, 廉於取名, 而銳於求志, 薄於徼福而厚於得民, 菲於奉身, 而燕及煢嫠, 陋於希世而尙友千古."

87) 『牧隱集』 詩藁 권18, 使丘從往視駱駝橋水, 云涉者腰以上, 於是縮坐又吟(우왕 5년 6월) "由來聲臭苦難藏, 且問蓮花幾斛香, 插水碧筒元正直, 翻風翠蓋儘悠揚, 濂溪地爽稱光霽, 華嶽峯尖隔渺茫, 原道何如傳太極, 牧翁雙鬢素絲長."

88) 『牧隱集』 詩藁 권18, 仲夏以來, 苦欲賞蓮, 一日遣長鬚往候, 則雲錦池花亡久矣, 獨廣濟池盛開, 於是, 命駕而往, 緣坐信馬, 偶得任中郎林亭邀天台懶殘子同賞. 公設食作碧筒飮, 向晩解携, 因過南溪院, 旣歸則日已晩矣. 吟成二首. "……君子名高水陸花……."

89) 『牧隱集』 詩藁 권18, 又賦(우왕 5년 6월) "古來豪傑共奔波, 避世醉鄉知幾家, 自分於人無竹葉, 誰敎博士有蓮花, 南池荷露瀉明月, 北嶺松風吹紫霞, 獨詠群游俱寂寂, 夢回鐘動又啼鴉, 早知官海足風波, 肯向南山晚始家, 鏡裏光陰頭似雪, 酒中天地眼生花, 自憐持傘乘微雨, 無復登樓詠落霞, 誰把濂溪愛蓮說, 曉窓相對到昏鴉."

90) 『牧隱集』 詩藁 권18, 賞蓮坐久, 兒子輩取米, 城中設食. 午後雨映東西山, 而不至坐上, 甚可樂也. 僅僅猶懼其或至也, 邀入寺中, 飮啖夜歸. 代蓮花語作(우왕 5년 6월).

91) 이승휴(1224~1300), 안축(1287~1348), 민사평(1295~1359), 이곡(1298~1351) 등은 연꽃을 말하지만, 주렴계나 군자의 의미와 연관관계는 없다. 하지만, 이제현, 이색, 정도전 등은 주렴계와 군자를 연관시켜 이해하기 시작하였다(박미자, 앞의 논문(2001), 174쪽).

郭君이 연못에 연꽃을 심고, 주렴계의 愛蓮說을 취하여 이름을 지었다고
하고, 꽃과 열매가 동시에 열리노니 진흙에서 나도 더럽지 않아, 이것이
군자와 같기로 주렴계에게 사랑받았다 하였고,[92] 민사평의 시에 연꽃을
사랑함은 홀로 주렴계만이 아니라고 하였다.[93]

　고려시대에 연꽃을 군자의 상징으로 이해한 것은 이색이 처음이다.
유학자로서 이색은 연꽃을 감상하며 군자를 생각하였다. 연꽃은 진흙 속에
서 나왔지만 진흙에 물들지 않고, 대롱 가운데는 통하고 밖은 곧다고 하면서,
그 자신을 키우고 인도하는 것은 연꽃이라 하여 이상적 인물인 군자의
모습을 떠올리고 있다. 특히 이색은 병을 겪은 후 해를 거듭할수록 주렴계의
생활태도를 좋아하게 되는데, 주렴계가 유학을 기초로 세상의 이치를 밝히
고 군자다운 삶을 살았던 것처럼 자신도 주렴계의 삶과 사상을 익혀 도리를
지키는 군자다운 삶을 살고자 하였던 것이다. 이러한 이색의 삶은 주렴계의
생활방식과 애연설을 동시에 상찬하는 것으로 나타났다.[94]

　이색은 후술하는 바와 같이 성인을 최고의 인간형으로 설정하면서도
유학 공부를 하는 막연한 군자상이 아니라 수기치인에 충실한 옛날의
군자를 지향하였다.[95] 그는 治人을 전제한 修己를 강조하고, 본성 함양에

92) 『益齋亂稿』권9下, 泗州池臺堂亭銘 郭狳龍少卿作守時所開 "君子池, 郭君種蓮其中,
　　取濂溪說名之. 花實同時, 不染淤泥, 有似君子, 見愛濂溪. 懼罇臺, 民吾同胞, 橫渠之
　　辭, 獨樂何樂. 衢罇在玆. 緇衣堂, 邑雖十室, 有信與忠, 好賢之化, 比屋可封. 康懼亭,
　　澹臺不逕, 魯論紀之, 有道如砥, 君子履之."
93) 『及菴先生詩集』권4, 題松堂 "翠越深深來怪羽, 方塘皎皎見潛鱗, 愛蓮非獨濂溪老,
　　知是松堂是後身."
94) 朴美子, 앞의 논문(2001), 174~178쪽.
　　이색은 남녀간의 사모하는 정을 노래한 採蓮曲(『牧隱集』詩藁 권24, 採蓮曲 奉寄舅
　　氏(우왕 6년 7월))을 말하였고, 연꽃의 선명한 자태를 仙娥에 비유하여(詩藁 권30,
　　韓公見和 一首 末句云却憶年前此時節 蓮花處處賞亭亭 讀之興動 又吟 三首錄呈),
　　연꽃을 세간에서 벗어난 풍아한 존재로서 묘사하였다(朴美子, 위의 논문(2001),
　　182~184쪽).
95) 본서 제4장 1절 경학 인식과 敬 중시의 성리학 참조.

치중하였다.『대학』의 8조목에서 제시하는 格物·致知에서 修身과 齊家, 평천하에 이르는 방법론을 제시하여, 사물에 대한 이치탐구를 통하여 그렇게 된 사물의 이치와 마땅히 해야 할 도리를 파악하고 이를 기초로 제가, 치국, 평천하로 진전시켜 나가야 한다고 하였다.96) 이는 인간의 성장과정을 단계적, 계기적, 통일적으로 파악·설명한 것이다.

이색은 공민왕 원년(1352) 25세 때 복중상서를 올렸는데, 여기에서 당시 식자들은 文章과 詩句를 다듬는 데만 지나치게 마음을 써 誠意 正心의 道를 알지 못한다고 하였다.97) 인륜도덕에 밝아 현실을 책임지는 의리의 선비를 지향함으로써, 유교 교양을 쌓아 군자가 되고 그것을 기반으로 당면한 사회문제를 해결할 것을 기약하였던 것이다. 그래서 이색은 옛날의 군자를 모범으로 삼는 한편 유학 공부를 하는 당시의 군자를 비판적으로 살펴 이상적 군자상을 제시하였다.

이색은『맹자』를 인용하여 옛날의 군자들은 마음을 움직여 성품을 굳게 하여 하루아침의 재난을 극복할 수 있게 한다고 하였고,98) 군신 관계에서 옛날의 군자들이 임금을 보좌하고 그 의리를 다하면서 하루라도 나라를 잊은 적이 없었고, 군자 역시 신하를 예우하였다고 하였다.99) 한유의 시 가운데 "옛날의 군자는 자신을 질책함은 엄격하고도 주밀하였으며, 남에게 요구함은 관대하고 간략하였지만, 오늘날의 군자는 그와 반대"라고 하였는데, 이색은 이를 인용하여 "남을 대함엔 누군들 엄격하고 주밀하지 않던고"

---

96)『牧隱集』文藁 권10, 孟周說 "士君子幼也學, 壯也行始于家, 而終于天下. 致君澤民, 移風易俗, 必曰堯舜其人, 唐虞其時."

97)『高麗史』권115, 列傳28 李穡(하, 524~525) "服中上書曰,……古之學者將以作聖, 今之學者將以干祿. 誦詩讀書, 嗜道未深, 而繁華之戰已勝, 彫章琢句, 用心大過, 而誠正之功安在."

98)『牧隱集』文藁 권7, 送楊廣道按廉韓侍史序 "古之君子, 動心忍性, 皆以一朝之窮阨, 而爲終身所得之助, 顧吾所以自處何如耳."

99)『牧隱集』文藁, 권9, 元嚴讌集唱和詩序 "古之君子, 相其君也, 盡其義. 故其君之所以禮貌者, 極其豊.……"

112

라고 한 것도 이를 보여준다.100)

자연은 마음을 안정시키고 인격적 완성을 이루는 좋은 환경이 된다. 현실의 고민, 절망과 좌절, 부끄러움을 정화하는 공간, 현실에 닥친 난관을 생각하고 돌파구를 마련하는 사색의 공간, 옛 선인들을 떠올리며 마음의 안정을 찾고 평상심을 유지하는 자리가 되는 것이다. 우주와 자연을 일체로 보는 성리학적 세계관을 견지한 이색은 군자를 지향하고 자연 속에서 군자를 상징하는 연꽃을 감상하기를 즐겼다. 그리고 그러한 즐김 속에서 유학자로서의 참된 인생의 삶과 출처를 논하였다. 찬 서리가 내리는 가운데 국화는 누렇게 피고, 얼음과 눈이 뒤덮인 속에서도 소나무는 푸른 자태를 드러내며, 비바람이 흔들어 댈수록 연꽃의 향기는 더욱더 맑아지고, 태양이 강렬하게 내리쬐면 해바라기는 자신의 마음을 그쪽으로 향하게 된다. 그래서 국화는 은일, 소나무는 절의, 연꽃은 군자, 해바라기는 知와 忠을 표상하는 것이라고 하였다.101) 이색은 성리학을 수용하고 유교적 이상향 군자를 지향하며 더러운 진흙에서 살지만 물들지 않는 연꽃을 통해서 군자적 인간형에 접근해 갔다.

고려후기에는 성리학의 자연관이 이해되고 성리학적 출처관이 확산되었다. 그에 따라 지식인들의 자연관이나 처세관에 변화가 생겼다. 고려는 송나라의 山水園林의 영향을 받아 궁궐이나 민간에서 정원을 만들었고 지위와 신분에 맞는 여가생활, 정서적 함양을 추구했다. 고려 귀족들은 개인적이고 개별적인 성격이 강해 자신만의 독자 세계를 갈구하며 정신적 안정과 정서함양에 주력했다. 이자현(1061~1125)이 청평사에서 문수원을

---

100)『牧隱集』詩藁 권18, 自詠 "……待人誰不重兼周……" ; 임정기,『국역목은집』
　　5, 권18, 自詠, 90쪽, 주) 246.
101)『牧隱集』文藁 권3, 葵軒記 "水陸草木之花甚蕃, 獨葵也能衛足焉則知也. 能向日焉則
　　忠也. 君子之有取焉者, 豈徒然哉? 霜露零而菊黃, 氷雪盛而松靑, 風雨離披而蓮香益
　　淸, 大陽照耀而葵心必傾, 其異於尋常草木也遠矣. 孰不愛而敬之哉? 菊也隱逸, 松也
　　節義, 蓮也君子, 葵也智矣忠矣."

가꾸고 독특한 개인의 세계를 강구한 것도 이와 무관하지 않다고 할 수 있다.[102] 고려시대에는 집집마다 정원을 꾸미고 때가 되면 만개한 특정한 꽃의 명소를 찾아다니며 흥취를 돋우고 시회를 열고,[103] 養花에 관심을 놓지 않았다.[104] 시부 중심의 귀족 문화를 향유하고 있던 고려의 지배층은 화원을 꾸미고 시를 지었다.[105]

하지만, 성리학이 수용되면서 天理에 맞는 인간 생활을 강조하고 도덕 윤리가 중시되어, 사치를 비판하고 검약을 중시하며 토목공사의 제한을 통한 민생 안정을 도모하였다. 화원과 같은 대규모의 정원은 경계 대상이 되었다. 공민왕 22년에 윤소종은 시폐의 상소를 올리는 가운데 김광대가 陵殿과 石室 공사와 함께 花園을 만들어 토목공사를 일으키려 한다고 비판하였고,[106] 공양왕대에도 화원 만드는 일의 부당성을 상소하였다.[107]

---

102) 한국역사연구회, 「집안으로 끌어들인 자연」, 『개경의 생활사』, 휴머니스트, 2007, 245~253쪽.

103) 劉永奉, 「高麗時代 文人들의 花卉에 대한 趣向과 文人畵」, 『漢文學報』 3, 2000.

104) 예종은 궁의 남과 서쪽에 花園을 두었는데, 민가로부터 꽃을 수집하고 송 상인으로부터 꽃을 구입하여 조성하였다(『高麗史』 권13, 世家13 睿宗2(8년 2월 경인)(상, 272) "置花園二于宮南西, 時宦寺競以奢侈媚, 王起臺榭峻垣墙, 括民家花草, 移栽其中, 以爲不足, 又購於宋商, 費內帑金幣不貲, 且於京外多作, 寺院窮極土木, 物論喧騰, 旣而二園俱廢."). 문종대 內宛署가 관장하는 御苑이 만들어지고, 궁중의 정자와 함께 연회장으로 쓰이며 시 짓기 장소로 활용되었다. 특히 賞春亭은 연회를 즐기면서 花詩, 꽃을 감상하고 시를 짓는 장소였다(『高麗史』 권8, 世家8 文宗2(24년 하4월)(상, 178) "夏四月辛酉朔, 王曲宴于賞春亭, 令太子諸王侍臣各賦賞花詩."; 『高麗史』 권8, 世家8 文宗2(상, 179) "(24년)九月丙申 王宴于賞春亭, 命近臣賦詩, 夜分乃罷."; 『高麗史』 권11, 世家11 肅宗1(상, 225) "(2년)夏四月丙戌, 御賞春亭, 宣示御製, 禁亭賞花詩, 令館閣近侍文臣和進親第高下賞絹有差."). 또한 귀족가문이나 사원에서 정원을 가꾸었다(『破閑集』;『東國李相國集』;『補閑集』).

105) 姜世求, 「姜希顔의 『養花小錄』에 관한 一考察」, 『韓國史研究』 60, 1988, 39~41쪽 ; 鄭瞳昕, 「花園」, 『한국의 정원-韓國園林研究-』, 민음사, 1986.

106) 『高麗史』 권120, 列傳33 尹紹宗(하, 620) "(本恭愍王 22年) 累轉爲正言, 草疏陳時事曰,……今災異荐臻, 百姓饑饉, 又非人主玩花卉之時也. 而廣大乃作花園虧損殿下之德, 而離散民心其罪, 固可斬也. 願殿下正廣大之罪, 斬于都市, 罷陵殿石室之役, 壞花園, 以解天怒, 以弭民怨."

114

공양왕대 강회백은 사치의 문제점을 지적하는 가운데 궁중에 정자를 짓고 화초를 심지 말라고 하였고[108] 화훼를 통한 무리한 토목공사와 사치를 비판하였다.[109]

　이색은 성리학적 자연관에 기반하여 자연의 이치와 인간이 지켜야할 도리를 같은 것으로 파악하면서 자연을 통한 심신안정 정서 함양을 지향하였다. 특히 주렴계의 애연설과 거기에서 연유된 군자관을 통하여 이상적 인간형을 지향하였다. 이색은 지위와 신분에 맞는 여가생활, 정서적 함양을 추구하며, 도연명의 귀거래나 소옹의 안락와를 동경했다. 내면적으로는 편안하고 안락한 정서적 안정을 도모하고, 밖으로는 혼란한 현실 세계를 편안하게 할 수 있는 대안을 갈구하였다. 즉 세상의 교화, 민생안정을 실현하는 경세론으로 나아가고자 하였던 것이다. 이색은 유학의 수기치인의 삶을 도연명, 소옹, 주렴계처럼 자연과 합일되는 삶을 살면서도 道義의 삶을 산 인물에게 투영함으로써, 현실의 복잡하게 얽혀 있는 사회관계 그 속에서 시시비비를 가려 올바른 세상을 만들려는 유학자로서의 의지를 천명하였던 것이다.

---

107)『高麗史』권120, 列傳33 尹紹宗 尹會宗(하, 630) "轉刑曹摠郎, 又上疏曰,…… 殿下列花卉於宮中, 而日翫之, 又欲遊幸漢陽, 臣恐祗懼之心有未至也. 願以堯舜三王之心爲心, 以周公孔子之道爲道, 不爲邪議之所惑, 務於實德, 則天意可回, 而邦本可固矣."

108)『高麗史』권117, 列傳30 姜淮伯(하, 576) "(恭讓王)陞判密直司事兼吏曹判書上疏曰,……宴安邪侈, 斲喪良心之斤斧也. 今殿下於宮中, 構新亭植花卉, 以爲宴安之所, 臣恐侈心自此而生矣."

109) 자연을 통한 심신수련, 정서함양은 정원보다 실내의 화분 재배로 국한된다. 정도전은 화원에 의한 토목공사를 비판하고 분재를 권하였다.『朝鮮經國典』에서 궁원을 두는 것은 조정의 위신을 높이는 것이지만 백성들을 괴롭히고 재산을 손상시킨다고 하였다(『三峰集』권8, 朝鮮經國典下 工典 宮院 "宮苑之制, 侈則必至勞民傷財, 陋則無以示尊嚴於朝廷也. 儉而不至於陋, 麗而不至於侈, 斯爲美矣. 然儉德之共也, 侈惡之大也, 與其侈也, 寧儉茅茨土階, 終致時雍之治, 瑤臺瓊室不救危亡之禍, 阿房作而, (4행탈락) 心之一端, 於此亦可見焉.").

## 2. 경세의식의 함양과 隱·仕 통일의 출처관

### 1) 성학론과 경세의식의 함양

이색은 대학의 공부론을 통하여 성학을 익히고 현실에 나아가 세상을 교화하며 백성을 구제할 것을 생각했다. 수기·수양을 거쳐 家뿐만 아니라 天下에까지 그 배운 바를 펼쳐 민을 이롭게 하고 풍속을 바르게 해야 한다고 하였다.[110] 수기·수양을 통해 군자(대인)가 되고, 완성된 인간형을 바탕으로 현실정치에 참여하여 세상을 바로잡는 유자의 전형적인 경세론을 보여준다 하겠다.

이색은 성리학의 학문체계나 수양론에 근거해서 후천적인 노력으로 성인이 될 수 있다는 聖學·聖人可學을 지향하였다. 그는 성인은 인륜의 지극함으로[111] 天理를 보존하고 氣質과 物欲의 사사로움을 제거하여 순수한 선을 체현한 사람으로 보았다.[112] 성인이 되기 위한 수양공부로 養心之術[113]·心術[114]·心學[115]·用心[116]·存心愛物[117] 등 心論·心學이라는 마음공부론을 제시하였고, 마음을 기르는 心法(養心之術)으로 '養心莫善於寡慾'[118]이라 하여 『맹자』의 寡欲과 본연지선을 찾는 방법으로 克己復禮를

---

110)『牧隱集』文藁 권10, 可明說 ; 文藁 권3, 養眞齋記 ; 文藁 권10, 伯中說贈李狀元別.
111)『牧隱集』文藁 권10, 仲至說.
112)『牧隱集』文藁 권10, 伯中說贈李狀元別 "願受一言以行, 孝於家忠於國, 將何以爲之本乎? 予曰, 大哉問乎. 中焉而已矣.……是則事君事親, 行己應物, 中和而已. 欲致中和, 自戒愼始, 戒愼之何? 存天理也. 愼獨焉何? 遏人欲也. 存天理遏人欲, 皆至其極, 聖學斯畢矣."
113)『牧隱集』文藁 권3, 養眞齋記.
114)『牧隱集』文藁 권10, 茂称金氏三子名字說.
115)『牧隱集』文藁 권7, 傳燈錄序.
116)『牧隱集』文藁 권9, 周官六翼序.
117)『牧隱集』文藁 권2, 漁隱記.
118)『牧隱集』文藁 권3, 養眞齋記.

말하였다.[119) 그는, 공자가 사사로움을 이기고 禮로 돌아가는 것이 仁이고 禮가 아닌 것을 행하지 말라고 한 것은, 인간 본래의 모습을 회복하는 공부(復初)이며 이로써 私欲을 없애고 天理를 회복할 수 있다고 하였다.120) 성인이 되기 위해서는 천리를 보존하고 인욕을 제거하는 것이 그 핵심임을 보여주는 것이다.

원래 聖學은 성인이 되기 위한 학문, 요·순·주공의 요법을 체득해서 왕도와 인정을 실현하기 위한 학문이다. 治者＝治人者는 마땅히 수기 과정을 거쳐 성인 즉 도덕적 완성자가 됨으로써 하은주 삼대와 같은 이상정치를 실행하는 것이 성학의 취지였다. 성학은 格致誠正之學으로 요약되는 바, 道學의 다른 표현이기도 하였다. 格物·致知로서 善을 밝히고 誠意·正心으로서 몸을 닦아서 안에 蘊蓄하면 天德이 되고 밖으로 政事에 베풀면 王道가 되는 것이 道學이기 때문이다.121)

송대 사대부는 성인가학설을 적극적으로 제시하면서 정치참여를 도모하였다. 송 이전의 성인은 禮樂制度를 창시한 자 혹은 요·순·우·탕과 같이 태어날 때부터 아는 자(生而知之)였다. 즉 그 이전의 성인은 혈연적으로 세습된 귀족에 의제되었다면, 송대의 성인은 인의도덕의 완전한 체현자로서 후천적인 노력으로 과거에 급제한 사대부에 의제되었다. 주렴계가 성인은 배움을 통해서 이룰 수 있는데 그 경우 필수적인 것이 無欲이라고 한 것이나,122) 정이천이 성인은 배워서 도달할 수 있는데 후세 사람들이

---

119) 『牧隱集』 文藁 권10, 可明說.
120) 『牧隱集』 文藁 권10, 子復說 "予曰, 吾病也久. 易之不玩而幾於忘, 陽之復也, 而在五陰之下, 以人性言, 則善之萌也, 以人事言, 則吉之兆也, 以學言, 則返乎其初者也. 故曰, 顔氏之子, 其殆庶幾乎, 其問仁也. 夫子曰, 克己復禮爲仁, 勿於非禮, 復之之功也. 愚於不違, 復之之效也, 私欲淨矣. 何待於克之, 天理行矣. 何待於復之, 此天下之所以歸其仁也."
121) 金駿錫, 「17세기 正統朱子學派의 政治社會論」, 『東方學志』 67, 1990, 106~110쪽.
122) 『近思錄』 권4, 存養 ;『通書』聖學 "聖可學乎? 曰可, 曰有要乎? 曰有, 請聞焉. 曰一爲要 一者無欲也."

타고난 것으로 이해하여 학문의 타락이 시작되었다고 한 것은[123] 바로
이러한 이해 속에서 나온 것이다. 송대 사대부는 성인은 학문적 능력을
통하여 도달 가능하다고 보고, 자신과 같은 사대부가 성인이 되어 현실정치
를 책임져야 한다고 하였다.[124]

　이색은 송 성리학의 성학·성인가학을 통하여 사대부의 현실개혁 의지를
북돋고자 하였고, 성인이 되는 수양·수기에 힘쓸 것을 당부하였다. 물론
성인은 누구나 쉽게 되는 것으로 보지 않았다. 학문은 태어날 때부터 이루어
지지 않으며 困學의 결과로 얻어지는 것으로 보았다.[125] 『맹자』에서 보이듯
이 하늘이 그 사람에게 큰 책임을 맡기려면 반드시 그 몸을 굶주리게
하고 그 행동을 어지럽게 해서 그의 능하지 못한 바를 더욱 능하게 한다.[126]
마음의 주체적·실천적 의지를 갖고 현실의 어려움을 극복하는 자만이
성인·대인이 될 수 있다고 보는 것이다. 성리학을 공부하고 경세의식을
함양한 이색은 성인·군자론에서 논리적 근거를 찾고 있었다.

　그런데 당시 공부하려는 사람들은 유학을 익히며 현실에 실현하려고
해도 학문하는 자세와 태도에 문제가 있다고 이색은 보았다. 그 한 부류가
자만하는 학자이다. 공민왕 6년에 급제한 李舒에게 자를 써주면서 다음과
같이 말하였다.

　　지금 학자는 조금 지식이 생기면 반드시 순은 어떤 사람이고, 나는
　　어떤 사람인가라고 한다.[127]

---

123) 『近思錄』 권2, 爲學大要 "伊川先生曰, 學以至聖人之道也. 聖人可學而至歟?……後
　　 人不達 以謂聖本生知, 非學可至, 而爲學之道遂失."
124) 島田虔次, 『朱子學と陽明學』/김석근·이근우 옮김, 까치, 44~47쪽.
125) 『牧隱集』 文藁 권10, 可明說 "生知鮮矣. 困學之士, 惟力行一言, 實入道之門也."
126) 『牧隱集』 文藁 권1, 遁村記 "孟子曰, 天將降大任於是人也, 必將餓其体膚, 行拂亂其
　　 所爲 增益其所不能."
127) 『牧隱集』 文藁 권10, 孟陽說 "今學者, 粗有知, 必曰, 舜何人也, 予何人也."

요즘 배우는 자들은 조금 안다고 해서 자만하고 요순과 같은 성인의
도에 나아가고 있다고 생각한다는 것이다.

다른 한 부류는 거꾸로 스스로를 비하하는 자들이 있다.

> 지금의 배우는 자는 '요와 순, 문왕은 태어날 때부터 아는 성인이어서
> 감히 바랄 수가 없다'고 한다. 바랄 수 없다고 한다면 세도가 날이 갈수록
> 내려가고 인심이 경박해질 것이다.128)

요·순과 문왕과 같은 성인은 타고난 사람으로 도달할 수 없다고 스스로
비하하고 과소평가한다는 것이다. 이 두 부류는 현실을 직시하고 현실
문제를 해결하는 사대부의 모습이 아니라고 이색은 보았다. 사대부는 요순
과 같은 성인을 본받고 당대를 요순시대가 되도록 만들어야 한다는 것이다.
이색이 유백유에게 요나 순은 성인이어서 내가 지향하기에는 불가능하다고
자포자기하지 말도록 권유한 것도 이런 맥락에서 이해할 수 있다.129)

한편 과거를 공부하는 이들은 올바른 공부를 하지 못한다고 보았다.
공민왕 원년에 올린 복중상서에서 다음과 같이 말했다.

> 옛날의 배우는 자는 장차 성인이 되려고 하였지만 지금의 배우는 자는
> 장차 녹을 구하려 합니다. 시를 암송하고 글을 읽음에 도를 즐김이 깊지
> 못한데도 변화한 경쟁이 이미 승하여 章句를 다듬는 것에 마음 씀이
> 너무 과하니 성실하고 바른 공부가 어찌 있겠습니까? 어떤 이는 뜻을
> 바꾸어 다른 데로 가서는 공부를 그만둔 것을 자랑하고, 어떤 이는 늙어도
> 이룬 것이 없자 학문이 자신을 그르친 것을 탄식하니, 그 가운데 영민하고

128) 『牧隱集』文藁 권10, 孟儀說 "今之學者曰, 堯舜也, 文王也, 皆生知之聖也. 不敢企,
不敢企, 宜乎世道日以降, 人心以媮而不止也."
129) 『牧隱集』文藁 권5, 樗亭記 "然舜何人也, 予何人也. 有志者取法於上耳, 不可以自暴
自棄 伯濡其益勉之哉."

걸출하여 유가의 종장이 되고 나라의 기둥과 주춧돌이 되는 자가 몇이나
되겠습니까.130)

　옛날 배우는 자들은 성인이 되는 공부를 했는데, 지금의 학자들은 녹을
구하기만 하고 文章과 詩句를 조탁하는데 마음을 지나치게 써 誠意·正心의
道를 알지 못한다. 어떤 이는 변하여 다른 데로 가서 공부를 그만둔 것을
자랑하고, 어떤 이는 늙어도 이룬 것이 없어 학문이 자신을 그르친 것을
탄식한다. 이런 자들은 결코 유가의 종장이 되고 나라의 기둥과 주춧돌이
될 수 없다고 보았다.

　이색은 『주역』을 인용하면서 현실이 매우 혼란하다면 현자가 몸을 숨기
는 것이 당연하지만 고려후기와 같은 사회에서는 물고기가 川에 나가고
새가 구름을 날아가듯131) 유자로서 의 책무를 다해야 한다고 역설하였다.
성리학의 성학론과 성인가학설을 익힌 이색은 수기치인의 학을 익힌 유자
가 수양이 결여되고 현실에 대한 안목이 부족함을 비판하였던 것이다.

　이색은 먼 길을 가려면 가까운 곳으로부터 시작해야 하고, 높이 올라가려
면 반드시 낮은 곳으로부터 시작해야 하는 법이니, 뜰 안을 물 뿌리고
청소해서 백성의 모범의 되어야 하고 닭이 울면 일어나서 부지런히 선행을
닦아야 한다132)고 하였다. 또한 선비가 조정에 서서 벼슬의 높고 낮음이나

---

130) 『高麗史』 권115, 列傳28 李穡(하, 524~525) "服中上書曰……古之學者, 將以作聖,
　　 今之學者, 將以干祿. 誦詩讀書, 嗜道未深 而繁華之戰已勝, 彫章琢句, 用心大過,
　　 而誠正之功, 安在? 或變而之他, 誇其投筆, 或老而無成, 嘆其誤身, 其中英邁傑出,
　　 爲儒之宗匠, 爲國之柱石者, 幾何人哉."

131) 『牧隱集』 文藁 권4, 陶隱齋記 "易曰, 天地閉賢人隱, 今則明良遭逢, 都兪吁咈, 魚川泳
　　 而鳥雲飛也."

132) 『牧隱集』 文藁 권10, 孟儀說 "故曰, 比屋可封. 雖然, 行遠必自邇, 升高必自卑,
　　 洒掃庭內, 維民之章, 鷄鳴而起, 所當孜孜者, 不曰正其衣冠, 尊其瞻視乎? 顏色辭氣,
　　 近信遠鄙, 曾子之言也. 曾氏之傳孔道, 至于今孟儀其體之, 始可以勅天之命矣, 始可
　　 以踐優優大哉之地矣."

녹봉의 많고 적음을 염두에 두거나,[133] 사대부가 거처하는 곳을 화려하게 하고 먹는 것을 풍성하게 하며 안으로 그 욕심을 만족시키고 밖으로 영화를 자랑하며 그것을 오히려 부족하게 여기는 세태를 비판하고,[134] 자신이 품은 뜻을 행하는 일에 진력하도록 강조하였다. 군자로서의 책임감을 자부하고 현실에 대한 적극적인 참여를 유도한 것이었다.

이색은 유자는 어려서는 배움에 힘쓰고 장년이 되어서는 家뿐만 아니라 천하에까지 배운 바를 펼쳐 민을 이롭게 하고 풍속을 바르게 해야 한다고 하였다.[135] 즉 士君子는 젊어서 독서하고 사물의 이치를 궁구하고 천하의 일을 밝게 하며, 장년이 되어서는 임금을 섬기며 사물을 다스려 천하의 일을 잘 해결하라고 하였다.[136] 이색은 정몽주가 성인의 가르침을 믿고 그 길로 정진하기로 다짐한 것에 대하여 적극 찬양하였다.[137]

이색은 주나라의 이상 정치는 많은 선비의 도움으로 이루어진 것이라 지적하고, 선비는 천하의 일을 자임하고 천자를 도와 그 뜻을 행하여 배운 것을 베풀라고 하였다. 이색은 공자가 "만일 나를 등용하는 자가 있다면 동쪽의 주나라를 만들겠다"라는 말을 인용하면서 후진들에게 "주나라의 도를 동방에서 일으키는 것이 오늘날에 있지 않은가"[138]라고 하여, 당시 유자들로 하여금 도통을 잇는 선각자로서의 자부심을 갖게 하였다. 더

133) 『牧隱集』 文藁 권7, 送楊廣道安廉韓侍史序 "夫士立朝, 不問位之崇庳, 祿之厚薄, 得行其志, 其足矣."
134) 『牧隱集』 文藁 권5, 築隱齋記 "今夫士大夫得志行己, 華其居, 豊其食, 內以適其欲, 外以夸其榮, 日惟不足."
135) 『牧隱集』 文藁 권10, 孟周說 "士君子幼也學, 壯也行, 始于家而終于天下, 致君澤民, 移風易俗."
136) 『牧隱集』 文藁 권2, 萱庭記 "士君子少也, 讀書而格物, 則天下之事理致其明, 壯也事君而理物, 則天下之事, 理歸于平."
137) 『牧隱集』 文藁 권5, 圃隱齋記.
138) 『牧隱集』 文藁 권10, 孟周說 "仲尼盖嘗曰, 如有用我者, 吾其爲東周乎? 與周道於東方, 不在今日乎?"

나아가서는 유자들이 현실을 책임지고 이끌어갈 주체로서 책임을 다하도록
성인의 학문을 궁구하기를 바랐다. 이색은 뜻을 같이 하는 同志들과 국가의
정체와 현실 문제를 논의한 것은 이러한 경세의식, 책임의식을 보여주는
것이다.[139] 이색은 성리학과 성인가학을 익혀 민을 보살피고 현실의 잘못을
고쳐 나가기를 생각하였다.


## 2) 隱 · 仕 통일의 出處觀

이색은 성리학자로서 유학의 문제의식에 충실했고 현실을 이상사회로
이끌어갈 방책을 구상하였다. 『중용』의 "天이 命하는 것을 性이라고 하고,
性에 따르는 것을 道라고 하며, 道를 닦는 것을 敎"[140]라고 하는 天道,
天性에 대한 성리학적 세계관을 견지하였다.[141] 이는 그가 성리학의 원리대
로 우주와 자연의 이치 그리고 인간과 사회를 理와 氣를 토대로 설명하였던
것에서 알 수 있다.[142]

이색은 수기치인의 유학의 이상적 인간형을 지향하였다. 治人의 전제로
서 修己를 말하고 『대학』의 8조목을 통한 단계적 수양론을 제시하였다.[143]
『예기』[144]를 인용하여 儒者는 석상의 진귀한 보배처럼 자신의 덕을 갈고

---

139) 『牧隱集』 文藁 권2, 萱庭記 "政體國風之關係, 予嘗讀而玩之, 思與同志講之久矣."; 
　　 文藁 권7, 送江陵道按廉金先生詩序 "有天地來, 淸明濁亂之氣, 相爲消長於其間, 
　　 雖豪傑之士, 卓然不爲所變者甚鮮. 是以, 幸而與淸明之氣, 相遭乎太平之世, 則生爲
　　 聖賢, 沒爲明神, 聲孕于時, 流澤之罔極也. 不幸而與濁亂之氣, 相溥乎衰否之季, 則動
　　 而禍隨之, 得不竝失, 徒生徒死, 不亦可哀之甚哉. 予之念此盖久, 志予同者, 數人而止
　　 耳."
140) 『中庸』 1장, "天命之謂性, 率性之謂道, 脩道之謂敎."
141) 『牧隱集』 文藁 권5, 樗亭記 "舜何人也, 予何人也. 有志者取法於上耳, 不可以自暴自
　　 棄, 伯濡其益勉之哉. 道德也文章也, 天豈斬人乎哉? 故曰, 天命之謂性, 率性之謂道, 
　　 伯濡無怠於明誠之敎, 則於体物不可遺之地, 自有呈露而不可掩者."
142) 『牧隱集』 文藁 권3, 養眞齋記 ; 文藁 권3, 葵軒記 ; 文藁 권10, 伯中說贈李狀元別.
143) 『牧隱集』 文藁 권6, 平心堂記 "吾儒者用心以平, 治氣以易, 所以修齊而及天下平耳."

닦으면서 임금이 불러주기를 기다린다[145]고 하였다. 선비가 이 세상에
태어나서 때를 만나지 못한다면 그만이지만, 만약 때를 얻어 뜻을 펼 수만
있다면 天子의 大─統을 도와 사해에 陽春을 펼치도록 노력해야 할 것으로
보았다.[146] 李廷傅에게 주는 글에서 선비가 비록 자신의 위상이 미미하더라
도 으레 천하의 일을 가지고 자임하는 것은 천자를 보좌하여 그 뜻을
행함으로써 자신이 배운 것을 베풀어보려는 마음이 있기 때문이라고 하였
다.[147]

　이색은 유학자로서 도의 실현 여부에 따른 은둔과 출사의 통일된 삶을
지향하고 이에 근거하여 출처를 생각하였다.[148] 『목은집』에는 출처에 대한
고민과 중국 역대 인물들의 출처에 대한 회고가 눈에 띤다. 『논어』를 인용하
면서 선비는 뜻을 지키는 것을 중요시해야 하고 '用舍行藏'은 생각할 바가
아니라고 하거나,[149] 위태로운 나라나 어지러운 나라에 성인은 나가지
않는다고 한 것,[150] 그리고 공자가 세상에 나아가 도를 행하려 했으나
당시 사람들로부터 그에 상응하는 예우를 받지 못하여 나가지 못하고,
마침내 도를 행할 수 없음을 알고 노나라에 돌아가 후학을 가르치겠다고

---

144) 『禮記』 권41, 儒行 "哀公命席, 孔子侍曰, 儒有席上之珍以待聘, 夙夜强學以待問,
　　懷忠信以待擧, 力行以待取, 其自立有如此者."
145) 『牧隱集』 文藁 권1, 記碁 "可謂儒有席上稱矣."
146) 『牧隱集』 文藁 권3, 陽村記 "春秋聖人志也. 麟陽物也而見獲, 聖人傷之甚, 故作春秋.
　　書春王正月, 釋之者曰, 大─統也. 嗚呼. 士生斯世, 不遇則已, 遇則佐天子大─統,
　　布四海陽春而已."
147) 『牧隱集』 文藁 권10, 孟周說 "士也雖微, 必以天下之事自任者, 將以佐天子, 行其志,
　　施其學焉耳."
148) 『牧隱集』 詩藁 권8, 卽事三首 ; 詩藁 권10, 卽事 ; 詩藁 권10, 有感 ; 詩藁 권12,
　　題朴摠郎詩卷十九首 ; 詩藁 권13, 述懷 ; 詩藁 권13, 復用圓齋詩韻聊以述懷 ; 詩藁
　　권17, 自詠 ; 詩藁 권23, 圓齋示酒頌 僕略述吾輩出處 歸飮中 ; 詩藁 권23, 雨 ; 詩藁
　　권24, 君子 ; 詩藁 권25, 曉霧 ; 詩藁 권27, 追述盛集 呈希顏座下 ; 詩藁 권27, 遣興 ;
　　詩藁 권29, 君子.
149) 『牧隱集』 詩藁 권24, 短歌行.
150) 『牧隱集』 詩藁 권27, 古風.

말한 것[151]들이 그것이다. 이색은 공자를 추앙하는 가운데,[152] 공자가
제시한 출처관에 따라 長沮, 桀溺과 같은 인간형을 비판하였다.

　　長沮와 桀溺이 나란히 밭을 갈면서 대답한 말이 공손하지 못하자, 공자가
이를 꾸짖으면서 "새와 짐승과는 함께 무리지어 살 수 없다"라고 하였으니,
성인이 천하에 뜻을 둔 것이 정말로 지극했다고 할만하다. 또 늙도록
뜻을 얻지 못하자, 옛글을 고치고 다듬어 萬世에 가르침을 전하였는데,
그 당시에는 채마밭에서 농사일을 할 수도 있었을 듯하지만, 그런 일을
했다는 말은 듣지 못하였다. 그렇다면 번지가 농사일 배우기를 물었던
것은 자신을 비루하게 만들 뿐 아니라 성인을 알기에도 충분치 않았음이
분명하다.

　　그렇지만, 성인은 하늘에 따르는 것으로 자처하였기에 천하의 일에
대해 할 수 없는 때도 없다고 여겼다. 그런 까닭에 公山이 불렀을 때에도
배척하지 않았고, 陽貨가 예물을 보냈을 때에도 거절하지 않았던 것이다.
천년 뒤에도 여전히 그 고심을 상상할 수가 있다. 공자가 번지의 물음을
비루하게 여겼던 것은 당연하다. 그러나 번지의 경우는 반드시 顔子와
같은 경지를 감히 넘볼 수 없다고 생각하였고, 顔子는 여전히 陋巷에
있으니 자신이 벼슬길에 나아가는 방법을 배우는 대신 농사일을 배우는
것이 무슨 문제가 있겠느냐는 생각을 할 수도 있었을 것이다.……

　　벼슬을 하지 않는다면 숨어살고 숨어살지 않는다면 벼슬을 하는 것이니,
만약 '물러나서 내가 종신토록 살아갈 길을 찾는다면 채마밭을 가꾸는
것 만한 것도 없겠다'라고 생각할 수 있었을 것이다.[153]

---

151) 『牧隱集』 詩藁 권19, 古風.
152) 『牧隱集』 詩藁 권14, 狂吟 "……夫子日月天中行, 七十逯背佹佹中, 誰謂魯者傳其宗,
　　 沈吟必也狂者乎. 夫子之志與天同, 爲山九仞一簣始, 君子功夫先立志, 嗚呼立志無
　　 自小, 堯舜塗人無少異."
153) 『牧隱集』 文藁 권5, 圃隱齋記 "沮溺耦耕之對不恭矣. 夫子責之曰, 鳥獸不可與同群,
　　 則聖人之志在天下, 可謂至矣. 老而不遇也, 刪定讚修, 垂敎萬世, 則若可以農圃矣,
　　 然猶未之聞也. 然則遲是之問, 不獨自鄙, 又不足以知聖人也明矣. 雖然, 聖人以天自
　　 處, 其視天下, 無不可有爲之時. 故公山之召, 亦不處斥, 陽貨之禮, 亦不處絶. 千載之

124

隱者 長沮와 桀溺은 도도하게 흐르는 홍수를 막을 수 없는 것처럼 천하의
혼란은 누구도 개혁할 수 없다고 보았다. 이들은 사람을 피하는 선비와
세상을 피하는 선비를 비교하면서, 사람을 피하는 선비는 부덕한 군주를
피하고, 세상을 피하는 선비는 세간에서 벗어나 은둔한다고 규정하고,
子路에게 부덕한 군주를 피하는 공자를 따를 것이 아니라, 세상을 피하는
선비 즉 자신들을 쫓아 은둔할 것을 권유하였다.

이를 전해들은 공자는 "새와 짐승과는 더불어 무리지어 살 수 없으니,
내가 사람의 무리와 더불어 살지 않고 누구와 더불어 살겠는가. 천하에
도가 있다면, 나는 세상을 바꾸려 하지 않을 것이다"154) 하였다. 이는
사람과 짐승은 구별되며, 사람의 존재의의는 인륜을 실천하는 것에 있다는,
다시 말하면 인륜을 천하에 실천하는 것이 유학의 기본 입장임을 천명한
것이다. 그래서 공자는 公山弗擾의 부름에 잘못을 고칠 수 있으면 고치겠다
는 의사를 표시하고,155) 陽貨가 보낸 예물을 상황에 맞게 되돌려 주었다156)
는 것이다. 성인은 천하의 일을 자임하였기 때문에 스스로 할 수 없다고

下, 猶可想見其爲心之苦矣. 其鄙遲也之問宜矣. 至於遲, 則其自處必不敢企顔子,
顔子猶在陋巷, 則其不學干祿而學圃也, 何傷哉?……不仕則隱, 不隱則仕, 退而求吾
終身之地, 莫圃若也."

154) 『論語』권18, 微子 "長沮桀溺, 耦而耕, 孔子過之, 使子路問津焉. 長沮曰, 夫執輿者爲
誰? 子路曰, 爲孔丘. 曰, 是魯孔丘與? 曰 是也. 曰, 是知津矣. 問於桀溺, 桀溺曰,
子爲誰? 曰, 爲仲由? 曰, 是魯孔丘之徒與? 對曰, 然. 曰, 滔滔者天下皆是也, 而誰以易
之? 且而與其從辟人之士也. 豈若從辟世之士哉? 耰而不輟, 子路行以告. 夫子憮然
曰, 鳥獸不可與同羣, 吾非斯人之徒與而誰與? 天下有道, 丘不與易也. 子路從而後,
遇丈人, 以杖荷蓧. 子路問曰, 子見夫子乎? 丈人曰, 四體不勤, 五穀不分, 孰爲夫子,
植其杖而芸, 子路拱而立, 止子路宿, 殺雞爲黍而食之, 見其二子焉. 明日, 子路行以
告. 子曰, 隱者也. 使子路反見之, 至則行矣. 子路曰, 不仕無義, 長幼之節, 不可廢也.
君臣之義, 如之何其廢之, 欲潔其身, 而亂大倫, 君子之仕也. 行其義也, 道之不行,
已知之矣."
155) 『論語』권17, 陽貨 "公山弗擾以費畔, 召, 子欲往, 子路不說曰, 末之也已, 何必公山氏
之之也. 子曰, 夫召我者, 而豈徒哉? 如有用我者, 吾其爲東周乎?"
156) 『論語』권17, 陽貨.

생각한 적이 한 번도 없었고, 할 수만 있다면 행하겠다는 적극적인 현실관, 출처관을 가지고 있었다는 것이다.

이색은 유학자로서 이러한 공자의 말을 존중하여 현실 참여를 생각했고, 『논어』의 長沮, 桀溺처럼 세간을 떠나 은둔하는 삶의 태도를 부정하였다.[157] 그러나 유학의 현실 참여는 무조건적인 것이 아니다. 공자는 도가 현실에 실현되기를 바라면서도 위태로운 나라에는 들어가지 않고 어지러운 나라에는 살지 않으며, 천하에 도가 있으면 나아가 벼슬하고 도가 없으면 숨어야 하며, 나라에 도가 있을 때 가난하고 천한 것이 부끄러운 일이지만, 나라에 도가 없을 때 부하고 귀한 것이 부끄러운 일이라고[158] 하였다.[159]

유학의 현실관, 출처관에서 은둔할지의 여부는 도의 실현여부에 따라 결정되는 것이다. 유학적 은거는 숨어살면서 그 뜻을 구하고 의를 행하며 그 도를 행하는 것이다.[160] 『맹자』에서는 옛사람들이 뜻을 얻으면 은택이 백성들에게 가해지고, 뜻을 얻지 못하면 몸을 닦아 세상에 드러나니, 궁하면 그 몸을 홀로 선하게 하고, 영달하면 천하를 겸하여 선하게 한다고 하였다. 즉, 유학에서는 성현의 도가 실현되기를 바라지만, 도가 있느냐의 여부,

---

157) 이색은 巢由, 許父, 伯夷, 叔齊와 같은 은둔형 인사를 말하고(『牧隱集』詩藁 권8, 自詠 ; 詩藁 권8, 讀史 ; 詩藁 권16, 絶句 ; 詩藁 권16, 同年任希座 以匏見惠 ; 詩藁 권17, 自詠 詩藁 권27, 作者) 도연명의 귀거래사를 여러 차례 언급했다(詩藁, 권18, 淵明 ; 詩藁 권19, 彭澤是吾師 ; 詩藁 권19, 對菊有感 ; 詩藁 권22, 淵明 ; 詩藁 권24, 讀歸去來辭). 이는 그가 현실에 대한 불만을 토로하며 자신의 마음을 달래려는 수단으로 삼은 것으로 보인다.

158) 『論語』권8, 泰伯 "子曰, 篤信好學, 守死善道, 危邦不入, 亂邦不居, 天下有道則見. 無道則隱, 邦有道, 貧且淺, 邦無道, 富且貴焉, 恥也." ; "子曰, 直哉史魚, 邦有道, 如矢, 邦無道 如矢, 君子哉蘧伯玉, 邦有道, 則仕, 邦無道, 則可卷而懷之."

159) 『孟子』에서 공자는 벼슬할 만하면 벼슬하고 그만둘 만하면 그만두며, 오래 머무를 만하면 오래 머물고 빨리 떠날 만하면 떠났다고 하였다(『孟子』公孫丑章句上 ; 萬章章句下).

160) 『論語』권16, 季氏 "孔子曰, 見善如不及, 見不善如探湯, 吾見其人矣. 吾聞其語矣, 隱居以求其志, 行義以達其道, 吾聞其語矣. 未見其人也."

126

뜻을 얻고 못얻고에 따라서 현실 참여의 여부가 정해진다[161]고 할 수 있다. 그러므로 유학적 은둔관은 도가의 현실도피적 그것과는 달리 현실 긍정적 세계관 속에서 현실 참여의 길을 열어 놓았다고 할 수 있다. 이처럼 이색의 출처관은 성리학을 수용하여 불교, 도교와 구분되는 유학을 바른 학문으로 파악하고, 유학 본래의 문제의식에 충실한 유학적 출처관의 원칙을 따른 것이라고 할 수 있다.

유학적 은자의 모습은 안회에게서 볼 수 있다. 안회(B.C. 514~483)[162]는 누추한 시골에서 한 그릇의 밥과 한 표주박의 물을 마시면서도 즐거워하며 학문에 힘쓰고 덕행을 닦은 겸허한 구도자의 삶을 지향하였다. 하늘로부터 부여받은 天性을 따라 살아가면서 천도를 즐기고 학문에 정진한 안회와 같은 인물이 유학적 은둔의 전형을 보여준다고 할 수 있다. 이색은 천도를 전제하면서 天性에 따라 사람의 도리를 궁구하고 주어진 부귀와 가난·천함을 받아들이고자 하였고, 안회와 같은 삶[163]이나 공자처럼 시세에 맞는 출처관을 지향하였던 것이다.[164]

유학적 은둔을 정확히 이해한 이색은 숨는다는 의미의 隱을 현실과의

---

161) 『孟子』盡心章句上 "故士窮不失義, 達不離道, 窮不夫義, 故士得己焉. 達不離道, 故民不失望焉. 古之人得志, 澤加於民, 不得志, 修身見於世, 窮則獨善其身, 達則兼善天下."

162) 『論語』 권2, 爲政 "子曰, 吾與回言終日, 不違如愚, 退而省其私, 亦足以發, 回也不愚." ; 권6, 雍也 "哀公問, 弟子孰爲好學. 孔子對曰, 有顔回者好學, 不遷怒, 不貳過, 不幸短命死矣. 今也則亡, 未聞好學者也." ; "子曰, 賢哉, 回也. 一簞食, 一瓢飮, 在陋巷, 人不堪其憂, 回也不改其樂, 賢哉, 回也." ; 권11 先進, "季康子問, 弟子孰爲好學. 孔子對曰, 有顔回者好學, 不幸短命死矣, 今也則亡."

163) 『牧隱集』 詩藁 권22, 遊名山, 送老景, 古之達士猶難之, 況吾儕小人乎? 綿蠻黃鳥, 止于岳隅, 夫子釋之曰, 可以人而不如鳥乎? 吾今也欲遊金剛山, 俯瞰東海而不之果, 不如鳥也甚矣. 功成名逐, 而身則不退, 果得止其止乎? 予之游山, 非獨訪古迹開塵襟, 亦將以止吾止耳. 東坡詩曰, 願言畢婚嫁, 携手游名山. 此老猶待婚嫁之畢, 非決然欲去者也. 予志決矣, 而低回如此, 自悲之甚, 嘯之爲歌, 亦將自止於今所止耳, 同志幸恕之.

164) 朴美子, 『韓國高麗時代における陶淵明觀』, 白帝社, 2000, 105~117쪽.

긴밀한 관계 속에서 이해하였다. 우왕 3년(1377)에 이색의 동년인 이무방
(1319~1398)에게 준 글에는 이러한 그의 입장이 개진되어 있다.

> 어떤 사람이 '선생께서는 숨어사느냐'고 묻기에 나는 '숨어사는 것이
> 아니다'라고 대답했다. '벼슬살이를 하느냐'고 묻기에 '벼슬살이를 하는
> 것도 아니다'라고 대답했다. 그 사람이 매우 의아해 하면서 '벼슬살이도
> 하지 않고 숨어사는 것도 아니라면 무슨 생활을 하고 있는 것이냐'고
> 물었다.
> 　나는 다음과 같이 대답하였다. '숨어사는 사람은 그 몸만 숨기는 것이
> 아니라 반드시 이름까지도 숨기며, 그 이름만 숨기는 것이 아니라 반드시
> 마음까지 숨기는 것'이라고 나는 들었다. 이는 다름이 아니라, 사람에게
> 알려지는 것이 두려워 사람들로 하여금 자기를 알지 못하게 하려는 것이다.
> 　그러나 벼슬하는 사람은 이와 정반대이다. 그 자신 반드시 조정 위에
> 서서 軒裳과 圭組로 아름답게 하고, 그 이름이 반드시 온 누리에 들리게
> 하고 문장과 도덕으로 내실있게 하면 그 마음에 품고 있는 것이 정사로
> 드러나고 노래와 시로 불려져 사방에 환하게 빛날 것이니 그 마음을
> 어떻게 숨길 수 있겠는가.[165]

어떤 사람이 숨어사는 것과 벼슬살이를 하는 것의 차이를 물었다. 이에
이색은 다음과 같이 대답하였다. 숨어사는 사람은 그 몸과 이름은 물론
마음까지도 숨긴다. 사람에게 알려지는 것이 두려워 사람들로 하여금 자기
를 알지 못하게 하려는 이유에서이다. 벼슬하는 사람은 이와 정반대이다.
그 몸은 조정 위에 세워서 軒裳과 圭組로 아름답게 하고, 그 이름은 반드시

---

165) 『牧隱集』文藁 권1, 南谷記 "或問先生隱乎? 予曰, 非隱也. 曰, 仕乎? 曰, 非仕也.
　　 或者疑之甚, 又問非仕非隱, 則何居. 予曰, 吾聞, 隱者, 不獨隱其身, 又必名之隱,
　　 不獨隱其名, 又必心之隱. 此無他, 畏人知而不使人知也. 仕者則反是. 身必立朝廷之
　　 上, 而軒裳圭組以華之, 名必聞海宇之內, 而文章道德以實之, 則其心之所存, 形于政
　　 事, 被于歌詩, 而灼于四方矣, 心可隱乎哉?"

128

온 누리에 들리도록 문장과 도덕으로 증명하려고 한다. 따라서 그 마음에 품은 뜻이 정사에 반영되고 노래와 시로 칭송을 받으면서 사방에 환하게 빛날 것이라고 대답하였다.

그런데 이무방은 용인의 동쪽 南谷에 살면서 유유자적하며 혼자 즐기는 삶을 살고 있었다. 일찍이 이무방은 諫官으로 재상의 뜻을 거슬러 배척당하였지만, 백성들의 존경을 받으며, 앞으로 제갈공명이 일어난 것처럼 큰 계책을 세우고 교화를 베풀 것이 기대되던 사람이었다. 개경에서 떨어진 시골에서 살지만 교화를 실현할 뜻을 간직하고 있었던 것이다. 다시 말하면 은둔하여 살더라도 언제든지 출사하여 유교의 도를 실현할 준비가 되어 있는 것이다. 출사와 은둔은 상호 모순된 두 가지 사안이 아니라 현실변화에 따라 다르게 나타나는 통일된 하나의 사안이었던 것이다.

도가 실현될 수 있다면 조정에 남아서 뜻을 행하고, 도가 실현될 수 없다면 물러나므로, 조정에서 벼슬하면서도 은거를 생각할 수 있다. 이색에 의하면, 鄭子因은 과거에 급제하여 군신간에 인연을 맺었는데, 시골로 물러나서 隱士처럼 지내고 있다. 지금 관직을 가지고 부르면 조정에 나아가고, 교체되면 유연하게 물러나면서 아무런 뜻이 없는 것처럼 하니 학문은 지키는 바가 있다고 할 만하다. 옛날에 나아가고 물러나는 본분을 제대로 알았던 이들의 행동도 여기에서 벗어나지 않았다고 하여 극찬하였다.166) 이는 유학의 도가 인륜 속에서 실현되어야 하므로, 출사하여 治人[兼善天下]하거나 隱遁하여 修己[獨善其身]하는 것은 모두 하나라고 인식하고 있었음을 보여주는 것이다.

이색은 숨음[隱]과 드러남[顯]의 통일을 성리학의 體用論을 통하여 설명하였다. 이색은 지공거이던 공민왕 18년(1369) 과거에 급제한 姜隱의 字를

---

166) 『牧隱集』 文藁 권10, 子因說 "子因少而讀書, 決科入仕, 名聞于時, 謂之無因, 不可也. 退于田里如隱士, 然謂之有因, 亦不可也. 今以官名則至, 替則去, 悠然若無意於其間者, 子因之學, 可謂有所守矣. 古之能知出處之分者, 不過於此, 子因其無變焉."

언급하면서 다음과 같이 말했다.

> 隱이란 것은 눈으로 볼 수 없음을 말한다. 그 이치(理)는 은미하지만, 그것이 사물 사이에 드러날 때 그 자취는 찬연하다. 隱과 顯은 상반되는 것이 아니다. 體와 用은 그 근원이 하나임이 분명하다.……隱이라고 말하면 그 用이 머리끝에서부터 발끝까지 드러나 있고, 顯이라고 말하면 그 體는 소리도 없고 냄새도 없다. 그렇기 때문에 '군자의 도는 광대하면서도 은미하다'고 한 것인데, 이것은 '귀신의 덕'과 '연어의 시'를 통해서도 알 수 있다. 이렇게 본다면 顯의 道는 바로 우리의 마음을 잘 살펴서 하늘의 덕에 이르는 것이라고 할 수 있다.[167]

이색은 『중용』의 '군자의 도는 광대하면서도 은미하다'[168]와 '귀신의 덕'과 '연어의 시',[169] 그리고 정이천이 말하는 '體用一源 顯微無間'[170]을 통하여 隱을 설명하고 있다. 隱이란 눈으로 볼 수 없음을 가리키지만 그 이치는 은미하니, 사물 사이에 나타났을 때에는 그 자취가 분명히 드러난다. 隱과 顯은 상반되는 듯하지만, 體와 用은 그 근원이 하나라는 것이다. 성리학을 수용한 이색은 隱과 顯을 體와 用으로 설명함으로써 유학적 隱者로서의 삶은 은둔적 삶 그 자체가 목적이 되는 것이 아니라 治人적 삶의 토대를 마련하려는 것임을 분명하게 보여주고 있다.

---

167) 『牧隱集』文藁 권10, 之顯說 "隱不可見之謂也. 其理也微, 然其着於事物之間者, 其迹也粲然. 隱也顯也非相反也. 盖體用一源也明矣.……謂之隱, 則徹首徹尾, 謂之顯, 則無趣無臭. 故曰, 君子之道, 費而隱. 鬼神之德, 鳶魚之詩, 可見矣. 是以, 顯之道, 觀乎吾心, 達乎天德而已矣."

168) 『中庸』 12장, "君子之道, 費而隱."

169) 『中庸』 16장, "子曰, 鬼神之爲德, 其盛矣乎. 視之而弗見, 聽之而弗聞, 體物而不可遺, 使天下之人齊明盛服, 以承祭祀, 洋洋乎, 如在其上, 如在其左右. 詩曰, 神之格思, 不可度思, 矧可射思, 夫微之顯, 誠之不可揜如此夫." ; 12장, "詩云, 鳶飛戾天, 魚躍于淵, 言其上下察也."

170) 『易傳』 序(정이천).

중국의 경우, 조정에서 몸은 숨긴 朝隱에는『시경』의 伶官, 漢의 滑稽가 있고, 저자거리에서 몸을 숨긴 市隱에는 燕의 屠狗 蜀의 賣卜 등이 있으며, 술을 마시며 숨었던 酒隱에는 晉나라때 竹林七賢이 있다. 또 宋나라 말에 고기잡이하며 숨었던 漁隱으로는 苕溪가 있었다. 이들은 현실을 부정하고 세속과의 관계를 끊어버리는 것이 아니라고 한다. 이색에 의하면, 우리나라에서는 隱이라는 글자를 가지고 호를 삼은 사람은 드물었다. 그 이유는 出仕하는 것이 그들의 뜻이었기 때문에 숨는 것을 부끄러워 한 경우와 은거하는 일이 일상적인 일이었기 때문에 구태여 숨을 隱字를 쓸 필요가 없었다는데서 유래한다. 그러다가 최해가 농은, 이인복이 초은, 전녹생이 야은, 그리고 자신이 목은이라고 하면서 은자호가 사용되기 시작하였다고 한다.[171] 최해는 農, 전녹생은 野, 이인복은 땔나무의 樵, 이색은 소를 친다는 뜻의 牧, 정몽주는 채마밭을 말하는 圃, 이숭인은 질그릇을 의미하는 陶 등처럼 隱字 앞에 농촌생활의 일면을 보여주는 내용을 담고 있다. 농업사회인 고려에서 반드시 있어야 하는 것을 표현하고 있다. 이는 변화하는 현실에 꼭 있어야만 되는 것을 호로 사용함으로써 현실과 분리될 수 없는 유학자로서의 정체성을 말해주는 것이라고 할 수 있다.

이때 주목되는 사실은 隱이라는 글자를 가지고 호를 삼은 사람이 드물었다가, 최해로부터 이색대에 이르러 갑자기 많아졌다는 점이다. 성리학의 수용을 통하여 유교 본래의 의미를 이해하게 되고 출사와 은둔을 유교의 도의 실현이라는 관점에서 통일적으로 이해한 결과라고 해석할 수 있다. 즉 그 이전과 달라진 출처관이 이 시기에 등장한다는 것이다.

---

171)『牧隱集』文藁 권4, 陶隱齋記 "古之人隱於朝者, 詩之於伶官, 漢之滑稽是已, 隱於市者, 燕之屠狗, 蜀之賣卜者是已. 晉之時, 隱於酒者, 竹林也. 宋之季, 隱於漁者, 苕溪也. 其他以隱自署其名者, 唐之李氏羅氏是已. 三韓儒雅, 古稱多士, 高風絶緣響, 代不定人, 鮮有以隱自號者, 出而仕其志也. 是以羞稱之耶, 隱而居其常也. 是以不自表耶, 何其無聞之若是耶, 近世鷄林崔拙翁自號曰, 農隱, 星山李侍中, 自號曰, 樵隱, 潭陽田政堂, 自號曰, 野隱, 予則隱於牧."

출사와 은둔을 유학적 은둔관에 입각해서 파악한 이색은 산림에 묻혀 사는 것과 세상 사람들과 어울려 사는 것을 하나로 파악하고, 도의 실현 여부를 근거로 현실 참여 여부를 결정하게 된다.172)

## 3) 출처관에 따른 정치활동

天道를 익혀 天性에 따른 삶을 추구한 이색은 도의 실현 여부에 따른 은둔과 출사의 통일된 삶을 지향하였다. 유학자로서 공자적 출처관을 판단 기준으로 삼아 현실에서 도를 실현할 수 있는지의 여부에 따라 출처와 운둔을 결정하고자 하였다.

이색은 현실을 긍정적으로 평가하였고, 통일된 은둔과 출사관으로 정치에 참여하고자 하였다. 많은 자료가 남아 있는 우왕대의 기록을 보면, 당시를 유교의 이상인 대동 사회의 전 단계인 小康173)의 시기로 인식하였다.174) 사회가 태평성대와 다름이 없고175) 更化의 시기로서 나라의 생기가 넘치고 있다고 보았던 것이다.176) 당시를 공자가 말한 '도가 실현될 수 있는 사회'로 판단하고 구체적인 현실 정치로의 참여를 생각한 것이라고

172) 유학의 도가 실현되기를 바라는 이색은 출사와 은둔을 城市(朝市)와 林泉(山林)으로 구분하고, 山林은 현실세계를 떠나 산 속에 사는 것, 朝市는 세상에 나와 세상 사람들과 함께 어울리는 것으로 규정하였는데, 山林과 朝市가 두 길로 나뉜 게 아니라(『牧隱集』 詩藁 권3, 君子 ; 권22, 浩歌)고 하였다(정재철, 『이색시의 사상적 조명』, 집문당, 2002).
173) 『禮記』 권9, 禮運.
174) 『牧隱集』 詩藁 권23, 發嘆 ; 詩藁 권28, 謹成長句四韻三首 奉呈鐵原侍中座下 ; 詩藁 권29, 天陰喜賦 ; 詩藁 권31, 金光秀院使, 邀曲城·漆原兩侍中及鄭月城·權吉昌·韓政堂·永寧君·順興君·少韓政堂及橋, 設盛饌作樂, 而康平章坐主人之右. 內官金實主人之養子也,…… ; 詩藁 권31, 三月十二日六友…….
175) 『牧隱集』 文藁 권8, 贈宋子郊序 "中原多故以來, 我東方崇儒右文, 無異太平之世."
176) 『牧隱集』 文藁 권7, 送江陵道按廉金先生詩序 "及今更化, 朝着肅穆, 物於國者, 振振有生意."

할 수 있다.

공민왕대 이색은 과거에 급제하고 공민왕 원년과 5년에 개혁상서를
올렸다. 그리고 여러 관직을 거쳐 우간의대부와 같은 간관이나 성균관대사
성 등을 통하여 구체적인 정치활동을 하였다. 공민왕의 정치를 뒷받침하며
현실의 정치사회를 바로잡으려 하였다.

우왕대의 관직참여가 공민왕대보다는 제한적이었지만, 현실정치를 인
식하고 독자적인 판단을 한 것은 우왕대도 마찬가지였다. 이색의 우왕대
정치현실에 대한 입장을 잘 보여주는 것은『주관육익』서문이다.[177] 이
책은 고려후기 정치체제를『주례』의 육전체제에 입각해서 수습하려는
목적으로 만들어진 것이다. 이색은 관제의 연혁도 모르는 담당자가 임기만
채우고 이동하며 직임의 내력이나 녹봉에 대해서는 아는 자는 당시의
현실에서, 이 책을 통해 6典을 바탕으로 백관의 원리와 내력을 밝힘으로써,
백관이 맡은 바를 충실히 수행하기를 바랐다.『주관육익』은 무너진 고려의
정치체제를 6典을 통해 재정리함으로써 관직체계를 정상화시키려는 것,
다시 말해 고려를 보수하려는 의도에서 만들어진 것이라고 할 수 있다.[178]

또한 이색은 우왕대 이인임, 임견미[179] 등 당대 권력자와 교류하였다.
이색은 이인임을 찾아가[180] 술을 마시기도 하고,[181] 내원당에서 사람을

---

177)『牧隱集』文藁 권9, 周官六翼序.

178) 본서 제5장 1절 이상군주론과『주관육익』참조.

179)『牧隱集』詩藁 권15, 次韻奉賀林大參 ; 詩藁 권16, 訪諸公旣歸, 見林大參投刺,
　　明日以詩往謝 ; 詩藁 권16, 昨謁林參政, 不遇, 因過東亭小酌, 至王參政宅, 盛設酒
　　食, 會韓柳巷又至, 旣醉而出. 入謁侍中公痛飮, 扶醉晚歸, 明旦錄之.

180)『牧隱集』詩藁 권19, 昨與上黨, 謁廣平侍中, 至淸城侍中府, 上黨入見出云, 公方醉歇
　　不敢入…… ; 詩藁 권29, 昨同韓淸城. 歷謁廣平侍中, 不遇, 鐵城侍中水飯. 入宮洞,
　　朴思愼開城宅又水飯, 至尹政堂宅啜茶, 又至林四宰宅有盛饌. 至上黨君宅小酌, 禁
　　前法釀也. 同辭止三爵, 茗飮而歸.

181)『牧隱集』詩藁 권21, 侍中不出, 不赴合坐所, 謁李密直仁敏·李商議子松, 皆不遇,
　　入見王開城, 有客不入. 入東亭飮, 回謁廣平侍中, 又飮, 微醉而歸. ; 詩藁 권26, 醴泉
　　君子, □釀餞庸夫四宰金陵之行,……曲城府院君邀廣平侍中同席, 夜將半兩侍中出

보내 이인임이 그린 산수화 병풍에 대한 시를 청하자 흔쾌히 시를 지었으며,[182] 처남 권계용을 위하여 광평시중 이인임에게 벼슬을 요구하기도 하였다.[183]

더욱 이색은 공민왕대부터 같이 성리학을 익히고 처가쪽 인친이기도 한 염흥방과의 교제를 단절한다. 염흥방이 나라를 그르친 인물이라고 판단[184]한 결과였다. 이는 공자적 출처관에 기반하여 염흥방이 유학의 도를 실현하는데 방해가 되고 왕조를 혼란에 빠뜨린 인물로 보았음을 의미하는 것이다.[185]

또한 이색은 위화도 회군 이후 정치에 적극 참여한다. 그는 우왕이 폐위될 때, 우왕의 아들인 창왕의 옹립을 주장하고,[186] 전제개혁에 반대하였으며,[187] 이성계, 정도전 등이 정치적으로 부상하는 상황을 타개하기 위하여 명에 監國을 요청하였다.[188] 그리고 조선왕조가 건국되고 출사를 요청한 이성계의 제의를 거절하였다. 당시의 민감하고 위험한 정국 현안에 대하여 분명하게 정치적 의사표시를 하였던 것이다. 이것은 道의 실현 여부라는 대원칙과 이를 실현하는 현실 상황을 고려하여 참여할 때는

---

矣. 僕少留,…… ; 詩藁 권31, 閏月廿又四日, 廣平侍中, 請耆老諸公, 設讌于興國里第, 晩歸高詠. ; 詩藁 권32, 同監進色諸公, 謁廣平侍中 ; 詩藁 권34, 七月七日, 陪漆原侍中·廣平侍中·鐵原侍中·南陽侍中·公山侍中·權吉昌及諸公, 賀千秋. 內官金實接手帕以入, 上方撝謙不受禮, 賜韋帶人一條, 特賜鐵原皮甲一領, 拜受而退.

182)『牧隱集』詩藁 권28, 內願堂以廣平侍中書, 邀僕山水屛風詩, 因吟三首 ; 詩藁 권28, 奉謝廣平李侍中所藏山水十二疊屛風.

183)『牧隱集』詩藁 권21, 以折簡呈廣平侍中 爲妻弟判閤求官.

184)『高麗史』권115, 列傳28 李穡(하, 528) "(禑王 13年)侍中李成林, 生長矮屋, 及爲宰相, 廣占田民, 一時並起三第. 左使廉興邦, 亦以取斂爲事, 誤國家者, 必此二人也."

185) 염흥방에 대해서는 본서 제2장 1절 생애와 교유관계 참조.

186)『高麗史』권115, 列傳28 李穡(하, 528) "曹敏修謀立昌, 以穡爲時名儒, 欲藉其言, 密問於穡. 穡亦欲立昌, 乃曰, 當立前王之子, 遂立昌."

187)『高麗史』권115, 列傳28 李穡(창왕 즉위년 10월)(하, 529).

188)『高麗史節要』권33, 辛禑(창왕 즉위년 10월)(841).

134

참여하고, 물러설 때는 물러선다는 공자적 출처관을 잘 보여주는 것이다. 이색은 고려왕조를 유지하려는 대원칙을 방기하지 않으면서 적극적으로 현실에 참여하였음을 알 수 있다.

〈표 7〉 여선교체기 은자호의 실례

| | 이름 | 호 | 시험관 | 급제 | 비고 |
|---|---|---|---|---|---|
| 1 | 崔瀣(1287~1340) | 農隱 | 金台鉉 金祐 | 충렬왕29(1303) | 원 제과 합격 |
| 2 | 李仁復(1308~1374) | 樵隱 | 權準 朴遠 | 충숙왕13(1326) | 원 제과 합격 |
| 3 | 田祿生(1318~1375) | 埜隱 | 朴忠佐 李蒨 | 충목왕즉(1344) | |
| 4 | 李穡(1328~1396) | 牧隱 | 李齊賢 洪彦博 | 공민왕2(1353) | 원 제과 합격 태조원년논죄 |
| 5 | 文益漸(1329~1398) | 思隱 | 金得培 韓方信 | 공민왕9(1360) | |
| 6 | 朴翊(1332~1398) | 松隱 | | | |
| 7 | 廉興邦(?~1388) | 漁隱 | 李仁復 金希祖 | 공민왕6(1357) | |
| 8 | 鄭夢周(1337~1392) | 圃隱 | 金得培 韓方信 | 공민왕9(1360) | |
| 9 | 李崇仁(1347~1392) | 陶隱 | 洪彦博 柳淑 | 공민왕1(1362) | 태조원년논죄 |
| 10 | 閔霽(1339~1408) | 漁隱 | 李仁復 金希祖 | 공민왕6(1357) | |
| 11 | 鄭熙(1350~?) | 默隱 | 洪仲宣 韓脩 | 우왕2(1376) | 태조원년논죄 |
| 12 | 鄭以吾(1350~1434) | 郊隱 | 李茂方 廉興邦 | 공민왕23(1374) | |
| 13 | 吉再(1353~1419) | 冶隱 | 李穡 廉興邦 | 우왕12(1386) | |
| 14 | 鄭擢(1363~1423) | 築隱 | 安宗源 尹珍 | 우왕8(1382) | 개국공신 |
| 15 | 申德隣 | 醇隱 | 許伯 李穀 | 충목왕3(1346) | |

은둔과 출처를 통일적으로 파악하는 이색의 입장은 은자호를 쓰고 관직 생활을 한 당시 사대부를 통해 확인할 수 있다. 고려후기 사대부는 <표 7>과 같이 은자호를 썼다. 이들은 과거에 급제하고 성리학을 수용한 인물들이며, 이색과 학문적으로 교류하고 비슷한 사회적 위상을 가졌다. 隱자호를 가장 빠른 시기에 쓴 최해[189]는 이색이 최치원을 잇는 인물로 평가한

189) 金宗鎭, 「崔瀣의 士大夫意識과 詩世界」, 『民族文化硏究』 16, 1982 ; 「崔瀣의 現實認識과 삶의 姿勢」, 『高麗名賢 崔瀣硏究』, 2002 ; 高惠玲, 「崔瀣의 생애와 사상」, 『李基白先生古稀紀念韓國史學論叢』, 1995 ; 구산우, 「14세기 전반 崔瀣의 저술활동과 사상적 단면」, 『지역과 역사』 5, 1999.

사람이었다. 최해의 사위(권계용)는 이색에게 처남이기도 하였다.190) 이인복191)은 이색이 스승으로 추앙한 인물로 그의 마음을 묘지명192)과 애틋한 시에 담았던 사람이다.193) 전녹생194)은 이색과 함께 염철별감의 폐단을 지적하고 이를 폐지하도록 건의한 바 있고,195) 이색은 그의 도덕과 행동을 높이 평가하였다.196) 문익점197)은 이곡에게서 수학하여 일찍부터 이색과 왕래가 있었고,198) 이색처럼 전제개혁에 반대하였다.199) 박익200)은 정몽주와 교류하고201) 이색이 밀양을 방문하여 시를 주고받기도 하였다.202) 정탁은 이색의 아들인 이종학과 동년이며, 조부 鄭誧가 이색의 부 이곡과 절친한

190) 『牧隱集』 詩藁 권5, 後儒仙歌 歌拙翁次韻 ; 詩藁 권9, 近世有改拙翁文者 失姓氏 因記叚墨卿淮西碑事 ; 詩藁 권13, 題權判閣南樓 ; 詩藁 권21, 懶殘子携崔拙翁選東人詩 質問所疑 穡喜其志學也不衰 吟成一首 ; 詩藁 권24, 六月十日, 拙翁忌日, 其壻權判書齋僧, 鄕俗也. 僕略以助儀與席歸而志之.
191) 『高麗史』 권112, 列傳25 李仁復(하, 451) "嘗修閱漬編年綱目, 忠烈忠宣忠肅三朝實錄及古今金鏡二錄."
192) 『牧隱集』 文藁 권15, 有元奉議大夫·征東行中書省左右郎中·高麗國端誠佐理功臣·三重大光·興安府院君·藝文館大提學知春秋館事·諡文忠公·樵隱先生李公墓誌銘.
193) 『牧隱集』 詩藁 권8, 奉賀李密直 ; 詩藁 권14, 書樵隱銘後.
194) 김동욱, 「埜隱 田祿生의 生涯와 詩世界」, 『高麗後期 士大夫文學의 硏究』, 祥明女子大學校出版部, 1991.
195) 『高麗史』 권79, 志33 食貨2 塩法(중, 741) "恭愍王六年九月, 分遣諸道塩鐵別監, 右諫議李穡·起居舍人田祿生·右司諫李寶林·左司諫鄭樞等上書論塩鐵別監之弊曰,……."
196) 『牧隱集』 詩藁 권2, 次韻田御史祿 二首 ; 詩藁 권4, 夢見東京田判官 ; 詩藁 권4, 曉有府吏告歸者 因寄此 ; 詩藁 권4, 寄東京田判官野隱 ; 詩藁 권5, 寄雞林田判官 ; 詩藁 권5 哀哉行 爲舍人田野隱之父作.
197) 金成俊, 「文益漸의 木棉傳來의 歷史的 背景」, 『東方學志』 77·78·79, 1993.
198) 『牧隱集』 詩藁 권18, 淸道新太守文益漸告行.
199) 『高麗史』 권111, 列傳24 文益漸(하, 433).
200) 金光哲, 「여말선초 松隱 朴翊의 생애」, 『考古歷史學志』 17·18, 2002.
201) 『松隱先生文集』 권1, 贈鄭圃隱.
202) 『松隱先生文集』 권1, 詩 附次 牧隱.

136

친구 사이였고, 부친 鄭樞는 이색과 성균시 동년으로 친밀한 벗이었다. 이색은 그의 가문을 위하여 鄭氏家傳을 써주었다.203) 정몽주204)와 이숭인205)은 이색과 정치적 행동을 같이 했다. 길재206)는 이색이 시험관일 때 응시생이었고, 문하주서가 된 그에게 이색은 시를 써주었다.207) 염흥방은 전술한대로 이색과 인친 관계이면서 우왕대 특히 교분이 두터웠다. 이밖에 민제,208) 신덕린,209) 정이오210) 등도 모두 이색과 돈독한 관계를 유지했던 인물이었다.

이색에 의하면, 고려후기 사대부들이 隱자호를 쓰게 된 시기는 대개 관직 생활을 할 때 혹은 관직에서 물러나 현실 참여를 기약할 때였다. 이숭인과 정몽주가 은자호를 쓴 시기는 관직 생활을 하며 이름이 알려진 시기이다. 이색이 「포은재기」를 쓴 시기는 우왕 5년 2월(1379)이고, 「도은재기」는 이보다 앞선 것으로 보인다. 포은은 우왕 3년(1377)에 일본으로 사신으로 갔다가 돌아왔고, 5년에는 예의판서, 전법판서를 맡고 있었으며, 도은은 우왕 3년에 우사의대부를 맡고 개혁상소를 올렸다.211) 이색이 포은이라는 호를 설명하면서 "지금 달가(정몽주)는 채마밭에 숨는다고 하면서,

203) 『牧隱集』文藁 권20, 鄭氏家傳.
204) 李亨雨,「鄭夢周의 政治活動에 대한 一考察」,『史學硏究』41, 1990 ; 도현철,「대책문을 통해본 정몽주의 국방 대책과 문무겸용론」,『한국중세사연구』26, 2009.
205) 姜芝嫣,「高麗末 李崇仁의 政治活動 硏究」,『全州史學』28, 1995 ; 李楠福,「제5장 李崇仁의 생애와 性理學」,『高麗後期 新興士族의 硏究』, 경인문화사, 2004.
206) 劉璟娥,「吉再(1353~1419)小考」,『考古歷史學志』5·6, 1990 ; 이태진,「吉再 忠節 追崇의 時代的 變遷」,『韓國思想史學』4·5, 1993.
207) 『牧隱集』詩藁 권35, 門生吉注書, 湏次于家, 携老少還善州來別, 一宿而去.
208) 『牧隱集』詩藁 권16, 閔霽司成來訪.
209) 『牧隱集』詩藁 권8, 憶申判書德麟.
210) 姜慧仙,「鄭以吾의 시세계 연구」,『韓國漢詩作家硏究』2, 태학사, 1986.
211) 『高麗史』권115, 列傳28 李崇仁(하, 540~541)(與同僚上疏曰) ;『高麗史』권75, 志29 選擧3 銓注 選法(諫官李崇仁等言) ;『高麗史』권75, 志29 選擧3 銓注 凡宦寺之職(諫官李崇仁言) ;『高麗史』권75, 志29 選擧3 銓注 凡選用守令(諫官李崇仁等言).

朝廷에 서서 사도를 자임하면서 낯빛을 엄하게 하여 배우는 이들의 사표가
되고 있으니, 그가 진짜 숨지 않은 것만은 분명하다"212)고 하였다. 정몽주가
조정에서 적극적인 정치활동을 하는 것을 보고 진짜 은자는 아니라고
하면서 번지의 채마밭의 예를 통해서 출사하면서도 언제든지 물러날 수
있는 마음자세를 갖고 있다고 말하고 있다.

이색은 이숭인에 대해서 "나야 늙어서 숨어도 괜찮지만, 자안씨(이숭인)
는 우뚝 솟구쳐서 용감하게 나아가야 할 때인데, 隱이라는 글자로 자신을
이름해서야 되겠는가"라고 지적하면서, 당시는 현명한 임금과 어진 신하가
서로 만나 옳고 그른 일을 따져가며 이상 정치가 행해지는 시기이므로
용기를 가지고 앞으로 나아가라고 격려하였다.213) 현실 정치에 참여하여
뜻을 펴고 있는 사대부가 隱자호를 쓰는 것은 적합하지 않다는 전제하에,
隱字號의 의미를 出仕와 통일적으로 설명함으로써 유학의 도를 현실에
실현하는 유학자의 입장을 천명하고 있는 것이다.

그런데, 현실상황은 이색의 뜻대로만 진행되지 않았다. 정부 지배층의
무기력과 분열, 정치기강의 이완, 홍건적과 왜구의 침입 등 대내외적인
사회불안, 사회동요 현상이 나타났다. 공민왕이 갑자기 죽고 우왕이 어린
나이로 즉위하였으며, 공민왕의 向明 정책과 달리 이인임 등은 북원 사신을
영접하면서 명과 원의 양단외교를 전개하였다. 정치 불안은 계속되고 안정
적인 관직 생활은 보장되지 않았다. 유교의 도를 현실에 실현하려는 생각으

212) 『牧隱集』 文藁 권5, 圃隱齋記 "今達可隱於圃, 而立于朝, 以斯道自任, 抗顔爲學者師,
    非其眞隱也, 明矣."
213) 『牧隱集』 文藁 권4, 陶隱齋記 "子安氏崇仁其名也. 無一事非仁, 子安氏安於其中矣,
    而又以陶名其居, 信乎其復於禮之本矣. 天下之歸仁也, 必矣, 是達也, 非隱也. 易曰,
    天地閉, 賢人隱. 今則明良遭逢, 都兪吁咈, 魚川泳而鳥雲飛也. 流示之爵祿而鹽其利.
    是以, 于于焉者皆山林之秀者也. 而吾老矣, 猶之可也, 子安氏卓然勇往之時也, 而以
    隱自名可乎? 予與子安氏, 俱南陽公之門也, 同寮成均, 相從也又久. 故問焉以質之,
    子安氏其勗之哉."

로 현실 참여에 적극적이었지만, 조정에서 자의든 타의든 물러날 수 있는 개연성이 높았다. 그리고 유학에서 隱遁과 出仕가 통일되어 있으므로 隱遁할 수도 있고 出仕할 수도 있었다.

고려말 정치사에서 隱字號를 쓴 것이 절의와 직접적으로 연결되는 것은 아니다. <표 7>에서 나타나듯이 은자호를 쓴 최해, 전녹생, 이인복 등은 왕조의 존립을 당연시하고 역성혁명을 전혀 의식하지 않은 인물이고, 정탁은 조선 개국공신이며, 민제는 태종의 장인으로 조선왕조에 참여한 인물이다. 반면, 이색, 정몽주, 이숭인, 길재 등은 두 임금을 섬기지 않는다는 절의에 입각하여 조선 개창에 반대하였다. 이색이 걸의 개가 요에게 짖는 것은 不仁해서가 아니라는 중국의 역사 기록214)을 말한 것은, 미천한 개가 자기 주인에게 충성을 다하듯 고려의 국왕에게 충성을 다하는 신하의 도리를 말한 것이다.215) 이는 이색이 오륜을 인간관계에서는 반드시 지켜야 할 합당한 도리 즉, '當然之則'216)으로 파악하고,217) 군주에 대한 무조건적인 충성과 두 임금을 섬기지 않는다는 명분론적 군신관218)을 견지하였음을 보여주는 것이다. 선왕인 공민왕의 유지를 중시한 이색은 우왕과 창왕을 섬겼고 왕조에 대한 절의를 다하려고 하였으며, 조선왕조의 개창에 반대하였다.219) 성리학을 매개로 유학적 세계관·출처관을 발휘하려는 의지가 은자호의 사용으로 나타났다고 할 수 있다.

고려후기 성리학 수용기 유학자의 출처관은 무신집권기 유학자의 그것과

---

214) 『史記』 권92, 列傳32 准陰候 "跖之狗吠堯, 堯非不仁, 狗固吠非其主." ; 『漢書』 권51, 列傳21 鄒陽 "桀之犬可使吠堯, 跖之客可使刺由."

215) 『牧隱集』 詩藁 권30, 金五宰將赴金陵 "……桀犬吠堯非不仁……."

216) 『牧隱集』 文藁 권5, 築隱齋記 ; 文藁 권9, 元嚴譙集唱和詩序 ; 文藁 권10, 仲至說.

217) 金勳埴, 「麗末鮮初 儒佛交替와 朱子學의 定着」, 『韓國 古代·中世의 支配體制와 農民』(金容燮敎授停年紀念韓國史學論叢 2), 1997.

218) 김훈식, 「여말선초의 민본사상과 명분론」, 『애산학보』 4, 1986.

219) 『太祖實錄』 권1, 즉위년 7월 정미(1책, 22쪽).

확연히 구별된다. 무신집권기 지식인은 유학의 경세론을 익히고 현실 참여를 지향하였지만, 무신정권이라는 제한된 상황 속에서 현실 참여와 은둔의 명분이 명확하지 않았다. 중국의 죽림칠현을 모방한 죽고칠현들이 출사를 갈망한 것은, 스스로 선택한 것이라기보다는 무신정권에 의해 타의적으로 관직에서 축출된 것을 원망하고 위로받기 위한 수단으로 자연을 벗한 것이었기 때문이다.[220] 다시 말하면 유학적 도의 실현을 전제로 은둔과 출사를 선택한 것이 아니라, 노장의 영향을 받아 불안한 현실을 도피하려는 은일적 삶을 강요받았던 것이다.[221]

성리학을 통하여 성학론과 명분을 천리로서 당연시하고 공자적 출처관을 견지하며 隱과 仕를 통일적으로 파악하는 것은, 관직생활을 하면서 은거를 생각하고 은거하면서 관직진출을 염원하는 것과 일맥상통하는 것이다. 그 때문에 은자호를 쓴 것은 현실에서 도피하려는 의도라기보다는 은둔과 출사의 두 입장에서 현실을 비판적으로 보려는 유학자의 자세를 보여주는 것이라고 평가할 수 있다. 은자호를 쓰면서도 현실에 대한 강렬한 책임의식, 사명의식을 가졌던 것은 현실 참여에 대한 열망을 고려후기적으로 표현한 것으로 이 시기 성리학 수용자의 출처관이었다.[222]

---

220) 馬宗樂, 「李奎報의 儒學思想 － 武臣執權期의 儒學의 일 면모」, 『한국중세사연구』 5, 1998 ; 김인호, 「무신집권기 유학과 문장론의 전개」, 『한국중세사연구』 18, 2005.

221) 김훈식, 「16세기 군신윤리의 변화와 출처론」, 『역사와 현실』 50, 2003.

222) 송대에 雅號가 발달하였는데, 이는 송대 사대부의 현실 참여와 밀접하다. 아호는 북송 중엽부터 남·송·명·청까지 이어졌다. 別號는 세속의 단절을 표명하는 票號이다. 송대 관료는 호로 자기 이름을 표시하는 것이 일반화되었는데, 이는 당쟁으로 인하여 귀양가는 일이 다반사였기 때문에, 불명예로운 죄를 씌우고 실각한 자신에 대한 자조와 반대파의 구설을 막으려는 위장행위로 나타났다. 겉으로는 세속에 대한 집착과 불만을 드러내지 않으면서, 문호로서 이름을 드러내 정치와는 별도의 세계에 대한 자부, 산수자연을 享樂할 수 있는 풍류 문인으로서 세속적인 것에 구애받지 않고 몸을 산수 사이에 내놓는다는 뜻이 담겨있다(合山究, 「雅號의 流行と 宋代文人意識の成立」, 『東方學』 37, 1968).

# 제4장 경학 인식과 성리학적 역사관

## 1. 경학 인식과 敬 중시의 성리학

### 1) 사서오경의 경학 인식과 時勢 중시의 經學

#### (1) 사서오경의 경학 인식

이색은 원으로부터 성리학을 수용하였고, 성리학적 세계관과 인간론을 견지하였다.[1] 고려는 원에서 과거가 시행된 이래 성리학의 보급이 확대되고 있었다.[2] 만권당이나 정동행성을 통해 원 성리학자와 활발하게 교류하였고, 원과 고려의 국자감과 과거제에는 주자가 해석한 四書와 六經이 교재로 채택되어 있었기 때문이다.[3]

당시 원은 유교가 국교화되고 과거제가 실시된 이래 정자, 주자로 이어지

---

1) 이색 사상의 성리학적 사유구조에 대한 분석은 이미 기왕의 정밀한 연구에서 제시되어 있다(鄭載喆,「牧隱 李穡의 思惟樣式」,『漢文學論集』12, 1994 ; 琴章泰,「牧隱 李穡의 儒學思想」,『朝鮮前期의 儒學思想』, 서울대학교출판부, 1997).

2) 尹瑢均,『尹文學士遺稿』, 1933 ; 鄭玉子,「麗末 朱子性理學 導入에 관한 試考」,『震檀學報』51, 1981 ; 文喆永,「麗末 新興士大夫의 新儒學 수용과 그 특징」,『韓國文化』3, 1982 ; 周采赫,「元 萬卷堂의 設置와 高麗儒者」,『孫寶基博士停年紀念韓國史學論叢』, 1988 ; 張東翼,『高麗後期外交史 研究』, 일조각, 1994.

3) 충목왕 즉위년(1344) 8월에 과거과목의 초장에 六經義, 四書疑가 시험과목으로 정해진 바 있다(『高麗史』권73, 志27 選擧1(충목왕 즉위년 8월)).

는 程朱學 곧 道學을 正統으로 삼았다. 주자가 주석한 사서오경을 텍스트로 채택하고,⁴⁾ 허형을 중심으로 한 원 관학 주자학을 지배제체를 옹호하는 이념적 근거로 활용하였다. 1343년(지정 3)에『遼史』·『金史』와 함께 편찬된 『宋史』에는 道學傳을 두고, 時君과 世主가 天德·王道의 정치를 행하려면 반드시 道學을 법으로 삼아야 한다고 하였다.⁵⁾ 또한『宋史』는 道學의 입장에서 신법당에 대해 비판적인 태도를 견지했다. 왕안석만 열전에 수록하고, 그와 견해를 같이했던 신법계열의 蔡確·呂惠卿·章惇·蔡京·蔡卞 등은 姦臣傳에 포함시켰다.『송사』에 반영된 원의 유학이 程朱學(道學)을 正學으로 보고 주자의 군자소인론에 기초하여 인물평가의 기준을 마련한 결과라고 할 수 있다.⁶⁾

고려는 이러한 道學 중심의 성리학을 받아들였다. 충선왕이 송의 역사를 읽을 때, 구법당 계열 인사가 수록된 名臣傳에 대해서는 경모하였고, 정위·채경·장돈 등 新法黨 계열이 수록된 姦臣傳에 이르러서는 주먹을 쥐고 이를 갈지 않은 때가 없었다⁷⁾고 한 것과 이곡은 북송 신법에 비판적이었던 사실이⁸⁾ 이를 보여준다.

---

4) 『四書集註』와『詩經』은 朱子의 주,『尙書』는 蔡沈,『周易』은 주자와 程伊川,『春秋』는 三傳 및 胡氏傳 겸용,『禮記』는 古註疏가 사용되었다(『元史』 권81, 志31 選擧1 科目).

5) 『宋史』 권427, 列傳186 道學1 "道學之名, 古無是也. 三大盛時, 天子以是道爲政教, 大臣百官有司以是道爲職業, 黨庠術序弟子以是道爲講習, 四方百姓日用以是道而不知,……道學盛於宋, 宋弗究於用, 其於世時君世主, 欲復天德王道之治, 必來此取法矣."

6) 본서 제2장 2절 원과 명초 성리학의 수용 참조.

7) 『高麗史』 권34, 世家34 忠宣王2(상, 693) "(忠肅王)十二年五月辛酉, 王薨于燕邸. 在位五年, 壽五十一. 性好賢嫉惡, 聰明强記, 凡事一經耳目, 終身不忘, 每引儒士, 商確前古興亡, 君臣得失, 亹亹不倦, 尤喜大宋故事. 嘗使僚佐, 讀東都事略, 聽至王旦李沆富韓范歐陽司馬諸名臣傳, 必擧手加額以致景慕, 至丁謂蔡京章惇等奸臣傳, 未嘗不切齒憤惋.";『櫟翁稗說』 前集1 "常使僚佐讀宋史, 端坐以聽, 至李沆王旦富韓范歐陽司馬諸名臣傳, 必擧手加額, 以致景慕之思, 至丁謂蔡京章惇等奸臣傳, 未嘗不扼腕切齒, 其好賢疾惡, 蓋天性云."

142

이색은 원 관학 성리학을 받아들였고 "人心惟危 道心惟微 惟精惟一
允執厥中"의 16자가 전수된 내력인 유교의 道統이 요·순을 거쳐 주나라의
공자, 맹자, 송의 주렴계와 정이천을 거쳐 원의 허형에게 이어졌다고 보았
다.9)

　①『사서집주』이해
　이색은『사서집주』10)로 성리학을 익혔다.11) 주자는 생의 마지막 순간까
지『사서집주』보완에 힘을 쏟았던 것으로 알려져 있다.12) 이는『사서집주』
야말로 주자학의 정수가 고스란히 녹아있는 핵심 저작임을 의미하는 것이
다.

　○『대학』
　이색은『대학』13)을 통하여 유교 본래의 문제의식인 수기치인의 8조목을

---

8)『稼亭集』권13, 鄕試策 "故司馬溫公, 以此論其新法之弊, 以折荊公之姦, 是知天下之
　財信有是數, 四海之民信有是數."
9)『牧隱集』文藁 권9, 選粹集序 ; 詩藁 권6, 有感.
10)『대학』·『논어』·『맹자』·『중용』과 관련된 先儒의 주를 모은『사서집주』는 성리학의
　理氣心性·道統·爲學之法을 천명한다. 주자는『대학』을 통해서 수기치인의 학으로
　서 유교의 골격(규모)을 정하고,『논어』를 통하여 공자와 그의 제자들이『대학』의
　도를 어떻게 실천했는지 이해하며,『맹자』를 통해서 공자의 가르침의 발전과정을
　알고,『중용』을 통해서 인간의 도를 하늘의 도와 연결시켜 인간의 도덕적 실천의
　근거를 체득하도록 하였다(조성을 옮김,『中國思想史』, 이론과 실천, 1988 ; 조경란
　옮김,『中國思想史』, 동녘, 1992).
11) 이색이 호병문의『사서통』을 익힌 것으로 이해되지만(『高麗史』권117, 列傳30
　鄭夢周(하, 563) "(恭愍王)十六年以禮曹正郎兼成均博士, 時經書至東方者, 唯朱子
　集註耳. 夢周講說發越, 超出人意, 聞者頗疑, 及得胡炳文四書通, 無不脗合, 諸儒尤加
　嘆服. 李穡亟稱之曰, 夢周論理橫說竪說, 無非當理."), 이 시기 四書 이해의 핵심
　텍스트는 주자의『사서집주』로 판단된다.
12) 세상을 떠나기 사흘 전까지도 주자는『대학』의 誠意章에 대한 주석을 수정하는
　작업에 몰두했다고 한다(진영첩 지음, 표정훈 옮김,『진영첩의 주자강의』, 푸른역
　사, 2001, 201쪽).

익히고 정통, 정학으로서의 유학을 파악했다. 그는 유교의 이상사회로 요순시대를 상정하고, 성인, 군자를 지향하는 유학자가 관리가 되기 위한 전제조건으로 格物·致知·誠意·正心·修身·齊家·治國·平天下의 수양론을 제시하였다.14) 이때 수신과 제가는 격물치지에서 출발해야 하고15) 이를 기초로 나라와 천하에까지 미쳐야 한다고 하였다.16) 이는 사물에 대한 이치탐구를 통하여 그렇게 된 이치(所以然)와 마땅히 해야할 도리(所當然)를 파악하고, 이를 기초로 제가·치국·평천하로까지 확산되어야 한다는 것으로, 인간의 인격적 성장 과정을 단계적, 계기적, 통일적으로 파악·설명하고 있는 것이다. 이러한 입장은 주자의 『대학』 이해와 조금도 차이가 나지 않는다.


○ 『논어』와 『맹자』

이색은 『논어』와 『맹자』를 통하여 성리학적 인론과 경세론을 전개했다. 이색은 『논어』와 『맹자』에서 주자가 해석한 그대로 仁을 천지가 만물을 낳는 마음(天地生物之心)17)으로 인식하여 만물의 생성과 그 가치를 인정하였다.18)

---

13) 『大學』 "古之欲明明德於天下者, 先治其國, 欲治其國者, 先齊其家. 欲齊其家者, 先脩其身, 欲脩其身者, 先正其心, 欲正其心者, 先誠其意, 欲誠其意者, 先致其知, 致知在格物."

14) 『牧隱集』 文藁 권3, 澄泉軒記 "予曰,……吾儒以格致誠正而致齊平, 則釋氏之澄念止觀, 以見本源, 自性天眞佛, 度人於生死波浪, 而歸之寂滅, 豈有異哉?"

15) 『牧隱集』 詩藁 권15, 卽事 "始信修齊由格物."

16) 『牧隱集』 文藁 권10, 孟周說 "士君子幼也學, 壯也行始于家, 而終于天下, 致君澤民, 移風易俗, 必曰堯舜其人, 唐虞其時."

17) 『論語』 권8, 泰伯 "曾子曰, 士不可以不弘毅, 任重而道遠. 仁以爲己任, 不亦重乎? 死而後已, 不亦遠乎?";『孟子』 公孫丑章句上 "孟子曰, 矢人豈不仁於函人哉? 矢人唯恐不傷人, 函人唯恐傷人, 巫匠亦然, 故術不可不愼也. 孔子曰, 里仁爲美, 擇不處仁, 焉得智? 夫仁, 天之尊爵也, 人之安宅也, 莫之禦而不仁, 是不智也."

18) 『牧隱集』 詩藁 권16, 初十日, 進講仁以爲己任, 不亦重乎? 死而後已, 不亦遠乎?

　이색은 우왕 5년 5월부터 8월까지 서연에서『논어』태백편을 우왕에게
가르친 적이 있는데, 고려의 현실을 충분히 반영하는 가운데 주자의『논어집
주』를 기준으로 해석하고 있음을 알 수 있다.19)『논어』태백의 "백성은
따르게 할 수 있어도 알게 할 수는 없다"고 한 글에 대하여, 주자의『논어집주』
에는 "성인이 가르침을 시행할 때 사람들에게 일일이 찾아가 깨우쳐 주려고
하지만, 이치를 모두 알게 할 수는 없고, 다만 따르게 할 수 있었을 뿐이다"20)
라고 되어 있다. 이색은 이에 대해 '백성의 삶에 넉넉하고 여유가 있으며
명덕을 밝힐 수 있을 것'21)이라고 하였다. 이색은 우왕대 현실을 태평성대로
파악한 다른 글22)에서와 같은 맥락에서 백성의 생활이 안정되고 교화할만
한 시기로 본 것이다. 남송대 주자가 백성은 이치를 알게 할 수는 없고
다만 따르게 할 수 있다고 한 것에 대하여, 이색은 백성을 명덕을 밝히는
존재로 이해하고 있었던 것이다. 또한 서연 강의를 마치고 난 소감을『논어』
의 주자주를 詩語로 삼아 표현하고 있다. 특히 그는 주자가 주석한 '소리가
들리면 마음으로 깨닫는 경지(聲入心通)'23)를 이상적인 인간의 경지로
설정하고,24) 성리학의 수양론인 敬을『사서집주』25)에서 이끌어와 자신이

---

引易繫辭天地之大德曰生, 聖人之大寶曰位, 何以守位曰仁, 以證重與遠之義, 退而
志之, 蓋告君當如是也. 旣歸, 見紬布之賜, 吟成二首 ; 文藁 권11, 事大表牋 請承襲
表.
19)　본서 제5장 1절 이상군주론과『주관육익』참조.
20)『論語』권8, 泰伯 "子曰, 民可使由之, 不可使知之.", "民可使之由於是理之當然,
而不能使之知其所以然也. 程子曰, 聖人設敎, 非不欲人家喩而戶曉也. 然不能使之
知, 但能使之由之爾."
21)『牧隱集』詩藁 권16, 進講 民可使由之 不可使知之一章 "魚躍鳶飛道體流, 民生日用
儘優游, 白頭存養猶難至, 黔首由行却自周, 鑿井耕田恒産足, 持家奉國沒身憂, 作興
祇在明明德, 比屋可封今幾秋."
22)『牧隱集』文藁 권7, 送江陵道按廉金先生詩序 ; 文藁 권8, 贈宋子郊序.
23)『論語』권2, 爲政, 六十耳順 "聲入心通, 無所違逆, 知之之至, 不思而得也."
24)『牧隱集』詩藁 권16, 聞山鳥 ; 詩藁 권16 卽事 ; 詩藁 권20, 曉起.
25)『論語』권1, 學而, 敬事而信 "敬者, 主一無適之謂."

이해한 언어로 설명하고 있다.26)

　이색은 또한 修己가 전제된 治人의 내용으로 '致君澤民',27) '經(世)濟(民)'28)의 경세론을 제시하였다. 致君은 군주를 바르게 인도하여 이상정치를 실현하는 것이고, 澤民은 백성을 윤택하게 하는 문제이다.29) 이색은 『맹자』에서 지적하고 있듯이30) 임금을 바로잡는 것을 유학자의 주요한 책무로 제시하였다.31)

　이색은 經濟를 통하여 민생을 안정시키고 나라를 부강하게 만드는 國用과 民生 문제를 제시했다.32) 국용과 민생안정을 위한 구체적인 내용은 토지제도의 개선과 제도운영 개선론을 제시하는 것으로 나타났다. 이색은 『맹자』의 井田과 恒心·恒産을 검토하고 당시 현실문제와 관련하여 이해하였다.33) 井田에 관한 이해는 이제현과 이곡 등 이 시기 성리학 수용자들에게

---

26) 『牧隱集』 文藁 권6, 寂菴記 "敬者, 主一無適而已矣. 主一有所守也, 無適無所移也." 이밖에도 『牧隱集』에는 『주자집주』의 활용이 보인다(文藁 권2, 漁隱記(『孟子』 萬章上, 離婁下), "於是乎有魚不滿尺, 布不得粥, 人不得食之法, 川澤之間, 洋洋圉圉, 於仞而蠖, 至理之象, 着矣."; 文藁 권6, 雪山記(『論語』八佾), "語曰, 繪事後素, 素質之無文者也. 能受五采 故譬之性, 湛然不動, 純一無雜, 而爲五常之全體者也. 性吾所當養, 儒與釋共無少異焉.").

27) 『牧隱集』 文藁 권10, 孟周說 "士君子幼也學, 壯也行始于家, 而終于天下, 致君澤民, 移風易俗, 必曰, 堯舜其人, 唐虞其時."; 詩藁 권10, 有感 "致君須澤吾民."

28) 『牧隱集』 詩藁 권16, 自詠 "濟世經邦當盡己."

29) 『牧隱集』 文藁 권10, 孟周說 ; 詩藁 권32, 有感.

30) 『孟子』 離婁章句上 "孟子曰, "人不足與適也, 政不足閒也, 唯大人爲能格君心之非. 君仁, 莫不仁, 君義, 莫不義, 君正, 莫不正. 一正君而國正矣."

31) 『牧隱集』 詩藁 권23, 我將(우왕 6년 4월) "我將趨中朝, 無術可格君, 進退諒惟谷, 渺渺思放勳"; 文藁 권17, 鐵城府院君李文貞公墓誌銘 "語其子岡曰, 汝志之, 吾旣老矣, 無官守, 無言責, 當以格君心爲務爾."

32) 『牧隱集』 詩藁 권16, 碧雲來言祈雨卽應 "民生國用已無患."; 詩藁 권18, 興雨 "國用民生共夾持."; 詩藁 권31, 望白雲而作 "國用民生須皆足 天意人心本不分."; 詩藁 권32, 有感 "時艱所望國用足."

33) 『牧隱集』 文藁 권5, 圃隱齋記 "予曰, 井田之法, 二畝半在田."; 文藁 권6, 古巖記 "自皇帝井田之後, 至于今, 其利博矣."

서 처음 나오는데,34) 이는 유교 본래의 문제의식에 충실한 성리학을 받아들
인 결과라고 할 수 있다. 이색은 성리학적 사유 태도로서 仁論과 經世論을
『사서집주』에서 받아들였다.

○ 『중용』

이색은 『중용』을 통하여 人道, 天道, 天性에 대한 성리학적 세계관을
견지하였다. 天이 命한 것이 性이고, 性에 따르는 것을 道라고 하며, 道를
닦는 것을 敎35)라고 하는 『중용』을 인용하여 성은 天이 사람의 마음에
부여한 절대적인 것이고, 善한 것이므로, 이 性을 따라야 한다36)고 보았다.
인간은 天으로부터 부여받은 선한 본성을 자각하도록 가르치고 인도해야
한다는 것이다.37) 모든 인간은 본래부터 평등한 天性을 지녔지만, 어질고
못남과 지혜롭고 어리석은 사람의 차이가 생긴다. 이는 기질이 천성을
가리고 뒤에서 물욕이 천성을 막기 때문이다. 사람은 태어나면서부터 아는
것이 드물므로 힘써 배워 역행해야 한다. 그리고 장차 실천하려면 반드시
三達德38)으로부터 시작해야 하고, 삼달덕을 실천하려면 誠의 도에 따라야
한다39)고 주장한다.

---

34) 『益齋亂藁』 권9, 策問 ; 『稼亭集』 권13, 鄕試策.

35) 『中庸』 1장, "天命之謂性, 率性之謂道, 脩道之謂敎." ; 20장 "自誠明, 謂之性, 自明誠,
謂之敎. 誠則明矣, 明則誠矣."

36) 『牧隱集』 文藁 권5, 樗亭記 "舜何人也? 予何人也? 有志者取法於上耳. 不可以自暴自
棄 伯濡其益勉之哉. 道德也文章也, 天豈斬人乎哉? 故曰, 天命之謂性, 率性之謂道,
伯濡無怠於明誠之敎, 則於体物不可遺之地, 自有呈露而不可掩者."

37) 市川安司, 『朱子 - 學問とその展開』, 評論社, 1975.

38) 『中庸』 20장 "天下之達道五, 所以行之者三, 曰君臣也, 父子也, 夫婦也, 昆弟也,
朋友之交也. 五者天下之達道也. 知仁勇三者, 天下之達德也, 所以行之者一也. 或生
而知之, 或學而知之, 或困而學之."

39) 『牧隱集』 文藁 권10, 韓氏四子名字說 "中庸雖以知仁勇爲三達德, 而勇居其末, 然所
以致知仁之極, 以成天地位育之功者, 勇也. 知非勇不能擇, 仁非勇不能守, 故以强哉
矯贊美之." ; 文藁 권10, 可明說 "必自三達德, 將踐三達德, 必自一, 一者何? 誠而已.

『중용』을 통하여 인간과 세계에 대한 철학적 근거를 파악하고 이를
기초로 인간사회의 운영 원리를 궁구하려 하였는데, 이 역시『사서집주』에
반영된 주자학적 세계관에 충실히 따른 것이라고 할 수 있다.

② 五經 이해

이색의 오경 이해는 주자가 직접 주석한『주역』과『시경』과 주자가
동의한 삼경의 입장에 기초해 있다. 원 국자감에서『주역』과『시경』·『서경』
에 대해 깊이 연구하였다.40)

최근에 발견된 이색의 과거 대책문에는 오경에 관한 이해를 살펴볼
수 있는 내용이 포함되어 있다. 공민왕 2년의 과거시험의 책문은『예기』에
있는 내용 가운데『서』,『시』,『역』,『춘추』의 네 경전의 효용을 질문한
것이었다. '『서』는 사람의 됨됨이가 트이고 통달하면서도 멀리 아는 것,
『역』은 바르고 깨끗하면서도 정밀히 아는 것,『춘추』는 문장을 이어 엮고
사건을 비교하여 평가할 줄 아는 것,『시』는 온유하고 돈후한 것을 가르치는
것이라고 해석된다. 그런데,『서』는 남을 속이는 데로 잘못 빠지고,『역』은
남을 해치는 데로 빠지고,『춘추』는 반란을 일으키는 데로 잘못 빠지고,
『시』는 어리석은 데로 잘못 빠지는 경우가 생긴다. 이러한 잘못은 네 경전의
가르침에 본질적으로 포함되어 있는가? 아니면 다른 이유 예컨대 그 네
경전에 대한 오용 때문인가?'를 질문하였다.41)

---

誠之道, 在天地則洋洋乎鬼神之德也. 在聖人則優優大哉, 峻極于天者也."
40)『牧隱集』詩藁 권2, 崇德寺舊寓僧房雜詠 "玩易詩三絶 觀書日百回."
41)『策文』(고려대, 일본 봉좌문고 소장),『東人策選』(서울대, 고려대 소장) "問.『記』曰,
'入其國, 其敎可知也. 其爲人也, 疏通知遠,『書』敎也. 潔精淨微,『易』敎也. 屬辭比事,
春秋敎也. 溫柔敦厚, 詩敎也.' 夫四經爲天下國家之所由以理者, 則宜若無所失也.
然其疏通知遠之失於誣, 潔精淨微之失於賊, 屬辭比事之失於亂, 溫柔敦厚之失於
愚, 何也? 蓋有是四敎, 則必有是四失者歟? 抑其失之所由生者, 何自乎? 吾東方世敎
尙矣, 必居一於此四, 未知以何敎成俗也. 如有其失, 必有其弊, 如拔其弊, 必有其
術. 諸生博學窮理, 陳之無隱."

이에 대해 이색은 옛날 성인이 육경을 지은 이유는 조화가 사물에 드러나 도록 하려는 것이라고 전제한 뒤, 네 경전의 가르침의 내용을 소개하였다.[42] 이때, 네 경전의 가르침에 반드시 네 가지 잘못이 포함되어 있는 것이 아니라 사람의 심성이 수양되는 정도(人心之操舍)와 학문의 기풍(學術之趣 向)이 그렇게 만드는 것이고, 보다 구체적으로는 습속이 이루어지는 것(習俗 之成)과 성정의 치우침(性情之偏)이 작용하는 것으로 보았다. 즉 『시』, 『서』, 『역』, 『춘추』 자체의 문제는 아니라고 하였다.[43]

우리나라는 기자 이래 풍속을 이루고, 태조 왕건과 그 이후의 왕들이 이를 계승하여 문물이 찬연히 빛나 중국보다 나았다. 고려후기에는 세상이 퇴락하고 도리는 은미해졌으며, 백성은 거칠어지고 풍속은 완악해져, 염치 를 아는 도리는 날로 줄어드니 이단의 도가 날로 번성해 인의의 효과가 없게 되었다고 하였다. 그래서 그에 대한 대책으로 우선 육경 가운데 禮와 樂으로 잘못된 바를 보완할 것을 요구했다. 성인이 經을 지은 것은 여섯 분야임에도, 策問에는 네 경전만 제시하는 데 그쳤는데, 이색은 여기에 禮와 樂 두 가지를 추가하여 네 가지의 잘못됨을 구제하는 것이 좋겠다고

---

42) 『策文』, 『東人策選』 "昔者, 聖人之作六經也, 如化工之著於物. 六經之在天下, 如日月 之行乎天, 實萬世之規範, 百王之龜鑑也. 夫溫柔敦厚者, 『詩』之敎也. 溫則不暴, 柔則 致曲, 所以使人敦且厚也. 如是而能通其權, 則志之善矣. 何愚之足慮? 疏通知遠者, 『書』之敎也. 疏則無弊, 通則盡變, 所以使人知其遠也. 如是而能闕其疑, 則事之明矣, 何誣之足患? 『易』之所以爲敎者, 非潔淨精微之謂乎? 潔者無汚也, 淨者有守也. 精而 不雜, 微而不彰, 又能顯其幽, 則可謂道之明矣. 於賊乎何有? 『春秋』之所以爲敎者, 非屬辭比事之謂乎? 辭者, 理其名也, 事者, 記其實也. 屬以連之, 比以附之, 又能知所 謹, 則可謂法之正矣. 於亂乎何有?"

43) 『策文』, 『東人策選』 "然於『春秋』之敎而不知所謹, 則近於亂矣. 於『易』之敎而不知顯 其幽, 則近於賊矣. 『書』之或陷於誣者, 以其不能闕其疑也. 『詩』之或入於愚者, 以其不 能通其權也. 然此四敎之有四失者, 豈如形影之相隨者哉? 人心之操舍, 學術之趣向, 有以使之也. 然則四經之敎, 論其初則未必有其弊, 論其終則未必無其弊矣. 其所由生 者, 抑何自歟? 愚謂習俗之成·性情之偏, 有以爲之也. 夫豈 『詩』·『書』·『易』·『春秋』之 過哉?"

대답하였다.44)

성리학을 수용한 고려후기에는 유학 본래의 문제의식이 담긴 육경에 대한 이해가 이루어지고 있었다. 충목왕 원년에 이제현이 올린 상소는 국왕이 四書六經을 익혀 유교 정치를 실시하라는 것이었고,45) 이 해에 과거 시험과목이 '六經義, 四書疑'로 바뀌었다.46) 공민왕 16년에 성균관을 다시 지으면서 '五經四書齋'가 만들어진 것47)은 널리 알려진 일이다. 그리고 공양왕대 조준이 개혁상소에서 四書五經을 학교 교육에서 널리 학습하도록 하였으며,48) 권근은 이색의 명에 따라『五經淺見錄』을 짓게 되었다.49) 고려후기 성리학 수용기에 이제현, 이색, 권근으로 이어지는 사승관계를 통하여, 육경의 현실화 곧 유학의 세계관과 인간관을 현실 사회에 어떻게 반영할 것인가라는 문제를 검토하였던 것이다.50)

---

44) 『策文』,『東人策選』"聖人之作經有六, 而執事取其四. 愚請以曰禮曰樂二者爲救四者之失焉. 物得其和謂之樂, 以樂爲敎, 則人心和矣. 事得其序謂之禮, 以禮爲敎, 則事理宜矣. 事理之宜, 人心之和, 可以幹敎化, 可以回風俗, 可以參天地, 可以贊化育, 況其四者之失乎? 變而通之, 推而行之, 獨不在於今日乎?"

45) 『高麗史』권110, 列傳23 李齊賢(하, 415~417).

46) 『高麗史』권73, 志27 選擧1 科目1 東堂試(충목왕 즉위년 8월)(중, 594) "改定初場試六經義四書疑, 中場古賦, 終場策問."

47) 『高麗史』권74, 志28 選擧2 學校(공민왕 16년)(중, 628~629) "成均祭酒林樸上言, 請改造成均館, 命重營國學于崇文館舊址, 令中外儒官隨品, 出布以助, 其費增置生員, 常養一百, 始分五經四書齋."

48) 『高麗史』권74, 志28 選擧2 科目2 學校(공양왕 원년 12월)(중, 629).

49) 『太宗實錄』권8, 4년 11월 병인(1책, 325쪽) "僉贊議政府事權近欲撰禮經淺見錄, 上箋乞免. 不允. 箋曰, 近言昔臣座主韓山李穡嘗謂臣言, 六經俱火于秦, 禮記尤甚散逸, 漢儒掇拾煨燼之餘, 隨其所得先後而錄之, 故其文錯亂無序, 先儒表出大學一書, 考定節, 次其餘則未之, 及予欲分門類聚別爲一書, 而未就, 汝其勉之. 臣承指授, 每欲編次, 從仕鞅掌, 亦莫克成.";『禮記淺見錄』권1, 曲禮上 "愚嘗學禮於牧隱之門, 先生命之日, 禮經亡於秦火, 漢儒掇拾煨燼之餘, 隨其所得先後而錄之. 故其文多失次, 而不全. 程朱表章庸學, 又整頓其錯亂之簡, 而他未之及. 予嘗欲以尊卑之等, 吉凶之辨與夫通言之例, 分門類聚, 以便私觀而未就爾, 宜勉之."

50) 세종대에 成均司藝 金泮이 "홀로 익재 이제현이 道學을 창도하였고, 목은 이색이

○ 『주역』

이색 사상의 핵심은 『주역』과 『중용』 이해에 담겨 있다고 한다. 이색은 복희씨가 음획과 양획을 긋고 象으로 이치의 근원을 밝혔고, 문왕과 주공은 일마다 말을 붙였으며, 공자는 十翼으로 설명하였고, 『주역』을 존신하여 가죽끈이 세 번이나 끊어졌다고 하였다.[51)

이색은 출사와 은둔의 문제를 『주역』을 활용하여 판단하고자 하였다. 『주역』을 읽고 한 해의 시의와 출처를 정하고자 하였던 것이다.[52) 예를 들면, 『주역』 艮卦의 단전[53)을 인용하여 "때가 되어 행하고 때가 되어 멈춤에는 經과 權이 있다"[54)고 하였고, 繫辭傳[55)에 근거하여 "時宜에 巽順한 다음에야 權道를 행할 수 있다"[56)고 하였다. 다른 글에서 "간괘의

---

그 正統을 계승하였는데, 신의 스승 양촌 권근이 오직 그 宗旨를 얻었습니다. 권근의 학문은 이색에게서 유래하고 이색의 학문은 이제현에게서 나왔으니, 세 분의 학문은 다른 先儒들에 비할 것이 아니라』(『世宗實錄』 권59, 15년 2월 癸巳(3책, 442~443쪽))고 하였는데, 이는 세 사람의 학문 계승 관계를 염두에 두고 말한 것이라 할 수 있다.

51) 『牧隱集』 詩藁 권16, 古風 "……庖犧畫奇耦 象以明理源 文王與周公 觸事宜諸言 仲尼演十翼 大哉道義門 韋篇旣三絶 千載如乾坤 使我知養蒙 德性何其尊 獨居愼勿褻 焚香思本元……"

52) 『牧隱集』 詩藁 권16, 侍立宮門觀禮 退而志之 "讀易當年要達時 却憐行止尙支離 骨酸自痛無人識 身老猶貧借馬騎 共喜爛盈天作合 方期燕翼國延基 歸來更作兒孫念 聖主賢臣永世垂……"

53) 『周易』 권18, 艮 "彖曰, 艮, 止也. 時止則止, 時行則行, 動靜不失其時, 其道光明. '艮其止', 止其所也. 上下敵應, 不相與也, 是以 '不獲其身, 行其庭, 不見其人, 无咎' 也."

54) 『牧隱集』 詩藁 권7, 卽事 "時行時止有經權, 自斷何煩更問天, 憤世擬申風伯訟, 安心恐墮野狐禪, 波搖竹葉顏先緬, 雪伴梅花骨欲仙, 記取箇中消息好, 了無一點是塵緣."

55) 『周易』 繫辭傳 下 제7장 "履以和行, 謙以制禮, 復以自知. 恒以一德, 損以遠害, 益以興利, 困以寡怨, 井以辨義, 巽以行權."

56) 『牧隱集』 詩藁 권18, 有感 "自昔爭名處, 何人肯避賢, 臺評如譯語, 國是在當權, 陳跡憐芻狗, 高翔慕紙鳶, 醉鄕將卜築, 枕麴送殘年, 赫赫衣冠地, 盈庭國有賢, 誰能蒙養正, 自擬巽行權, 擾擾蛇兼雀, 區區蟻與蟫, 立名垂不朽, 死日是生年, 牧隱摧頹甚, 功名付後賢, 哦詩參古律, 下字有經權, 渺渺淸秋鶴, 紛紛落日鳶, 病餘猶好事, 歌詠太

광명은 다만 때를 알기 때문이네",57) "때에 따라 행하고 그침은 털끝 사이에
서 나뉘네",58) "위편 삼절은 다만 때를 알았기 때문이네"59)라고 하였다.
조정에 나아가야 할 때와 머무를 때를 시의를 통해서 판단하고자 한 것이다.

이색은 당시를 유교의 이상사회인 대동의 전 단계, 즉 小康60)의 시기로
인식하여 어느 정도 안정된 사회로 보았다.61) 『주역』에 "天地 陰陽의
기운이 조화되지 못하면 어진 사람이 몸을 숨긴다"62)는 말을 인용하여,
현실이 아주 혼란한 시기라면 賢者가 몸을 숨기는 것이 당연하지만, 당시는
밝은 임금과 어진 신하가 서로 만나서 옳고 그른 것을 논의하여 물고기가
川에 나가고 새가 구름을 날아가는 듯하다63)고 하였다. 사회가 태평성대와
다름이 없는64) 更化의 시기로서 나라의 생기가 넘치고 있다고 보았던
것이다.65) 이는 당시를 공자가 말한 도가 실현될 수 있는 사회로 판단하고
구체적인 현실 정치로의 참여를 생각한 것이라고 할 수 있다.

이색은 의리와 천명, 윤리 도덕을 근본으로 하는 정이천의 『주역』을
받아들였다. 그는 정이천 역전과 소강절의 복희역을 배웠지만,66) 상수학에

平年."
57) 『牧隱集』 詩藁 권19, 二十三日 講不在其位 不謀其政八字 "艮掛光明只識時."
58) 『牧隱集』 詩藁 권20, 自詠 "……時行時止分毫際……."
59) 『牧隱集』 詩藁 권16, 遣興 "……三絶韋篇只識時……."
60) 『禮記』 권9, 禮運.
61) 『牧隱集』 詩藁 권23, 發嘆 ; 詩藁 권28, 謹成長句四韻三首 奉呈鐵原侍中座下 ; 詩藁
권29, 天陰喜賦 ; 詩藁 권31, 金光秀院使, 邀曲城·漆原兩侍中及鄭月城·權吉昌·韓
政堂·永寧君·順興君·少韓政堂及橋, 設盛饌作樂, 而康平章坐主人之右. 內官金實
主人之養子也,…… ; 詩藁 권31, 三月十二日六友…….
62) 『周易』 권2, 坤 "天地變化, 草木蕃, 天地閉, 賢人隱. 易曰, '括囊, 无咎无譽.' 蓋言謹也."
63) 『牧隱集』 文藁 권4, 陶隱齋記 "易曰, 天地閉, 賢人隱. 今則明良遭逢, 都兪吁咈,
魚川泳而鳥雲飛也."
64) 『牧隱集』 文藁 권8, 贈宋子郊序 "中原多故以來, 我東方崇儒右文, 無異太平之世."
65) 『牧隱集』 文藁 권7, 送江陵道按廉金先生詩序 "及今更化, 朝着鼎穆, 物於國者, 振振
有生意."
66) 『牧隱集』 詩藁 권15, 憶鄭散騎 "老來學易慕伊川 羲畫仍將繼邵傳."

152

경도된 소강절의 『주역』 해석을 받아들이지 않겠다고 하였다.67) '공자가 『주역』을 연찬하면서 옛 사람을 인용하여 실증한 것이 많은데, 정자의 경우도 옛 사람의 일을 인용하여 실증한 것이 많았고, 나는 정자를 통하여 공자의 원의를 추구한 사람'68)이라고 하였다. 곧 정자가 발명한 역리에 대한 체계적인 사색과정을 통하여 스스로 체현한 의리 사상을 자연스럽게 형상화하려고 했다69)고 할 수 있다. 이처럼 이색은 정자와 주자의 『주역』 이해를 충실히 따랐다고 할 수 있다.

○ 『시경』

이색은 주자의 주를 통해 『시경』을 이해하였다.70) 원 과거에서는 주자의 『시경』주가 기본과목이었고, 이색은 주자의 『시경』 주석을 존중하였다. 공자는 『시경』 삼백편 전체를 한마디로 말하면 생각에 사특함이 없다고 하였는데,71) 이색의 경우도 '思無邪'에 대한 언급이 많았다.72) 이는 '思無邪' 를 통해 『시경』을 이해하는 입장을 견지하고 있음을 보여준다.

아울러 이색은 『시경』 305편의 詩를 성리학적 세계관과 인간관에 따라 이해하여, 의리를 탐구하거나 性情 陶冶의 수단으로 삼았다. 이색은 周南의 螽斯편은 군자가 지켜야할 마음이라고 하고, 집안을 바로 하는 것은 마음을 바로 하는 것에 달려 있다고 하였다.73) 이는 주자가 周南과 小南을 풀이하면

67) 『牧隱集』 文藁 권3, 六友堂記 "康節之學, 深於數者也. 令雖以江山冠之, 示不康節同, 然易之六龍六虛, 爲康節之學之所從出, 則是亦歸於康節而已. 雖然, 旣曰, 不願學, 則舍是豈無言乎?"
68) 『牧隱集』 詩藁 권21, 圓齊讚用前韻 "予曰, 夫子贊易, 多以先賢象其事. 故程子註易, 引古人實之者又多, 予沿程而求孔者也."
69) 정재철, 『이색 시의 사상적 조명』, 집문당, 2002, 153쪽.
70) 『牧隱集』 詩藁 권7, 讀詩遣興 ; 詩藁 권7, 讀詩 ; 詩藁 권22, 讀詩行.
71) 『論語』 권2, 爲政 "子曰, 詩三百, 一言以蔽之, 曰思無邪."
72) 『牧隱集』 詩藁 권6, 茶後小詠 ; 詩藁 권7, 有感 ; 詩藁 권7, 讀詩 ; 詩藁 권8, 逃古 ; 詩藁 권13, 次圓齋韻 ; 詩藁 권16, 午雞.

서 『대학』의 8조목과 연관시킨 것과 동일한 맥락에 있는 것이다.

이색은 이상정치의 모델을 豳에서 시작된 주나라에서 찾았고, 옛 도를 회복하려고 하였다.[74] 그는 집안을 바로 하고 나라를 다스리며 교화를 천하에 이르게 한 문왕과 형인 武王을 도와 殷을 멸망시키고, 조카인 成王을 보좌하여 이상 정치를 행한 주공의 덕을 찬양하였다. 이색의 『시경』이해는 주자의 해석을 따른 것이었다.[75]

○ 『서경』

이색은 원 과거 급제자로서 원 과거 시험의 과목인 蔡沈의 『서경』해석을 받아들였다. 이는 주자의 사위인 채침이 주자의 명에 따라 『서경』을 해석하고, 주자의 경전 이해를 충실히 따르고 있다는 사실을 전제한 것이다.[76] 널리 알려져 있듯이 중국 경학상에서 논란이 되었던 금문학과 고문학의 논쟁에서는,[77] 『서경』이 논란의 중심이었고,[78] 채침은 주자의 유보적 입장

---

73) 『牧隱集』詩藁 권14, 偶題 "一詠螽斯羽 百年君子心 正家先正己 惕若惜分陰 有象應千變 無鄕只一心 養成從寡欲 白日破重陰 我學無他術 平生檢此心 一毫何敢肆 袞袞是光陰."
74) 『牧隱集』文藁 권10, 孟周說.
75) 정재철, 「목은시에 있어서 시경시의 수용과 그 의의」, 『한국한문학연구』 24, 1999.
76) 『牧隱集』詩藁 권13, 次圓齋韻 "蔡氏授朱門."
77) 진나라의 焚書坑儒 이후 유교를 국교화한 한나라의 경전 복구 노력은 금문학과 고문학 사이에 경전의 진위 논쟁으로 나타난다. 금문학과 고문학은 문자의 차이라는 구분을 뛰어넘어 이념적 지향에 차이가 있다(張東宇, 「『周禮』의 經學史的 位相과 改革論」, 『한국중세의 정치사상과 周禮』, 혜안, 2005).
78) 『書經』의 정본에 대해서는 진의 분서갱유 이후 다양한 논의가 있다. 동진때 梅賾이 바친 이른바 공안국전 고문상서의 진위 여부를 둘러싼 논란이 그것이다. 唐의 공영달은 매색서를 텍스트로 하여 尙書正義를 만들었다. 宋의 吳棫은 매색서를 비판하였다. 주자는 매색서의 의심나는 40여 부분을 『朱子語類』에서 지적하였다. 원의 오징은 매색이 증다한 25편이 漢 이전의 것이 아니라 하고, 원래 28편만 주석을 가하였다. 청의 염약거는 매색서가 위서임을 확증하였다.
한편, 매색이 증다했다는 25편 가운데에는 주자가 중용장구서에서 인용한 16字

을 받아들인 바 있다.[79]

　이색은 원 성리학을 받아들였고 도통론을 이해하였다. 이색은 『서경』에 있는[80] 성인의 도가 이어진 密志인 16자 心法[81]을 전제하는 가운데,[82] 道學·道統의식을 견지했고,[83] 유교의 도가 요·순을 거쳐 주나라의 공자, 맹자, 송의 주렴계와 정이천을 거쳐 원의 허형에게 이어졌다고 보았다.[84] 공맹의 도가 송을 거쳐 원으로 이어졌고, 명시적으로 언급하고 있지는 않지만 그러한 도통이 그것을 배운 학자들을 통해 고려로까지 전해졌다고 본 것이다.

　　○ 『춘추』

---

心法(『서경』의 大禹謨)이 들어 있는 등 주자학에서 중요시 여기는 부분이 많다(조성을, 「정약용의 상서금고문연구」, 『東方學志』 61, 1989).

79) 『牧隱集』 詩藁 권12, 讀史 ; 詩藁 권13, 次圓齋韻 ; 詩藁 권17, 旣賦……是吟得鳳鳴麟趾二篇.

80) 『書經』 권2, 虞書 大禹謨, "……人心惟危, 道心惟微, 惟精惟一, 允執厥中……."

81) 道統論은 儒家의 학문의 요지인 "人心惟危 道心惟微 惟精惟一 允執厥中"의 16자가 전수해 간 내력으로서, 요·순·우·탕·문·무의 帝王과 周公으로 이어진 후 공자가 이것을 계승하였고, 이것이 다시 顔子·曾子를 거쳐 子思·孟子에게 전해졌다는 것이다(金駿錫, 「17세기 畿湖朱子學의 動向－宋時烈의 道統繼承運動－」, 『孫寶基博士停年紀念韓國史學論叢』, 지식산업사, 1988, 352~354쪽).

82) 『牧隱集』 文藁 권10, 仲至說 "虞夏書所載格言甚衆, 十六字傳心之語, 可見危微之辨, 精一之功, 所以至夫道之準也. 孔氏弟子, 月至日至, 獨顔氏曾子得其宗."; 詩藁 권7, 讀書 "精微十六字" ; 詩藁 권7, 讀虞書 ; 詩藁 권8, 有感 ; 詩藁 권8, 讀史 ; 詩藁 권11, 讀中庸有感二首 ; 詩藁 권16, 進講三年學 不志於穀 不易得也一章.

83) 『牧隱集』 文藁 권9, 贈金敬叔秘書詩序 ; 詩藁 권32, 遣興.

84) 『牧隱集』 文藁 권9, 選粹集序 "孔氏祖述堯舜, 憲章文武, 刪詩書, 定禮樂. 出政治, 正性情, 以一風俗, 以立萬世大平之本, 所謂生民以來, 未有盛於夫子者, 詎不信然. 中灰於秦, 僅出孔壁, 詩書道缺, 泯泯棼棼. 至于唐韓愈氏, 獨知尊孔氏, 文章遂變, 然於原道一篇, 足以見其得失矣. 宋之世, 宗韓氏學古文者, 歐公數人而已, 至於講明鄒魯之學, 黜二氏詔萬世, 周程之功也. 宋社旣屋, 其說北流, 魯齋許先生用其學, 相世祖, 中統至元之治, 胥此焉出, 嗚呼! 盛哉."

『춘추』는 亂臣賊子를 제거하기 위해 大義名分을 천명한 유교의 역사관이 고스란히 담긴 경전이다. 주자는 비록 『춘추』에 대한 주해를 남기지 않았지만, 天理人性에 근거한 바른 도의가 역사관의 기본 토대라는 의리학의 맥락에서, 춘추삼전이 모두 공자의 뜻을 반영한 것으로 보아 춘추삼전의 경전상의 의의를 인정하였다.

이색은 유교의 경전을 체계적으로 익혔고, 四書五經 가운데 『춘추』를 중시하였다. 자신의 뜻이 『춘추』에 있다[85]고 할 정도로 『춘추』에 강한 애착을 가졌다. 春秋三傳과 관련된 논란에 대하여 알고 있었고,[86] 춘추삼전을 여러 번 읽으면서[87] 역사적 사실을 음미하였으며, 특히 춘추시대 노나라의 중흥조인 환공과 장공에 관련된 기사를 즐겨 읽었다.[88]

이색은 춘추사관에 입각한 성리학적 역사관에 충실하였고 주자의 역사인식[89]을 존중하였다. 이색은 涑水(사마광이 살았던 곳)와 考亭(주자가 거주한 곳)의 서법이 각각 따로 있다[90]고 하여 사마광과 주자의 차이를 분명히 인지하였고, 사마광보다는 주자의 의리와 명분에 입각한 정통론에 찬동하였다. 그는 주자가 도연명에 대하여 『자치통감강목』에서 도잠이 현령을 지냈음에도, '晉徵士'라고 기록함으로써 晉에 대한 도연명의 절의를 높이 평가한 것[91]에 동의하면서[92] 劉宋의 시대에 끝내 벼슬하지 않음으로써 名節을 잘 보전한 '진나라의 온전한 사람(晉全人)'이었다고 평가하였다.[93]

---

85) 『牧隱集』 文藁 권4, 朴子虛貞齋記 "予曰, 吾志在春秋, 讀者不之察耳. 雨露風霜, 天時之春秋也. 華袞斧鉞, 王法之春秋也. 春秋奉天時, 明王法, 一出於正而已, 非春秋而何?" ; 詩藁 권23, 有感 "……吾志在春秋……."
86) 『牧隱集』 詩藁 권13, 次圓齋韻 "……徒敎諸傳喧……."
87) 『牧隱集』 詩藁 권2, 讀春秋 ; 詩藁 권7, 讀春秋.
88) 『牧隱集』 詩藁 권14, 自詠.
89) 『牧隱集』 詩藁 권7, 詠史有感.
90) 『牧隱集』 詩藁 권6, 卽事.
91) 『資治通鑑綱目』(2) 권24, "晉徵士陶淵明潛卒"(보경문화사, 1987).
92) 『牧隱集』 詩藁 권8, 讀歸去來詞.

156

이색은 성리학적 춘추사관을 받아들이고 주자의 綱目的 역사인식에
근거하여 중국과 고려의 역사를 이해하였다.[94]

○ 예

이색은 성리학적 질서를 지향하였고 명분질서의 확립을 위해 의식절차나
제도와 함께 그 바탕을 이루는 예제를 확립하고자 하였다.

이색은 예에서 중요한 것은 본질·내실이라고 보았다. 그는 내용 없는
형식보다 참된 마음에서 우러나오는 행동을 중시하였고,[95] 때에 따라서
제도를 만들고, 綱常을 바로 잡으며, 風化를 넓히는 것이 급선무라고 하였
다.[96] 이를 위한 방법론으로 '敬'을 중시하는 태도를 곳곳에서 발견할
수 있다.『예기』의 '毋不敬'과『서경』의 '欽'을 인용하여 예의 본질을 敬으로
파악하거나, 학문하는 자는 물론 정치하는 자, 夫婦간이나 田野·朝廷과
鄕黨·屋漏에서도 敬이 가장 기초적인 덕목이라고 하였다.[97]

이색은 예적 질서를 구현하기 위하여 성리학의 예제가 실행되기를 바랐
다.『주자가례』[98]는 12세기 남송의 사대부를 대상으로 한 私家의 禮, 天下의

93) 임정기,『국역목은집』2, 226쪽, 주) 172.
94) 본서 제4장 2절 성리학적 역사관과 국사체계 참조.
95)『牧隱集』文藁 권10, 韓氏四子名字說 "語云, 文勝質則史, 質勝文則野, 質者文之本也.
    文勝久矣, 愷悌之美, 忠信之篤, 泯而不彰. 雖有美質, 淪胥而莫能自援於流俗, 文之弊
    極矣."
96)『牧隱集』文藁 권9, 周官六翼序 "孔子嘗曰, 禮云禮云, 玉帛云乎哉? 樂云樂云, 鍾鼓云
    乎哉? 然則制度之古不古非所急也. 奉天理物, 隨時創制, 扶綱常, 廣風化, 如斯而已
    矣."
97)『牧隱集』文藁 권10, 韓氏四子名字說 "禮曰, 毋不敬, 禮儀三百, 威儀三千, 冠之以敬,
    卽堯典先書欽之義也. 學道者由敬以誠正, 出治者由敬以治平, 夫婦之相敬, 史又書
    之, 田野間亦不可無敬也. 況於朝廷乎況於鄕黨乎? 況於屋漏乎?"
98) 柳洪烈,「朝鮮 祠廟 發生에 대한 일 考察」,『震壇學報』5, 1936(『韓國社會思想論考』);
    梶村秀樹,「家族主義の形成に關する一試論」,『朝鮮史の構造と思想』, 1982 ; 李弼相,
    「高麗時代 服制의 研究」,『韓國史論』2, 1975 ; 黃元九,「朱子家禮의 形成過程」,
    『人文科學』45, 1981 ; 朱雄英,「家廟의 設立背景과 그 機能」,『歷史教育論集』7,

통례인데, 인간의 통과의식인 4례(冠婚喪祭)가 중심이 되어 일상의 생활의
식을 정립해 가족간의 유대강화와 사회질서를 유지하는데 이용되었다.
그는 공민왕 6년에 三年喪을 행할 것을 주장하였을 뿐만 아니라[99] 권근에게
『예기』의 편차와 내용을 정리하도록 하는 등 예에 대한 깊은 관심을 보였
다.[100]

　이색은 유교 본래의 예제를 통하여 유교가 추구하는 예적 질서를 실현하
려고 하였다.[101]


### (2) 군자 지향과 時勢 중시의 經學

① 군자 지향의 경학

　이색은 성학론을 익혀 성인을 최고의 인간형으로 설정하였지만, 보다
구체적으로는 군자를 지향하였다. 군자는 天命을 알아 나아감에 신중해야
하고[102] 본래의 뜻을 굳게 지키며[103] 수양법으로 敬을 말하기[104]도 하였
다.[105]

---

　　1986 ; 高英津, 「15, 16세기 朱子禮의 施行과 그 意義」, 『韓國史論』 21, 1989.
 99) 『高麗史』 권39, 世家39 恭愍王2(상, 778) "(6년)冬十月辛巳, 諫官李穡等請行三年喪,
　　從之."
100) 본서 제4장 주) 49와 같음.
101) 여말선초에 유행된 『주자가례』 판본은 원대 후기의 인물로 추정되는 劉璋의
　　『家禮補註』라고 한다. 태종 3년(1403) 8월에 『家禮』 150부가 평양에서 간행되고,
　　같은 해 10월에 朱子成書가 도입되며, 세종 1, 8, 15년에 걸쳐 『性理大全』이
　　수입된다. 이로써 조선의 『가례』 주석서 대부분이 『성리대전』본을 저본으로 하게
　　되었다(장동우, 「한국의 주자가례 수용과 보급과정 - 東傳 版本의 문제를 중심으로
　　- 」, 『국학연구』 16, 2010).
102) 『牧隱集』 詩藁 권14, 君子愼所趣.
103) 『牧隱集』 詩藁 권7, 君子秉素志.
104) 『牧隱集』 詩藁 권15, 君子有所思.
105) 그는 군자를 지향하는 구체적인 수양론을 전개했다. 시기별로 정리된 『牧隱集』
　　詩藁에는 君子를 시제로 하는 시가 25이상이 보인다(권3,1 ; 권7,1 ; 권11,1 ; 권
　　13,2 ; 권14,3 ; 권15,2 ; 권17,2 ; 권18,2 ; 권20,1 ; 권21,2 ; 권23,1 ; 권24,1 ; 권

그는 성리학의 인간론에 기초하여 인성을 본연의 성과 기질의 성으로 나누었다. 본연의 성은 원래 선한 것이었으나 氣質과 物欲에 의해 이것이 가려진다고 보고, 이를 해소하기 위한 방법론으로 정이천의 敬106)을 제시하였다. 그리하여 天理를 보존하고 氣質과 物欲의 사사로움을 제거하는 것, 이른바 '存天理 遏人欲'이 성학에 이르는 통로라고 하였다.107) 이는 천리를 보존하고 인욕을 제거하는 性情의 도야를, 『시경』 공부를 통하여 주자의 주에 근거해서 이해한 사실에서도 확인된다.108) 『시경』 삼백편 전체를 한 마디로 개괄하면 '생각에 사특함이 없다'고 규정하였는데,109) 이색 또한 이를 수용하여 '思無邪'를 통한 성정의 도야에 힘썼던 것이다.110)

이색은 물질적 욕망을 자제하고, 도덕 규범을 지향할 것을 주장하였다. 사람은 耳目口鼻를 갖게 되는 이상 聲色과 臭味의 욕심이 생긴다. 가볍고 따뜻한 것은 몸에 편리하고, 기름지고 달콤한 것은 입에 적합하며, 여유 있기를 원하고 결핍되는 것을 싫어하는 것은 五方의 사람도 그 성품이 똑 같다. 하지만, 성인은 仁義를 근간으로 법과 제도를 만들었다고 하였다. 仁義를 근본으로 하여 제도를 만든 것이 성인의 뜻이며 백성이 輕重을 알지 못하고 인을 해치고 제도를 파괴하는 것은 그들의 죄가 아니라고 하였다. 그것은 백성을 둘러싼 제 관계, 民産을 어떻게 조정하고 王道를 실현하느냐의 문제로 생각했다.111) 그리하여 이색은 "마음을 기르는 방법

---

25,1 ; 권26,2 ; 권28,1 ; 권29,1).

106) 『牧隱集』 文藁 권10, 韓氏四子名字說.

107) 『牧隱集』 文藁 권10, 伯中說贈李狀元別 "願受一言以行, 孝於家忠於國, 將何以爲之本乎? 予曰, 大哉問乎? 中焉而已矣.……是則事君事親, 行己應物, 中和而已. 欲致中和, 自戒愼始, 戒愼之何? 存天理也. 愼獨焉何? 遏人欲也. 存天理遏人欲, 皆至其極, 聖學斯畢矣."

108) 『牧隱集』 詩藁 권7, 讀詩遣興 ; 詩藁 권7, 讀詩 ; 詩藁 권22, 讀詩行.

109) 『論語』 권2, 爲政 "子曰 詩三百 一言以蔽之 曰 思無邪."

110) 『牧隱集』 詩藁 권6, 茶後小詠 ; 詩藁 권7, 有感 ; 詩藁 권7, 讀詩 ; 詩藁 권8, 述古 ; 詩藁 권13, 次圓齋韻 ; 詩藁 권16, 午雞.

으로는 욕심을 적게 하는 것보다 좋은 것이 없다"는 말을 들어 寡欲을
마음을 기르는 第一義로 삼아야한다112)고 하였다.

이색의 군자론은 治人을 전제로 修己를 강조하고, 본성 함양에 치중한
것이었다. 이색은 『대학』의 8조목에서 제시하는 格物·致知에서 修身과
齊家, 평천하에 이르는 방법론을 수용하여, 격물치지를 통하여 사물의
이치와 인륜의 도리를 파악하고 이를 기초로 제가, 치국, 평천하로 진전시켜
나가야 한다고 하였다.113) 이는 인간의 성장과정을 단계적, 계기적, 통일적
으로 파악·설명한 것이다.

治人을 위한 修己와 修養은 인격적, 도덕적 완성을 위한 끊임없는 수련
과정이 전제된다. 『목은시고』에는 스스로를 腐儒, 小人으로 표현하는 내용
이 많다. 홍건적이나 왜구의 침입에 대하여 "썩은 선비는 위급할 때 쓸모가
없다"114)고 스스로를 자책하거나, 백이를 생각하며 병으로 누워 먼 하늘을
바라보는 스스로를 한탄하기도 하고115) 푸르른 소나무에 붙은 매미라고
하며, 삼한의 한 썩은 선비라고 자조하면서116) 스스로를 반성하고 있다.117)

---

111) 『牧隱藁』 권9, 文藁 農桑輯要後序 "夫人旣有耳目口鼻之體, 則聲色臭味之欲生焉.
　　輕煖之便於身, 肥甘之適於口, 欲贏餘而惡匱乏, 五方之人, 其性則均也. 高麗豈獨若
　　是之異哉? 豊不至侈, 儉不至陋, 本之仁義, 爲之度數者, 聖人之中制, 而人事之所以
　　爲美也."
112) 『牧隱集』 文藁 권3, 養眞齋記(우왕 6년 7월) "鄒國有言曰, 養心先於寡欲, 請以寡欲爲
　　養眞第一義."
113) 『牧隱集』 詩藁 권9, 予一日, 偶思游藝之訓, 自責觀物甚淺, 蓋由玩物喪志是懼而致此
　　耳. 夫有物有則, 豈有一物之不爲吾性內之用哉? 物之微, 莫微於尺蠖, 故作短歌以自
　　儆. "敎人先格物" ; 詩藁 권14, 偶題 "正家先正己" ; 詩藁 권15, 卽事 "始信修齊由格
　　物" ; 詩藁 권16, 書筵, 進講君子所貴乎道者三, 至有司存, 退而志之. "致格齊平終有
　　序" ; 文藁 권10, 孟周說 "士君子幼也學, 壯也行始于家, 而終于天下. 致君澤民,
　　移風易俗, 必曰堯舜其人, 唐虞其時."
114) 『牧隱集』 詩藁 권5, 聞金樞副遇害 ; 詩藁 권5, 卽事 ; 詩藁 권25, 聞倭寇在錦州.
115) 『牧隱集』 詩藁 권8, 伯夷樂(우왕 4년 7월).
116) 『牧隱集』 詩藁 권20, 宰樞所 考閱進獻馬 ; 詩藁 권20, 合坐寶源庫, 庫故政丞韓公諱
　　渥故宅. 先王所嘗御, 而穡初拜密直處也. 今十七年矣, 復來合坐於此, 有感于懷, 吟成

또한 스스로를 조롱하면서 자신이 과연 소인인가 군자인가를 자문하고 있다.[118] 이색에게서 자학에 가까운 자기 비하, 자기 부정이 나타나는 것은 역으로 자기 완성에 대한 그의 강렬한 지향을 보여주는 것이라고 판단된다.

이색의 군자관은 군자와 소인을 대립적으로 파악한 것이라기보다는, 단계적이고 계기적인 수양론의 위계로 설정한 것이다. 이는 군자와 소인을 대립적으로 이해한 주자와는 대비되는 것이라 할 수 있다. 주자는 남송이 처한 대내외적 위기상황을 극복하기 위하여 正統·正學으로서의 道學을 확고히 하는 일을 필생의 과제로 삼았고, 이를 위해서 화이론과 이단배척, 주전론과 내수론을 주장하면서 다른 정파와 대립하였다.[119] 진덕수 (1178~1235)는 송대의 정치사를 군자소인론으로 정리하고, 『대학연의』辨人材장에서 신하를 姦臣·讒臣·聚斂之臣으로 나누어 평가하면서 특히 왕안석을 세 가지에 해당하는 송대의 소인으로 파악했다.[120]

고려말 정도전 계열 유학자는 주자와 진덕수의 군자소인론을 받아들여, 성리학의 입장에서 유교를 정통·정학으로, 불교를 정통에 대한 이단·사설로 규정하였다. 공양왕대 성균관 생원인 박초는 맹자가 양주·묵적의 설을 배격하고 공자를 높인 이래 한의 동자, 당의 한자, 송의 정자와 주자는 모두 이 도를 옹호하고 이단을 배격하였고, 이들을 천하만세의 군자라 하였다. 반면에 왕안석과 장천각은 불교를 제창하고 풍속을 바꾸어 천하만

---

    一首. ; 詩藁 권21, 有投三韓國大夫人洪氏索闕單目者, 必誤也. 不敢受. ; 詩藁 권21, 有感 ; 詩藁 권21, 春晚 ; 詩藁 권21, 呈圓齊 ; 詩藁 권27, 卽事.

117) 『牧隱集』 詩藁 권13, 自詠 三首(5년 정월).

118) 『牧隱集』 詩藁 권23, 自嘲 "汝小人耶是君子."

119) 李錫熙, 「南宋 孝宗期 지식사회와 朱熹의 蘇學평가」, 연세대 석사논문, 2000, 14~17쪽 ; 李範鶴, 「南宋 後期 理學의 普及과 官學化의 背景」, 『韓國學論叢』 17, 1994, 107~116쪽.

120) 池斗煥, 「朝鮮前期 君子小人論議 -『大學衍義』 王安石論을 중심으로-」, 『泰東古典研究』 9, 1993.

대의 소인이 되었다고 평가하였다. 따라서 박초는 왕안석·장천각 등을 대신해서 동자·한자·정자·주자와 같은 이들을 등용하라고 하였다.[121]

이색의 군자소인론은 군자와 소인은 대립적인 시각에서 2분화하면서 개혁을 지향하던 강경파의 입장을 대변한 성리학의 군자소인론과 다른 것이다.

② 時勢 본위의 經·權觀

이색은 유학의 보편타당한 규범이며 이론적 실천적 원리인 經觀을 견지했는데, 經과 權을 혼용하는 입장을 취했다.[122] 이색은 절대 불변의 원칙으로서 상도를 전제하고, 『주역』 艮卦의 단전[123]을 인용하여 經과 權을 설명하였다. 유교의 도와 天理, 常道, 불변의 인간의 도리를 상정하면서,[124] 행하거나 그침에는 經과 權이 있다고 하였다.[125] 또 『논어』와 『맹자』를 인용하면서

---

121) 『高麗史』 권120, 列傳33 金子粹(하, 636~640) "成均生員朴礎等亦上疏曰,……嗚呼! 正學不明, 人心不正, 不修德而惟禍之, 是求不知道而惟怪之欲聞, 豈不痛哉? 豈不惜哉? 自孟子闢楊墨尊孔氏以來, 漢之董子, 唐之韓子, 宋朝之程朱子, 皆扶斯道, 闢異端爲天下萬世之君子也. 王安石張天覺等, 興佛敎易風俗, 而爲天下萬世之小人也. 若董韓程朱之輩, 安石天覺之徒, 並生於今日, 則殿下用董韓程朱爲天下萬世之法歟? 用安石天覺倡夷狄禽獸之敎歟?"

122) 『牧隱集』 詩藁 권16, 閏月朔日 ; 詩藁 권16, 進講篤信好學 守死善道八字 ; 詩藁 권34, 鄭簽書病, 僕亦病, 兩家絶往來久矣. 李浩然來曰, 明日簽書啓行赴東北面元帥府也. 將來郊相送, 艱於騎馬, 坐吟一首, 歸來當歌以勞之.

123) 『周易』 권18, 艮 "象曰, 艮, 止也. 時止則止, 時行則行, 動靜不失其時, 其道光明. '艮其止', 止其所也. 上下敵應, 不相與也, 是以'不獲其身, 行其庭, 不見其人, 无咎'也."

124) 『牧隱集』 詩藁 권11, 擬古 "古人貴從道, 今人重趣時, 庖羲畫大易, 文王初系辭, 周孔迭有術, 君子當念玆, 變動如流水, 天理分毫釐, 差之信千里, 守經無自危. 古人學有法, 今人學無師, 自得信天挺, 爲善當孜孜, 自我志吾道, 外患何曾移, 朝夕惕以守, 庶不磷而緇, 霜露日側側, 甚矣吾之衰. 古人重知命, 順受天地心, 天地我所出, 父母恩愛深, 禮以定制度, 智以酌古今, 隨時蹈大道, 敬豁仍沈潛, 今人反自小, 鄙哉牛馬襟."

125) 『牧隱集』 詩藁 권7, 卽事 "時行時止有經權, 自斷何煩更問天, 愼世擬申風伯訟, 安心恐墮野狐禪, 波搖竹葉顔先纈, 雪伴梅花骨欲仙, 記取箇中消息好, 了無一點是

162

柳下惠, 伯夷 그리고 子莫을 權道를 행한 사람이라고 설명하고126) 時宜에
巽順한 다음에야 權道를 행할 수 있다127)고 하였으며,128) 병으로 오랫동안
쉬는 것이 실상은 병이 아니라 權道라고129) 하였다.

　유학에서 經은 보편타당한 영원한 至道로서의 常의 의미를 갖는 자연현
상의 법칙이고 인간의 존재근거, 도리가 되는 不變의 최고의 규범이다.130)
반면에 權은 經이 미치지 못하는 구체적인 상황에 대한 변용된 의리를
의미한다.131) 예의 근본정신을 상실하지 않은 채 상황에 맞게 변용해서
쓴다는 의미이다. 주자는 보편타당한 규범인 경이 구체적인 현실에서 융통
성 있게 적용되는 것이 권도라고 하였다. 그리고 이러한 권도는 성인만이
행할 수 있다고 하였다.132)

　그런데, 공양춘추에서는 經에 반하는 것이 權이라 하여 경과 권을 반대의

---

塵緣."

126)『牧隱集』詩藁 권7, 書政堂記 "柳下惠之和, 伯夷乃是淸, 子莫却執中, 然非權也明,
　　聲利固酣夢, 山林亦偏情, 從容乃中道, 然後集大成, 異端豈足責, 永慨時靡爭, 何當坐
　　樓上, 啜茶腸胃平, 哦成短長句, 千載爲樓榮."

127)『周易』繫辭傳 下 제7장 "履以和行, 謙以制禮, 復以自知, 恒以一德, 損以遠害,
　　益以興利, 困以寡怨, 井以辯義, 巽以行權."

128)『牧隱集』詩藁 권18, 有感.

129)『牧隱集』詩藁 권4, 醉賦.

130) 平岡武夫,『經書の成立』, 創文社, 1983 ; 柳七魯,「禮의 常變 構造에 관한 研究」,
　　『충청문화연구』2, 1990 ; 오종일,「유학사상의 '經'과 '權'」,『東洋哲學研究』24,
　　2001 ; 박재주,「유가 윤리에서의 도덕적 딜레마 해결방식으로서의 경(經)→ 권
　　(權)=선(善)」,『윤리연구』64, 2007 ; 이철승,「『논어』에 나타난 '권도(權道)'의
　　논리 구조와 의미」,『시대와 철학』21권 3호, 2010.

131) 權道는 楊朱와 墨翟이 중도를 잃었을 때 두 가지 사이를 헤아려서 그 중간을
　　잡은 것이고, 저울과 저울추로서 물건의 경중을 달아서 적합함을 취하는 것이다『孟
　　子』盡心章句上 孟子曰, "楊子取爲我, 拔一毛而利天下, 不爲也. 墨子兼愛, 摩頂放踵,
　　利天下爲之, 子莫執中, 執中爲近之, 執中無權, 猶執一也. 所惡執一者, 爲其賊道也,
　　舉一而廢百也.").

132)『論語』권9, 子罕 "子曰, 可與共學, 未可與適道, 可與適道, 未可與立, 可與立, 未可與
　　權."

의미로 해석한다. 춘추전국시대 鄭나라 莊公은 鄧나라의 鄧曼과의 사이에 昭公인 忽을 낳았고, 宋나라 대부의 딸인 雍姞과의 사이에 厲公인 突을 낳았다. 장공이 죽자 태자인 홀이 왕이 되었는데, 옹씨 가문에서 불만을 가졌다. 옹씨 가문은 정나라의 祭仲을 납치하고 협박하여 돌을 왕으로 삼으려 하였다. 祭仲은 그들의 요구를 받아들여 돌을 왕으로 삼았다. 『춘추공양전』에서는 祭仲을 권도를 아는 현명한 신하로 평가하였다. 제중이 옹씨의 말을 수용하였기 때문에 왕도 살도 나라도 망하지 않았다는 것이다.[133] 『춘추공양전』은 기본 질서를 유지하여 왕의 생명을 보전하고 나라를 온전히 하려는 뜻을 분명히 했다. 祭仲은 처음에 돌을 왕위에 앉혀 왕정을 수습하였지만, 다시 얼마 뒤에 돌을 추방하고 홀을 왕으로 복위시켰는데, 이는 이러한 관점이 반영된 것이다. 이러한 논리는 王政의 혼란과 질서 유지라는 명분을 강조하는 가운데 동기의 순수성보다는 결과에 치우쳐 남용과 오용을 초래할 빌미를 제공할 수 있다. 하지만, 經은 시대의 변화에 따라 제기되는 새로운 문제를 해결하는데 한계가 있기 때문에 변화에 능동적으로 대처할 수 있는 권도를 따라야 긍정적인 결과를 얻을 수 있다고 본다.[134]

이색은 성리학을 수용하고 주자의 사서집주를 익혔으므로 유학의 근본적인 원칙을 중시하였다. 하지만, 이색은 현실 변화, 시세 변화를 충분히 고려하였다. 이는 정도전이 우왕비왕설을 제기하며 반대파를 제거하고자 할 때, 이색이 형세를 중시한 입장을 제기한 것에서 확인할 수 있다. 위화도 회군 이후 정도전 등은 본격적인 개혁정치를 위하여 우왕비왕설을 내세워 공양왕을 즉위시켰다. 창왕 즉위 당시의 정국은 이색, 조민수 등이 주도하고 있었으므로, 회군군 주도세력의 전면적인 등장은 쉽지 않았기 때문이다.

133) 『春秋公羊傳』桓公 11년.
134) 이철승, 앞의 논문(2010), 97~103쪽.

우왕비왕설은 우왕은 공민왕의 아들이 아니고 신돈과 그 婢妾 般若의 所生 혹은 다른 사람의 소생으로,[135] 우왕의 즉위는 고려 왕씨의 왕위계승을 끊어버리는 일이라는 것이다. 이 설은 우왕의 아들인 창왕을 옹립한[136] 이색 등을 난신적자로 비판하는 근거가 되었다. 공자가 『춘추』를 지어서 난신적자를 주살하고 토벌하였고,[137] 왕씨의 대를 끊으려고 한 자는 찬탈의 극악한 자이며 난신적자 중에서 으뜸가는 자가 된다는 것이다.[138] 우왕비왕설에는 성리학의 名分論·春秋大義, 天理人欲說, 公義私情論이 담겨 있는데,[139] 정도전은 『자치통감강목』과 호안국[140]의 『춘추』[141]를 통하여 우왕의 왕위계승이 大義名分을 저버린 행위로 보고 이를 용납한 이색 등을 비판하였다.[142]

---

135) 『高麗史』 권133, 列傳46 辛禑1(하, 865).

136) 위화도 회군 이후 이색은 요동정벌에 대한 책임으로 물러난 우왕의 뒤를 이어 창왕의 즉위를 인정했다(『高麗史』 권115, 列傳28 李穡(하, 528) "十四年, 我太祖回軍, 欲擇立宗室, 曹敏修謀立昌, 以穡爲時名儒, 欲藉其言, 密問於穡, 穡亦欲立昌. 乃曰, 當立前王之子. 遂立昌.").

137) 『高麗史』 권116, 列傳29 李琳(하, 556) "臺諫復上疏曰, 大逆天地之所不容, 人倫之所不赦. 故仲尼作春秋, 而誅亂討賊, 必先誅未發之禍心, 況其已著之大逆乎?"

138) 『高麗史』 권45, 世家45 恭讓王1(원년 12월 계해)(상, 871~872).

139) 『高麗史』 권116, 列傳29 南誾(하, 560~562) "遷羅直副使上書曰,……存天理而滅人欲";『高麗史』 권119, 列傳32 鄭道傳(공양왕 3년 4월)(하, 608~612) "王下教求言. 道傳上疏曰, 大抵人之所爲, 不合於公義, 則必有合於私情." ; 『高麗史』 권126, 列傳39 李仁任(하, 739~740) "右司議大夫尹紹宗與同列上疏曰,……仁任當國徇私情而害公義, 窮人欲而滅天理."

140) 호안국(1074~1138)은 남송대의 대외적 위기의식을 주전론으로 대처하고 춘추의 대의명분을 통하여 이념적으로 뒷받침하려고 하였다. 『호씨춘추전』은 宋儒의 윤리관념과 도덕표준으로서의 춘추시대의 인물과 역사를 평론하였고 이로 인해서 송대 이학의 특색을 드러낸다고 한다(候外廬/박완식 옮김, 「胡安國 《春秋傳》의 이학 특색」, 『宋明理學史』, 이론과 실천, 1995).

141) 『胡氏春秋傳』 권7, 莊公上 원년 3월.

142) 『高麗史』 권119, 列傳32 鄭道傳(하, 612~618) "道傳又上書都堂請誅穡玄寶曰,……胡氏曰,……."

우왕비왕설에 대하여 이색은 중국 역사의 사례를 통하여 형세의 불가피
성을 역설하였다. 그는 "선왕인 공민왕이 우왕을 자신의 아들이라 믿어
江寧大君으로 삼았고 중국의 승인을 받았으므로 왕의 즉위를 인정하지
않을 수 없다"[143]고 하였다. 선왕인 공민왕의 유지에 따라 우왕을 고려왕조
의 정통을 잇는 군주로 인정했다는 것이다.

이색은 우왕비왕설을 인정하더라도 대외적 위기 속에서 기존의 지배질서
를 받아들일 수밖에 없다고 하였다. 진나라는 司馬씨가 왕의 성씨였지만
성이 牛씨인 元帝가 大統을 이었다. 이에 대하여 致堂 胡寅(1098~1156)은
『致堂讀史管見』에서 晉나라는 胡羯의 침입 때문에 비록 왕의 성씨가 다르
더라도 구업에 의지하지 않으면 人心을 안정시킬 수 없었다고 하였다.[144]
이색은 이를 근거로 고려의 위급한 상황을 고려할 때 辛氏를 세우는 것에
대하여 다른 이론을 제기할 수 없었다고 하였다.[145] 形勢에 따라서 일을
처리할 수밖에 없다는 상황 중시의 논리를 통하여 창왕 옹립의 불가피성을
제시하고 왕조를 유지하려고 하였던 것이다.

이색은 왜구와 홍건적의 침입이라는 대내외적 위기와 정치사회변동
속에서 고려의 질서를 유지하는 대안을 생각했고, 송대 胡寅의 춘추인식을
받아들였다. 성리학을 수용하였지만, 闢異端과 같은 남송 정통 주자학이

---

143) 『高麗史』 권119, 列傳32 鄭道傳傳(하, 614) "道傳又上書都堂請誅禑玄寶曰,……或曰,
    禑之言曰, 禑雖年爲己之子, 玄陵稱爲己封江寧大君, 又受天子誥命, 其爲君成矣. 又旣已爲
    臣矣, 而逐之大不可也. 此其說不亦是乎?……."
144) 『致堂讀史管見』 권7, 晉紀 元帝(『續修四庫全書』 史部 史評類 上海古籍出版社)
    "元帝姓牛, 而冒續晉宗, 雖曰, 帝冑可榮而僞姓之辱, 亦大矣. 然則東晉君臣, 何以安
    之而不革也. 必以胡羯交侵, 江左微弱, 若不憑依舊業, 安能係屬人心, 舍而創造難易
    絶矣. 此亦乘勢就事不得已而爲之者也."
145) 『高麗史』 권115, 列傳28 李穡傳(하, 532) (공양왕 2년 봄2월) "穡嘗語人曰, 昔晉元帝入繼
    大統, 致堂胡氏以爲元帝姓牛, 而冒續晉宗, 東晉君臣, 何以安之而不革也. 必以胡羯
    交侵, 江左微弱, 若不憑依舊業, 安能係屬人心, 舍而創造難易絶矣. 此亦乘勢就事不
    得已而爲之者也. 穡於立辛氏不敢有異議者, 亦此意也."

166

추구하는 이념보다는, 급변하는 현실변화에 능동적으로 대처할 수 있는 상황 중시의 현실타개책을 구상한 것이다. 정도전이 胡安國의『춘추』를 통해 大義滅親, 名分論 등의 정통 주자학을 주장한 것과 구분된다고 할 수 있다.

이색은 성리학적 사유체계를 정확하게 이해하면서도 時勢를 중시하는 예론과 經과 權을 조화시키는 혼합주의적이고 절충적인 입장을 견지하였는데, 이는 구래의 사상과 질서를 옹호하려는 현실적 입장이 반영된 것이라고 할 수 있다.


## 2) 敬 중시의 성리학과 왕안석 인식

### (1) 경 중시 성리학과 유불 병존적 禮制 인식

#### ① 경 중시 성리학과 유불동도론

이색은 성리학을 익혔고 당대의 높은 수준의 유학사상을 전개하였다. 성리학의 핵심개념인 太極·性·理·體用·中和·天理와 人欲 등을 자유롭게 구사하며 우주와 자연, 인간과 사회를 설명했다.[146]『사서집주』·『근사록』·『주자가례』·『자치통감강목』 등 朱子書가 보급되고 사서 중심의 교육·과거제도가 성립되면서 성리학에 대한 이해가 심화되어 갔던 것이다.

이색은 성리학의 인성론과 수양론을 전개했다. 그에 의하면 인간이 하늘로부터 부여받은 본연의 선한 성품은 氣質과 物欲에 의해 가려진다.[147]

---

146) 金忠烈,『高麗儒學史』, 고려대출판부, 1984 ; 都賢喆,「牧隱 李穡의 政治思想 硏究」,『韓國思想史學』3, 1989 ; 鄭載喆,「牧隱 李穡의 思惟樣式」,『漢文學論集』12, 1994 ; 琴章泰,「牧隱 李穡의 儒學思想」,『朝鮮前期의 儒學思想』, 서울대학교 출판부, 1997.

147)『牧隱集』文藁 권10, 韓氏四子名字說 "學道者, 由敬以誠正, 出治者, 由敬以治平, 夫婦之相敬, 史又書之. 田野間亦不可無敬也. 況於朝廷乎? 況於鄕黨乎? 況於屋漏乎?"

따라서 가려진 본연의 선을 회복할 修己·修養論이 제기되고, 天理를 보존하고 人慾을 억제하는 이른바 '存天理 遏人慾'으로 이를 설명하였다.[148) 그리고 구체적인 수양법으로 敬을 중시하였다.

이색은 정이천의 敬 공부법[149)을 인용하여, 敬을 '主一無適'으로 보고, 우리 마음 속에 주로 하는 것이 있어야 한다고 하였다.[150) 그리고 『예기』의 '毋不敬'과 『서경』의 '欽'을 인용하여 禮의 본질을 敬으로 파악하고, 학문하는 자는 물론 정치하는 자, 夫婦간이나 田野·朝廷과 鄕黨·屋漏에서도 敬이 가장 기초적인 덕목이라고 하였다.[151)

경 중시의 성리학은 도덕 실천에 있어서 인간의 주체적이고 자발적인 행위를 중시하는 것이다. 경은 道心과 天理를 체득하는 실천원리이고, 도덕적 본성을 자각·함양하는 방법론이기 때문이다. 그러므로 이색이 敬을 중시했다는 것은 인간의 도덕적 본성을 자각하고 그 본성을 깨닫기 위해서는 무엇보다도 修養·修身에 주력해야 함을 보여주는 것이다.

이색은 경 위주의 성리학과 함께 儒佛同道論을 전개하였다.[152) 성리학을 수용하고 유교를 정통·정학으로 유학 이외의 종교사상을 이단[153)으로 인식하였지만,[154) 불교·도교에 적대적이지 않았고 불교·도교를 인정하는

---

148) 『牧隱集』文藁 권10, 伯中說贈李壯元別.

149) 『近思錄』권4 存養篇.

150) 『牧隱集』文藁 권6, 寂菴記 ; 文藁 권10, 韓氏四子名字說.

151) 『牧隱集』文藁 권10, 韓氏四子名字說.

152) 이하 이색의 유불동도론과 유불병존적 예제인식에 관한 내용은 필자의 연구에 새로운 자료를 추가하고 정리한 것이다(『高麗末 士大夫의 政治思想硏究』, 일조각, 1999, 62~79, 93~102쪽).

153) 불교를 異端으로 본 처음의 자료는 최해(1287~1340)의 글이다(『拙藁千百』권2, 問擧業諸生策二道 "惟天生民, 民有秉彝, 天下之理, 一而已矣. 岐而求道, 寔曰異端, 今夫以道, 敎人於東方者, 謂儒爲外, 盍共捨諸, 斯言一出, 和者日衆, 不唯其徒趣信, 至如自名以儒者, 從而惑焉.")

154) 『牧隱集』詩藁 권16, 朴叢尙書談三敎, 旣去, 吟成三篇 "二氏以來吾道衰, 滔滔天下欲何之, 身心有累終難正, 生死無涯竟致疑, 靜定功夫泉始達, 治平事業日初遲, 誰知寂

가운데 성리학을 수용하였다.[155] 예를 들어 그는 불교를 이단으로 보면서도 호감을 가지고 승려와 어울렸으며, 불교의 화복 인과의 설이 많은 사람에게 공감을 얻었다고 긍정적으로 평가하였다.[156] 한 걸음 더 나아가 이색은 '부처는 대성인이다'·'부처는 지극히 성스럽고 공정하다'[157] 고 하여 불교 자체를 존중하기까지 하였다.[158] 이는 그가 유교의 윤리와 불교의 그것을 서로 배치되는 것으로 보지 않았음을 보여준다.

　이색은 유교와 불교가 추구하는 목표가 근본적으로 동일하다는 儒佛同源, 儒佛同道의 인식을 가지고 있었다. 그는 격물·치지·제가·평천하에 이르는 유교와, 부처의 맑은 마음(澄念)과 고요한 생각(止觀)으로 깨달음의 세계(寂滅)를 추구하는 불교가 다르지 않다고 하였다.[159] 유교와 불교가 추구하는 이상적인 경지는 맑고 참된 본연의 세계라는 점에서 동일하다는 것이다. 다시 말해 유교와 불교의 궁극적인 지향점은 같다고 보는 것이다. 이처럼 이색은 이단을 배격하는 주자학을 수용했지만, 지배이념인 불교를 긍정하는 온건한 입장을 취했던 것이다.

---

滅虛無處, 政似浮雲舒卷時……."
155) 이는 이제현과 이곡의 불교관을 계승한 것이다(『益齋亂藁』 권5, 金書密敎大藏序 "佛氏之道, 以慈悲喜捨爲本, 慈悲仁之事, 喜捨義之事也.";『稼亭集』 권6, 金剛山 長安寺重興碑 "盖聖人好生之德, 佛者不殺之戒, 同一仁愛, 同一慈悲也.").
156) 『牧隱集』 文藁 권1, 麟角寺無無堂記.
157) 『高麗史』 권115, 列傳28 李穡(하, 525) "服中上書曰……佛氏入中國, 王公士庶尊而 事之, 自漢迄今, 日新月盛.……佛大聖人也……佛者至聖至公……."
158) 최근의 연구에서, 복중상서에 나타난 이색의 불교관에 대하여, 노사신, 서거정 등이 찬술한 『東國通鑑』에서는 '抑異端'이라고 본 반면, 崔溥의 史論에서는 불교에 아첨하였다고 평가하는 상이한 이해가 보인다고 하였다. 그리고, 복중상서의 불교관은 억불적 불교관을 반영한 것이라고 한다(남동신,『牧隱 李穡의 전기 자료 검토』,『韓國思想史學』 31, 2008). 하지만, 복중상서에서 제시한 이색의 불교관은『佛氏雜辨』에서 불교를 참된 이치인 天理를 인정하지 않은 금수의 종교라고 한 것과는 분명히 다른 인식이다.
159) 『牧隱集』 文藁 권3, 澄泉軒記 "予曰,……吾儒以格致誠正而致齊平, 則釋氏之澄念止 觀, 以見本源, 自性天眞, 佛度人於生死波浪, 而歸之寂滅, 豈有異哉?"

이는 인간론, 인간 본성에 대한 설명에서도 그대로 나타난다.

> 『논어』에서 말하기를 "그림을 그리려면 바탕이 희어야 한다"고 하였다.
> 희다는 것은 바탕에 무늬가 없는 것을 말한다. 다섯 가지의 채색을 받아들일
> 수 있기 때문에 性에 침착하여 움직이지 않고 순수하여 섞이지 않아서
> 五常의 全體가 되는 것에 비유된다. 性이란 내가 마땅히 길러야 할 바로서
> 유교나 불교나 조금도 다름이 없다.……그 戒로 말미암아 定으로 들어가고
> 定으로 말미암아 그 慧를 발하여 全體 大用이 순수하고 깨끗함이 부처와
> 같은 것이니 오히려 무엇을 의심하겠는가.160)

이색은 『논어』의 "그림을 그리려면 바탕이 희어야 한다"는 말을 인용하여
흰 바탕 위에 채색한다는 것을 사람에 비유하면 아름다운 자질이 있은
다음에 문식을 할 수 있다161)는 것으로 해석한다. 이것은 마치 性이 침착하여
움직이지 않고 순수하여 섞이지 않아서 五常의 全體가 되는 것과 같다.
性이란 내가 마땅히 길러야 할 바로 본다는 점에서 유교나 불교나 조금도
차이가 없다고 하였다.

유교나 불교에서는 인간의 본성을 모두 깨끗하고 순수한 것으로 본다.
단 본성을 왜곡하는 물욕과 더러움을 끊는 방법에 있어서, 유교가 『대학』의
8조목을 제시하였다면 불교는 戒−定−慧를 말하고 있다. 유교와 불교의
목표는 궁극적으로 동일하되 수양방법이 다르다는 것이다. 이색은 유종이
면서도 불교사상에 깊은 이해가 있었고, 이를 기반으로 유교와 불교의
중요 개념을 서로 비교하여 절충과 조화에 주력하였던 것이다.

이색은 유교와 불교의 유사점에 주목하여 유교와 불교의 핵심개념을

---

160) 『牧隱集』 文藁 권6, 雪山記 "語曰, 繪事後素, 素質之無文者也, 能受五釆, 故譬之性,
　　 湛然不動, 純一無雜, 而爲五常之全體者也. 性吾所當養, 儒與釋共無少異焉.……其
　　 由戒而入于定, 由定而發其慧, 全體大用, 純乎白淨, 與佛而等, 尙何疑乎?"
161) 『論語』 권3, 八佾 "子曰, 繪事後素."

170

서로 비교하고 결합시키려고 하였다. 그는 "聖門의 心學이 어찌 헛되이 전해졌겠는가. 主一功夫는 坐禪과 흡사하다.……"162)고 하였다. '主一공부'는 마음공부법인 敬의 구체적인 공부법이다.163) 그 점에서 이색은 敬(主一)이 불교의 수양 방법인 坐禪과 흡사하다고 했던 것이다.

　원래 주자학과 불교는 세계와 인간에 대한 이해가 다르고 공부방법론도 다르다.164) 靜坐로서 마음의 안정을 찾고 본래의 마음을 유지하는 성리학의 수양법인 敬과, 무념무상의 상태를 추구하는 좌선은 비슷한 점이 많지만 실제로는 구분이 되고, 더욱 주자학의 불교 비판은 철저한 것인데도, 이색은 이를 같은 것으로 보았다. 유교의 정체성을 유지하는 가운데 불교를 유교의 원리로 설명하고 불교의 근본이 유교와 어긋나지 않는다고 보았던 것이다.165) 고려의 지배이념인 불교와 성리학과의 유사성에 주목한 이색은 유교와 불교의 중요 개념을 서로 비교하여 조화가능성을 타진하였던 것이

162)『牧隱集』詩藁 권21, 有感 "聖門心學肯虛傳 主一功夫似坐禪 了了明明非是極 昏昏默默亦云偏 蜂屯蟻聚如無地 魚躍鳶飛自有天 取捨由來視諸掌 奈何私欲苦纏綿."
163)『論語』권1, 學而 "子曰, 道千乘之國, 敬事而信,……" (集注) 敬者, 主一無適之謂 ;『牧隱集』文藁 권6, 寂菴記 "敬者, 主一無適而已矣. 主一有所守也, 無適無所移也."
164) 주자학은 인간론에서 心과 性을 구별하여 心에 있는 理가 性이라고 한다. 주자학은 마음 속에 갖추어져 있는 이치를 외계 사물을 통하여 밝히고 이를 기초로 사물의 완성을 이루도록 한다(修己治人, 成己成物). 반면에 불교는 心이 곧 이치고 본체이며 心의 작용인 性은 空으로 일체의 작용이 허망하다고 파악하므로 存心과 盡心의 수양 공부가 없고 이치를 궁구하지 않는다. 오직 마음을 갈고 닦아 본체만을 터득하면 된다. 즉 마음 작용에만 기초한 일체 행위는 그 객관적 정당성(理)을 확보하기 어렵다. 따라서 불교는 도덕적 원리로서의 天理를 心속에서 밝혀내지 못하게 되어 도덕적 원리(天理)를 어기는 일도 정당화된다. 유교와 불교는 유사한 점이 많지만 본질적으로 다른 것이다(韓正吉,「朱子의 佛敎批判-'作用是性'과 '識心'說에 대한 비판을 중심으로-」,『東方學志』116, 2002 ; 이상돈,『주희의 수양론』, 서울대 박사논문, 2010).
165) 이 시기 유교와 불교의 상호보완적인 이해를 두고 儒佛一致, 儒佛同道라 구분한다. 유불일치는 기왕의 연구에서 지적되었는데, 유교와 불교와 궁극적인 지향은 같고 단 그 수양방법에서 차이가 있다. 그런 점에서 유불동도라는 표현이 적절하다고 본다.

다.

불교와 유교의 유사성에 주목하는 입장은 불교가 유교에 의해 시작되었다는 견해로 이어진다. 이색은 불교가 요·순의 교화의 결과 그 뜻을 얻은 석씨에 의해서 시작되었다고 하였다.

> 殷의 위는 夏이고 아래는 周다. 주가 쇠하여지자 불교가 시작되었다. 伊尹의 뜻은 匹夫·匹婦라도 堯·舜의 혜택을 입지 못하면 마치 자기가 그를 밀쳐서 도랑 가운데로 넣은 것처럼 여겼다. 천하를 자기 책임으로 여긴 것이 지극하다고 하겠다. 풍화를 중국과 서역에까지 미치게 하였으니 유독 부처가 그 뜻을 얻어 이를 미루어 확대한 것이다.[166]

중국의 왕조는 하·은·주로 이어지는데, 주나라 말 이윤은 천하를 구할 뜻을 품었고, 그의 뜻이 서역에까지 퍼져 부처가 그 뜻을 얻었다고 하였다.[167] 불교가 유교에서 유래되었다는 것이다. 이러한 불교이해는 유교의 정체성에 대한 이해(正統)와 유교 이외의 다른 사상(異端)에 대한 이해와 관련된다. 유교를 吾敎로, 불교를 域外之敎로 보는 것이다. 이색에게서 이단인 불교는 성인의 道와 구별되는 이질적인 종교사상일 뿐이다.

> 이제 대사(天台宗 僧)는 이단이다. 이것은 족히 말할 것이 못된다. 그러나 대사의 마음은 이미 보통의 승려가 아니다. 이미 부모에 효도했고 이미

166) 『牧隱集』 文藁 권6, 覺菴記 "殷而上夏也. 下周也. 周之衰而釋氏始, 尹之志有匹夫匹婦不被堯舜之澤者, 若己推而內之溝中. 其以天下自任也至矣. 其風被于中國, 而及于西域, 則釋氏獨得之, 推而又大之."
167) 최해(1287~1340)는 유학자의 입장에서 유교 중심의 학문관을 전제로 불교가 발생하였다고 하였다. 그는 불교를 異端이라고 언명하면서도 불교의 明心見性之說이 유교를 본받아서 성립되었고, 達人·君子들이 버리지 못하고 즐거워한다고 하였다(『拙藁千百』 권1, 頭陀山看藏庵重營記 "夫佛好爲善, 不好爲不善, 就其明心見性之說而觀之, 似亦祖吾儒而爲者, 達人君子有味其道, 樂而不捨者, 亦有以夫.").

172

군자를 사랑했다. 우리 유자들이 마땅히 나아가고 또 나아가 따라야 할
것이다. 이단이라고 배척하는 것은 마땅하지 않다.168)

유교입장에서 볼 때 불교는 이단이다. 그러나 불교는 현실에서 긍정적인
역할을 한다. 이단이라고 무조건 배척할 것이 아니다. 불교는 당시 사람에게
믿음을 주고 의지할 수 있는 신념을 준다. 불교가 세상에서 존경을 받는
것도 이상할 것이 없다. 화복인과설은 이미 사람의 마음을 움직이는 바가
있었다. 이색은 자신이 불교를 심하게 거부하지 않은 것은 대개 취할 바가
있기 때문이라고 하였다.169)

성인의 도와 구별된다는 점에서 이단이지만 그 의미와 효용성을 인정하
는 입장은 노장이나 민간신앙에 대한 이해에서도 나타난다. 이색에 의하면
道家는 사마천의 『사기』에 실려 있다. 노자는 주의 柱下史로서 불우하면서
『도덕경』 오천어를 지었다. 再傳제자인 盖公은 曹參의 스승이 되어서 淸淨
하면 백성이 편안하다고 하였다.170) 조참은 그를 文帝에게 천거하여 한나라
가 형벌을 쓰지 못하게 하였다. 그러나 그 이후에는 노자의 뜻을 잇지
못하고 授錄·拜章·符呪·還丹같은 참위·축술과 결합하였다.171) 이색은 노
자의 뜻이 쇠락했지만, 노자의 이념이 덕치의 실현에 기여했다고 보았다.
또한 術家의 山水·日月의 설이 비록 성인의 설은 아니지만 우리 부모들이
염려하는 바이니 결코 잊을 수 없다고도 하였다.172) 불교와 노장, 민간신앙

---

168) 『牧隱集』 文藁 권5, 無隱菴記 "今師異端也, 不足以語此. 雖然, 師之心, 旣非常髮矣,
    旣孝父母矣, 旣愛君子矣, 則吾儒者, 當進之又進, 不當以異端麾之也."
169) 『牧隱集』 文藁 권1, 麟角寺無無堂記 "釋氏域外之敎也, 而軼域中之敎而獨尊焉.
    何也? 域中之人爲之也, 其禍福因果之, 說旣有以動人之心, 而趣釋氏者, 率皆惡常厭
    俗, 不樂就名敎繩墨豪傑之才也. 釋氏之得人才如此, 無怪其道之見尊於世也. 余是
    以不拒釋氏甚, 或與之相好, 蓋有所取焉耳."
170) 『牧隱集』 詩藁 권19, 有感 ; 詩藁 권22, 古風.
171) 『牧隱集』 文藁 권7, 送徐道士使還序.
172) 『牧隱集』 文藁 권16, 金純夫父母墓表 "世術家山水日月之說, 雖非聖人之法, 然亦人

이 각기 사회적 기능이 있다고 보는 것이다.

불교와 노장은 각각 의의가 있고, 유교에 해가 되지 않는 한 용인될 수 있다[173]는 것이 이색의 입장이다. 이단(불교)은 자신이 믿고 따르는 종교사상은 아니지만 유교의 도에 방해가 안 된다고 보았다. 오히려 유교의 도를 실현하는데 기여한다고 보았다. 華(천자국)는 漢族만의 것이 아니라, 이민족 정복왕조처럼 중국 중원의 지배자라면 누구나 될 수 있다. 마찬가지로 불교가 이민족의 종교라도 성인과 뜻을 같이 하고 유교에 해가 되지 않는다면 용납될 수 있다는 것이다. 주자학을 수용하였지만 정통과 이단에 대해서는 주자와 다르게 이해하였다.

이색은 불교가 고려왕조를 유지하는 지배이념으로 보았다.[174] 우왕 13년에 보통탑이 완성되자 이색에게 기문을 짓게 했다. 이 글에서 태조 왕건이 불교를 숭상하여 왕조를 보존케 하였고, 우왕이 탑을 造成하는 것은 태조가 불교를 숭상하는 마음을 본받아 나라를 새롭게 하는 것과 같다고 하였다.[175] 이색에게서 불교는 고려왕조를 정당화시켜 주는 체제이념이고 국가 질서를 유지하는 준거가 되는 것이다.

---

子之所不可廢也. 吾身之吉凶, 子孫之福禍, 吾父母之尤所當慮, 雖百世不忘也."

173) 柳伯淳은 박초가 排佛疏를 올리려는 것을 막으면서 "천하는 넓은데 비록 이단이 있어도 우리 도에 무슨 방해가 되겠는가"(『高麗史』 권120, 列傳33 金子粹(하, 640) "司藝柳伯淳知礎等將上疏, 招諸生止之曰, 天下旣廣, 雖有異端, 何害吾道?")라고 하였다.

174) 이색과 같은 입장의 김전은 "태조 왕건은 山水의 順逆과 地脈을 살펴서 절을 짓고 부처를 섬겨 재앙을 제거하였는데, 이것이 三韓을 유지하는 대체입니다. 태조는 불교에 의지해서 왕조를 창업하였고, 이를 기초로 왕조를 유지할 수 있었습니다. 지금 어리고 무식한 儒者들이 이 뜻을 모르고 불교를 배척하는데, 태조의 원대한 뜻을 받들어 불교를 일으켜야 한다"(『高麗史』 권46, 世家46 恭讓王2 (상, 894))고 하였다.

175) 『高麗史』 권115, 列傳28 李穡(하, 528) "(禑王)十三年, 禑修西普通塔, 命穡作記. 其略曰, 我太祖創業垂統, 弘揚佛法, 以保子孫者, 非前世帝王之所可及, 先王能體太祖之心, 歸崇三寶, 今殿下修塔如此, 殿下之心上合於太祖, 又可知矣. 嗚呼! 周雖舊邦, 其命維新, 將不在於今日乎?"

또한 이색은 불교가 윤리도덕의 실현, 교화에 기여한다고 보았다.[176)
이색은 윤리도덕이 타락한 당시에 불교가 비록 인간의 天常을 어기기는
하지만, 은혜의 소중함을 알고,[177) 부모를 사랑하고 군자를 아끼며[178)
綱常을 바로 잡는다[179)고 하였다.

이색은 이곡의 뜻에 따라 대장경을 조성하여 사찰에 봉안하는 불사를
서원하였고, 우왕 5년(1379)에 착수하게 하였다. 이러한 사정은 이숭인이
쓴 「대장각기」에 나타나 있다. 이에 의하면, 이곡은 자신의 부모를 추모하고
자 座元 南山 聰公의 뜻에 따라 대장경 일부를 조성하려다, 공민왕 원년(1351)
정월에 죽었다. 공민왕 20년(1371)에는 어머니가, 공민왕 23년에는 공민왕
이 죽었다. 이색은 여러 사정으로 미루다가 우왕 5년에 聰公의 말을 듣고,
공민왕의 명복을 빌고 아버지의 뜻을 기리기 위해 대장경 불사를 시작하였
다. 하지만, 혼자의 힘으로 감당할 수 없어서 나옹의 제자들의 도움을
청하였다. 우왕 8년 4월에 대장경을 인쇄하여[180) 신륵사에 보관하고, 절의
남쪽에 2층 전각을 세웠다.[181) 대장경이 완성되자 우왕은 지신사 盧嵩을
통하여 향을 보냈다.[182)

이보다 앞서 우왕 7년 9월 염흥방이 대장경을 인쇄하면서 이색에게
발문을 요청하였는데, 이색은 "돌아가신 文孝公(이곡)이 玄陵을 潛邸에서

---

176) 李熙德,「高麗時代 儒敎의 實踐倫理」,『高麗儒敎政治思想의 硏究』, 一潮閣, 1984,
    267~274쪽.
177)『牧隱集』文藁 권8, 贈休上人序 "今夫風俗之敗也, 父子相夷, 兄弟相猶, 逆臣繼起,
    頑民屢倡亂, 而浮屠氏滅天常, 反如此知報重恩."
178)『牧隱集』文藁 권5, 無隱菴記 "今師異端也, 不足以語此. 雖然, 師之心, 既非常髮矣,
    既孝父母矣, 既愛君子矣, 則吾儒者, 當進之又進, 不當以異端麾之也."
179)『牧隱集』文藁 권5, 送月堂記 "雖其志在於棄世, 遠慕西方之人, 而扶吾之綱常,
    以興慈孝之風, 以善一鄕之俗, 蓋可知也."
180)『牧隱集』詩藁 권28, 送懶翁弟子印大藏海印寺.
181)『陶隱集』권5, 驪州神勒寺大藏閣記碑(우왕 9년 7월, 1383).
182)『高麗史』권115, 列傳28 李穡(하, 528) "穡追父穀志, 成大藏經. 禑聞之, 命知申事盧嵩
    降香."

부터 卽位할 때까지 섬겼고, 나 또한 及第하여 政堂에 이를 때까지 섬겼다. 은혜를 갚고자 하는 지극한 마음이 대장경 한 책으로 변화되었다"[183]고 서술하였다.[184] 곧 불교 경전을 조성하여 돌아가신 부모님과 공민왕을 추모하고자 하였던 것이다.[185]

이색은 『楞嚴經』·『維摩經』·『金剛經』·『圓覺經』 등 다양한 불경과 함께 『趙州錄』 등 각종 禪語錄에도 깊은 이해를 가지고 있었다.[186] 이색은 懶翁 惠勤·幻巖 混修 등의 선승과 교류하면서 '庭前栢樹子',[187] '祖師西來意',[188] '喫茶去'[189] 話頭 등 다양한 公案을 이해하고 직접 參究하였다.[190] 그는

---

183) 『大般若波羅密多經』 권10, 跋(우왕 7년 9월) "門下評理廉仲昌父語予曰, 興邦事玄 陵, 由進士至密直, 典貢士, 極儒者榮, 所以圖報之, 靡所不爲也. 如來一大藏敎萬法具 擧三根齊被, 無幽明, 無先後, 革凡聖之大方便也. 是以歸崇日多流布日廣, 如吾者亦 幸印出全部, 焉所以追玄陵冥福也. 同吾心助以財者, 雖甚衆, 吾父領三司事, 曲城府 院君, 吾母辰韓國大夫人權氏, 吾室之義父判門下漆原府院君尹公, 前判書朴公出 錢, 尤最多, 幹玆事化楮爲紙化, 紙爲經捐其財, 盡其力者, 華藏大禪師尙聰, 陽山大禪 師行齊, 寶林社主覺月, 禪洞社主達劒, 又與吾同志者也. 將誌諸卷末以告後之人, 幸子無辭. 稿曰, 吾先人文孝公事玄陵潛邸, 及卽位, 稿及第, 至政堂, 圖報之, 至亦化 大藏一部矣. 吾二人者, 心同事又同焉, 焉故不辭?"

蒼龍辛酉九月 推忠保節同德贊化功臣 三重大匡 領藝文春秋館事 韓山君 李穡 跋

184) 小田幹治郎, 「內地に渡れる高麗大藏經」, 『朝鮮』 74, 1921 ; 梶浦晋, 「本館所藏高麗 版大藏經－傳存と現狀」, 『書香』 11, 1990 ; 馬場久幸, 「고려판대장경의 일본 전존 에 관한 연구」, 『韓國宗敎』 27, 2003 ; 「日本 大谷大學 소장 高麗大藏經의 傳來의 特徵」, 『海外典籍文化財調査目錄』, 國立文化財硏究所, 2009.

185) 이는 조선시기 유학자들이 이색이 불교에 아첨했다고 비판하는 근거가 된다(『世宗 實錄』 권72, 18년 5월 정축(3책, 675~676쪽) ; 『成宗實錄』 권82, 8년 7월 병술(9책, 840쪽)).

186) 安啓賢, 「李穡의 佛敎觀」, 『趙明基博士華甲紀念佛敎史論叢』, 1965 ; 趙明濟, 앞의 글, 1993, 20~25쪽.

187) 『牧隱集』 詩藁 권1, 答竹磵禪師 ; 詩藁 권11, 憶山寺 ; 詩藁 권17, 神勒珠師以團扇見 遺.

188) 『牧隱集』 詩藁 권4, 送南田禪師夫牧.

189) 『牧隱集』 詩藁 권14, 因憶無說.

190) 趙明濟, 『高麗後期 看話禪 硏究』, 혜안, 2004, 223~224쪽.

傳燈錄·佛說四十二章經 등에 서를 쓰고191) 禪林寶訓·나옹화상어록·백운
화상어록·大惠普覺禪師書 등 당시 고승의 어록에 발문을 썼으며,192) 사원
중창기·탑기 등을 썼다.193) 또 주자가 비판한 선승 大惠宗杲의 어록을
간행할 때 跋記를 써주었다.194)

이색은 주자학을 수용하면서 이단인 불교를 긍정한 유학자를 존중하였
다. 예를 들어 이단에 미혹되고 잘못된 학문에 몰두했다고 주자가 비판한,
왕안석 계열의 장천각과 소식을 찬미한 것이 그것이다. 이색은 왕안석(半山)
의 절의와 문장은 천지처럼 홀로 뛰어났다고 하였고,195) 소식과 더불어
왕안석은 그 문장이 천하의 으뜸이라고 하였다.196)

장천각에 대해서는 다음과 같이 평가하였다.

宋 승상 장천각의 護法論 한편은 거의 만여 언에 이른다. 승려 俊이
幻菴 普濟禪師의 명을 받아 충주 청룡사에서 이것을 중간했다. 역사를
마치자 그 책을 나에게 가지고 와 책 끝에 跋文을 써달라고 하였다. 내
그것을 보니 거의 알 수 없는 것들이다. 그(장천각)는 한유와 구양수를
배격하기를 즐겨했다. 그들(한유와 구양수)은 나의 스승이므로 해괴하게
여겼다. 그러나 五濁惡世에는 착한 일을 해도 반드시 복을 받지 않고
악한 일을 해도 반드시 화를 받지 않으니 부처가 아니면 어디로 귀의하겠는
가? 아아 호법론이 세상에 성행하는 것은 당연하다.197)

---

191) 『牧隱集』文藁 권7, 傳燈錄序 ; 文藁 권9, 普濟尊者語錄後序.
192) 尹炳泰 編,『韓國古書年表資料』, 1972 ; 金烑泰,『韓國佛敎古典名著의 世界』, 1993.
193) 『牧隱集』文藁 권5, 寶盖山石臺菴地藏記 ; 文藁 권5, 巨濟縣牛頭山見菴禪寺重修
    之記 ; 文藁 권6, 覺菴記 ; 文藁 권6, 五臺上院寺僧堂記.
194) 許興植,「禪宗의 復興과 看話禪의 展開」,『高麗佛敎史硏究』, 1986, 480쪽.
195) 『牧隱集』詩藁 권13, 紀事 "衣鉢誰知海外傳 圭齊一語尙琅然 邇來物價皆翔貴 獨我文
    章不直錢 中原豪傑古來多 命也時哉不奈何 獨有冥鴻飛自遠 肯從一面入湯羅 半山
    節義與文章 高視乾坤獨擅場 只是水淸泥在底 偶因一擾濁無光."
196) 『牧隱集』詩藁 권19, 浩歎 "……東坡先生山有約 半山丞相草無惡 二公天下文章
    宗……."

이색은 장천각의 『護法論』 중간본에 발문을 써주며 불교가 혼탁한 세상에 쓰이기를 기약하였다. 장천각은 왕안석의 총애를 받고 후에 승상이 되어 新法을 추진한 인물이다.[198] 그는 『호법론』을 지어 한유와 구양수를 비판하고 유불일체론을 주창하였으며 불교의 교리를 유교 입장에서 긍정하였다. 왕안석은 『三經新義』를 저술하면서도 『首楞嚴經注』·『維摩經注』·『金剛經注』·『華嚴經注』처럼 불교의 주요 경전에 주를 달았다.[199]

道學을 제창한 朱子는 이들을 王學이라고 지칭하여 철저히 비판하였다. 이들은 왕안석이 불교와 노장에 미혹되어 유학을 잡되게 했으며,[200] 사회개혁을 단행하면서 인간의 마음에서의 변화가 아니라 외재적인 법과 제도의 변화에 의지하려 했다고 비판하였다.[201]

이색은 소식을 흠모하여 본받으려는 자세를 분명히 드러내었다.[202] "나는 東坡의 시를 사랑하는데 호탕한 기상이 속세를 뛰어넘기 때문이라네"[203]라고 하였다. 주자는 소식이 학문에 순일하지 못하고 成佛을 논하여

---

197) 『牧隱集』 文藁 권13, 跋護法論 "宋丞相張天覺護法論一篇, 殆萬餘言. 釋僧俊以幻菴普濟大禪師之命, 重刊于忠之靑龍寺. 旣訖, 携墨本, 求予跋其尾. 予觀其辭, 率不可解, 然喜闢韓歐氏. 韓歐氏吾所師也, 吾實駭焉. 雖然, 五濁惡世, 爲善未必福, 爲惡未必禍, 非佛何所歸哉? 嗚呼! 護法論, 宜其盛行於世也."

198) 張商英(1043~1121)의 字는 天覺, 蜀州 新津사람이다. 神宗조 章惇의 천거를 받아 왕안석에 의해 발탁되었다. 蔡京을 이어 재상이 되고 신법을 추진하였다(『宋史』 권351, 列傳 110 ; 『王安石事典』, 國書刊行會, 1980).

199) 安藤智信, 「宋の張商英について」, 『東方學』 22, 1961 ; 東一夫, 「王安石の政治理念と信仰生活」, 『王安石新法の硏究』, 風間書房, 1970.

200) 『朱子大全』 권30, 答汪尙書 "至於王氏蘇氏, 則皆以佛老爲聖人, 旣不純乎儒者之學矣, 而王氏支離穿鑿, 尤無意味, 至於甚者, 幾類俳優, 本不足以惑衆, 徒以一時, 取合人主, 假利勢以行之, 至於已甚, 故特爲諸老先生之所排詆, 在今日, 則勢窮禍極, 故其失人人得見之."

201) 『朱子大全』 권70, 讀兩陳諫議遺墨 ; 권30, 答汪尙書 ; 三浦國雄, 『王安石』, 集英社, 1985, 181~202쪽.

202) 『牧隱集』 詩藁 권4, 梁州謠寄梁州任使君 ; 詩藁 권17, 吾生.

203) 『牧隱集』 詩藁 권33, 述懷.

178

老莊을 주장하였다고 하여 소식의 폐해를 비판하였다.204) 그러나 이색은
주자학을 수용하였으면서도 이단인 불교가 혼탁한 세상을 교화하는데
기여한다고 보고 왕안석과 소식의 불교이해를 존중하였다.

이색이 거경·궁리 공부 가운데 경에 치우치고 유불동도론을 견지한
것은, 그의 학문 배경과 관련시켜 볼 때 元과 고려후기 학문 분위기를
반영한 것으로 보인다. 이색은 원 국자감에서 3년간 수학하고 원 과거에
합격하였으며 원의 정동행성의 유학제거를 맡았는데,205) 이 과정에서 원
관학 주자학을 수용하였다.

원래 원은 한족을 지배하기 위한 방편으로 주자학을 관학화하였다.
관학화 과정에서 만권당이 설치되고 과거가 부활되었다. 이민족인 원은
송 주자학이 견지하는 정통·정학=華(漢族)와 이단·사설=夷(遼·金)로 2분
하여 이민족을 배척하는 입장을 인정할 수 없었다. 오히려 원은 지배체제를
유지하기 위하여 이민족과 불교·도교같은 이민족의 종교를 수용하였다.
특히 도교의 眞大敎·太一敎·正一敎와 같은 교파나 불교의 라마교 등이
존중되었다.206) 그리하여 원은 주자학을 관학으로 인정하면서도 불교·도교
등의 종교사상을 용인하였다. 許衡의 경우처럼, 원 주자학자들은 醫·卜·兵·
刑·理財·水理·算數 등의 여러 분야와 불교·도교까지 섭렵하였고, 小學과
사서를 중시하고, 理氣·太極을 통한 우주와 자연에 대한 근원적인 탐구나
人性에 대한 철학적 논의보다 경을 중심으로 한 수양론, 실천윤리가 강조되

204)『朱子大全』권30, 答汪尙書(4書) "至若蘇氏之言, 高者出入有無, 而曲成義理, 下者指
陳利害, 而切近人情, 其知識才辨, 謀爲氣槩, 又足以震耀, 而張皇之, 使聽者, 欣然而
不知倦, 非王氏之比也. 然語道學, 則迷大本, 論事實, 則尙權謀, 衒浮華忘本實, 貴通
達, 賤名檢, 此其害天理, 亂人心, 妨道術, 敗風敎, 亦豈盡出王氏之下也哉?";『朱子
大全』권24, 與汪尙書書;『朱子大全』권41, 答程允夫 ; 蔣義斌,「朱熹之排佛及其
對王安石之評價」,『史學彙刊』13기.
205)『高麗史』권115, 列傳28 李穡(하, 522·526).
206) 牧田諦亮 外著, 梁銀容 譯,『中國佛敎史槪說』, 원광대출판부, 1994, 168~177쪽.

었다.207)

이색은 이러한 원 성리학을 받아들이고 도통의 계승자로서 원의 허형을 제시하였다. 이색은 성인의 도가 선후 성현들 사이에 전해온 密志인 16자 心法의 道統, 道學 의식을 견지했고,208) 유교의 도통이 공자·증자·자사·맹자,209) 송의 주렴계와 정이천, 그리고 元의 허형에게 전수되었다고 하였다.210) 다른 글에서는 주자(고정선생)가 나오고 이학이 정미하였으며 노재 허형이 이를 같이했다고 하였다.211) 즉 이색은 요·순에서 시작된 儒敎의 道가 이민족 元으로 전해졌다고 보는 것이다. 이색은 원 성리학을 수용함으로써 이민족과 이민족의 종교에 대한 비판에 소극적이었다. 이색은, 주자가 한족과 이민족과의 관계를 정통 주자학과 불교로 대치시키고 오랑캐의 종교인 불교를 비판한 것과 달리, 이민족인 원을 존중하고 오랑캐 종교인 불교를 긍정하였다.

유불동도, 유불동원이라는 이색의 입장은 당시 유학자들의 공통된 생각으로 보인다. 이는 원천석의 삼교일리론212)에서 보다 구체적으로 확인된다.213) 우왕 13년(1387)에 如如居士의 말을 빌리는 방식으로 원천석은

207) 文喆永,「麗末 新興士大夫의 新儒學 수용과 그 특징」,『韓國文化』3, 1982.
208)『牧隱集』文藁 권10, 仲至說 ; 詩藁 권7, 讀書.
209)『牧隱集』文藁 권5, 淸香亭記.
210)『牧隱集』文藁 권9, 選粹集序.
211)『牧隱集』詩藁 권6, 有感四首 "……考亭夫子出 理學通精微 魯齋行同嗜……."
212) 유불도 삼교일리론은 송대 승려의 글에서 따온 것이다.『운곡시사』의 삼교일리론 병서는 서문과 시로 구성되어 있는데, 이는 顔丙(호 如如居士)의『三敎語錄』의 三敎一理論과 三敎无諍頌을 조합한 것이다. 삼교가 鼎立의 형태를 취한 중국에서 도교와 불교 간의 다툼이 심했다. 이른바 三武一宗의 法難으로 불리는 불교 박해는 한결같이 崇道抑佛정책과 관련 깊다. 특히 唐 武宗 회창 5년(845)의 폐불과 後周 世宗 현덕 2년(955)의 폐불은 송대에까지 영향이 남아 있었다. 그러므로 이국치세의 구원이념으로서 세상에 역할을 행하는 데 쟁투를 없애기 위하여 삼교무쟁송을 남겼다(양은용,「운곡 원천석 삼교일리론의 연원」,『원주학연구』3, 2002 ; 趙明濟,「高麗末 士大夫의 儒佛一致論과 그 意義」,『民族文化論叢』27, 2003).
213) 都賢喆,「元天錫의 顔回的 君子觀과 儒佛道 三敎一理論」,『東方學志』111, 2001.

유교·불교·도교의 핵심사상을 비교하고 결국 이치는 하나라고 하였다. 유교는 이치를 궁구하여 본성을 다하는 것(窮理盡性), 불교는 마음 밝혀 본성을 보는 것(明心見性), 도교는 참됨을 수련하여 본성을 단련하는 것(修眞鍊性)을 주 내용으로 하므로 三敎는 모두 人性을 중시하였다는 점에서 같은 이치라고 파악한다.[214] 이는 원천석이 인간의 본성, 도덕심을 중시하고 節義로 나갈 수 있는 근거를 제시한 것으로 이해할 수 있다. 인간의 본성, 도덕적 본질에 충실함으로써 인간으로서 당연히 지켜야할 도리를 인식할 근거를 마련할 수 있기 때문이다.

그렇다면 불교와 같은 이단에 대해 비판적인 주자학을 수용하고도, 오히려 주자학과 불교의 유사점에 주목하고 유불동도론을 전개한 이유는 무엇인가. 이는 주자학이 고려왕조의 재건을 위하여 수용되었고, 따라서 불교·도교의 병존과 조화를 모색할 수밖에 없었던 고려의 사상계와의 절충을 시도한 결과이다.

고려후기 성리학은 원과의 관계가 긴밀한 관계 속에서 수용되었다. 안향·이제현·이곡·최해 등의 초기수용자는 고려뿐만 아니라 원 과거에 급제한 인물이다. 이들은 원의 부당한 간섭에 비판의식을 견지하였으면서도, 원을 천자국으로 하고 고려를 제후국으로 하는 전통적인 사대 관계를 유지하고, 원을 천자국으로 하는 동아시아의 질서 속에서 고려의 위상을 찾고자 하였다. 무신집권기에 무신들에 의해 국왕의 폐위와 즉위가 반복되

---

214) 『耘谷行錄』권3, 三敎一理幷序 "如如居士三敎一理論云, 三聖人同生有周, 主盟正敎, 儒敎敎以窮理盡性, 釋敎敎以明心見性, 道敎敎以修眞鍊性. 若曰, 齊家治身, 致君澤民, 此特儒者之餘事. 若曰, 啬精養神, 飛仙上昇, 此特道家之祖迹. 若曰, 越死超生, 自利利人, 此特釋氏之荃蹄矣. 要其極處, 未始不一. 由此觀之, 三聖人之設敎, 專以治性, 所謂, 盡之鍊之見之之道. 雖有小異, 歸其至極廓然瑩澈之處, 皆同一性, 何有所窒礙哉? 但以三聖人各有門戶, 門之後徒各據宗旨, 皆以是已非人之心互相詆警, 殊不知各人胸中, 三敎之性明然具在也. 騎驢者笑他騎驢, 良可惜哉. 因寫四絶, 以繼居士之志云."

고 몽고의 침입에 의하여 추락한 왕실의 권위, 왕조의 절대성을 회복하려고
하였던 것이다. 성리학은 오륜을 기초로 한 명분을 인간관계에서 반드시
지켜야 할 합당한 도리인 '當然之則'으로 파악한다. 즉 군에 대해서 신,
부는 자, 천자는 제후에게 주어진 직분과 분수에 충실하도록 요구한다는
것이다. 이러한 원리에 따르면 원 천자를 정점으로 하는 상하질서를 天理로
서 받아들이게 되고, 제후국인 고려국왕은 이러한 질서에서 위상을 확보할
수 있게 된다. 따라서 성리학은 국왕의 권위 회복에 기여하게 되고, 국왕을
정점으로 하는 지배질서의 안정을 도모할 수 있게 한다. 이는 무신집권기와
몽고와의 항쟁 과정에서 실추된 왕권의 정통성이나 권위가 성리학의 명분
론을 통하여 확보되는 논리 근거를 마련해 주는 것이다.

　이색은 왜구와 홍건적의 침입이라는 대외적 위기와 정치기강의 해이,
관리의 부패, 농민 몰락으로 나타나는 위기상황을 심각하게 이해하지 않았
으며 오히려 당시 사회가 태평성대와 다름이 없고[215] 更化의 시기로서
나라의 생기가 넘치고 있다고 보았다.[216] 사회변동의 원인으로 지목된
불교에 대하여, 부처를 大聖人이라고 하거나 至聖·至公이라고 긍정하는
가운데 현실적 폐단만을 문제 삼았다.[217] 敬 중심의 성리학을 받아들이고
성리학과 불교의 심성·수양론의 유사점에 유의한 이색은 사회문제를 해결
하는 데에도 인간의 심성·수양론에 주안점을 둔다. 교화의 실현, 사회질서의
핵심은 인간 본성의 수양 여하에 달려 있다고 보는 것이다. 따라서 당시의
사회변동을 법과 제도의 개폐와 같은 구조적이고 체제적인 문제로 접근하
기 보다는 인간의 수신·수양론을 기반으로 윤리도덕을 회복함으로써 해결

---

215)『牧隱集』文藁 권8, 贈宋子郊序 "中原多故以來, 我東方崇儒右文, 無異太平之世."
216)『牧隱集』文藁 권7, 送江陵道按廉金先生詩序 "及今更化, 朝着肅穆, 物於國者,
　　振振有生意."
217)『高麗史』권115, 列傳28 李穡(하, 525) "服中上書曰……佛氏入中國, 王公士庶尊而
　　事之, 自漢迄今, 日新月盛.……佛大聖人也……佛者至聖至公……."

할 수 있다고 보았다.

　이색은 고려의 지배체제를 전제하고 운영상의 개선을 주장했던 것과 같은 맥락에서, 왕조의 지배이념인 불교를 긍정하고 불교와 연결된 구래의 기반을 존중하였다. 이색은 이단 배격에 철저한 주자학을 수용하였지만 고려의 지배층으로서 기존의 질서와 이념에 충실하였고, 체제를 부정하는 어떠한 종교나 세력도 용납하지 않았다. 현실을 바라보는 긍정적인 입장이 고려의 지배이념인 불교를 긍정하게 만들고, 불교와 새로이 수용된 주자학의 근본정신이 궁극적으로 같다는 유불동도론을 전개하게 하였던 것이다.

　따라서 이색의 성리학과 유불동도론이라는 학문적 경향은 정치적으로는 고려가 당면한 과제인 왕권의 강화, 왕실의 권위를 회복하여 지배질서를 안정시키려는 것을 의도한 것이며, 개인적으로는 인간의 고유한 본성, 도덕적 본심을 중시하고 그 논리에 충실함으로써 節義·道學으로 나갈 수 있는 사상적 근거를 제시하려는 것이기도 하다.

　② 儒佛 병존적 禮制 認識
　이색은 성리학의 예제, 곧 『주자가례』에 입각한 관혼상제의 四禮를 시행하고자 하였다. 이색은 고려의 왕실 중심의 오례 체계를 그대로 인정하는 가운데 사대부의 가례를 수용하였고, 성리학에 기초한 예적 질서를 실현하되 현실에 강고히 뿌리 박혀 있는 불교나 민간신앙 등의 예제를 용인하였다.

　이색은 성리학적 질서를 지향하여 성리학의 세계관과 인간관, 同氣感應說에 입각한 生死觀을 견지했지만, 유불도 삼교가 결합된 고려의 예제를 참작하였다. 이색은 동일한 기에 의하여 조상과 후손을 설명하는 동기감응설을 주장했다. 이색은 魂氣는 본래 家廟에 머무르는 것이지만, 고려에서는 가묘제가 시행되지 않아 魂氣가 자손에게 의지하므로, 侍墓하면서 魂氣를

제사하여도 도리에 어긋나지 않는다고 하였다.218) 게다가 제사 관행에서도
처가쪽 제사에 적극적으로 참여하는 등 父系에 편중하는 모습은 보이지
않았다.219) 성리학을 학습하면서도 종래의 관행을 따랐던 것이다.

  이색은『주자가례』가운데 특히 喪禮와 祭禮의 보급에 주력했다. 이색은
공민왕 6년 三年喪制를 시행하도록 건의하여 관철시켰다.220) 성종 4년
五服制度가 완성되었고 尉紹와 같이 삼년상을 행한 경우221)도 나타난다.
그런데 고려의 삼년상은 三年略喪制였다. 오복제도에서 3년상을 규정하고
있기는 하지만 백일동안의 휴가를 주도록 하고 있다. 이는 3년상을 지내되
百日給暇로 백일간 在家服喪하고 나머지는 공무를 보고 歸家하여 服을
입도록 한 것이다. 三年略喪制를 허용한 취지는 仕宦을 통해서 생활의
보장을 받을 수밖에 없는 班族의 여망에 부응하려는 것이었다.222) 이색은
이러한 三年略喪制를 변형된 형태로 파악하고 정식의 三年喪制를 주장하였
던 것이다. 그리하여 공민왕대 윤귀생, 우왕대 정습인·권거의·정몽주 등
선진적인 학자들이 삼년상, 廬墓終制223)를 행하였다.

  이러한 삼년상제와 여묘제는 불교식 예제를 대신해서 유교식 예제를
보급하고 확대하는 길을 열었다. 그러나 잦은 병란과 경제적 어려움, 그리고
불교 禮制의 존속은 이를 어렵게 만들었다. 예를 들면 홍건적의 침입으로
忽赤·忠勇·三都監·五軍 등의 군직이 삼년상제에서 제외되었고,224) 불교의
영향으로 100일상·易月制·火葬(茶毘)이 행해지고, 빈소를 사원 내에 두며,

218)『牧隱集』文藁 권7, 贈金判事詩後序.
219) 이종서,「高麗後期 이후 '同氣' 理論의 전개와 血緣意識의 變動」,『東方學志』
    120, 2003.
220)『高麗史』권39, 世家39 恭愍王(상, 778).
221)『高麗史』권121, 列傳34 尉紹(하, 649).
222) 李弼相,「高麗時代 服制의 研究」,『韓國史論』2, 1975, 174~179쪽.
223) 廬墓는 古禮가 아니지만 고려시기에 풍속을 교화하고 유교적 예제를 전파하는
    데 기여한다(李友石,「麗末鮮初의 廬墓制」, 건국대 석사논문, 1996).
224)『高麗史』권65, 志19 禮6 五服(공민왕 8년 12월)(중, 429~430).

사원에서 제례가 행해지고 있었다.[225]

『주자가례』에 입각한 예제를 보급하려는 이색은 당시에 3년상이 시행되지 못하는 이유로 起復制[226]를 들고 있다.

이것으로 본다면 지금 천하의 喪祭를 말하면 그 잘못은 대개 반반이다. 우리나라의 服제도를 상고하건대 3년상에 대해서는 휴가를 100일 주고 그 나머지는 각각 차례대로 낮추는 것으로 되어 있다. 과연 100일을 가지고 3년상을 치르도록 하다면 小祥·大祥·禫祭들도 모두 100일 안에 해야 한다. 그런데 지금은 그렇지 않다. 1년째 小祥, 2년째 大祥, 한달 건너 禫祭에 모두 휴가가 있다. 그러니 모두 27개월이 되는 것이 분명하다. 또 휴가란 관직에 있는 자를 대상으로 말한 것이다. 휴가가 끝나면 마땅히 일을 보아야 한다. 길한 일과 흉한 일에는 禮式이 다르므로 服을 벗지 않을 수 없다. 그러나 나머지 사람들은 무엇 때문에 스스로 복을 벗는단 말인가. 또 복을 벗었더라도 술을 마시지 않고 고기도 먹지 않고 내실에 출입하지 않으면서 3년을 心喪으로 하는 것이 옳을 것이다. 그런데 말하기를 나는 휴가도 다 끝나고 복도 이미 다 벗었다고 하면서 하지 않는 짓이 없는 자들이 있는데, 또한 깊이 생각하지 않아서 일뿐이다. 그 폐단의 근원을 생각해보면 관직에 있는 자의 휴가에 있다. 起復이 널리 보급되어 無職者가 그것을 본받게 되고 서민들까지도 그를 본받아 구차하고 간략한 것을 그대로 답습하다 드디어는 그것이 잘못임을 알지도 못하게 된 것이다.[227]

---

225) 柳洪烈, 「朝鮮 祠廟發生에 대한 一考察」, 『韓國社會思想史論攷』, 1982, 4~9쪽 ; 許興植, 「佛敎와 融合된 社會構造」 ; 「佛敎와 融合된 王室의 祖上崇拜」, 『高麗佛敎史研究』, 1986.

226) 起服(奪情)은 苫塊 즉 土塊를 베개로 삼고 草席에서 잔다는 父祖의 居喪에서 몸을 일으켜 官職에 복귀한다는 말이다. 기원은 중국 춘추전국시대에 兵亂과 같은 국가가 위급한 사태에서 유래한다. 후대에 와서는 반드시 兵亂이 아니더라도 국사를 거상 중에 당하면 관인은 출사할 수 있었다. 고려에서는 성종대 이후 유교 정치이념이 확대되면서 행해졌다. 초기에 해당 소재관사나 왕명에 의해서 시행되었으나 여말에 와서는 기복령을 무시하고 출사한 예가 있었다(李熙德, 「起復慣行에 대하여」, 앞의 책, 208~215쪽).

이색은 喪制 폐단의 원인을 在官者의 起復禮의 범람, 즉 관인에 대한 기복의 적용이 점차 무직자와 서민에게까지 확대된 것에 있다고 보았다. 이는 원칙적으로 고려의 기복제를 옹호하는 입장에서 관직자에 의하여 잘못 운영되고 있는 기복제의 폐단을 지적한 것이다.

한편 이색은 三年正喪制의 주장과 아울러 家奴에 의한 '代守'에 대해서도 지적하였다. '代守'란 부모의 상을 당하여 葬禮를 치른 후 墳墓 옆에 廬幕을 짓고 돌보는 일을 喪主가 하지 않고 노비가 대신하는 것을 말한다. 성종 때부터 노비가 廬墓에 참여하게 되고 이것이 노비의 免賤기회로 이용되었다.[228] 이색은 喪主에 의한 親行廬墓制의 당위성을 알면서도 적극적인 개혁을 주장하지 않았다. 이색의 아버지 이곡은 당시 사대부가 家奴를 시켜 수묘케 하고 끝마치면 노비의 신분을 벗어나게 하니 家奴들이 다투어 하려고 한다고 당시 사정을 말하였다.[229] 충숙왕 후8년(1339) 5월에 監察司에서 "부모의 분묘를 자신이 지키지 않고 家奴로서 대신하니 어찌 孝라고 할 수 있는가"라고 비판하여 대리 守墓를 엄금하였다.[230] 그럼에도 불구하고 노비에 의한 代守는 國俗으로 행해졌다. 이색은 김광재가 몸소 수묘를

227) 『牧隱集』 文藁 권7, 贈金判事詩後序 "由是觀之, 擧今天下喪制, 得失盖相半矣. 按本國服制圖, 三年喪, 給暇一百日, 餘各以次而降, 果以百日爲三年, 則祥禫在百日 內矣. 今也不然. 朞而小祥, 再朞而大祥, 中月而禫, 皆有暇, 其爲二十七月明矣. 且暇 者, 爲在官言也. 暇盡當視事. 吉凶不同器, 服得不除也. 餘人何與焉, 而自除服乎? 服雖除, 不飮酒, 不食肉, 不處內 心喪三年可也. 乃曰, 吾暇已盡矣, 吾服已除矣, 而無所不爲者, 盖亦不思而已矣. 原其弊在於在官者之暇, 起復之泛及, 而無職守者 效之, 而民庶又效之, 因循苟簡, 遂不知其失焉耳."
228) 『高麗史』 권85, 志39 刑法2 奴婢(성종 6년 7월)(중, 877) "六年七月教, 放良奴婢, 年代漸遠, 則必輕侮本主, 今或代本主, 水路赴戰, 或廬墓三年者, 其主告于攸司, 考閱 其功, 年過四十者 方許免賤."
229) 『稼亭集』 권9, 寄朴持平詩序 "近世士大夫, 多令家奴代之, 終且私爲復其身, 任其所 之. 故爲奴隸者爭欲爲之."
230) 『高麗史』 권85, 志39 刑法2 禁令(忠肅王 後8년 5월)(중, 865) "後八年五月, 監察司牓示 禁令,……一古者, 葬先遠日, 所以禮葬, 今士大夫例用三日葬, 殊非禮典與. 又有不躬 廬墓, 以奴代之, 焉得爲孝? 並宜禁之, 犯者科罪."

186

행한 것은 재상으로서 드문 일이라고 찬양하였다.231) 이색은 代守현상이
國俗化되어 있다고 당연시 여기고 이를 금단하는 어떠한 견해도 표시하지
않았다. 이색은 성리학에 기초한 예제의 실현을 목표로 하지만 현실에
잔존하는 구래의 예제·예속을 존중하였던 것이다. 달리 말하면 예제의
문제에 있어서도 그 뿌리가 깊고 튼튼히 박혀 있는 구래의 예제와 예속을
갑자기 개혁하기는 어렵다는 현실인식이 반영된 것이다.232)

　　또한 이색은 전해오는 기존의 예제에 대하여 온건한 입장을 취하였다.
이색은 『주자가례』에 입각하여 正統 (大義)名分을 중시하면서도 私恩은
무시할 수 없고 마땅히 실정을 참작해야 한다고 하였다. 士大夫家祭儀에서
'人情과 事勢에 불편한 것은 반드시 宗法에 구애받을 필요가 없다'233)고
천명한 것과 같은 맥락이다. 주자학에 기초한 예제의 실현을 목표로 하지만
인정과 사세에 의하여 예제가 변경될 수 있음을 승인한 것이다. 이색은
고려의 지배질서와 이념을 옹호했듯이 고려의 예제를 받아들였다. 이는
公義·正統이라는 주자학적 예론을 지향하면서도 현실의 불가피성을 용인
한 것이다. 대의인 公과 人情·情理는 상충하는 면이 있기는 하지만, 기강을
세우고 사회질서를 유지하는 중요한 논거·수단이 된다는 점에서 적극적으
로 활용하려고 하였던 것으로 해석할 수 있다.

　　이러한 입장은 관혼상제의 사대부예를 주장하면서도 불교식 영정을
인정한 것에서도 확인된다. 주자학 이전의 祭禮는 종묘에서 쓰이는 神主보

---

231) 『牧隱集』 文藁 권17, 松堂先生金公墓地銘幷書 "俗守父母墳, 多以奴代之, 私爲復其
　　身, 先生不忍褻其親, 躬行之, 盖近世宰相所未有也." ; 李友石, 앞의 글, 13~15쪽.
232) 『高麗史』 권117, 列傳30 李詹(하, 580) "成均博士金貂上書曰,……議者謂此二弊根深
　　蔕固, 不可遽革."
233) 『高麗史』 권64, 志17 禮5 大夫士庶人祭禮(중, 411~412) "頒行士大夫家祭儀, 四仲月
　　祭曾祖考妣祖考妣考妣三代, 嫡長子孫主祭,……外祖父母, 及妻父母無主祭者, 當
　　於正朝端午中秋 及各忌日用俗祭儀祭之行禮儀式一依朱文公家禮, 隨宜損益.……
　　卓右宗子祭法, 自今中外, 遵守以成禮俗, 其中有人情事勢不便者, 不必拘宗法."

다는 影幀 또는 塑像을 마련하고 제례를 행했다. 이색은 불교 승려와 교류하는 가운데 불교식 제례의 장소로 쓰이는 影堂에 대하여 아무런 의문을 표시하지 않고 있다. 그는 天寶山 檜巖寺를 재건할 때 건물의 구성을 논의하면서 影堂을 배치할 것을 언급하였고,234) 巨濟縣 牛頭山 見菴禪寺 중수기에서는 절 동쪽 모퉁이에 懶翁의 影堂을 세워 추모하는 뜻을 기리고 있다.235) 또 명의 건국을 칭송하는 글에서 정월 초하루에 兩府의 재상이 歲事를 王輪寺 影堂에 고한 사실을 기록하고 있다.236) 송대 사마광의 예제에서 보여지듯이 가묘에는 影幀·塑像·畵像보다는 神主를 모시는 것이 강조된다.237) 그 점에서 불교적 색채를 느끼게 하는 影幀·塑像보다는 位牌나 神主를 사당에 모시고 제사지내는 것이 유교의 본래적인 의식에 부합하는 것이라고 할 수 있다. 따라서 『주자가례』의 수용과 아울러 影幀을 모시는 사당인 影堂보다는 신주를 모시는 家廟가 적극 보급될 수밖에 없는 것이다. 주자서를 도입한 안향은 승려가 부처에게 예불하는 것처럼 주자의 화상을 모시고 예불하는 태도를 취하였다.238) 고려의 儒佛道의 영향 아래 불교식 방법에 의하여 주자학을 대면하는 고려 지식인의 모습을 보여준다. 유학자인 이색은 불교를 긍정하는 입장에서 기존의 불교식 예제를 받아들인 것이다.

이색은 유교 이외의 도교에서 연유하는 예제·예속도 긍정하였다. 그는 도가의 풍습으로 널리 알려진 '庚申守歲'를 소극적으로 받아들였다. 三尸蟲이 사람의 잘못과 실수를 기억하고 있다가 섣달의 경신일에 잠을 자면 상제에게 讒言을 한다는 말을 믿고 잠을 자지 않는 딸을 딱하게 여기고

---

234) 『牧隱集』 文藁 권2, 天寶山檜巖寺修造記.
235) 『牧隱集』 文藁 권2, 巨濟縣牛頭山見菴禪寺重修之記.
236) 『牧隱集』 文藁 권11, 受命之頌.
237) 上田春平, 「朱子の家禮と『儀禮經典通解』」, 『東方學報』 54, 1983, 225~233쪽.
238) 『高麗史』 권105, 列傳18 安珦(하, 324) "晩年常掛晦庵(朱熹)先生眞, 以致景慕, 遂號晦軒."; 梶村秀樹, 「家族主義の形成に關する一試論」, 앞의 책, 42쪽.

있다.239) 그리고 이색은 長湍 北里의 郞將 李延의 집에서 열린 香徒240)모임
에 참여하여 주연을 같이하였고,241) 부모와 조상의 복을 비는 盂蘭盆會242)
에 참여하여 지난 허물을 씻고 청정하게 살아가고자 다짐하였다.243) 이처럼
이색은 유학자로서 불교나 도교를 이단으로 보았지만 그 이념이 교화의
실현에 기여한다고 보았던 것이다.

이색의 유불병존적 예 인식은 고려의 지배질서에 대한 견해와 직결된다.
이색은 주자학적 예제를 제시한다는 점에서 기존의 예제·지배질서에 비판
적이었지만, 불교와 도교 같은 이단의 효용을 긍정하였고 유불동도론,
유불병존적 예제를 주장하여 구래의 지배이념을 존중하였다. 말하자면
이색은 현실에 존재하는 지배이념 혹은 지배관계를 전제하는 가운데 주자
학의 예제인『주자가례』를 받아들였던 것이다.


### (2) 왕안석 인식

이색은 원으로부터 성리학을 수용하였고, 고려의 불교나 유학사상을
대신해서 현실정치의 이념기반으로 활용하고자 하였다.244) 이색은 주자학

---

239)『牧隱集』詩藁 권6, 十二月十六日庚申 是夜 兒女達旦不睡 ; 권13, 十二月二十日庚
申 移寓妙覺洞權判閣家 ; 詩藁 권20, 昨夜庚申熟睡達旦 ; 呂運弼,『李穡의 詩文學
研究』1995, 219~220쪽.

240) 고려시기 香徒는 불교신앙에서 출발하여 불탑·석탑·사찰 등의 조성을 위한 기능을
수행했지만, 후기에 들어가면서 齋會·燒香·念佛·상부구조의 공동체적 기능이 주로
강조되었다(蔡雄錫,「고려시대 향촌지배질서와 신분제」,『한국사』6, 1994 ;『高麗
時代의 國家와 地方社會』, 서울대학교 출판부, 2000).

241)『牧隱集』詩藁 권35, 李郞將延家, 會香徒設醴, 老夫往與其間, 微醉先出.

242)『盂蘭盆經』은 餓鬼道에 빠진 어머니를 구출하는 내용으로 되어 있는데, 음력
7월 15일 보름달에 盂蘭盆會를 지내면 그 공덕으로 선조 및 현세의 부모가 고통에서
벗어날 수 있다고 한다(李熙德,「佛家에서의 孝」, 앞의 책, 268~270쪽).

243)『牧隱集』詩藁 권24, 朝雨 "盂蘭盆會遍僧家 檀越成群笑語譁 獨對圓通蹋蓮葉 却從廣
濟借荷花 浮雲浩浩隨風轉 小雨絲絲帶日斜 滌盡往愆淸淨甚 何須忍苦伴煙霞." ;『牧
隱集』詩藁 권35, 孟秋望日 記事有感.

의 16자 心法의 도통론245)을 전제하면서 유교의 도가 요·순을 거쳐 공자,
맹자에게 전해졌고246) 송대의 주렴계와 정이천을 거쳐 元의 허형에게
이어졌다고 하였다.247)

   이색은 원 관학 주자학을 받아들였으므로 정치사상적으로 왕안석에
대하여 비판적이었을 것으로 추측할 수 있다. 주자학의 도통의 계보에서
벗어나 있는 왕안석에 대해 비판적 입장을 취하는 것은 논리적으로 당연한
것이기 때문이다. 이색의 좌주인 이제현은 충선왕이 송의 역사를 읽으면서,
구법당 계열 인사가 수록된 名臣傳에 대해서는 경모하였고, 정위·채경·장돈
등 신법당 계열이 수록된 姦臣傳에 이르러서는 주먹을 쥐고 이를 갈지
않은 때가 없었다고 전하였다.248) 이색의 아버지인 이곡은 사마온공이
신법의 폐단을 논해서 형공(왕안석)의 간사하고 음특함을 밝혔으니, 이는
진실로 천하의 재물이 일정한 수가 있고 사해의 백성이 일정한 수가 있음을
아는 것이라고 하였다.249)

   그런데, 이색은 당송팔대가의 한 사람인 문학가로서 왕안석을 긍정하였
다. 이색은 당송의 고문론을 통하여 형식과 수사에 얽매이는 騈儷文보다는

---

244)『益齋亂藁』 櫟翁稗說 前集 "其後白彛齋頤正, 從德陵, 留都下十年, 多求程朱性理之書
   以歸, 我外舅政丞菊齋權公得四書集註, 鏤板以廣其傳學者, 又知有道學矣." ;『謹齋
   集』襄陽新學記 "今者區宇混一, 而民不知兵, 聖學重興, 子弟日盛, 宜置學校養育人
   才." ;『高麗史』 권112, 列傳 25 白文寶(하, 452) ;『高麗史』 권115, 列傳28 李崇仁(하,
   540).
245)『牧隱集』 권10, 仲至說 "虞夏書所載格言甚衆, 十六字傳心之語, 可見危微之辨,
   精一之功 所以至夫道之準的也."
246)『牧隱集』 文藁 권5, 淸香亭記.
247)『牧隱集』 文藁 권9, 選粹集序.
248)『櫟翁稗說』 前集1 "常使僚佐讀宋史, 端坐以聽, 至李沆王旦富韓范歐陽司馬諸名臣
   傳, 必擧手加額, 以致景慕之思, 至丁謂蔡京章惇等奸臣傳, 未嘗不扼腕切齒, 其好賢
   疾惡, 盖天性云."
249)『稼亭集』 권13, 鄕試策 "故司馬溫公, 以此論其新法之弊, 以折荊公之姦, 是知天下之
   財信有是數, 四海之民信有是數."

190

실질에 맞고 시의에 맞는 문장론 곧, 유학의 바른 도리를 담고 현실사회에 유용하게 쓰이는 문장론을 주장하였다. "평소에 다른 것은 바랄 게 없음을 믿지만, 남은 힘으로 오히려 고문을 배울 수 있네"250) "홀로 고문을 지향하니 누구에게 꺼릴 것이 없네, 늘 새로운 대상을 만나니 나의 肝膽이 꺾이네"251) 라고 하여 고문 지향의 뜻을 보여주었던 것이다. 본래 그는 자신의 문학이 소식·왕안석과 같은 중국의 고문론자를 답습하고 본받으려는 데에서 출발 하였다252)고 술회하였다. "나는 東坡의 시를 사랑하는데 호탕한 기상이 속세를 뛰어넘기 때문이라네"253) "왕안석(半山)의 절의와 문장은 천지처럼 홀로 뛰어나네"254)라는 표현이 그러한 사실을 보여준다.255) 또한 왕안석의 "風定花猶落 鳥鳴山更幽"를 用事256)하여 "風定餘花猶自落 雲移小雨未全 淸"257)이라 하였다.258) 고문으로 이름을 떨쳤던 구양수·증공·소식·왕안석 등을 찬양하며 자신의 문학론의 기초로 삼았던 것이다.

이색은 고문론에서 주자류와 왕안석류를 결합하여 이해하려고 하였다.

韓吏部(韓愈)는 태산북두와 같은 존재인데,
힘써 이단을 배척하여 우리 학문을 바른 길로 이끌었네.

---

250) 『牧隱集』 詩藁 권6, 又賦二首自歎.
251) 『牧隱集』 詩藁 권17, 夏日卽事.
252) 『牧隱集』 詩藁 권4, 梁州謠寄梁州任使君 ; 詩藁 권17, 吾生.
253) 『牧隱集』 詩藁 권33, 述懷.
254) 『牧隱集』 詩藁 권13, 紀事.
255) 이색은 왕안석의 시를 활용하고 높이 평가하고 있다(『牧隱集』 詩藁 권9, 卽事 ; 詩藁 권16, 卽事 ; 詩藁 권19 浩歎).
256) 한문학에서 前人의 詩語를 일종의 典故로 쓰고 原詩가 가지고 있던 문학적 함의를 끌어와 자신의 시속에 담는 것은 일반적인 일이다. 用事는 前代의 故事를 끌어와 자신의 작품 속에 새로이 말을 만들어서 쓰거나, 前代의 작품에 쓰였던 文學語를 그대로 또는 변형을 한 채 가져와 자신의 새 작품에서 쓰는 경우이다.
257) 『牧隱集』 詩藁 권21, 卽事.
258) 卞鍾鉉, 『高麗朝漢詩硏究』, 太學社, 1994, 255~257쪽.

歐(陽修)·王(安石)·曾(鞏)·蘇(軾)은 송대에 으뜸이라,
그 사이의 작가들은 모두 빛을 잃었네.
程朱道學은 천지와 짝지어 해와 달과 더불어 서서히 도네.
梁의 『文選』, 唐의 『文粹』, 宋의 『文鑑』과 『通典』, 『通考』에는 정수가 담겼
　　네.
웅장한 내용과 뛰어난 글귀가 더욱 빛나
정밀하게 관찰하고 널리 수집해서 취사했네.……259)


　공자는 堯舜을 조술하고 문왕과 무왕을 법으로 삼아, 詩와 書를 간추려
엮고, 禮와 樂을 정하였다. 이것으로 政治를 밝히고 性情을 바르게 하여
풍속을 가지런히 함으로써 만세가 태평할 근본을 세웠다. 이른바 인류가
생겨난 이래 공자만큼 위대한 이는 일찍이 없었음을 믿지 않을 수 있겠는가?
그러나 秦의 분서갱유로 인하여 불타버리고, 겨우 일부가 공자가 살던
집의 벽에서 나왔다. 그래서 詩와 書의 도는 희미하게 사라지고 어지러워지
더니, 唐에 이르러 韓愈가 홀로 공자를 존중할 줄 알아 문장이 크게 변하게
되었다. 그러나 原道 한편에서 잘되고 빠진 부분을 알 수 있다. 송대에는
한유를 종사하고 고문을 배운 이는 歐陽修 등 몇 사람뿐이다. 공자와
맹자의 학문을 강명하고 불교와 도교를 배척하여 만세를 교화함에 있어서
는 周濂溪 程伊川의 功이다. 송이 망하고 그 설이 북으로 흘러 魯齋 許先生이
그 학문으로 세조를 도와 中統 至元의 정치가 모두 여기에서 나왔다.260)

---

259) 『牧隱集』 文藁 권9, 贈金敬叔秘書詩序 ; 詩藁 권10, 寄金敬叔少監 "泰山北斗韓吏部,
　　力排異端仍補苴, 歐王曾蘇冠趙宋, 中間作者皆丘墟, 程朱道學配天地, 直揭日月行
　　徐徐, 梁選唐粹宋文鑑通典通考精英儲, 雄文傑句並晃輝, 精鑑博採相乘除,……."
260) 『牧隱集』 文藁 권9, 選粹集序 "孔氏祖述堯舜, 憲章文武, 刪詩書, 定禮樂, 出政治,
　　正性情 以一風俗, 以立萬世大平之本. 所謂生民以來, 未有盛於夫子者, 詎不信然,
　　中灰於秦, 僅出孔壁 詩書道缺, 泯泯棼棼, 至于唐韓愈氏, 獨知尊孔氏, 文章遂變,
　　然於原道一篇, 足以見其得失矣. 宋之世, 宗韓氏學古文者, 歐公數人而已. 至於講明
　　鄒魯之學, 黜二氏詔萬世, 周程之功也. 宋祉旣屋, 其說北流, 魯齋許先生用其學, 相世
　　祖, 中統至元之治, 胥此焉出."

192

　위에서『선수집』의 편찬을 고문과 성리학적 도통론을 통하여 평가하고 있다. 한유(768~824)가 이단을 힘써 배척하여 교화에 도움을 주고, 이것이 구양수(1007~1072)·증공·소식(1037~1101)·왕안석으로 이어졌다고 보아 당송팔대가로 언급되는 인물들을 程朱道學과 연관시키고 있다. 이는 송대에 들어서 한유를 스승으로 하고 고문을 배운 이는 구양수 등 몇 사람이라고 한 것과 통한다고 할 수 있다.

　그런데 성리학적 도통론과 관련해서 程朱道學과 소식·왕안석을 같은 계보로 설명하고 있다. 소식·왕안석은 불교에 미혹되어 유학에 순일하지 못하다고 주자에 의하여 비판받은 인물이다.[261] 그리고 정주도학은 천지와 짝한다고 하면서 양의『문선』, 당의『문수』, 송의『문감』과『통전』,『통고』에는 정수가 담겼다고 하였는데, 양의『문선』, 당의『문수』등은 장구를 다듬는 데 힘썼다고 배척받는 글이다.[262] 모두 성리학에서 문제삼은 것이지만 이색은 이를 정주도학과 연결시켰다. 요·순·우·탕·동중서·한유·정이천·주자로 이어졌다는 도통이 이민족 원나라에게 이어졌다는 것이다. 불교나 도교 그리고 이민족에 배타적인 주자의 도통론를 전제한다면, 원으로의 도통의 계승은 말하기 어렵다. 이색의 생각과 정통 성리학과는 일정한 차이가 있음을 알 수 있다.

　정통 성리학에서는 불교와 같은 이단을 구별하고 비판하지만 이색은 불교와 성리학의 유사점에 유의하였다. 이색이 유교의 敬과 불교의 坐禪을 같은 것으로 본 것은 널리 알려져 있는 사실이다.[263] 이색은 왕안석 계열인 장천각[264]의『호법론』중간본에 발문을 써주며 불교가 혼탁한 세상에

---

『朱子大全』권30, 答汪尙書 "至於王氏蘇氏, 則皆以佛老爲聖人, 旣不純乎儒者之學矣. 而王氏支離穿鑿, 尤無意味, 至於甚者, 幾類俳優, 本不足以惑衆. 徒以一時, 取合人主, 假利勢以行之, 至於已甚. 故特爲諸老先生之所排詆. 在今日, 則勢窮禍極, 故其失人人得見之."
262) 呂運弼,『李穡의 詩文學 硏究』, 태학사, 1985, 53~65쪽.
263)『牧隱集』詩藁 권21, 有感.

쓰이기를 기약하였다.[265] 이단에 미혹되고 잘못된 학문에 몰두했다고 주자가 비판한 왕안석[266]을 이색은 오히려 존중하고 있었던 것이다. 지배질서를 유지하는데 유효하다는 기준에서 성리학을 받아들인 이색은 정통 성리학에 얽매이지 않고 고려의 사상인 불교를 존중하는 가운데 불교와 우호적이고 고문을 제창한 왕안석을 인정하였던 것이다.

한유를 중심으로 하는 고문이 송대의 구양수·증공·소식·왕안석으로 이어졌다는 인식은 사대부들의 고문 지향에서 나온 것이다. 고려시기에는 당송의 문학에 대한 깊은 동경과 이해가 있었고, 문장가로서 한유·소식·구양수·왕안석 등 이른바 당송 팔대가로 알려진 인물의 문학이 널리 소개되고 있었다. 한문학에서는 前人의 시어를 일종의 전고로 쓰는 예가 많고, 用事·新意·新語 등을 둘러싸고 문학상의 논란이 있었으며,[267] 소식·왕안석·황정견 등의 작품을 통한 한문학 이해, 고문공부가 유행하였다. 이규보는 왕안석의 시운에 따라 초당에서 시를 지었고[268] 왕안석이 구양수에게 가한 비평을 편협한 것이라고 비판하기도 하였으며,[269] 임춘은 왕안석이 분전을 이어 조술하고 선왕의 도를 밝혔다[270]고 평가하였다.[271]

---

264) 安藤智信, 「宋の張商英について」, 『東方學』 22, 1961 ; 東一夫, 「王安石の政治理念と信仰生活」, 『王安石新法の研究』, 風間書房, 1970.

265) 『牧隱集』 文藁 권13, 跋護法論 "宋丞相張天覺護法論一篇, 殆萬餘言. 釋僧俊以幻菴普濟大禪師之命, 重刊于忠之靑龍寺 旣訖, 携墨本, 求予跋其尾. 予觀其辭, 率不可解, 然喜關韓歐氏. 韓歐氏吾所師也, 吾實駭焉. 雖然, 五濁惡世, 爲善未必福, 爲惡未必禍, 非佛何所歸哉? 嗚呼! 護法論, 宜其盛行於世也."

266) 蔣義斌, 앞의 논문, 1985.

267) 이에 대한 논의로 다음이 참고된다(趙東一, 「李仁老와 李奎報의 文學思想의 거리」, 『民族史의 展開와 그 文化 上』(碧史 李佑成敎授定年退職紀念論叢), 1990).

268) 『東國李相國集』 권10, 草堂與諸友置酒 取王荊公詩韻各賦之.

269) 『東國李相國後集』 권11, 王文公菊詩議(『東國李相國集』 附錄 白雲小說).

270) 『西河集』 권4, 答靈師書 "王介甫祖述墳典 明先聖之道."

271) 이제현은 正文은 『시경』을 안사준에게 배웠는데 왕안석의 해설을 따랐고, 아동들이 학습하는 『송현집』에 있는 왕안석의 시가 절묘하다고 하였다. 또한 원택의 시는

그런데 고려후기 성리학의 수용은 고문의 의의를 더해준다. 당송시대 고문은 형식과 수사에 얽매이지 않는 복고와 창의를 지향하였는데, 성리학은 이러한 고문의 성격을 강화시켜 나가는 데 이론적 기초를 마련해 주었다. 즉 종래 문장에는 도가 담겨야 하고, 겉꾸밈보다는 내용이 충실해야 한다고 한 것에 대하여, 성리학의 고문론은 여기에서 더 나아가 문장에는 당위적 규범으로서 도덕 곧 삶의 참된 도리(이치)가 담겨야 한다고 주장하였다. 성리학에서 말하는 자연의 법칙과 인간의 도리를 보다 직접적으로 문장 속에 반영되어야 한다고 보는 것이다. 참된 이치와 도덕과 문장을 일원적으로 이해하는 방식이라고 하겠다.

성리학을 수용한 이색은 수기치인이라는 유교 본래의 이념에 충실하였고 도를 문장에 담는다는 '文以載道'적 문학관을 받아들였다.[272] 복중상서에서 문장과 시구를 조탁하는데 마음을 지나치게 쓰지 말고, 성의·정심의 도를 익힐 것을 주장하였다.[273] 이제현이 시부장구에만 매달려 벌레를 아로새기듯이 문장 다듬기만 하는 '雕虫篆刻之徒'를 대신해서 '經明行修之士'라는 새로운 인간형을 제시하였듯이, 이제현의 제자인 이색은 이제현의 고문창도[274]를 계승하고 성리학적 문학관을 견지하였다. 이러한 문학론은 학문의 도와 사물의 이치를 담은 성리학적 문체를 주장하는 것이라고 하겠다.

이색에 의하면, 문장은 외형적 표현으로 마음에 근본하고 있으며 마음의

---

왕안석의 시법을 체득하였고, 월암장로는 시를 지을 때에 왕안석의 시를 본받았다고 하였다(『櫟翁稗說』前集2). 문장가로서 왕안석의 글을 인정하고 있다고 하겠다.

272) 李炳赫,「李穡, 主理的 思想과 求道窮理의 詩」,『高麗末 性理學 受容期의 漢詩 硏究』, 태학사, 1995, 99~109쪽.

273)『高麗史』권115, 列傳28 李穡(하, 524~525) "服中上書曰,……古之學者, 將以作聖, 今之學者, 將以干祿, 誦詩讀書, 嗜道未深, 而繁華之戰, 已勝彫章琢句, 用心大過, 而誠正之功安在?"

274) 金血祚,「益齋의 古文倡導와 그 역사적 의의」,『民族史의 展開와 그 文化 上』(碧史 李佑成敎授定年退職紀念論叢), 1990.

드러남은 시대와 관련된다.275) 문장은 마음에 근거를 두고 있고 마음의
표현은 시대인식과 직결된다. 문학이 시대의 바른 도리를 깨우쳐 줄 때
비로소 효용적 가치를 지닌다고 보는 것이다. 단 시대는 고정된 것이 아니고
변하므로, 문학은 그에 맞추어 변화된 시대와 사회를 담아야 한다. 다시
말하면 도는 시대성과 사회성을 지녀야 하고 문학도 시대와 사회의 모습을
담아야 한다고 보는 것이다. "문장은 나라를 경륜하는 것이고, 도덕은
풍속을 후하게 하는 것이다"276) "문장은 도덕에서 나온다"277)라는 표현은
그것을 말해 준다. 이처럼 이색은 현실변화를 담고 도의 움직임을 문학
속에 담아야 한다는 생각을 가졌던 것이다.278) 그리하여 이색은 시문을
아름답게 꾸미는 일에만 매달리는 학자들을 비판하고, 경서를 통해 性命의
근원을 탐구하고 심성 수양에 힘 쏟을 것을 강조하였다. 성리학의 '文以載道'
적 문학관을 견지하며, 시문을 도학을 담는 틀로서 파악했던 것이다.279)
　이색의 성리학적 문학관은 문장론에서 그대로 나타난다.『동안거사집』
서문에서 글만 보지 말고 그의 행실을 함께 보아야 한다고 하였다.

　　맹자가 옛 사람을 벗삼는 것을 의논해 말하기를 "그 사람의 詩를 외우고
　그 글을 읽으면서 그 사람을 모른다면 되겠는가? 이 때문에 그 세대를
　의논하게 되는 것이다" 하였다. 나는 일찍이 말하기를 "문장을 의논하는
　것도 또한 이와 같이 해야 한다"고 했다. 문장이란 말의 정수이다. 하지만
　말은 꼭 모두 그 마음의 표현만은 아니고, 모두 그 행하는 일의 실상이다.

---

275)『牧隱集』文藁 권8, 栗亭先生逸藁序 "文章外也. 然根於心, 心之發, 關於時."
276)『牧隱集』文藁 권11, 批答 "盖文章以經邦 道德所以厚俗."
277)『牧隱集』詩藁 권12, 追記素子翔語 "文章出道德 性情均夷夏."
278) 安永勳,「牧隱 李穡論」,『고전작가작품의 이해』, 1998 ; 이성호,「中興詩道의 기치
　　와 扶世道의 이상」,『한국고전문학작가론』, 1998 ; 석상순,「이색」,『韓國文學思想
　　史』, 1998 ; 柳浩珍,「牧隱 李穡의 文學觀」,『漢文學論集』17, 1999.
279) 김훈식,「寒暄堂 金宏弼에 대한 조선시대의 평가와 그 의미」,『東方學志』133,
　　2006, 53~54쪽.

196

漢의 司馬相如, 楊子雲과 唐의 柳宗元, 宋의 王安石의 무리들이 자신들의
말을 글로 나타낸 것은 의논할 것은 없다. 하지만 그들의 行事의 실상을
자세히 살펴보면 입을 댈 여지가 없지 않다. 비유컨대 도살업자가 예불을
드리고 창기가 예절을 배우면 겉으로는 그럴듯해 보이지만 그 근본을
따지면 도살업자이고 창기일 뿐이니, 무엇을 숨길 수 있겠는가? 이것이
바로 시를 외우고 그 글을 읽으면서도 그 세대를 논하고자 하는 까닭이
다.280)

『맹자』를 인용하여281) "옛날의 사람을 논하는데서 그 시를 읊조리고,
그 책을 읽으면서 그 사람을 모른다면 되겠는가? 이 때문에 그 세상을
논할 수 있다"고 하였다. 문장은 사람의 말 중에 가장 정밀한 것이므로,
거기에는 지은 사람의 인격은 물론이고 행실까지 드러난다. 문장은 작자의
인격과 덕행을 표현한다는 것이다. 그런데 송의 왕안석은 한의 양웅·당의
유종원과 함께 그의 행실이 올바르지 못하다고 하였다.282) 왕안석의 문장이
훌륭하지만 그 실상에 문제가 있는 것은, 도살업자가 예불을 드리고 창기가
예절을 배우는 것과 같이, 겉으로는 그럴듯하지만 내용은 볼 것이 없는
것과 같다는 것이다. 이색이 말하는 구체적인 실상(行事)의 내용에 대해서는
불분명하지만, 왕안석이 행한 일은 바르지 못하다고 본 것은 분명하다.

280) 『牧隱集』文藁 권8, 動安居士集序李文公序 "孟子論尙友曰, 頌其詩, 讀其書, 不知其人
可乎? 是以論其世也. 吾嘗謂論文章, 亦當如是. 文章人之言之精者也. 然言未必皆其
心也, 皆其行事之實也. 漢司馬相如·楊子雲·唐柳宗元·宋王安石之徒, 其言之布于
文者, 無得而議, 徐考其行事之實, 有不能不容吾喙. 譬之屠家禮佛, 倡家學禮, 自其外
視之似也. 本之則屠與倡焉. 其可以相掩乎哉? 此所以頌其詩讀其書, 而尤論其世者
也."
281) 『孟子』萬章章句下 "孟子謂萬章曰, '一鄕之善士斯友一鄕之善士, 一國之善士斯友
一國之善士, 天下之善士斯友天下之善士. 以友天下之善士爲未足, 又尙論古之人.
頌其詩, 讀其書, 不知其人, 可乎? 是以論其世也. 是尙友也'."
282) 林熒澤,「고려말 문인지식층의 동인의식과 문명의식」,『牧隱 李穡의 生涯와 思想』,
1997, 304~310쪽.

원 관학 주자학이 구법당 계열의 그것이었고, 이를 받아들인 고려 유학자
역시 구법당 혹은 주자의 입장에서 왕안석을 인식한 결과였다.

그런데, 보다 본질적으로는, 이색이 현실정치에서 구법·구제를 준수하려
는 입장은 왕안석의 신법에 찬동하기 어려웠을 것이다. 구법을 준수하여
기왕의 지배관계를 유지하려는 이색의 견해는 제도를 변경하여 새로운
제도를 창안하려는 신법에 비판적이었던 것이다. 말하자면, 이색은 왕안석
을 고문가로 높이 평가하였지만, 신법의 제창을 성인의 도의 구현과 맞지
않는 것으로 보았다.

왕조 개창을 도모한 정도전 등이 문장가로서의 왕안석에 대해 어떻게
인식하였는지는 명확하지 않다. 정도전은 개혁정치, 왕조 교체 과정에서
왕안석을 비롯한 송대 事功의 정치사상을 활용하였다. 『삼봉집』에는 『주자
대전』, 『주자어류』뿐만 아니라 왕안석의 『주관신의』와 『주례정의』, 『산당
고색』 등이 포함되어 있다. 정도전은 개혁정치를 위해서 주자 사상을 핵심으
로 하는 척불론과 정치사상 그리고 왕조교체에 필요한 경세론을 활용하고
자 하였다.283)

문학관과 관련해서 정도전은 주렴계의 '文所以載道也'와 유사하게 '文者
載道之器'라고 하였고, 사장을 배격하고 도덕을 중시하는 성리학의 문이재
도적 문학관을 견지하였다.284) 그는 세상이 타락하여 도덕이 변하여 사장이
된다고 하였는데,285) 이는 당시의 시대상과 함께 성율과 대우어를 읽혀
시부를 짓는 데만 힘쓰는 풍토를 염두에 두면서 종래 技로서 인식되던
사장을 배격하고 문학을 도덕의 범주 속에 끌어들이려는 것이다.286) 또한
「도은문집서」에서 삼국시기부터 당대까지 우리 한문학을 간략히 소개하면

283) 도현철, 「『三峯集』의 전거를 통해본 신유학 수용」, 『東方學志』 145, 2009.
284) 『三峰集』 권3, 陶隱文集序.
285) 『三峰集』 권3, 送楊廣按廉庚正郎詩序.
286) 『三峰集』 권3, 圃隱奉使藁序.

서 이제현에 의해 고문의 학이 제창된데 이어서 자신은 정몽주·이숭인 등과 함께 이색에 의해 흥기된 성명·도덕의 설을 계승하는 입장에 있다고 밝히고 있다.[287] 그런데 정도전이 고문가로서나 성리학적 문학관으로 왕안 석을 평가하는 자료는 현재까지 찾기 어렵다. 주자학의 본령에 충실하려고 했던 그로서는 문이재도적 문학론에 입각해서 성인의 도를 실현하는데 문제점이 있는 왕안석을 긍정적으로 보기 어려운 측면이 있지 않을까 생각된다.

고려말 이색은 당송팔대가의 한 사람이었던 왕안석을 존중하면서도, 문장에는 도덕 혹은 삶의 참된 도리를 담아야 한다는 문학론에 따라, 왕안석 의 신법을 비판적으로 바라보았다. 이에 따라 왕안석의 문학은 인정하지만, 다른 한편에서는 왕안석의 신법과 같은 정치적 행적은 받아들이지 않는 이중적인 인식을 보여준다. 이러한 인식은 성리학을 고려의 지배이념인 불교와 조화시키려 했던 이색이 주자가 비판한 불교를 긍정했던 것과 마찬가지로, 주자가 비판한 왕안석을 긍정하였던 것에 기인하는 것이다. 성리학을 지배질서를 유지하는 기준에서 성리학을 받아들인 고려식 성리학 의 특색을 보여준다고 하겠다.

## 2. 성리학적 역사관과 국사체계

### 1) 성리학적 역사관과 춘추사관

#### (1) 성리학적 역사관

이색은 성리학을 받아들였고, 성리학적 역사인식을 토대로 역사를 서술 하였다. 이색은 춘추관의 관직을 맡아 스스로 太史직에 있다고 생각하였으

---

287) 金宗鎭, 『鄭道傳 文學의 研究』, 고려대 박사논문, 1990.

며,288) 다른 사람도 이색을 사관으로 파악했다.289) 이색은 이인복과 더불어
『金鏡錄』290)을 중수하도록 왕명291)을 받았고,292) 이숭인과 함께 주자의
『통감강목』에 의거하여 실록을 편찬하도록 명령받은 바 있다.293)

---

288) 『牧隱集』 文藁 권6, 淸州牧濟用財記 "於是, 致書於韓山子求記, 而伯氏判閤公踵門趣
之, 予太史也. 聞善必書, 故書爲記."
289) 『牧隱集』 文藁 권6, 報法寺記 "廉左使仲昌父以公命徵予文, 且曰史氏所當書也.
是以, 不辭而爲之記."
290) 『千秋金鏡錄』은 정가신(?~1298)이 지은 것인데, 민지(1248~1326)가 충렬왕의
명으로 이를 증수하여 고려 왕실의 시조인 호경부터 원종대까지 『세대편년절요』
(권7)을 완성하였고(『高麗史』 권107, 列傳20 閔漬), 이를 이색과 이인복이 다시
증수하도록 하였다. 이에 대한 연구로, 민지의 史學이 신비적이고 설화적 성격(許興
植, 「閔漬의 詩文과 史學」, 『敎育硏究誌』 26, 1988), 이는 고려의 역사적 전통으로
왕실의 신성성을 고양하려는 것(閔賢九, 「閔漬」, 『韓國史市民講座』 19, 1996),
원 간섭기에 『千秋金鏡錄』이 『世代編年節要』로, 『高宗實錄』이 『忠憲王世家』, 『本
朝編年綱目』이 『增修編年綱目』으로 개찬된 사실을 바탕으로, 정가신과 민지를
비교한 연구(邊東明, 「鄭可臣과 閔漬의 史書編纂活動과 그 傾向」, 『歷史學報』
130, 1991), 고려의 전통을 중시하고 왕실의 존엄성을 중시하는 태도는 원 세조구조
의 유지와 밀접하다는 연구(이익주, 「14세기 유학자의 현실인식과 성리학 수용과
정의 연구-민지의 사례를 중심으로-」, 『역사와 현실』 49, 2003)가 있다.
291) 17세기 兪棨(1607~1664)는 『麗史提綱』을 저술하였는데(김경수, 「麗史提綱의 史學
史的 考察」, 『韓國史學史學報』 1, 2000), 여기에 이색의 사론을 싣고 있다. 공민왕
11년 '安祐등이 摠兵官 鄭世雲을 죽이다'에, 이색은 정세운이 충으로 임금을
섬기고 뜻을 확고히 하였으며, 공민왕 10년 홍건적의 침입하여 왕이 안동에
피난갔을 때 정세운은 종묘사직을 편안하게 하였는데, 이는 현종때 강감찬이
거란족의 침입을 막은 공과 같은 것이라 하고, 다만, 강감찬이 개선할 때 현종이
친히 맞이하였지만 정세운은 그러지 못한 것을 아쉬워하였다(『麗史提綱』 권20,
恭愍王 11년 1월 安祐등이 殺摠兵官鄭世雲 "李氏穡曰, 世雲非常人也. 事上忠, 未嘗少
有承迎, 持志確, 未嘗少有變易. 辛丑之徒于福如, 世雲慨然請行, 旬月之間, 宗社復
安, 豈偶然哉? 昔顯廟時姜侍中邯贊, 庚戌請南幸, 戊午禦賊北鄙, 功烈卓然, 今鄭公
與於決策南幸, 又能摠諸軍, 掃犁醜, 獨立大功, 足以儷美, 於姜公矣. 然姜公凱旋,
顯廟親迎於郊, 世雲之不幸也, 玄陵之痛傷也, 天曷故焉? 嗚呼. 悲夫.").
292) 『高麗史』 권43, 世家43 恭愍王6(20년 5월 癸酉)(상, 840) "命監春秋館事李仁復,
知春秋舘事李穡等, 增修本朝金鏡錄.";『牧隱集』 詩藁 권9, 七夕(우왕 4년) "……擬
進千秋金鏡錄……."
293) 『高麗史』 권117, 列傳30 鄭夢周(하, 568) "(恭讓王 3年)王謂經筵官曰, 今人知中國故

　이색은 중국 문명 유교사상을 대세로서 받아들이면서 단군을 비롯한 한국의 전통사상, 고유문화를 존중하였다.[294] 아울러 이색은 주자의 역사인식[295]을 충실하게 반영하고 있다. 이제현의 묘지명에서 "공이 처음 역사책을 읽으면서 대의를 필삭할 때는 반드시 춘추를 본받았다. 「측천기」에 이르러 '어찌 주나라의 남은 것을 가져다가 우리 당의 일월에 붙이겠는가?'라고 하였는데, 뒤에 『주자강목』을 얻게 되자 자신의 평가가 옳은 것을 증험하였다"고 하여,[296] 『주자강목』의 역사서술을 평가의 기준으로 생각하였다.

　이색은 涑水와 考亭의 서법이 각각 따로 있다[297]고 하여 사마광과 주자의 차이를 인지하고 있었다. 涑水는 산서성의 사마광이 살았던 곳으로 사마광을 속수선생이라고 불렀고, 考亭은 복건성 건양현의 서남쪽에 있는 지역으로 주자가 이곳에서 거주하였기 때문에 주자를 고정선생이라고 불렀다. 사마광이 『자치통감』을 지었고, 주자는 이를 綱目 체제로 재편하였다. 그런데 『자치통감』과 『자치통감강목』은 正統의 문제에서 입장의 차이를 보인다. 사마광은 조조의 위나라를 정통으로 보고 「魏紀」를 두었지만, 주자는 이에 반대하고 蜀을 정통으로 파악했다. 이는 정통에 대한 논의에서 주자는 사마광과 달리 의리와 명분에 초점을 맞추었음을 의미하는 것이다. 이색은 이러한 차이를 분명하게 인식한 상태에서 주자의 역사인식에 동의하였다.

---

　　　事, 而不知本朝之事, 可乎? 夢周對曰, 近代史皆未修, 先代實錄, 亦不詳悉, 請置編修　　　官, 依通鑑綱目, 修撰以備省覽. 王納之. 卽命李穡李崇仁等修實錄, 不果行."

294) 김용섭, 「고려국가의 몽골·원과의 관계 속 문명전환 정책」, 『東아시아 역사 속의 한국문명의 전환－충격, 대응, 통합의 문명으로』, 지식산업사, 2008, 155~156쪽.

295) 『牧隱集』 詩藁 권7, 詠史有感 "公羊淸映春秋傳, 司馬豪留史記篇, 筆削作經麟自出, 考亭綱目日行天."

296) 『牧隱集』 文藁 권16, 鷄林府院君諡文忠李公墓誌銘(『高麗史』 권110, 列傳23 李齊賢(하, 418)) "初公讀史, 筆削大義, 必法春秋. 至則天紀曰, 那將周餘分續我唐日月, 後得朱子綱目, 自驗其學之正."

297) 『牧隱集』 詩藁 권6, 卽事 "涑水考亭書法在, 未知天意定誰優."

이는 달리 말하면 의리와 명분에 충실한 성리학적 역사관을 견지하였다는 것이다.

이색의 강목적 역사인식은 도연명에 대한 주자의 평가를 받아들였던 사실에서도 확인된다.

전원으로 돌아간 천년 전 사람이여,
당시의 높은 풍도 친한이 누구던가?
시도를 중흥함 그의 사업이 아니요.
위로 천심에 부합함이 이것이 진짜였네.
물가에서 언덕에 올라 눈가는대로 시간을 보내고,
방에 들어 창가에 기대니 절로 마음 기뻐지네.
處士라 곧게 쓰고 晉나라 사람이라고 다시 썼으니,
밝디 밝은 강목 그 필법 새롭기만 하여라.298)

도연명(365~427)은 405년에 彭澤縣令을 그만두고 자연으로 돌아간 東晉의 자연시인이다.299) 420년에 劉裕가 晉의 마지막 황제 恭帝를 유폐하고 제위에 올라 국호를 宋이라 하였다. 이에 대하여 주자는『자치통감강목』에서 도잠이 현령을 지냈음에도, '晉徵士'라고 기록함으로써 晉에 대한 그의 절의를 높이 평가하였다.300) 도연명은 처음부터 출처의 의리에 분명한 사람이었고, 劉宋의 시대에 끝내 벼슬하지 않았다. 이에 대하여 이색은 그를 名節을 잘 보전한 '진나라의 온전한 사람(晉全人)'이었다고 평가한 것이다.301) 이색은 인용한 시에서『자치통감강목』에 제시된 주자의 역사적

---

298)『牧隱集』詩藁 권8, 讀歸去來詞 "歸去來兮千載人 高風當日有誰親 中興詩道非他術 上合天心是此眞 臨水登皐時縱目 倚窓入室自怡神 直書處士仍書晉 綱目明明筆法新."
299)『晋書』권94, 陶潛傳 ;『宋書』권93, 陶潛傳 ;『南史』권75, 陶潛傳.
300)『資治通鑑綱目』(2) 권24하, 591쪽, "晉徵士陶潛卒"(보경문화사, 1987).
301) 임정기,『국역목은집』2, 226쪽, 주) 172.

평가를 인용하고 있다.

　이색은 당시의 현실문제에 대해서도 주자의 강목적 역사인식에 근거해서 평가하고자 하였다. 천자국 원이 명에 의해 만주지역으로 쫓겨가는 역사적 현실에서, 원 과거에 급제하여 원 한림원에서 중국학자와 교류한 바 있고 이를 긍지로 생각하고 있던 이색은 천자국이 원에서 명으로의 교체되는 현실을 받아들이는데 주저하였다.302) 하지만 시간이 지나면서 명을 인정하게 되고 考亭(주자)의 엄정한 史筆이 자신의 입장임을 분명히 밝히고 있다.303) 기왕의 정서, 인간관계를 충분히 고려하는 가운데 성리학적 역사관을 견지하고 있는 것이다.

　원래 유교의 역사관은 鑑戒(敎訓)主義, 尙古主義, 循環主義, 先例의 重視라는 특징을 가지고 있다.304) 송대 성리학이 성립되면서 명분과 의리가 중시되고 윤리적 성격이 보다 강조되었다. 성리학을 집대성한 주자가 명분과 의리를 무엇보다도 중요시하였기 때문이다. 주자는 역사의 내면에 흐르는 어떤 정의로운 힘에 대한 신뢰를 포기하지 않았다.305) 주자는 『자치통감』을 계승하여, 『춘추』의 대의와 명분을 기준으로 綱과 目으로 나누어 褒貶을 행한 『자치통감강목』을 기술하였다.306)

---

302) 우왕 초년에 宣光이라는 北元의 연호와 明의 洪武 연호 사이에 外國의 孤臣으로 눈물짓는 시를 짓는 것이 단적인 예이다(『牧隱集』詩藁 권6 卽事).

303) 『牧隱集』詩藁 권17, 已矣乎歌.

304) 赤塚忠·金谷治/조성을 역, 『중국사상개론』, 이론과 실천, 1987 ; 고병익, 「중국인의 역사관」; 「儒敎思想에서의 進步觀」, 『中國의 歷史認識』上, 創作과 批評社, 1985.

305) 文錫允, 「朱熹에서의 理性과 歷史」, 『泰東古典硏究』16, 1999, 387쪽.

306) 麓保孝, 「朱子의 歷史論」 ; 鎌田正, 「朱子와 春秋」, 『朱子學入門』, 明德出版社, 1974 ; 張立文, 「心術, 王霸, 道統的 唯心史觀」, 『朱熹思想硏究』, 中國社會科學出版社, 1981 ; 三浦國雄, 「氣數와 事勢-朱熹의 歷史意識-」, 『東洋史硏究』42-4, 1984 ; 柳仁熙, 「朱熹의 歷史哲學」, 『哲學』23, 1985 ; 陳芳明, 「宋代 正統論의 形成과 그 內容」 ; 呂謙擧, 「宋代史學의 義理論」, 『中國의 歷史認識』下, 창작과 비평사, 1985 ; 文錫允, 위의 논문, 1999 ; 趙誠乙, 「朱熹와 李瀷의 歷史理論 比較」, 『韓國史硏究』122, 2003 ; 余英時, 『朱熹的歷史世界』, 新華書店, 2004.

『자치통감』은 고려중기에 이미 도입되었고,[307] 성리학의 수용과 함께 『자치통감강목』도 본격적으로 이해된다. 충숙왕은 윤선좌에게 『자치통감』을 강의하게 하였고,[308] 민지(1248~1326)는 충선왕의 명을 받아 충숙왕 4년(1317)에 『본조편년강목』(42권)을 지었다.[309] 그런데, 민지의 『본조편년 강목』은 강목체의 형식만을 빌렸을 뿐 주자의 강목체 사서에 일관된 정신과는 차이가 있었다. 강목체 사서에서 중시한 정통, 의리, 명분보다는 고려의 전통 예제, 설화적 내용을 소개하는데 많은 부분을 할애하였기 때문이다. 이것이 『고려사』 찬자에게 비판받는 이유이기도 하다.[310]

이제현·안축·이곡·안진·이인복 등은 민지의 『본조편년강목』을 증수하여 『증수편년강목』[311]을 완성하였다. 전술한대로 이제현은 당 「측천기」에 대한 자신의 평가가 후에 『자치통감강목』과 일치됨을 확인하였다.[312] 윤회종은 辛氏를 제거하고 왕씨를 다시 세운 사실, 즉 공양왕의 즉위를 正統의 확립으로 보았는데, 이를 주자가 『자치통감강목』을 지어 正統을 魏의 조비

---

307) 『高麗史節要』 권13, 明宗(22년)(353) "夏四月, 命吏部尙書鄭國儉, 判秘書省事崔詵 等, 讎校資治通鑑, 今州縣雕印以進, 分賜侍從儒臣."

308) 『稼亭集』 권21, 高麗國 匡靖大夫 僉議評理 藝文館大提學監春秋館事 上護軍致仕 尹公墓誌銘.

309) 『高麗史』 권34, 世家34 忠肅王1(상, 702) "(忠肅王 4年) 夏四月庚子, 檢校僉議政丞閔 漬撰進本朝編年綱目."

310) 『高麗史』 권107, 列傳20 閔漬(하, 368) "撰本國編年綱目, 上起國祖文德大王下訖高 宗書 凡四十二卷. 其昭穆之論, 與編年節要不同, 漬稍有文藻而多俗習, 心術不正, 諂事內人. 且不知性理之學, 其論有背於聖人, 至以朱子昭穆之議爲非, 所見之偏類 此."

311) 『高麗史』 권37, 世家37 忠穆王1(상, 745) ; 『高麗史』 권110, 列傳23 李齊賢 "(忠穆王 2年) 冬十月庚申, 教曰, 太祖開國四百二十有九年于玆, 其間典章文物, 嘉言善行, 秘而不傳, 何以示後? 故我忠宣王, 命臣閔漬修編年綱目, 尙多闕漏, 宜加纂述頒布中 外. 乃命府院君李齊賢·贊成事安軸·韓山君李穀·安山君安震·提學李仁復撰進."

312) 『牧隱集』 文藁 권16, 鷄林府院君諡文忠李公墓誌銘(『高麗史』 권110, 列傳23 李齊賢 (하, 418)) "初公讀史, 筆削大義, 必法春秋. 至則天紀日, 那將周餘分續我唐日月, 後得朱子綱目, 自驗其學之正."

에서 蜀 유비로 바로잡은 것에 비유하였다.313)

　고려는 무신집권기와 원 간섭기를 거치면서 그 권위가 실추되고 지배질
서가 동요하고 있었다. 무신에 의한 왕의 폐위와 즉위, 강화도 천도, 왕정복고
의 과정을 거치면서 국가 존립의 위기를 맞고 있었다. 왕실의 권위를 회복하
고 지배질서를 안정시키는 일이 그 무엇보다도 급선무였다.

　이승휴(1224~1300), 이제현(1287~1367) 등으로 이어지는 유학자들은
왕정복고와 원에 대한 사대를 전제하면서 왕조를 중흥시키고자 하였다.
이들은 국가의 공적 질서를 정상화하기 위한 방법으로 유교윤리를 강화하
여 명분이나 직분을 강조하고, 충의 덕목을 활용하여 군신관계를 공고히
하려고 하였다. 이승휴는 단군과 고조선·삼국·통일신라·고려로 이어지는
역사를 체계적으로 정리함으로써 중국과 구별되는 독자적인 역사관을
점검하였다. 그는『제왕운기』에서 유교 사관에 입각해 제왕이 본받고 경계
해야할 정치의 선악과 충효의 행적을 밝히는데 역점을 두었고, 천자국의
조건을 종족보다는 중원의 지배여부로 파악하여 원을 긍정하였다.314)

　이제현은 유교의 합리사관과 성리학적 역사인식을 보여주었다. 그는
『역옹패설』,『김공행군기』,『충헌왕세가』,『국사』등 당대사에 관심을 기울
이면서 현실문제 해결에 주안점을 두었다. 그리하여 모범적인 왕의 정치,
국가를 위해 목숨을 바친 공덕, 개인의 선행 등을 드러내면서, 사적인
이해보다 공적인 의리를 우선한 행위를 높이 평가했다.315) 특히「김공행군
기」에서 위기 상황으로부터 국가를 구해낸 인물로 김취려를 부각시킴으로
써 충의의 관료상을 제시하였다.316)

313)『高麗史』권120, 列傳33 尹會宗(하, 628~629) "恭讓卽位. 上疏曰,……獨朱文公修綱
　　目, 黜曹丕之年, 而特書昭烈皇帝, 章武元年以正, 漢家之統,……."
314) 河炫綱,「李承休의 史學思想 硏究」,『東方學志』69, 1990.
315) 鄭求福,「李齊賢의 歷史意識」,『震檀學報』51, 1981.
316) 金仁昊,『高麗後期 士大夫의 經世論 硏究』, 혜안, 1999.

이색은 이러한 시대적 배경과 지적 분위기에서 의리와 명분에 충실한
주자의 역사관을 받아들여 고려 왕실의 권위를 회복하고 지배질서를 확고
히 하려고 하였다. 도덕규범과 실천윤리를 중시하고, 주어진 직분과 분수를
강조함으로써 현존하는 지배관계, 예를 들면 천자와 제후, 군주와 신하의
상하관계를 옹호하였던 것이다.317) 이는 인간이 당연히 지켜야할 도리로서
의 天理를 내세워, 군에 대해서는 신, 부에 대해서는 자, 천자에 대해서는
제후로서 주어진 직분과 분수에 충실한 것이 자연의 이치라고 규정하는
성리학과 성리학적 역사관에 기초한 것이었다.318)

이색의 주자에 대한 언급은 주로 역사의식의 문제에 한정된다. 그 점에서
정도전이『주자대전』,『주자어류』의 내용을 제시하고, 주자의 정치체제론,
재상론을 언급하며,『대학혹문』,『주자가례』심지어 詩까지 원용한 것과는
대비가 된다.319)

## (2) 공양춘추론과 상황 중시의 춘추사관

### ①『공양춘추』320)로의 경도와 대일통 천하관

이색은 성리학자로서 유교의 경전을 체계적으로 익혔고, 사서오경 가운
데『춘추』를 중시하였다. 자신의 뜻이『춘추』에 있다321)고 할 정도로『춘추』

317)『牧隱集』文藁 권9, 周官六翼序.
318) 李佑成,「朝鮮時代 社會思想史」,『韓國文化史新論』, 중앙학술연구원, 1975 ; 文喆
永,「麗末 新興士大夫의 新儒學 수용과 그 특징」,『韓國文化』3, 1982 ; 周采赫,
「元 萬卷堂의 設置와 高麗儒者」,『孫寶基博士停年紀念韓國史學論叢』, 1988 ; 金勳
埴,「麗末鮮初 儒佛交替와 性理學의 定着」,『韓國 古代·中世의 支配體制와 農民』(金
容燮敎授停年紀念韓國史學論叢 2), 1997.
319) 도현철,「『三峯集』의 전거를 통해본 신유학 수용」,『東方學志』145, 2009.
320)『공양춘추』에 대해서는 다음이 참고된다(候外廬 저, 박완식 역,『宋明理學史』,
이론과 실천, 1995 ; 周桂鈿 저, 문재곤 역,『강좌중국철학』, 예문서원, 1992).
321)『牧隱集』文藁 권4, 朴子虛貞齋記「予曰, 吾志在春秋 讀者不之察耳. 雨露風霜,
天時之春秋也. 華袞斧鉞, 王法之春秋也. 春秋奉天時, 明王法, 一出於正而已, 非春秋
而何?」; 詩藁 권23, 有感「……吾志在春秋…….」

206

에 강한 애착을 가졌다.『목은집』시고에서 사서오경 가운데 가장 많이
인용되고 있는 것이 바로『춘추』이다.322) 春秋三傳을 여러 번 읽으면서323)
역사적 사실을 음미하였고, 특히 춘추시대 노나라의 증흥조인 환공과 장공
에 관련된 기사를 즐겨 읽었다.324)

『춘추』는 亂臣賊子를 제거하기 위해 대의명분을 천명한 유교의 역사관이
담겨 있다. 이색은 엄정한 말과 바른 의리를 천명한『춘추』325)의 역사관에
따라 지난날의 역사를 평가하고 오늘을 경계하고자 하였다.

춘추삼전은『左氏春秋傳』,『公羊春秋傳』,『穀梁春秋傳』을 말한다. 진시
황의 焚書坑儒로 유교경전이 소실되었는데, 유교를 국교화한 한나라에서
는 경전의 복구작업에 노력을 경주한다. 이 과정에서 금문학과 고문학
사이에 경전의 진위를 둘러싸고 대립한다. 금문학과 고문학은 문자의 차이
라는 구분을 뛰어넘어 이념적 지향에 차이가 있다.326) 이색은 유교 경전에
대한 두 관점의 차이를 분명하게 인지하고 있었다. '춘추의 세 가지 傳
차이가 있지만, 필삭한 마음 정미하니, 백왕의 모범이로세'327)라고 하였고,
'공자의 옛집 벽에서『춘추』가 나왔다'328)고 말하기도 하였다.

322)『牧隱集』詩藁 권1, 山中辭 ; 詩藁 권2, 讀春秋 ; 詩藁 권2, 崇德寺奮寓僧房雜詠 ; 詩
藁 권3, 新入院述懷 ; 詩藁 권6, 記聞 ; 詩藁 권6, 夏日謾題三首 ; 詩藁 권7, 讀春秋 ;
詩藁 권7, 詠史有感 ; 詩藁 권11, 吟詩有感 ; 詩藁 권11, 即事 ; 詩藁 권12, 即事 ; 詩
藁 권12, 讀史 ; 詩藁 권14, 自詠 ; 詩藁 권16, 詠懷 ; 詩藁 권16, 朴叢尙書談三教
既去 吟成三篇 ; 詩藁 권16, 書筵進講君子所貴乎道者三 至有司存 退而志之 ; 詩藁
권17, 既賦……是吟得鳳鳴麟趾二篇 ; 詩藁 권31, 早起.
323)『牧隱集』詩藁 권2, 讀春秋 ; 詩藁 권7, 讀春秋.
324)『牧隱集』詩藁 권14, 自詠 "兀坐書床歲月長 春秋開卷讀桓莊."
325)『牧隱集』詩藁 권16, 書筵進講 君子所貴乎道者三 至有司存 退而志之 "辭嚴義正春秋
法."
326) 금문학과 고문학의 경학상의 차이에 대해서는 다음의 글이 참고된다(張東宇,
「『周禮』의 經學史的 位相과 改革論」,『한국중세의 정치사상과 周禮』, 혜안, 2005).
327)『牧隱集』詩藁 권7, 讀春秋 "麟麟春秋傳 精微筆削心 百王模範生 一字再三尋 麟也表
吾道 鳳兮歌德音 悠悠千載下 有客淚霑襟."
328)『牧隱集』詩藁 권12, 讀史 "春秋魯史繼東遷 吳越黃池已絶篇 商嶺鳳來延百四 秦宮狗

주자학에서 춘추학은 상당히 중요한 의미를 갖는 것임에도 불구하고, 주자는 『춘추』에 대한 주해를 남기지 않았다. 주자의 『춘추』에 관한 견해는 『주자어류』(권83)를 통해 확인할 수 있다. 주자는 당의 『五經正義』 이후 춘추학의 정통으로 취급된 『좌씨춘추』에 대하여 뚜렷한 입장을 취하지 않았다. 이는 도의를 제1로 하면서 功利를 배척하는 입장이 『좌씨춘추』에는 명확하게 천명되고 있지 않다는 사실과 연관된다. 즉 주자는 天理人性에 근거한 바른 도의가 역사관의 기본 토대라는 의리적 역사관을 견지하여 『좌씨춘추』가 이에 미치지 못하는 것으로 보았던 것이다.[329] 하지만 주자는 춘추삼전이 모두 공자의 뜻을 반영한 것으로 보아 춘추삼전의 경전상의 의의에 대해서는 부정하지 않았다.

『춘추』에 대한 이해는 신라통일기부터 오랜 기간 지속되었다. 신라의 국학이나 독서삼품과에 이미 『좌씨춘추』가 과목으로 설정되어 있었고,[330] 최치원에게서도 『좌씨춘추』의 흔적을 발견할 수 있다.[331] 고려중기[332]에는 『사기』를 비롯한 『한서』,[333] 『후한서』[334] 등 중국의 正史가 들어오고, 국자감에서 춘추삼전이 읽혀졌으며,[335] 관직 제수에서 삼례와 더불어 三傳

---

盜盖三千 壁間塵暗詩書日 綿縫烟埋禮樂天 舜殿五絃終寂寞 村歌笛政紛然”; 詩藁 권13, 次圓齋韻 “共王開孔壁 蔡氏授朱門……”; 詩藁 권17, 旣賦……是吟得鳳鳴麟 趾二篇 “共王開孔壁.”

329) 鎌田正, 「朱子と春秋」, 『朱子學入門』, 明德出版社, 1974, 248~261쪽.

330) 『三國史記』 권38, 雜志 권7(職官上).

331) 鄭景柱, 「羅末麗初 典據文獻에 대하여」, 『坡田金戊祚博士華甲紀念論叢』, 1988 ; 郭 丞勳, 「崔致遠의 中國史 探究와 그의 思想 動向－四山碑銘에 인용된 中國歷史事例 의 내용을 중심으로－」, 『韓國思想史學』 17, 2001.

332) 『三國史記』에서는 『春秋左氏傳』은 9번, 『春秋公羊傳』은 4번이 활용되고 있다(李康 來, 『三國史記典據論』, 民族社, 1996, 320쪽, 327쪽).

333) 『高麗史』 권93, 列傳6 金審言(하, 91) ; 『高麗史』 권98, 列傳11 鄭克永(하, 183) ; 『高 麗史』 권101, 列傳14 權敬中(하, 240) ; 金龍善 編著, 『韓國墓誌銘集成』 1993, 崔繼芳 墓誌銘 ; 安輔墓誌銘 ; 韓脩墓誌銘.

334) 『高麗史』 권99, 列傳12 廉信若(하, 207).

출신자가 우대되었다.336)

성리학이 수용되고『춘추』이해는 보다 강화된다. 원은 물론 고려에서도 성균관의 교과목이나 과거 시험과목으로 춘추삼전이 채택되면서,337) 성리학적 춘추관이 받아들여졌다. 이에 따라 명분, 의리, 도덕을 강조하는『춘추』해석이 이루어지고, 주자의 강목적 역사인식과 춘추필법이 중시되었다.

고려후기 성리학 수용 당시에는 삼전 가운데『공양춘추』가 우세하였던 것으로 보인다.338) 이제현은 소목의 차례를 정하는 의례에 관련한 문제를『공양춘추』에 근거해서 설명하였다.339) 특히 민지의 소목이해와 관련하여 "처음 소목을 말할 때는, '昭는 遞遷되어 穆이 되어야 하고 穆은 遞遷되어 昭가 되어야 한다'고 하여 朱子를 비난하였는데, 지금『세대편년』을 상고해 보면 소목은 만세도록 바꾸지 않는 것이라고 하고 있다."고 지적하였다. 즉 민지의 주장은 앞뒤의 글이 모순이라는 것이다.340) 이색의 제자인 이숭인 역시『공양춘추』에 경도되었다. 이러한 사실은 '예의는 지금의 태숙, 사학은 옛날의 공양이다'라고 하거나341) 동료인 李及의 字를 지어주면서『공양춘추』를 인용한 것을342) 통해서도 확인할 수 있다.343)

---

335)『高麗史』권74, 志28 選擧2 學校(중, 626~627) ; 朴贊洙,『高麗時代 敎育制度史硏究』, 경인문화사, 2001, 122쪽.

336)『高麗史節要』권6, 肅宗(7년 추7월)(179).

337)『元史』권81, 志31 選擧1 科目.

338) 崔順權,「高麗前期 五廟制의 運營」,『歷史敎育』66, 1998.

339)『高麗史』권61, 志15 禮3 諸陵(중, 377~378) "恭愍王六年八月, 命李齊賢定昭穆之次, 齊賢上議曰, 謹按宗廟之制, 天子七廟, 諸侯五廟, 太祖百世不遷, 太祖而下父爲昭, 居左子爲穆, 居右昭穆, 左右則百世亦不變. 故春秋左氏傳有太王之昭王季之穆文之昭武之穆之文, 而尙書謂文王曰, 穆考謂武王曰昭考, 是其昭穆不變之明證也. 其兄弟相代者, 春秋公羊傳以爲昭穆同班, 大宋祫享位次圖, 太祖與太宗, 哲宗與徽宗, 欽宗與高宗, 各位一世, 是則兄弟同班之法也."

340)『櫟翁稗說』前集一.

341)『陶隱集』권2, 悼金太常 "禮儀今太叔, 史學昔公羊."

342)『陶隱集』권5, 中原判官李君及字說 "忠原判官李君及, 嘗爲成均生, 以春秋義, 著名

『공양춘추』에 경도된 모습은 이색에게도 보인다. 이색은 문집이나 시를 지으면서 춘추삼전을 공통적으로 활용하였다.[344] 이색은 춘추삼전의 진위 문제를 인식하고 있었고, 이에 대한 시비를 가리려고 마음먹기도 하였다. "기린 잡힌 그날 눈물이 옷깃을 적시고, 魯나라 일을 빌어 왕법을 밝힌 필력 심오해라, 三傳의 異同 따지기 내 이미 그만두었으니, 정이천의 마음이 성인의 마음이네"[345]라고 하였다. 이는 춘추전의 해석에 관해서는 정이천의 입장을 따르겠다는 것이다. 그러면서 이색은 "공양씨의 깨끗함은 춘추전에 빛났다"[346]고 하였다.

이색은 통일된 중국을 염원하였고, 『공양춘추』로 이를 설명했다. 그가 '대일통'의 논리를 통해서 원나라를 정당화하고, 중국의 통일을 기원한 것은 이러한 맥락에서 이해할 수 있다.

---

儕輩間. 余屢得其文而讀之, 則論事析理, 警策精當, 善於治經矣. 相遇於中原, 政譽靄然, 每公務之暇, 必來存問. 久之, 語余曰, 先生字我. 朋友字之, 盖禮也. 余其敢辭. 聖人修春秋, 一字謹嚴. 其書爲何? 子公羊子曰, 及猶汲汲也. 夫君子之汲汲於義, 猶小人之汲汲於利也. 義理者, 舜蹠之所由分, 而天下國家之治亂存亡, 繫焉. 孟子首發明之, 以折梁瑩惠利國之間, 所以遏人欲存天理也. 南憲張氏之學, 尤嚴於義理之辨, 以爲'義者無所爲而爲者'也. 此一言, 發前賢之所未發, 晦菴先生, 深有取焉. 余請以公義爲字何如? 君治春秋, 故用公羊子之說, 以塞命, 尚勖之哉. 時洪武庚午(1390), 易復之月, 旣望, 京山 李崇仁書."

343) 金南日, 앞의 논문, 49쪽.

344) '衣裳'(『牧隱集』 詩藁 권6, 齊桓公)은 『穀梁春秋』 莊公27년 제 환공이 제후들과 禮로 회합을 가졌던 것에서 온 말이고, '微辭'(『牧隱集』 詩藁 권10, 對友自詠三首)는 『公羊春秋』 定公 원년에 은근하게 넌지시 일깨우는 말에서 따온 것이며, '葛藟'(『牧隱集』 詩藁 권12, 奉上舅氏金密直致仕尊侍)는 『左氏春秋』 文公 7년에 칡덩굴은 근본을 보호하기 때문에 군자가 그것을 종족에 비유하는데, 군주야 말할 것도 없다는 말에서 온 것이다.

345) 『牧隱集』 詩藁 권2, 讀春秋 "獲麟當日涕霑襟 借魯明王筆力深 三傳異同吾已廢 伊川心是聖人心."

346) 『牧隱集』 詩藁 권7, 詠史有感 "三墳五典久無傳 刪定功夫遠勝前 緬想唐虞舞于羽 更尋湯武事戈鋋 公羊淸映春秋傳 司馬豪留史記篇 筆削作經麟自出 考亭綱目日行天."

210

　『春秋』는 성인의 기록이다. 麒麟이 陽物인데도 붙잡히게 되자 성인이
매우 상심했기 때문에『춘추』를 지어 春王 正月이라고 썼다. 이를 해설하는
이는 '大一統의 뜻이 그 속에 담겨 있다'고 하였다. 이 세상에 태어나서
때를 만나지 못한다면 그만이지만, 때를 얻는다면 天子의 大一統을 도와서
四海에 陽春이 펼쳐지도록 할 뿐이다.347)

　이색은 "春王 正月이라고 쓴 것에 대해서 해설하는 이는 大一統의 뜻이
그 속에 담겨 있는 것으로 보았다"고 하였는데, 春王正月을 大一統으로
해석한 것은 공양고이다.348)『공양춘추』는 한나라가 처한 시국상황, 역사적
과제와 관련하여 微言大義의 역사의식을 보여주는데,349) 이색은 이를 통해
원의 중국 지배에 대한 염원을 표현하고 있는 것이다.

　이색은『공양춘추』의 내용 가운데 '春王正月'에 대해 많이 언급하고
있다.『춘추』경문 은공조에는 "은공 원년, 봄, 왕의 정월, 3월 공이 주나라의
의보와 더불어 멸에서 맹약했다"350)고 기록되어 있다. 이때, '봄 왕의
정월'이란 당시는 주나라의 역법에 따라 1월 1일을 봄의 첫날이라고 했기
때문에 정월에 특히 기사가 될만한 사건이 없더라도 "이번 달은 주왕의

---

347)『牧隱集』文藁 권3, 陽村記 "春秋聖人志也. 麟陽物也而見獲, 聖人傷之甚, 故作春秋,
　　書春王正月. 釋之者曰, 大一統也. 嗚呼! 士生斯世, 不遇則已, 遇則佐天子大一統,
　　布四海陽春焉而已."
348)『春秋公羊傳』隱公, 元年, 春, 王正月. "元年者何? 君之始年也. 春者何? 歲之始也.
　　王者孰謂? 謂文王也. 曷爲先言王而後言正月? 王正月也. 何言乎王正月? 大一統也.
　　公何以不言卽位? 成公意也. 何成乎公之意? 公將平國而反之桓. 曷爲反之桓? 桓幼
　　而貴, 隱長而卑. 其爲尊卑也微. 國人莫知. 隱長又賢. 諸大夫扳隱而立之. 隱於是焉而
　　辭立. 則未知桓之將必得立也. 且如桓立, 則恐諸大夫之不能相幼君也. 故凡隱之立,
　　爲桓立也. 隱長又賢, 何以不宜立? 立適以長, 不以賢, 立子以貴, 不以長. 桓何以貴?
　　母貴也. 母貴則子何以貴? 子以母貴, 母以子貴."
349) 대일통에는 춘추시대에 천하의 통일을 모색하는 유교의 문화적 대일통의식과
　　법가의 군사적 통일의식이 병존한다(權正顔,『春秋의 根本理念과 批判精神에
　　관한 硏究』, 성균관대 박사논문, 1990).
350)『春秋』隱公 "元年春王正月, 三月, 公及邾儀父, 盟于蔑."

역법에 따라 신춘 정월이다, 축하한다"는 취지를 피력한 것이다.351) 이는 '元年·春·王·正月·公卽位'라는 다섯 가지의 제례를 통하여 군주의 통치는 항상 天意를 받들어 거기에 순종하며, 자연현상의 發端인 봄의 아래에 왕의 정사가 놓이고 우주의 원리인 元(天)의 統御를 받는다는 것을 의미하는 것이다.352) 통일된 중국을 통하여 천자, 제후의 명분관계를 바르게 하려는 뜻을 보여준다고 하겠다.

한나라 유학자들은 공자를 素王이라 불렀고, 『춘추전』을 지어 공자의 도를 기술하고 『춘추』의 법을 천명한 좌구명을 素臣이라고 불렀다.353) 이색은 좌구명이 '王'자 위에 다시 '春'자를 쓰지 않았다는 것을 이유로 素臣임을 믿지 못하겠다고 하였다. 이색은 "좌구명이 참으로 소신임을 못믿겠어라, 모름지기 왕자 위에 다시 춘자를 썼어야지, 기린 얻고 공자의 눈물 한번 흘린 후로는, 산더미 같은 사책에 먼지만 가득 쌓였네"354)라고 하였다. 이는 左丘明이 『춘추전』을 쓰면서 공자가 죽은 노 애공 16년까지만 경문과 함께 春王이라고 기록하고, 17년부터 27년까지는 경문을 기재하지 않은채 '王'자를 빼고 '春'자만 쓰고 있기 때문이었다. 이색은 '王'자 위에다 '春'자를 썼어야 한다는 것이다.355)

천하통일을 달성하고 지배체제의 안정을 추구한 한대의 『공양춘추』와 세계제국을 건설한 원의 춘추학은 『춘추』의 大一統 의식을 핵심으로 하고 있다는 점에서 공통적이다. 『공양춘추』는 하나된 중국 천하의 일원적 지배

---

351) 竹內照夫/이남희 역, 『四書五經』, 까치, 1991, 107~112쪽.

352) 戶口芳郞·蜂屋邦夫·溝口雄三/조성을 역, 『儒敎史』, 이론과 실천, 1990, 78쪽.

353) 원래 素王이란 빈손의 왕, 무관의 제왕을 말하는 것으로, 단 한자루의 붓을 가지고 천자와 마찬가지로 충신효자를 상주고, 난신적자를 벌해 도의를 밝게 하고 질서의 엄격함을 나타냈다는 의미이다(竹內照夫/이남희 역, 앞의 책).

354) 『牧隱集』詩藁 권10, 有感 "未信丘明是素臣 須參王上更書春 獲麟一反宣尼袂 方冊山 堆網素塵."

355) 『牧隱集』詩藁 권10, 詠麟 "馬蹄牛尾又麕身 上下同流一箇仁 不是鉏商當日獲 定知王 上必書春 斯文傳至仲泥身 國脈胡然似不仁 相魯攝行三月耳 已回童冠浴沂春."

를 합리화하는 데 유용하기 때문이다.『공양춘추』는 한나라가 중국을 통일하고 華와 夷를 구분하는 기준을 形勢와 道義의 有無, 風俗과 制度라는 문화에 둔 시대적 배경에서 완성되었다. 戎은 禽獸이고 戎狄은 豺狼이라고 구분하여 화이의 구별이 근원적인 혈통상의 차이, 사람과 금수의 차이라고 보는『좌씨춘추』식의 기술이『공양춘추』에는 보이지 않는다.『공양춘추』에는 華와 夷의 구별이 문화적인 우열에 한정될 뿐, 사람과 금수를 격절적으로 이해하는 관념은 보이지 않는다.『공양춘추』는 夷狄도 문화적으로 향상되면 華夏사회의 일원으로 들어갈 수 있다고 보기 때문이다. 화이의 구별이 문화의 높고 낮음에 의한 것이라면, 夷狄도 進化 향상되면 華夏사회로 들어갈 수 있다는 것이 논리적으로 가능하다. 바로 이 점에서『공양춘추』의 화이관은 德化主義와 표리관계에 있다. 뛰어난 문화의 소재인 화하를 동경하여 왕자의 덕교를 경모하여 來朝하는 것은 당연하기 때문이다.356)

『공양춘추』는 이민족인 원에게 아주 유용하였다. 종족과 관계없이 문화를 기준으로 華夷를 구분하는 논점은 자신들의 중국지배를 정당화할 수 있는 사상적 근거가 될 수 있었기 때문이다.

주자학을 관학화한 원은 華夷論을 통하여 중국과 주변지역을 사상적으로 통일하고 지배하려고 하였다. 그 과정에서 주자학은 漢族을 중심으로 한 지배이념이므로 논리적 변용이 필요하였다. 원은 華=天子國으로서의 위상을 확립하기 위하여, 種族 중심의 華夷개념을 약화시키고 새로운 기준의 화이론을 제시하였다. 원 사대부들은 正統의 기준으로, 중국 천하를 지배했느냐의 여부 곧 形勢357)와 文化를 내세웠다. 특히 이들은 道統이란 治統에

---

356) 日原利國,『春秋公羊傳の研究』, 創文社, 1976 ; 佐川修,『春秋學論考』, 東方書店, 1983 ;『漢代思想の研究』, 研文出版, 1986.

357)『元史』권161, 列傳48 劉整 "整又曰, 自古帝王, 非四海一家, 不爲正統. 聖祖有天下十七八, 何置一隅不問, 而自棄正統邪? 世祖曰, 朕意決矣." ;『王忠文公集』권4, 正統論(王禕)(影印文淵閣四庫全書 集部 165, 1226권) "宋旣南渡, 不可謂天下,……自遼幷于金而金幷于元, 及元幷于南宋, 然後居天下之正, 合天下于一, 而後正其統. 故元

있다고 규정하고, 요가 이것을 순에게 전했고 순은 이것을 우·탕·문·무·주
공·공자·맹자에게 전해졌으며, 다시 주렴계·정이천·주자에게 전해졌다가,
주자가 죽은 뒤에는 원의 許文正公(衡)에게 이어졌다고 보았다.358) 이는
중국 중원을 지배하고 있을 뿐 아니라 유교 교화를 실현하여 도통을 계승한
원나라에 의해 治統이 달성되었다고 보는 것이다. '중국이 夷禮를 이용하면
夷가 되고 夷가 중국에 들어오면 중국이 된다'359)고 말한 것도 같은 맥락에
서 이해할 수 있다.

　이를 통해 원은 정복왕조로서의 정통성을 합리화시킬 수 있었고 중국사
의 발전과정에 하나의 왕조로서 참여할 수 있었다. 이것은 송대의 種族에
의한 화이관과 구별되는 形勢와 文化를 중심으로 하는 화이관이라고 할
수 있다. 이처럼 金과 遼와의 항쟁과정에서 형성되었던 주자학의 種族
중심의 화이관은 形勢와 文化 중심의 화이관으로 바뀌게 되었다.360)

　원은 스스로 華＝天子國임을 내세우는 데 주력하였다. 무력으로 중국을
통일하였지만 유교문화를 수용하고 중국화하여 명실상부한 天子國＝華가
되었다는 것이다. 여기에는 夷狄도 본래 先王의 후예였다고 하거나, 순과
문왕도 각각 '東夷之人', '西夷之人'이었으며, 夷도 중국에 동참하였으므로
당연히 華로 간주되어야 한다는 논리가 내재되어 있다. 원은 이러한 華

---

之紹正統, 當自至元十三年始也."

358) 『輟耕錄』「正統辯」(影印文淵閣四庫全書 子部 346, 1040권) "然則論我元之大一統,
　　當在平宋, 而不在平遼金,……華統之大, 屬之我元, 承乎有宋, 如宋之承唐, 唐之承隋
　　承晉承漢也.……道統者治統之所在也. 堯以是傳之舜, 舜以是傳之禹湯文武周公孔
　　子, 孔子沒幾不得其傳, 百有餘年, 而孟子傳焉. 孟子沒又幾不得其傳, 千有餘年, 而濂
　　洛周程諸子傳焉, 及乎中楊氏, 而吾道南矣, 旣而宋亦南渡矣. 楊氏之傳爲豫章羅氏,
　　延平李氏及於新安朱氏, 朱子沒而其傳及於我朝許文正公, 此歷代道統之源委也. 然
　　則道統不在遼金而在宋, 在宋而後及於我朝, 君子以觀治統之所在矣."

359) 『元文類』 권32, 正統八例總序(楊奐)(影印文淵閣四庫全書 集部 306, 1367권) "中國而
　　用夷禮, 則夷之. 夷而進於中國, 則中國之也."

360) 金陽燮, 「遼·金·宋 三史 編纂에 대하여」, 『中央史論』 6, 1988, 261～265쪽.

214

전환의 논리를 기초로 주변 이민족에 대한 지배를 합리화하고, '華夷一家', '一視同仁'이라는 구호를 내세워 중국 주변지역에 대한 천자국으로서의 우위를 계속 유지하려고 하였다.361)

　원 성리학을 받아들인 이색은 중국과의 사대관계를 존중하였다. 몽고족인 원이 천하를 차지하여 四海가 하나가 되고 中華와 邊遠의 차이가 없어졌다362)고 하였다. 그리하여 『공양춘추』의 大一統 의식과 '春王正月'을 받아들이고, 중국과 오랑캐가 다 王春을 함께 한다363) 하여 원 중심의 세계질서를 긍정하였던 것이다.364)

　이색은 성리학의 도통론을 통하여 원의 존재를 뒷받침하였다. 공자 이래의 도통이 한유, 주렴계, 정이천을 거쳐 북쪽으로 허형에게 전해져 세조 쿠빌라이의 중흥의 정치가 이루어졌다고 하였다.365) 원이 중국을 통일하고 한화정책을 통하여 중국의 정통왕조를 잇고 있다고 보는 것이다.

　정통 주자학을 변용한 원 성리학을 수용한 이색은 원이 중국의 정통왕조의 일원으로 참여하고 중국 지배에 유리한 『공양춘추』를 받아들인 사실을 중시하였고, 이민족 왕조인 원을 긍정하였다.

　② 상황 중시의 춘추사관
　이색은 성리학적 역사인식과 공양춘추적 역사의식 가운데 상황을 중시하는 공양춘추적 역사인식에 경도되는 모습을 보여주었다. 위화도 회군 이후

361) 李成珪, 「中華思想과 民族主義」, 『哲學』 37, 1992.
362) 『牧隱集』 文藁 권7, 益齋先生亂藁序 "元有天下, 四海旣一, 三光五嶽之氣, 渾淪磅礴, 動盪發越, 無中華邊遠之異."
363) 『牧隱集』 詩藁 권4, 扶桑吟 "華夏蠻貊同王春."
364) 이색은 명의 성립도 '王春'으로 역시 정당화하였다(『牧隱集』 詩藁 권32, 有感 "金陵有氣布王春"). 형세를 중시하고 문화를 중시하는 입장은 명의 중원 지배를 유교의 천명사상으로 받아들일 수 있었다.
365) 『牧隱集』 文藁 권9, 選粹集序.

정도전 등은 본격적인 개혁정치를 위하여 우왕비왕설을 내세워 공양왕을 즉위시켰고 반대파 사대부를 제거하기 시작했다. 창왕 즉위 당시의 정국은 이색, 조민수 등이 주도하고 있었으므로, 회군 주도세력의 전면적인 등장과 개혁정치의 본격적인 추진은 쉽지 않았기 때문이다.

禑王非王說366)은 우왕367)은 공민왕의 아들이 아니고 신돈과 그 婢妾 般若의 所生 혹은 다른 사람의 소생으로,368) 우왕의 즉위는 고려 왕씨의 왕위계승을 끊어버리는 것이라는 주장이다.369) 동시에 이 설은 우왕의 아들인 창왕을 옹립한370) 이색과 같은 사대부를 난신적자로 비판하는 근거로 활용되었다. 공자는『춘추』를 지어서 난신적자를 주살하고 토벌하

---

366) 우왕비왕설에 대해서는 다음이 참고된다(李相佰,『李朝建國의 硏究』, 을유문화사, 1949 ; 朴亨杓,「朝鮮 建國에 대한 是非」,『學術志』8, 1967 ; 尹斗守,「禑昌非王說의 硏究」,『考古歷史學志』5·6, 1989).

367) 禑王은 신돈이 실각한 후, 공민왕이 신돈의 侍婢인 般若와 관계해서 아들을 낳았다고 말함으로써 알려지게 되었다. 그후 禑로 개명하고 江寧府院大君에 봉하였으며 백문보를 사부로 삼았다(『高麗史節要』권29, 恭愍王 20년 7월, 22년 7월). 공민왕은 禑를 죽은 궁인 韓氏의 소생으로 삼은 다음 한씨의 3대와 그의 외조에게 벼슬을 추증하였다. 공민왕이 죽자 이인임과 왕안덕의 추대로 10세로 즉위하였다 (『高麗史節要』권29, 恭愍王 23년 9월).

368)『高麗史』권133, 列傳46 辛禑1(하, 865).

369) 우창비왕이라는 표현은 조선시기 역사서에 자주 등장한다.『東國通鑑』·『東國史略』· 『麗史提綱』·『海東繹史』에서 우왕·창왕을 각각 辛禑·辛昌으로 기록하여 고려왕실의 정통에서 제외시켰다. 단『東史綱目』에서는 凡例 統系에서 우왕·창왕을 왕씨로 인정하고 본문에서 前廢王禑·後廢王昌이라 하여 고려왕실에서의 정통을 인정하였다. 李相佰은 공민왕이 신돈을 대역죄인으로 인정한 시점, 즉 신돈에 대한 총애와 신임이 전무한 상태에서 역죄의 자식을 데려다가 자기 왕실의 후계로 하겠는가 하는 의문을 제기했다. 그는 우왕은 공민왕과 신돈의 婢 般若 사이에 출생한 實子로 보았다(李相佰,『李朝建國의 硏究』, 을유문화사, 1949, 70~82쪽). 金庠基도 이에 동의하였다(金庠基,『高麗時代史』, 서울대학교 출판부, 1961/1991, 660~665 쪽).

370) 위화도 회군 이후 이색은 요동정벌에 대한 책임으로 물러난 우왕의 뒤를 이어 창왕이 즉위해야 한다고 하였다(『高麗史』권115, 列傳28 李穡(하, 528) "十四年我太祖回軍, 欲擇立宗室, 曹敏修謀立昌, 以穡爲時名儒, 欲藉其言, 密問於穡, 穡亦欲立昌. 乃曰, 當立前王之子, 遂立昌.").

였으며,[371] 형벌 중에서 찬역이 가장 큰 죄인데, 우왕과 창왕을 옹립한 것은 왕씨를 끊어버리는 것으로 난적 가운데 괴수라고 비판하였다.[372] 특히 정도전은 『자치통감강목』과 호안국[373]의 『춘추』를 통하여 대의멸친, 명분론 등을 주장하면서[374] 우왕의 왕위계승을 『춘추』의 대의명분을 저버린 행위로 규정하고 이를 용납한 이색 계열의 사대부를 비판하였던 것이다.[375]

정도전의 우왕비왕설에 대하여 이색은 중국 역사의 사례를 통하여 그 불가피성을 역설하였다. "선왕인 공민왕이 우왕을 江寧大君으로 삼았고 중국의 승인을 받았으므로 왕의 즉위를 인정하지 않을 수 없다"[376]는 것이 그 이유였다. 자신은 선왕인 공민왕의 유지에 따라 우왕을 고려왕조의 정통을 잇는 군주로 인정한다는 것이다.

또한 이색은 우왕비왕설을 인정하더라도 대외적 위기 속에서 기존의 지배질서를 받아들일 수밖에 없다고 하였다.

이색은 일찍이 사람들에게 말했다. 晉 元帝가 (他姓으로) 들어와 大統을 이었을 때, 致堂 胡氏가 이르기를, "元帝의 姓이 牛氏로 晉의 宗室(司馬氏)을 함부로 이었는데도, 晉의 君臣이 그것을 편안하게 받아들이고 바꾸려 하지 않은 이유는 무엇인가. 반드시 胡羯이 번갈아 침입해 들어와 江左(남쪽

371) 『高麗史』 권116, 列傳29 李琳(하, 556) "臺諫復上疏曰, 大逆天地之所不容, 人倫之所 不赦. 故仲尼作春秋, 而誅亂討賊, 必先誅未發之禍心, 況其已著之大逆乎?"

372) 『高麗史』 권119, 列傳32 鄭道傳(공양왕 3년 5월)(하, 613) "道傳又上書都堂請誅穡玄 寶曰,……故曰, 爲人君父, 而不通於春秋之義, 必蒙首惡之名, 爲人臣子, 而不通於春 秋之義, 必陷於簒弑之罪, 此之謂也."

373) 호안국(1074~1138)에 대해서는 본서 제4장 주) 140 참조.

374) 김창현, 「고려말 유자세력의 유교사상」, 『한국중세사연구』 18, 2005, 204~206쪽.

375) 도현철, 「『三峯集』의 전거를 통해본 신유학 수용」, 『東方學志』 145, 2009, 10쪽.

376) 『高麗史』 권119, 列傳32 鄭道傳(공양왕 3년 5월)(하, 613~614) "道傳又上書都堂請誅 穡玄寶曰,……或曰, 穡之言曰, 禑雖旽子, 玄陵稱爲己封江寧大君, 又受天子誥命, 其爲君成矣. 又旣已爲臣矣, 而逐之, 大不可也. 此其說不亦是乎?……."

으로 간 晉)가 미약하므로 만약에 구업에 의지하지 않으면 어찌 人心을
안정시킬 수 있었겠는가. (元帝를) 버리고 새로 세운다면 어려움과 쉬움이
뚜렷할 것이다. 이 또한 형세에 따라 일을 처리하면서 어쩔 수 없어서
그렇게 한 것이다.”라고 하였다. 내가 신씨를 세우는 것에 대하여 다른
이론을 제기하지 않은 것은 이 때문이었다.377)

　원래 진나라는 司馬씨가 왕의 성씨였지만 牛씨인 元帝가 大統을 이었다.
이에 대하여 致堂 胡寅은 晉나라는 胡鞨의 침입 때문에 비록 왕의 성씨가
다르더라도 구업에 의지하지 않으면 人心을 안정시킬 수 없었다고 하였다.
이색은 이를 근거로 당시의 위급한 상황을 고려할 때 辛氏를 세우는 것에
대하여 다른 이론을 제기할 수 없었다고 하였다. 이는 形勢에 따라서 일을
처리할 수밖에 없다는 상황 중시의 논리인 것이다.
　이색이 언급한 致堂 胡氏는 남송대 성리학자인 胡寅(1098~1156)이다.
『호씨춘추전』을 쓴 호안국의 동생의 아들이고, 胡宏은 그의 아우이다.
그의 역사서로 널리 알려진 것이 『致堂讀史管見』이다. 이색은 춘추사관을
익혔고 『자치통감강목』의 역사인식을 견지했지만, 형세상 부득이한 상황
도 고려하는 유연하고 현실적인 태도를 가지고 있었다. 이색이 호인의
『치당독사관견』의 사론을 주목하여378) 우왕비왕설에 대응한 것도 이런
맥락이라고 할 수 있다.
　이색은 왜구와 홍건적의 침입이라는 대내외적 위기와 정치사회변동

---

377) 『高麗史』 권115, 列傳28 李穡(공양왕 2년 봄2월)(하, 532) “穡嘗語人曰, 昔晉元帝入繼
　　大統, 致堂胡氏以爲元帝姓牛, 而冒續晉宗, 東晉君臣, 何以安之, 而不革也. 必以胡鞨
　　交侵, 江左微弱, 若不憑依舊業, 安能係屬人心, 舍而創造難易絶矣. 此亦乘勢就事不
　　得已而爲之者也. 穡於立辛氏不敢有異議者, 亦此意也.”
378) 『致堂讀史管見』 권7, 晉紀 元帝(『續修四庫全書』 史部 史評類 上海古籍出版社)
　　“元帝姓牛, 而冒續晉宗. 雖曰, 帝胄可榮而僞姓之辱, 亦大矣. 然則東晉君臣, 何以安
　　之, 而不革也. 必以胡鞨交侵, 江左微弱, 若不憑依舊業, 安能係屬人心, 舍而創造難易
　　絶矣. 此亦乘勢就事不得已而爲之者也.”

218

속에서 고려의 질서를 유지하는 대안을 생각했고, 송대 胡寅의 춘추인식을
받아들였다. 성리학을 수용하였지만, 의리, 명분과 같은 정통 주자학의
완고한 입장보다는 급변하는 현실변화에 능동적으로 대처할 수 있는 상황
중시의 현실타개책을 구상한 것이다. 이는 정도전이 호안국의『춘추』를
기반으로 大義滅親, 名分論 등의 정통 주자학적 입장을 천명한 것과는
구분된다고 할 수 있다.

　말하자면, 이색은 고려의 역사적 전통과 현실상황을 충분히 참작하는
가운데 주자학적 역사관을 받아들였던 것이다. 도통론을 통하여 원을 인정
하면서 단군을 시원으로 하는 역사인식을 견지한 것, 우왕비왕설에 대한
대응 등은 상황을 중시하는 이색의 춘추사관을 보여주는 것이다.


## 2) 단군ㆍ기자 인식과 국사체계

　이색은 성리학적 세계관과 역사관을 견지하면서 우리나라 역사의 유구성
을 밝혔다. 그는 단군에서 삼국과 고려로 이어지는 한국사의 체계를 분명하
게 인식하고 있었다.


　　나는 생각건대, 朝鮮氏가 나라를 세운 것은 唐堯의 戊辰年이었다. 비록
대대로 중국과 교류하였지만, 중국이 신하로 대한 적은 없었다. 그 때문에
주 무왕이 은나라 太師 기자를 조선에 봉할 때도 신하로 삼지 않았다.
그 뒤 신라와 백제와 고구려 세 나라가 대치하여 자웅을 다투었고, 진나라와
한나라 이후로는 중국과의 교류가 통하기도 끊어지기도 하였다. 그러다가
우리 태조가 크고 원대한 재략으로 당나라 말기에 일어나서 마침내 삼국을
통일하고 이 땅의 제왕이 되었는데, 五代 이후 지금에 이르기까지 거의
500년의 세월이 흘렀다. 습속이 이미 다르고 언어가 통하지 않아 본래
중국이 동등하게 여기지 않은 바였다. 하지만 詩書와 禮樂의 풍도가 아직도
없어지지 않아서 중국을 존중할 줄 알았다.379)

우리나라는 唐堯의 戊辰年에 처음 나라가 세워져, 대대로 치난을 거듭하다가 삼국으로 나뉘어졌다. 우리 태조에 이르러 천명을 받아 비로소 삼국을 삼한을 통일하였으니 이제 400여 년이 되었다.380)

이색에 의하면, 동방의 역사는 唐堯의 戊辰年 朝鮮氏가 나라를 세운 이후로 시작된 것이다. 인용문에서는 조선씨라고 하고 있지만, 다른 글에서 檀君을 구체적으로 언급하거나,381) 堯 임금 戊辰年에 始祖를 칭했다는 기록382) 등을 보면 朝鮮씨가 단군을 의미하는 것임은 확실한 듯하다.383) 단군이 세 아들을 시켜 성을 쌓게 했다는 三郞城을 거론한 것도 이색이 단군의 존재를 분명하게 인식하고 있었음을 보여주는 증거이다.384)

단군을 역사서에서 언급한 것은『삼국유사』와『제왕운기』이다.『삼국유사』에는 우리 역사가 단군이 건국한 고조선에서부터 시작하여 마한·진한·변한의 삼한, 고구려·백제·신라의 삼국, 그리고 고려로 이어지는 것으로

---

379)『牧隱集』文藁 권9, 送偰符寶使還詩序(공민왕 18년 5월) "予惟朝鮮氏立國, 實唐堯之戊辰歲也. 雖世通國, 而中國未嘗臣之. 是以, 武王封殷太師而不之臣. 其後新羅百濟高句麗鼎峙相雄長. 秦漢以降, 或通或絶, 我始祖以宏材遠略, 起於唐季, 遂倂三國而王其地. 自五代以迄于今, 盖將五百年矣. 習俗旣異, 言語不通, 固中國之所不齒也. 然詩書禮樂之風, 尙猶不泯, 知尊中國."
380)『牧隱集』文藁 권9, 周官六翼序 "我東方, 國於唐堯戊辰歲, 世理世亂, 分爲三國, 至于太祖, 受天明命, 始克一之, 四百有餘年矣."
381)『牧隱集』詩藁 권3, 西京 "方舟容與水如空 驛騎飛塵一瞬中 辦得兩湯雖甚易 哦成七字却難工 城頭老樹猶遮日 山頂高樓遠引風 聞說朝天會有石 檀君英偰冠群雄."; 詩藁 권23, 雜興 三首 "帝堯戊辰歲 東方始有君."
382)『牧隱集』詩藁 권3, 婆娑府 "鴨江東岸是吾土 靑嶂白波相媚嫵 東韓仁壽君子國 唐堯戊辰稱始祖 綿歷夏商不純臣 箕子受封師道新 九疇森列照天下 當時親炙知何人."
383)『帝王韻紀』,『三國遺事』등에는 단군조선에 대한 기록이 있고, 백문보의 檀君紀元說이 존재하는 점 등으로 미루어 볼 때, 단지 朝鮮氏라고 하여 건국자가 조선이라는 것인지 국호가 조선이라는 것인지 애매하나, 단군을 우리나라를 세운 인물로 파악한 것으로 보인다(金南日,「李穡의 歷史意識」,『淸溪史學』11, 1994, 40~41쪽).
384)『牧隱集』詩藁 권4, 傳燈寺.

기술되고 있다. 아울러 古記를 인용하여 요 즉위 50년인 庚寅年에 도읍하고 조선이라고 칭하였다고 하면서, 세주에 요 즉위 원년은 戊辰年이므로 50년은 庚寅年이 아니고 丁巳年이라고 하였다.[385] 『제왕운기』에서는 우리 역사를 단군이 세운 전조선 후조선, 위만 사군, 삼한, 신라 고구려 백제, 후고구려, 후백제, 발해, 고려의 계열로 설정했다. 그리고 단군이 요 임금과 같은 戊辰年에 나라를 세웠다고 하였다.[386]

이색은 한국사를 단군조선부터 시작하여 기자, 삼국, 고려로 이어지는 계승 관계로 설정했는데, 단군의 성립을 무진년 요 임금 때로 본 것은 『제왕운기』의 인식을 따른 것이다. 이색은 이승휴의『동안거사집』의 서문을 쓴 바 있으므로,[387] 단군 인식도 이승휴의 생각을 받아들였던 것이다. 여말선초 史書 예컨대『동국통감』[388]의 경우에는 단군의 기원에 관련해서 『제왕운기』의 설을 따르고 있는 데, 이색은 이와 같은 사서의 일반적 인식을 수용한 것이라고 하겠다.

이색은 盤古로부터 시작하여 요·순·우·탕 등 중국의 역사를 이해하고 있었고,[389] 공민왕이 죽고 시호를 청하는 글에서 기자의 강역을 평화롭게 다스려서 자손만세에 전하고 한의 번방이 되겠다고 하였다.[390] 이는 그가

---

385) 『三國遺事』권1, 紀異2 古朝鮮 "魏書云, 乃往二千載有壇君王儉, 立都阿斯達, 開國號朝鮮, 與高同時.……古記云,……號曰壇君王儉. 以唐高卽位五十年庚寅(唐高卽位元年戊辰, 則五十年丁巳, 非庚寅也, 疑其未實), 都平壤城(今西京), 始稱朝鮮."

386) 『帝王韻紀』권하, 前朝鮮紀 "並與帝高興戊辰, 經虞歷夏居中宸, 於殷虎丁乙未阿斯達山爲神, 享國一千二十八……."

387) 『牧隱集』文藁 권8, 動安居士李公文集序.

388) 『東國通鑑』권1, 外紀 "東方에는 최초에 君長이 없었는데, 神人이 檀木 아래로 내려오자 國人이 세워서 임금으로 삼았다. 이가 檀君이며 國號는 朝鮮이었는데, 바로 唐堯 戊辰年이었다. 처음에는 平壤에 도읍을 정하였다가 뒤에는 白岳으로 도읍을 옮겼다. 商나라 武丁 8년(서기전 1317) 乙未에 阿斯達山에 들어가 神이 되었다."고 하였다.

389) 『牧隱集』文藁 권6, 古巖記 ; 詩藁 권11, 後扶桑絲吟.

390) 『牧隱集』文藁 권11, 請贈諡表 "幸釐箕域, 傳後昆於萬世永作漢藩."

중국을 천자국으로 하고 조선을 제후국이라고 하는 명분론에 유념하였음을
보여주는 것이다. 또한 이색은 기자가 주나라로부터 분봉을 받으면서 교화
가 시작되고, 삼국시대를 거쳐 태조 왕건이 고려를 건국하였으며, 광종이
과거제도를 실시하여 문학이 성해졌다고 하였다.391) 다만 인용문에서 볼
수 있듯이 중국이 조선을 신하로 대한 적이 없었고, 주 무왕이 은나라의
太師인 기자를 조선에 봉할 때 역시 신하로 삼지 않았다고 함으로써 중국과
구별되는 독자성을 염두에 두고 있었음도 확인할 수 있다.392) 사대관계를
전제하면서도 천자의 신하보다는 고려왕의 신하를 내세웠고 고려의 역사공
동체를 중시한 결과라고 할 수 있다.393)

　이색은 중국의 선진적인 유교사상을 전제하면서 단군을 비롯한 전통
사상을 받아들였다. 『삼국사기』가 유교적 문명론과 도덕론을 바탕으로
삼국의 역사서를 정리하였다면, 『삼국유사』는 유교사상을 인정하면서도

391) 『牧隱集』 文藁 권8, 賀竹溪安氏三子登科詩序(우왕 4년 4월) "吾東方在虞夏時,
　　史不傳, 不可考, 周封殷太師箕子, 則其通中國也, 盖可知已. 雖其封之, 又不臣之,
　　重其受禹範, 爲道之所在也."; 文藁 권9, 贈金敬叔秘書詩序 "予曰, 我東方敎化之
　　源, 盖發於箕子之受封, 而敎條簡易, 無繁文末節之侈, 後世因之, 至于今朴略之風猶
　　在也. 三國始置我太祖立國以來, 光廟設科取士, 文學之盛, 見稱中國."; 文藁 권9,
　　送偰符寶使還詩序(공민왕 18년 5월) "予惟朝鮮氏立國, 實唐堯之戊辰歲也. 雖世通
　　國, 而中國未嘗臣之. 是以, 武王封殷太師而不之臣."
392) 중국이 우리나라를 신하로 삼지 않았다는 기록은 공민왕 2년에 이색이 쓴 대책문에
　　서도 확인된다(『東人策選』 "箕子當周之初, 武王不之臣而封于朝鮮. 箕子, 告武王以
　　洪範者也. 洛書之數, 天人之學, 千載之下, 蔚有遺風. 則吾東方爲學之始, 成俗之由,
　　意必權輿於此矣. 惜乎, 綿遠而莫之考也. 洪惟太祖肇一三韓, 列聖相承, 咸能繼述.
　　禮制大備, 衣冠文物, 煥然可觀, 雖中國, 未能或之先也. 於是尊尙儒術, 設科取士.
　　內立成均之學, 外設郡縣之學. 豊芑之雅, 菁莪之詩, 於倫於樂, 四百餘年, 其所以養育
　　人才, 薰陶德性者, 無所不備矣.").
393) 고려후기 사대부는 '不改土風'을 원칙으로 하는 世祖舊制를 존중하였고(李益柱,
　　『高麗·元 關係와 高麗後期 政治體制』(서울대 박사논문, 1996). 중세적 보편성과
　　함께 고려국가의 정체성과 역사를 중시하였다(金泰永, 앞의 논문, 1978 ; 馬宗樂,
　　「元 干涉期 益齋 李齊賢의 儒學思想」, 『한국중세사연구』 8, 2000 ; 채웅석, 「원
　　간섭기 성리학자들의 화이관과 국가관」, 『역사와 현실』 49, 2003).

반드시 고유문명에 대한 올바른 이해가 필요하다는 전제아래 단군 개국이래의 역사를 정리한 바 있다.[394] 이색 역시 중국의 유교사상을 전제하면서도 전통사상도 충분히 고려하였던 것이다.

이색은 요동 지역을 고구려의 영토로 보았다.[395] 원나라 과거 시험에 응시하러 요동을 거쳐 북경에 들어갈 때 쓴 시에서 '산천은 참 좋지만 우리의 땅이 아니다'[396]고 하였다. 이제현은 태조 왕건이 고구려 동명왕의 옛 강토를 우리나라의 영토로 보고 이를 회복하려 하였다[397]고 하였고, 정도전도 남은과 결탁하여 사졸이 이미 훈련되었고 군량이 갖추어졌으니 동명왕의 옛 영토를 회복할만하다고 하여 요동정벌 계획을 세운바 있다.[398] 이제현의 제자인 이색은 요동 지역이 고구려의 영토로 과거 우리 땅이었지만, 지금은 아니라고 생각했다.

한편 이색은 고려후기 사회를 태평성대로 보았다.[399] 자신의 시대를 유교의 이상사회인 大同사회의 전 단계 즉 小康[400]의 시기로 파악하였다.[401] 이색은 국왕의 통치가 잘 이루어진 治世를 小康이라 정의하고,

---

394) 김용섭, 「고려국가의 몽골·원과의 관계 속 문명전환 정책」, 『東아시아 역사 속의 한국문명의 전환-충격, 대응, 통합의 문명으로』, 지식산업사, 2008, 155~164쪽.

395) 宋容德, 「고려~조선전기 백두산 인식」, 『역사와 현실』 64, 2007 ; 「高麗後期 邊境地域 변동과 鴨綠江 沿邊認識의 형성」, 『歷史學報』 201, 2009.

396) 『牧隱集』 詩藁 권3, 山驛 "官路高低指鶴城 峯頭末末細相縈 山川信美非吾土 歲月如流觀我生 曉過密林聞露滴 夜臨深谷看雲橫 忽然踏得遼原路 大野天低萬里平."

397) 『益齋集』 권9, 太祖史論 ; 『高麗史節要』 권1, 太祖 26년 5월(31~32) "李齊賢贊曰…… 我太祖, 卽位之後, 金傅未賓, 甄萱未虜 而屢幸西都 親巡北鄙 其意亦以東明舊壞 爲吾家靑氈 必席卷而有之 豈止操雞搏鴨而已哉……."

398) 『太宗實錄』 권9, 5년 6월 辛卯(조준졸기)(1책, 329쪽) "(정도전)深結南誾, 使南誾上書 士卒已諫, 可以乘時復東明之舊壞, 太上殊不以爲然, 誾屢言之."

399) 박종기, 「이색의 당대사(當代史) 인식과 인간관」, 『역사와 현실』 66, 2007, 346~348쪽.

400) 『禮記』 권9, 禮運.

401) 『牧隱集』 詩藁 권23, 發嘆 ; 권28, 謹成長句四韻三首 奉呈鐵原侍中座下 ; 詩藁 권29, 天陰喜賦 ; 詩藁 권31, 金光秀院使, 邀曲城·漆原兩侍中及鄭月城·權吉昌·韓

그렇지 못한 시대를 亂世라고 보았다. 치세의 군주로 충목왕을 들고 있다. 충목왕은 이인복과 같은 유신을 등용하고, 王煦에게 국정을 맡겼으며 구법에 따라 정방을 혁파한 뒤 문무의 인사를 각각 전리·군부에게 일임하였다. 그 결과 충목왕 재위 5년은 朝野가 맑고 조용하여 선비는 즐거워하고 백성은 국왕에 귀의했던 소강의 시대였다고 평가하였다.402) 이색은 충혜왕과 충정왕이 재위하던 시기를 난세의 시대로 파악했다. 충혜왕은 군소배를 가까이하여 유자들이 고립무원이 되고 결국 그들에 의하여 죽임을 맞이하게 되었다고 하고, 충정왕대 역시 이제현, 윤택과 같은 인재들을 등용하지 못한 시기로 보았다.

　이색은 공민왕을 높이 평가하였다. 공민왕은 자신을 길러준 하늘이라 하고, 공민왕의 업적을 도와 예를 잘 닦아 인문을 넓혔다403)고 하였다. 우왕 5년에 공민왕과 노국대장공주의 비문을 찬술하고 공민왕의 추모사업으로 진행된 대장경 간행사업에 참여한다.404) 이보다 앞서 우왕 3년에는 '광통보제선사비명병서'를 통하여 원자를 세워 나라의 대통을 잡은 점, 홍건적 등 외침의 격퇴, 형옥과 부세에서의 인정, 유교질서에 입각한 문물제도의 정비 등을 통하여 왕조의 태평과 흥성을 가져왔다는 점을

---

政堂·永寧君·順興君·少韓政堂及穡, 設盛饌作樂, 而康平章坐主人之右. 內官金實主人之養子也,…… ; 詩藁 권31, 三月十二日六友…….

402) 『牧隱集』文藁 권19, 烏川君諡文貞鄭公墓誌銘 幷序 "近世言大平者, 必稱明陵朝. 蓋永陵比群小, 以致岳陽之禍, 聰陵享國日淺, 且有崔源反吠之難. 獨明陵五年, 朝野淸謐, 士樂民附, 謂之小康, 亦不過矣. 當是時, 由郎官參銓選, 歷四年, 致位樞密, 執事敬, 行己簡重, 蚤有譽於一國者, 烏川鄭文貞公當爲稱首."

403) 『牧隱集』詩藁 권22, 一上人爲僕淨書, 亂道間被選書大藏, 追福玄陵也. 僕欲請於提調諸公, 得一上人, 以畢吾稿, 而旣自念曰, "追福玄陵, 穡日夜望之者也, 不能助之, 而反擾之, 非穡之志也. 書員出於各宗, 一上人不出, 則南山無人矣. 書僕稿, 雖勞而無所報, 書大藏則國家必錄其功, 此雖上人之所不以爲意, 然在僕則亦不可徑情而直行也." 於是, 不敢發一言於提調所, 但勸上人加工書大藏, 以副國家追福玄陵之意. 吟成一首以誌.

404) 『陶隱集』 권5, 驪州神勒寺大藏閣記碑(우왕 9년 7월).

거론하면서 공민왕과 노국대장공주를 기리는 비문405)을 지었다.406)

후에 이색은 공양왕대 반대세력과 대결할 때, 공민왕의 개혁을 복원하는 입장을 견지하고, 공민왕의 언설을 중시하는 입장을 취하였다. 공양왕대 정도전 등이 우왕비왕설을 주장할 때도, 공민왕이 우왕을 자신의 아들이라고 선언한 이상 공민왕의 신하로서 우왕을 국왕으로 인정하지 않을 수 없다고 하였다.

이색은 우왕대 역시 태평성대로 보았다.『주역』에 "天地 陰陽의 기운이 조화되지 못하면 어진 사람이 몸을 숨긴다"407)는 말을 인용하여, 현실이 아주 혼란한 시기라면 賢者가 몸을 숨기는 것이 당연하지만, 당시는 밝은 임금과 어진 신하가 서로 만나서 옳고 그른 것을 논의하여 물고기가 川에 나가고 새가 구름을 날아가는 듯하다408)고 하였다. 사회가 태평성대와 다름이 없고409) 更化의 시기로서 나라의 생기가 넘치고 있다고 보았던 것이다.410)

고려후기에 중국의 역사가 반고에서 시작하여 金나라에 이른 것과 비교해서, 우리나라는 단군에서 출발하여 고려에 이르렀다고 하였다.411) 조선 태조 원년에 조박(1356~1408)이 단군을 건국의 시조로, 기자를 교화의 시조로서 파악한 것412)은 성리학을 수용한 여선교체기의 공통된 인식이라

---

405)『牧隱集』文藁 권14, 廣通普濟禪寺碑銘幷書(우왕 3년 10월).

406) 박종기, 앞의 논문(2007), 352~358쪽.

407)『周易』권2, 坤 "天地變化, 草木蕃, 天地閉, 賢人隱. 易曰, '括囊, 无咎无譽.' 蓋言謹也."

408)『牧隱集』文藁 권4, 陶隱齋記 "易曰 天地閉, 賢人隱. 今則明良遭逢, 都兪吁咈, 魚川泳而鳥雲飛也."

409)『牧隱集』文藁 권8, 贈宋子郊序 "中原多故以來, 我東方崇儒右文, 無異太平之世."

410)『牧隱集』文藁 권7, 送江陵道按廉金先生詩序 "及今更化, 朝着肅穆, 物於國者, 振振有生意."

411) 邊東明,『高麗後期性理學受容硏究』, 일조각, 1995 ; 金成煥,『高麗時代의 檀君傳承과 認識』, 경인문화사, 2002 ; 이익주, 「고려후기 단군신화 기록의 시대적 배경」,『먼동김정의교수 정년기념 문명학논총』, 2007.

고 생각된다. 이색은 독자적인 자국인식을 성리학의 역사관으로 정리하여 한국사를 보다 합리적이고 체계적으로 설명하였다.

---

412) 『太祖實錄』 권1, 원년 8월 경신(1책, 26쪽).

# 제5장 이상군주론과 관료제 운영 구상

## 1. 이상군주론과『주관육익』

### 1) 왕패겸용적 이상군주론

이색은 이상적인 군주상을 제시하여 정상적인 관료제 운영과 합리적인 정치운영을 기하였다. 이색은 聖人君主를 지향하면서도 당시 위기상황을 극복할 수 있는 패도적 군주상에 주목하였다.

이색은 주자학을 수용하는 가운데 현실의 군주가 유교에서 지향하는 이상군주일 것을 기대하였다. 이색은 요·순·우·탕·무왕(二帝三王)을 성인 군주로 파악하였다. 이제삼왕은 이상정치를 행한 군주로 유교경전에 제시되어 있으므로, 유자라면 누구나 언급하는 인물이다.[1] 이색은 이제삼왕과 같은 이상군주가 되기 위하여 君主聖學論·君主修身論을 익혀야 한다고 보았다.[2] 군주성학론은 자연인=군주가 요·순·우·탕의 요법을 체득해서

---

1) 『牧隱集』文藁 권10, 直說三篇 "心之用大矣. 經綸天地而有餘力, 無絲毫之或漏於其外也, 是天地亦不能包其量矣. 善用者, 二帝三王是已." ; 文藁 권5, 石犀亭記 ; 詩藁 권16, 初十日 進講仁以爲己任.

2) 『牧隱集』詩藁 권16, 進講三年學 不志於穀 不易得也一章 "……聖學由來一執中 潛龍忽躍飛龍 誰知從道先明道 牧稼他年 德可宗帝王學" ; 詩藁 권16, 進講篤信好學 守死善道八字.

王道·人道를 실현하는 성인이 되는 학문이었는데,3) 이색은 이를 주장했던 것이다.4)

이색이 고려의 왕에게 군주성학론을 제시한 사실은 서연 강의를 통하여 확인할 수 있다. 『목은집』에는 『고려사』와 『고려사절요』에 보이지 않는 이색의 서연 강의에 대한 30여 수의 시가 전하는데, 우왕대 서연에 대한 내용이 담겨있다. 이색은 우왕의 사부가 되어 우왕 5년 5월부터 8월까지 우왕을 가르쳤다.5) 이색이 우왕에게 가르친 내용은 『논어』 태백편이다. 태백은 주나라 태왕의 맏아들이었으면서도 막내아우에게 군주자리를 내준 지극한 덕의 소유자로 알려져 있다.6) 이색은 태백을 거론하면서 군주성학과 덕·인의 정치를 말하고 우왕에게 이를 본받도록 요구하였던 것이다.

---

3) 金駿錫, 「17세기 正統朱子學派의 政治社會論」, 『東方學志』 67, 1990, 106~110쪽.

4) 『牧隱集』 文藁 권10, 伯中說贈李狀別 "願受一言以行, 孝於家忠於國, 將何以爲之本乎? 予曰, 大哉問乎? 中焉而已矣.……是則事君事親, 行己應物, 中和而已. 欲致中和, 自戒愼始, 戒愼之何? 存天理也. 愼獨焉何? 遏人欲也. 存天理遏人欲, 皆至其極, 聖學斯畢矣."

5) 『高麗史節要』 권31, 辛禑(5년 5월)(774) "放贊成事, 洪仲宣于宜寧. 李仁任林堅味等, 與仲宣, 同在政房, 惡分權, 以仲宣爲啓稟使, 如京師, 仲宣不卽行. 諫官徐鈞衡等, 素與仲宣, 有怨, 又希仁任意, 劾之, 放歸田里, 以韓山君李穡, 代仲宣爲師傅."

6) 태백은 주나라 태왕의 長子이다. 주나라의 조상인 太王 즉 고공단보에게는 泰伯, 仲雍, 季歷 등의 세 아들이 있었다. 태백은 장남이었기 때문에 주나라의 왕위계승권을 가지고 있었으나 고공단보는 막내아들 계력의 아들 昌(나중에 文王)이 나라를 평정할 인물임을 알고 왕위를 전하려고 했다. 이것을 눈치챈 태백이 동생 중옹과 함께 남방으로 도망침으로써 왕위를 양보했다. 태백이 사양한 나라는 은의 제후국 주나라였지만, 나중에 무왕이 은을 타도하고 천자국인 주나라를 세웠기 때문에 천하를 사양한 것이다(『論語』 泰伯 주자주).

〈표 8〉『목은집』 시고에 나타난 『논어』 태백의 강의 내용과 전거

| 번호 | 『牧隱詩藁』 | 『論語』 권8, 泰伯 | 시기 |
|---|---|---|---|
| ① | 권16, 五月廿六日 上在書筵 臣穡進講 君子篤於親 則民興於仁 故舊不遺 則民不偸 旣訖 侍學內官高聲讀數遍 於是親賜酒 拜飮趣出 還家困臥 久而方起 | 子曰 泰伯 其可謂至德也已矣 三以天下讓 民無得而稱焉<br>子曰 恭而無禮則勞 愼而無禮則葸 勇而無禮則亂 直而無禮則絞 ①君子篤於親 則民興於仁 故舊不遺 則民不偸<br>曾子有疾 召門弟子曰 啓予足 啓予手 詩云 戰戰兢兢 | 우왕5년 5월26일 |
| ② | 권16, 書筵 進講 君子所貴乎道者三 至有司存 退而志之 | 如臨深淵 如履薄氷 而今而後 吾知免夫 小子<br>曾子有疾 孟敬子問之 曾子言曰 鳥之將死 其鳴也哀 人之將死 其言也善 ②君子所貴乎道者三 動容貌 斯遠暴慢矣 正顔色 斯近信矣 出辭氣 斯遠鄙倍矣 籩豆 | 우왕5년 윤5월 |
| ③ | 권16, 書筵 進講 曾子以能問於不能一章 | 之事 則有司存<br>曾子曰 ③以能問於不能 以多問於寡 有若無 實若虛 | 우왕5년 윤5월 |
| ④ | 권16, 初十日 進講 仁以爲己任 不亦重乎 死而後已 不亦遠乎 引易繫辭天地之大德曰生 聖人之大寶曰位 何以守位 曰仁 以證重與遠之義 退而志之 蓋告君當如是也 旣歸 見紬布之賜 吟成二首 | 犯而不校 昔者吾友嘗從事於斯矣<br>曾子曰 可以託六尺之孤 可以寄百里之命 臨大節而不可奪也 君子人與 君子人也<br>曾子曰 士不可以不弘毅 任重而道遠 ④仁以爲己任 不亦重乎 死而後已 不亦遠乎<br>子曰 ⑤興於詩 立於禮 成於樂<br>子曰 ⑥民可使由之 不可使知之 | 우왕5년 윤5월10일 |
| ⑤ | 권16, 進講 興於詩 立於禮 成於樂一章 | 子曰 好勇疾貧 亂也 人而不仁 疾之已甚 亂也<br>子曰 ⑦如有周公之才之美 使驕且吝 其餘不足觀也已 | 우왕5년 윤5월 |
| ⑥ | 권16, 進講 民可使由之 不可使知之一章 | 子曰 ⑧三年學 不至於穀 不易得也 | 우왕5년 윤5월 |
| ⑦ | 권16, 十六日 進講 周公之才之美一章 | 子曰 ⑨篤信好學 守死善道 ⑩危邦不入 亂邦不居 天下有道則見 無道則隱 邦有道 貧且賤焉 恥也 邦無道 富且貴焉 恥也<br>子曰 ⑪不在其位 不謀其政 | 우왕5년 윤5월16일 |
| ⑧ | 권16, 進講 三年學 不志於穀 不易得也一章 | 子曰 師摯之始 關雎之亂 洋洋乎 盈耳哉<br>子曰 狂而不直 侗而不愿 悾悾而不信 吾不知之矣 | 우왕5년 윤5월 |
| ⑨ | 권16, 進講 篤信好學 守死善道八字 | 子曰 學如不及 猶恐失之<br>子曰 巍巍乎 舜禹之有天下也而不與焉 | 우왕5년 윤5월 |
| ⑩ | 권19, 八月十一日開書筵 臣穡臣仲和 進講 危邦不入 亂邦不居 天下有道則見 無道則隱 邦有道 貧且賤焉恥也 邦無道 富且貴焉恥也 退而志之 | 子曰 大哉堯之爲君也 巍巍乎 唯天爲大 唯堯則之 蕩蕩乎 民無能名焉 巍巍乎 其有成功也 煥乎其有文章 舜有臣五人而天下治 武王曰 予有亂臣十人 孔子曰 才難 不其然乎 唐 虞之際 於斯爲盛 有婦人焉 九人而已 三分天下有其二 以服事殷 周之德 其可謂至德也已矣 | 우왕5년 8월11일 |
| ⑪ | 권19, 二十三日 講 不在其位 不謀其政八字 | 子曰 禹 吾無間然矣 菲飮食 而致孝乎鬼神 惡衣服 而致美乎黻冕 卑宮室 而盡力乎溝洫 禹 吾無間然矣 | 우왕5년 8월23일 |

〈표 9〉『논어집주』와 『목은집』의 비교7)

| 번호 | 주자의 『論語集註』 | 『牧隱詩藁』(권16, 권19) |
|---|---|---|
| ① | 君子篤於親 則民興於仁 故舊不遺 則民不偸<br>張子曰 人道知所先後 則恭不勞 愼不葸 勇不亂 直不絞 民化而德厚矣 吳氏曰 君子以下 當自爲一章 乃曾子之言也 愚按 此一節與上文不相蒙 而與首篇愼終追遠之意相類 吳說近是 | 明德新民體用俱 欽之一字冠唐虞<br>篤親卹舊良心發 歸厚興仁美化敷<br>精義難陳心更怯 衰年已過貌仍癯<br>乞歸何日如疏廣 東海黃金得自娛 |
| ② | 君子所貴乎道者三……至有司存<br>言道雖無所不在 然君子所重者 在此三事而已 是皆脩身之要 爲政之本 學者所當操存省察 而不可有造次顚沛之違者也 若夫籩豆之事 器數之末 道之全體固無不該 然其分則有司之守 而非君子之所重矣 | 道體周流自露呈 身心器數盡包幷<br>辭嚴義正春秋法 氣順顔和日月行<br>致格齊平終有序 操存省察要須精<br>簞瓢陋巷生芳草 一貫傳來聖道明 |
| ③ | 以能問於不能 以多問於寡 有若無 實若虛 犯而不校 昔者吾友嘗從事於斯矣<br>顔子之心 惟知義理之無窮 不見物我之有間 故能如此 謝氏曰 不知有餘在己 不足在人 不必得爲在己 失爲在人 非幾於無我者不能也 | 義理終無盡 賢愚本自同<br>林林滿區宇 浩浩際虛空<br>軀殼雖紛糅 毫釐亦會通<br>誰歟眞踐得 陋巷有遺風 |
| ④ | 仁以爲己任 不亦重乎 死而後已 不亦遠乎<br>仁者 人心之全德 而必欲以身體而力行之 可謂重矣 一息尚存 此志不容少懈 可謂遠矣 程子曰 弘而不毅 則無規矩而難立 毅而不弘 則隘陋而無以居之 又曰 弘大剛毅 然後能勝重任而遠到 | 虛靈一點配乾坤 立極由來在至尊<br>日就月將當復禮 春生夏長要覃恩<br>霑濡及物繁枝葉 惻隱存心壯本根<br>二帝三王是龜鑑 小臣才短敢輕論<br>講罷經筵日未中 還家細雨又濛濛<br>病妻慶幸蒙恩賜 明主包容愍老窮<br>赫赫漢庭稽古力 寥寥周易養蒙功<br>史臣秉筆由來直 成效終當付昊穹 |
| ⑤ | 興於詩 立於禮 成於樂<br>樂有五聲十二律 更唱迭和 以爲歌舞八音之節 可以養人之性情 而蕩滌其邪穢 消融其査滓 故學者之終所以至於義精仁熟 而自和順於道德者 必於此而得之 是學之成也 按內則 十年學幼儀 十三學樂誦詩 二十而後學禮 則此三者 非小學傳授之次 乃大學終身所得之難易 先後 淺深也 | 君師建極化生民 照耀來今覺後人<br>大學初中終有得 先王詩禮樂相循<br>性情動盪無邪日 査滓消融順道春<br>三百三千通上下 端居靜處對明神 |

7) 정재철의 「이색의 서연강의」의 토론문에서 제시된 『論語集註』와 『牧隱集』의 대비표(한국역사연구회 제101회 연구발표회, "이색의 삶과 생각" 2006.4)를 참고하여 작성하였다.

| | | | |
|---|---|---|---|
| ⑥ | 民可使由之 不可使知之<br>民可使之由於理之當然 而不能使之知其所以然也<br>程子曰 聖人設教 非不欲人家喻而戶曉也 然不能使<br>之知 但能使之由之爾 若曰聖人不使民知 則是後世<br>朝四暮三之術也 豈聖人之心乎 | 魚躍鳶飛道體流<br>白頭存養猶難至<br>鑿井耕田恒産足<br>作興祗在明明德 | 民生日用儘優游<br>黔首由行却自周<br>持家奉國沒身憂<br>比屋可封今幾秋 |
| ⑦ | 如有周公之才之美 使驕且吝其餘不足觀也已<br>才美 謂智能技藝之美 驕 矜夸 吝 鄙嗇也 程子曰 此甚<br>言驕吝之不可也 蓋有周公之德 則自無驕吝 若但有<br>周公之才而驕吝焉 亦不足觀矣 又曰 驕 氣盈 吝 氣歉<br>愚謂驕吝雖有盈歉之殊 然其勢常相因 蓋驕者吝之枝<br>葉 吝者驕之本根 故嘗驗之天下之人 未有驕而不吝<br>吝而不驕者也 | 矜夸鄙嗇豈無尤<br>縱使多材似公旦<br>赤烏周公几几餘<br>當時一點心平正<br>禮樂文章盛一時<br>卜年卜世終明白 | 根葉相因勢自周<br>此人端的是恒流<br>風雷歲熟感枭書<br>日月明明照大虛<br>美哉制作在蒼姬<br>祗在初生哲命貽 |
| ⑧ | 三年學 不志於穀 不易得也<br>穀 祿也 至 疑當作志 爲學之久 而不求祿 如此之人<br>不易得也 楊氏曰 雖子張之賢 猶以干祿爲問 況其下<br>者乎 然則三年學而不至於穀 宜不易得也 | 蒙養無非作聖功<br>奈何挑得繁華戰<br>聖學由來一執中<br>誰知從道先明道<br>小臣當日走中原<br>忽起子張干祿問 | 終身所得一中庸<br>只爲飽鮮仍醉醲<br>潛龍忽躍是飛龍<br>穆穆他年德可宗<br>鼓篋璧雍窺聖門<br>白髮心地向昏昏 |
| ⑨ | 篤信好學 守死善道<br>篤 厚而力也 不篤信 則不能好學 然篤信而不好學 則<br>所信或非其正 不守死 則不能以善其道 然守死而不<br>足以善其道 則亦徒死而已 蓋守死者 篤信之效 善道<br>者好學之功 | 聖學規模大 人倫終始全<br>貫穿兼體用 開合有經權<br>不息江朝海 無遺日照天<br>平居須愼獨 吾道是誰傳 | |
| ⑩ | 危邦不入 亂邦不居 天下有道則見 無道則隱 邦有道<br>貧且賤焉恥也 邦無道 富且貴焉恥也<br>君子見危授命 則仕危邦者無可去之義 在外則不入<br>可也 亂邦未危 而刑政紀綱紊矣 故潔其身而去之 天<br>下 舉一世而言 無道則隱其身而不見 此惟篤信好<br>學 守死善道者 能之 世治而無可行之道 世亂而無能<br>守之節 碌碌庸人 不足以爲士矣 可恥之甚也 晁氏曰<br>有學有守 而去就之義潔 出處之分明 然後爲君子之<br>全德也 | 篤信眞如就坦途 學而能守是工夫<br>入居只辨邦危亂 隱見還從道有無<br>治世棲棲爲棄物 衰時赫赫踐亨衢<br>二人的是如臣檣 面赤難禁汗被膚 | |
| ⑪ | 不在其位 不謀其政<br>程子曰 不在其位 則不任其事也 若君大夫問而告者<br>則有矣 | 天淸地濁判高卑<br>六月霜飛人有怨<br>颭風愷悌初因物<br>赤面老生村學耳 | 八氣流行各自知<br>三冬雷奮國將危<br>艮掛光明只識時<br>書筵進講被人欺 |

이색은 성인군주상을 전제로 『논어』의 이상적 인간형을 해석하였다. 직접적으로 군주 성학을 언급한 것은 ①, ④, ⑧, ⑨이다. 이색은 ⑨에서

성학을 밝혔고,8) ⑧에서 성학은 한결같이 中을 잡는 것이라 하여, 유교의
심법인 16자("人心惟危 道心惟微 惟精惟一 允執厥中")를 말하고 도를 따름
이 도를 밝힘보다 앞서야 한다9)고 하였다. 또한 ④에서 "인으로 자기의
책임을 삼으니 또한 무겁지 아니한가? 죽은 뒤에야 그만두니 또한 멀지
아니한가?"라고 한『논어』의 구절과『주역』의 "천지의 큰 덕을 生이라
하고, 성인의 큰 보배를 位라고 한다. 무엇으로써 위(보배)를 지킬 것인가
仁이다"10)고 한 것을 통하여 이제삼왕을 이상군주로 설정하고 군주가
지녀야할 태도를 제시했다. ①에서는 도덕을 밝히고 백성을 새롭게 하여
체용을 갖추는데 요가 '欽'을 제일 먼저 들었음을 말하고 있다.11)

　　군주학과 관련하여 태백이나 주공처럼 군주를 보좌하여 이상정치를
실현하는데 기여한 신하의 도리를 강조하고 있다. ⑦에서 주공의 덕을
찬양하면서 형인 무왕을 도와 은을 멸망시키고 무왕의 아들 성왕을 보좌하
여 이상정치를 행하였다12)고 하였다.

　　한편 이색은 군자에게 군주를 바르게 인도하여 이상사회를 구현할 것을
기대하였다.『논어』의 이상적 인간형인 군자를 말한 것은 ②, ③, ⑤이다.
②에서 군자가 귀중히 여기는 것과 관련하여, 격물·치지·제가·평천하에는
순서가 있는데, 격물과 수신이 치인을 위한 전 단계이며, 마음을 보존하고

---

8)『牧隱集』詩藁 권16, 進講篤信好學 守死善道八字 "聖學規模具."
9)『牧隱集』詩藁 권16, 進講 '三年學, 不志於穀, 不易得也,' 一章. "聖學由來一執中
　潛龍忽躍是飛龍 誰知從道先明道 穆穆他年德可宗 帝王學."
10)『牧隱集』詩藁 권16, 初十日, 進講 '仁以爲己任, 不亦重乎, 死而後已, 不亦遠乎',
　引易繫辭'天地之大德曰生, 聖人之大寶曰位, 何以守位, 曰仁' 以證重與遠之義, 退
　而志之, 蓋告君當如是也. 旣歸, 見紬布之賜, 吟成二首. "二帝三王是龜鑑, 小臣才短
　輕論."
11)『牧隱集』詩藁 권16, 五月卄六日, 上在書筵, 臣穡進講'君子篤於親, 則民興於仁.
　故舊不遺, 則民不偸,' 旣訖, 侍學內官高聲讀數遍, 於是, 親賜酒, 拜飮趨出, 還家困臥,
　久而方起.
12)『牧隱集』詩藁 권16, 十六日, 進講周公之才之美一章 ; 詩藁 권23, 我將.

성찰을 정밀하게 하여 성인의 도를 밝혀야 한다고 하였다.13)

이색은 군주의 은혜를 입은 것을 감사하게 생각하고 군주에게 유익한 일을 행함으로써 보답하고자 하였다.14) '걸의 개가 요에게 짖는 것은 요가 불인해서가 아니다'라는 중국 역사의 기록15)을 말한 것은 미천한 개가 자기 주인에게 충성을 다하듯 고려의 국왕에게 충성을 다하겠다는 의지를 표현한 것이다.16)

이때, 군자의 출처는 때가 있다고 본다. 군자의 출처와 관련된 것은 ⑧, ⑩, ⑪이다. ⑩은 『논어』에서 "위태로운 나라에 들어가지 아니하고 어지러운 나라에 살지 않으며, 천하에 도가 있으면 나타나고 도가 없으면 숨는다" 한 것에 대하여,17) 거처할 나라를 선택할 때는 나라가 위태로운가 하는 것이 기준이 되고, 세상에서 숨거나 나올 때는 도의 유무 즉 도가 실현될 수 있는지를 살피고, 주어진 상황에 따라 사대부의 출처가 정해진다고 하였다. ⑪에서는 나아갈 때와 물러날 때를 말하는 『주역』간괘의 단전18)을 이용하여 때가 되면 행하고 때가 되면 멈추어야 한다는 출처관을 표명하고 있다.19) ⑧에서는 녹봉을 구하는 자공에게 한 공자의 대답을 연상하며

---

13) 『牧隱集』 詩藁 권16, 書筵, '進講君子所貴乎道者三, 至有司存,' 退而志之. "致格齊平終有序."

14) 『高麗史』 권115, 列傳28 李穡(하, 527) "穡曰, 臣自布衣, 謬蒙上知, 不有戰功, 不經吏職, 但以文墨小才, 驟至宰相, 上恩深重, 圖報無由, 嘗謂苟可以有益上德者, 不惜身命, 力言之, 以報萬一." ; (하, 529) "穡曰, 臣以布衣, 位至極品, 常欲以死報之. 今得死所矣, 設死道路, 以屍將命, 苟得達國命於天子, 雖死, 猶生."

15) 『史記』 권92, 列傳32 淮陰侯 "跖之狗吠堯, 堯非不仁, 狗固吠非其主." ; 『漢書』 권51, 列傳21 鄒陽 "桀之犬可使吠堯, 跖之客可使刺由."

16) 『牧隱集』 詩藁 권30, 金五宰將赴金陵 "……桀犬吠堯非不仁……."

17) 『牧隱集』 詩藁 권19, 八月十一日開書筵, 臣穡臣仲和, 進講危邦不入, 亂邦不居, 天下有道則見, 無道則隱. 邦有道, 貧且賤焉恥也. 邦無道, 富且貴焉恥也. 退而志之.

18) 『周易』 권18, 艮 "象曰, 艮, 止也. 時止則止, 時行則行, 動靜不失其時, 其道光明. '艮其止', 止其所也. 上下敵應, 不相與也, 是以'不獲其身, 行其庭, 不見其人, 无咎'也."

19) 『牧隱集』 詩藁 권19, 二十三日, 講不在其位, 不謀其政八字. "豳風愷悌初因物 艮掛光

마음 공부의 부족을 자책하고 있다.[20] 이는 다른 글[21]에서도 보이듯이 도가 실현될 수 있다면 조정에 남아서 뜻을 행하고, 도가 실현될 수 없다면 물러난다는 유학의 출처관을 말한 것이다.

그런데, 이색의 군주성학론에는 개인 수양을 강조하는 내향적 군자관이 반영되어 있다는 것이 특징적이다. 이색은『대학』의 8조목을 통하여, 그렇게 된 사물의 이치와 마땅히 해야 할 도리를 파악하고, 이를 기초로 제가, 치국, 평천하로 진전시켜 나가야 한다고 하였다.[22] 이는 인간의 성장과정을 단계적, 계기적으로 설명하고, 수기·수양을 치인을 위해서 거쳐야 하는 도덕적 완성으로 파악하는 것이다.

이색의 서연 강의는 고려중기 혹은 조선초기의 그것과는 대비된다. 고려중기의 경연은 당시 유학의 수준을 반영하여 五經이 강의되었다. 유학에서 말하는 군주정치가 논의되었고 경전의 유명 구절이 강론되었으며 다른 관료들이 참석하였다.『노자』와 같은 이단서적도 강의되었고 불교의 식에 대한 아무런 거부반응이 없었다.[23]

고려말기에 이르면, 정치체제의 전면적인 개편과 맞물려 경연제도의 개편이 이루어진다. 영서연사, 지서연사 등 경연관 직제가 개편되고, 참찬관, 강독관, 검토관 등으로 인원이 보강되며, 문무에 걸친 부서의 관원들이

---

明只識時."

20)『牧隱集』詩藁 권16, 進講三年學, 不志於穀, 不易得也一章. "小臣當日走中原, 鼓篋璧雍窺聖門, 忽起子張干祿問, 白髮心地尙昏昏, 自責."

21)『牧隱集』文藁 권5, 圃隱齋記.

22)『牧隱集』詩藁 권9, 予一日, 偶思游藝之訓, 自責觀物甚淺, 蓋由玩物喪志, 是懼而致此耳. 夫有物有則, 豈有一物之不爲吾性內之用哉? 物之微, 莫微於尺蠖, 故作短歌以自儆. "敎人先格物"; 권14, 偶題 "正家先正己"; 권15, 卽事 "始信修齊由格物"; 詩藁 권16, 書筵 進講君子所貴乎道者三 至有司存 退而志之 "致格齊平終有序."

23) 고려중기 경연에 대해서는 다음 논문에 예종, 인종대의 경연에 대한 자세한 내용이 표로 제시되어 있다(權延雄, 앞의 논문(1983), 8쪽, 11쪽 ; 南智大, 앞의 논문(1980), 120~121쪽).

참여하여 강의가 충실하게 이루어지도록 만전을 기하였다.[24]

조선초기에는 사관과 간관이 경연에 참여하게 되었을 뿐 아니라 경연에 참여하는 인적 구성에 관한 기본틀이 마련되었으며, 세종대에는 경연 전담 기관으로 집현전이 설치되었다. 경연과목은 『대학연의』·『논어』·『정관정요』·『통감강목』이었다. 특히 『대학연의』는 군주공부의 핵심 텍스트로 인정되어온 저작이어서, 『대학연의』가 경연에서 강의되었다는 사실은 성리학적 군주관의 본령에 접근하고 있음을 보여준다.[25] 이제삼왕을 이상군주로 파악한 『대학연의』는 대학의 8조목을 본말, 체용으로 구분하는 가운데 치국·평천하의 외향적인 실천보다는 성의·정심 등 개인의 도덕적 수양을 강조하였다. 이는 현실정치에서 국가의 근본인 군주가 도덕 수양의 완성인 내성을 달성하게 되면 치국·평천하의 완성인 외왕은 자연히 달성할 수 있다고 보는 것이다.[26]

이색은 서연에서 성리학의 군주관이 반영된 『논어』를 강의하면서 군주성학을 통하여 군주의 덕과 신하의 역할을 언급하고 성리학에 입각한 정치운영을 강조하였다. 비록 조선초기와는 달리 제도적으로나 사상적으로 완비된 형태는 아니지만, 서연에서 성리학적 군주관을 제시함으로써 성리학에 입각한 군신정치를 확립하는 계기를 마련했다고 할 수 있다.

그런데 이색은 이제삼왕 같은 성인군주를 이상군주상으로 제시하면서도 대외적 위기상황을 능동적으로 대처해 나갈 수 있는 패도적 군주상을

24) 尹薰杓, 「고려말 개혁정치와 경연제도의 개편」, 『史學硏究』 93, 2009 ; 「조선 定宗때의 경연에 대하여」, 『한성사학』 25, 2010.

25) 尹紹宗은 공양왕에게 唐 太宗을 모범으로 하지 말고 『大學衍義』의 二帝三王을 본받아야 한다고 한 바 있다(『高麗史』 권120, 列傳33 尹紹宗(공양왕 원년)(하, 625) "王欲覽貞觀政要, 命鄭夢周講之. 紹宗進曰, 殿下中興, 當以二帝三王爲法, 唐太宗不足取也. 請講大學衍義, 以闡帝王之治. 王然之.").

26) 지두환, 「朝鮮前期 大學衍義 이해과정」, 『泰東古典硏究』 10, 1993 ; 윤정분, 『중국 근세 경세사상 연구』, 혜안, 2002 ; 정재훈, 『조선전기 유교정치사상 연구』, 태학사, 2005.

중시하였고, 국초 이래 중시된[27] 당 태종을 주목하였다.[28] 그는 당 태종의
업적을 殷·周를 창업한 공적과 비교하였고,[29] 당 태종의 百字碑를 주석하여
바치기도 하였다.[30]

　당 태종[31]은『정관정요』[32]를 통하여 이상군주로 제시된다. 혼란기를
수습하여 부국강병을 이루기 위해 공리적 효용을 중시하였고, 동기·과정상
의 절차와 더불어 당장의 실제적 효과·결과를 중시하였다.[33] 당 태종은

---

27) 이는 광종대 司天臺에서『정관정요』를 읽도록 권하거나(『高麗史』권2, 世家2
　　光宗(상, 60)), 성종대 최승로가 광종과 같은 전제왕권의 출현을 비판하고 군주는
　　신하를 정중히 예우하고 그들의 의견을 귀담아 들어야 한다고 말한 것(『高麗史』
　　권93, 列傳6 崔承老(하, 78)), 예종대『정관정요』가 읽혀지고 註解까지 만들도록
　　한 것(『高麗史』권14, 世家14 睿宗3(상, 285)),『帝王韻紀』에서 당 태종이 房玄齡·杜
　　如晦·魏徵과 같은 어진 신하를 등용하여 태평성대를 이룰 수 있었다고 말한
　　것(河炫綱,「李承休의 史學思想 硏究」,『東方學志』69, 1990, 180~186쪽) 등에서
　　알 수 있다.
28) 이하 이색의 이상군주론과『주관육익』과 관료운영론에 관한 내용은 필자의 연구에
　　새로운 자료를 추가하고 정리한 것이다(『高麗末 士大夫의 政治思想硏究』, 일조각,
　　1999, 130~155쪽).
29)『牧隱集』詩藁 권2, 貞觀吟 楡林關作.
30)『高麗史』권133, 列傳46 辛禑1(3년 11월)(하, 880) "命韓山君李穡, 註唐太宗百字碑以
　　進."
31) 당 태종 李世民(598~649)은 李淵(唐 高祖)의 둘째아들이다. 태종은 父를 도와
　　21세 때 당을 세우고 28세에 즉위하였으며 31세 때 당의 통일을 이루었다. 널리
　　인재를 구하여 적재적소에 기용하고 안으로는 제도를 정비하고 밖으로는 크게
　　영토를 확장하여 국위를 떨쳤다. 그러나 제위에 오르기 전에 玄武門의 변을 일으켜
　　형 建成과 아우 元吉을 죽여 태자위를 빼앗고 다시 부친을 위협하여 제왕에
　　올랐다. 또한 건성의 다섯 아들과 원길의 다섯 아들을 반역죄로 몰아 죽이고
　　동생(이원길)의 처를 妃로 삼았다(申採湜,「宋 이후의 皇帝權」,『東亞史上의 王權』,
　　1993, 96~98쪽).
32)『정관정요』는 唐의 吳兢이 開元 8년(720) 玄宗에게 찬진한 책이다. 오긍은 이
　　책을 통하여 현종에게 太宗의 貞觀의 정치가 나올 수 있었던 연유와 태종의
　　정치자세를 본받도록 권하였다.『정관정요』는 君主의 修德과 君臣의 상호협력,
　　그리고 대외문제를 다룬 3항목으로 구성되어 있다.
33) 李成珏,「中國 古代 皇帝權의 性格」; 申採湜, 앞의 글,『東亞史上의 王權』, 1993.

방현령·위징과 같은 신하들의 간언을 받아들여 어진이를 등용하며 인의를 권장하는 등 왕도정치를 행하면서도, 뛰어난 用人·策略·힘의 정치로 亂世를 바로잡고 천하를 안정시키는 패도정치까지를 고려하는 왕패겸용적 성격을 갖는 것으로 평가된다.[34] 또한 당 태종은 정치운영에 있어서 현실에 존재하는 귀족을 용인하는 가운데 이들을 견제하고 조화시키면서 군주권을 안정시키려 했던 인물이다. 당 태종을 정형으로 하는 이상군주론에는 귀족의 힘과 역할을 인정하고 이를 바탕으로 군주권을 안정시키려는 입장이 반영되어 있다.

이색은 당 태종에게서 이제삼왕과 같은 성인군주이면서도 실제적 효과·결과에도 능력을 발휘할 수 있는 통치력을 갖춘 군주, 곧 왕도와 패도를 겸용하는 군주를 발견하였다. 왕조를 재건하려는 이색은 고려의 전통적인 이상군주상이면서 왕패겸용적 성격의 당 태종을 통하여 대내외적 위기국면을 타개하고자 했던 것이다. 왜구와 홍건적의 침입이라는 대외적 위기[35]와 權臣·權門 등의 私權力, 私的 支配 그리고 정치기강의 해이를 시정하기 위하여 당 태종과 같은 강력한 군주정치가 필요하다고 보았던 것이다.[36]

---

34) 『三峯集』 권11, 經濟文鑑 別集 上 唐 太宗 ; 지두환, 「朝鮮前期 大學衍義 이해과정」, 『泰東古典研究』 10, 1993, 347~359쪽.

35) 고려후기 왜구와 홍건적의 침입에 의한 피해는 컸다. 왜구는 고종 10년(1223)~공양왕 4년(1392)에 걸쳐서 169년간 529회 침입해 왔다. 특히 공민왕대에는 115회, 우왕대에는 378회에 달하였다. 왜구는 해안선일대 뿐만 아니라 내륙지방까지 노략질해 갔다. 홍건적은 공민왕 8년(1359), 공민왕 10년에 침입하였는데, 2차 침입 때에는 개경이 점령되고 공민왕이 안동에 피난갔다(朴龍雲, 『수정·증보판 고려시대사』, 2008, 715~726쪽).

36) 權仲和는 『정관정요』를 강독하다가 魏徵과 당 태종의 대화를 인용하여 우왕에게 감정을 절제할 것을 진언하였고(『高麗史』 권133, 列傳46 辛禑1(3년 10월 경신X하, 880), 李詹은 창왕에게 帝範을 올려 당 태종이 자신을 바로잡고 교화를 천명한 道와 어진이를 등용하고 직언을 받아들이는 방법 그리고 간사한 마음을 버리고 자만한 태도를 경계한 교훈을 언급하였다(『高麗史』 권117, 列傳30 李詹(하, 578)). 또 다른 글에서 房玄齡·杜如晦·戴胄·魏徵·王珪 등 신하의 간언을 태종이 즐겨 들은 것을 비유하여 공양왕에게 이를 따르도록 진언하였다(『高麗史』 권117, 列傳

이색은 이러한 이상군주론을 통하여 정도전 등에 대응하였다. 그는 攻遼의 책임을 물어 우왕의 폐위와 창왕의 즉위에 동의하였다.[37] 우왕의 아들인 창왕의 즉위는 이색이 기존의 군신관계, 권력관계를 유지하려고 하였음을 보여준다. 이를 위해 이색은 창왕의 入朝와 명의 監國을 실현하는 동시에 당 태종을 이상군주로 제기하여 국왕을 정점으로 한 기존의 군신관계를 강화하려고 하였다.

또한 이색은 우왕이 공민왕의 아들이 아니어서 우왕의 아들인 창왕이 즉위하는 것은 고려 왕씨의 계승을 끊어버리는 일이라고 비판하는 것에 대하여, 주어진 군신관계, 윤리론으로 대응하였다. 忠의 덕목은 왕조국가에서 무엇보다도 중시되고 주어진 군신관계는 절대불변의 인간관계였다. 이색은 군신관계를 혈연에 의제된 가부장적 관계로 연결시켰고, 군주와 신하의 관계를 절대불변의 인간관계로 파악하여 기존의 군신관계에 충실하였다.[38] 이색은 만에 하나 우왕비왕설을 인정하더라도 대외적 위기 속에서 기존의 지배질서를 받아들일 수밖에 없다고 보았다. 晉 元帝가 大統을 이었을 때, 致堂 胡氏는 '元帝는 姓이 牛氏인데 晉의 宗室(司馬氏)을 함부로 이었지만, 晉의 君臣이 그것을 받아들인 것은, 胡羯의 침입 때문에 人心을 안정시키고자 한 것으로 형세상 불가피 했다'고 하였는데, 이색은 자신이 辛氏를 세우는 것에 대하여 이론을 제기하지 않은 것은 이 때문이라고 하였다.[39] 이는 형세에 따라서 일을 처리할 수밖에 없다는 상황 중시의

30 李詹(하, 583)). 成石珚은 공양왕에게 『정관정요』의 直言을 받아들이는 事例를 진강하였고(『高麗史』 권45, 世家45 恭讓王1(상, 880)), 권근은 삼대 이후로 직언을 받아들이고 좋은 정치를 행한 군주는 漢의 文帝와 唐의 太宗만한 자가 없다고 하고 경건하고 신중한 마음으로 덕성을 닦으며 직언을 받아들이고 잘못을 고치는 것이 정치의 근본이라고 하였다(『高麗史』 권107, 列傳20 權旺(權近)(하, 363)).
37) 李佑成, 「高麗史 및 李朝文獻 記錄과 圃隱의 재평가」, 『實是學舍散藁』, 1995 ; 「牧隱에게 있어서 禑昌問題 및 田制問題」, 『牧隱 李穡의 生涯와 思想』, 1996, 4~10쪽.
38) 『牧隱集』 文藁 권1, 西京風月樓記 ; 文藁 권7, 送朴中書歸覲序 ; 文藁 권10, 子因說.
39) 『高麗史』 권115, 列傳28 李穡(공양왕 2년 봄2월)(하, 532) "穡嘗語人曰, 昔晉元帝入繼

논리인 것이다. 당시 고려는 왜구와 홍건적의 침입이라는 대외적 위기 속에서 개경이 함락되고 내륙지방까지 유린되었다. 홍건적의 침입 때 공민 왕을 안동으로 호종한 바 있는 이색은 외적의 침입에 능동적으로 대처할 수 있는 부국강병, 그것도 당장의 효과를 얻을 수 있는 방도를 강구하였다. 현실변화에 효율적으로 대응하기 위하여 당 태종과 같은 왕패겸용적 이상 군주상을 인정한 결과였다.

말하자면, 이색은 성리학을 수용하는 가운데 이제삼왕과 같은 군주상과 함께 당 태종과 같은 왕패겸용의 이상군주상을 제시하여 당시의 위기상황 을 극복하려고 하였다. 고려 국가를 재건하려는 이색은 집권층의 이해를 충족시켜 주는 기존의 군신관계를 원하였고, 이를 통하여 현실상황을 타개 하면서, 왕조를 재건하려고 했던 것이다.

## 2) 『주관육익』과 관료 자율 운영

이색은 국왕 중심의 정치운영과 정치체제의 정상적인 운영을 도모하였 다. 이색은 '先王之法'·'古制'·'舊制' 등으로 표현되는 고려의 제도를 회복하 는 가운데 공적인 국가질서를 유지하려고 하였다.[40] 공민왕 5년 時政八事를

---

大統, 致堂胡氏以爲元帝姓牛, 而冒續晉宗, 東晉君臣, 何以安之, 而不革也. 必以胡羯
交侵, 江左微弱, 若不憑依舊業, 安能係屬人心, 舍而創造難易絶矣. 此亦乘勢就事不
得已而爲之者也. 稽於立辛氏不敢有異議者, 亦此意也."

40) 이색은 時宜에 따른 개혁, 예컨대 상황에 맞는 개혁의 필요성을 인정했다(『牧隱集』
권9, 文藁 周官六翼序). 仁義를 근본으로 하여 제도를 만든 것이 성인의 뜻이며
백성이 輕重를 알지 못하고 인을 해치고 제도를 파괴하는 것은 그들의 죄가
아니라고 하였다. 그것은 백성을 둘러싼 제 관계, 民産을 어떻게 조정하고 王道를
실현하느냐의 문제로 생각했다(『牧隱集』 권9, 文藁 農桑輯要後序). 그리고 당시의
제도에 대하여, 祖宗의 成憲이 현실에 적중된 제도는 곳곳에 미쳐 이르지 않는
곳이 없었으나 사백여년이 지나 말폐가 나타났다고 하여 제도개혁의 필요성을
말하였다. 그런데 여기에서 말하는 말폐는 태조 이래의 先王之制·祖宗之法에서
기인하는 것이 아니라, 제도 운영상의 문제 혹은 무신집권기와 원의 간섭기를

건의한 이색의 상소는 모두 받아들여졌다.[41] 이러한 의견이 반영된 공민왕 5년의 관제개혁은 문종대의 구제를 회복하려는 것이었다.[42]

이색이 정방을 폐지하고 전선을 회복하려 한 것은 고려초기부터 시행된 『주례』에 입각한 6부의 행정체제를 복구하려는 것으로, 단순한 복원이 아니라 시대의 변화에 따른 재정비라고 할 수 있다. 이는『주례』에서 제시한 6부가 국가 행정기구의 중심이라는 점에서 관제 운영의 정상화를 의미하는 것이다. 또한 이는 고려전기의 6부가 그 아래의 중하급관청과 계통상의 연결이 불분명하였던 주제를 바로잡아 6부와 중하급관청의 계통을 분명히 확립하려던 것이다.[43] 이색의 견해는 무신집권기나 원 간섭기이래 무너진 관제를 복구함으로써 지배질서를 공고히 하려는 것이었다.

이색의 이러한 입장을 잘 보여주는 것이『주관육익』이다.『주관육익』은 공민왕 21년 이후에서 우왕 6년 사이에 완성된 것으로 보여진다. 典理 軍簿 등의 6부에 관한 명칭은 표에서 보듯이[44] 원 간섭기와 공민왕 21년부터 우왕대까지 사용되었고,[45] 찬자인 金祉(敬叔)[46]는 壬寅年(공민왕 11, 1362)에 과거에 합격하였으며 우왕 6년 4월에 쓴 시[47]에『주관육익』과『선수집』

---

통해 자의적으로 만들어진 제도, 정치기구에 기인하는 것이었다(『高麗史』권115, 列傳28 李穡). 따라서 이색은 고려말기의 타개방안에 대한 대책으로 근본적인 제도개혁을 주장하는 것이 아니었다.

41) 『高麗史』권115, 列傳28 李穡(하, 526) "(恭愍王)五年以母老棄官, 東歸上書言時政八事, 其一罷政房, 復吏兵部選也. 王嘉納. 遂以穡爲吏部侍郎兼兵部郎中, 以掌文武之選."

42) 『高麗史』권76, 志30 百官1 尙書省(중, 660) "恭愍王五年革三司, 復置尙書省, 並復文宗舊制, 唯不置知省事, 陞都事正七品." ;『高麗史』권76, 志30 百官1 吏曹(중, 662) "恭愍王五年復立六部, 吏部置尙書侍郎郎中員外郎, 品秩並復文宗舊制." ;『高麗史』권76, 志30 百官1 書雲觀(중, 678) "恭愍王五年復改司天監判事以下, 並復文宗舊制, 但加置卜助敎, 從九品, 又別立太史局令以下, 品秩並復文宗舊制."

43) 邊太燮, 「高麗時代 中央政治機構의 行政體系」, 『高麗政治制度史硏究』, 1971, 28~34쪽 ; 朴宰佑, 「高麗 恭讓王代 官制改革과 權力構造」, 『震檀學報』81, 1996, 75~86쪽.

을 언급한 부분이 있기 때문이다.『주관육익』은 현존하지 않으나 이색이
쓴 서문이 남아 있고, 조선초의 문헌, 예를 들면『고려사』·『신증동국여지승
람』·『세종실록지리지』의 자료에서 인용되고 있다. 서문을 쓴 이색은 당시
의 상황을 다음과 같이 묘사했다.

　　우리나라는 唐堯의 戊辰年에 처음 나라가 세워져, 대대로 치난을 거듭하

44) 　　　　　　　　〈표 10〉고려시기 六部의 명칭 변화 일람

| 高麗史百官志 | 吏 曹 | 兵 曹 | 戶 曹 | 刑 曹 | 禮 曹 | 工 曹 |
|---|---|---|---|---|---|---|
| 忠烈王 원년 | 典 理 | 軍 簿 | 版 圖 | 典 法 | | |
| 恭愍王 5년 | 吏 部 | 兵 部 | 戶 部 | 刑 部 | 禮 部 | 工 部 |
| 恭愍王 11년 | 典 理 | 軍 簿 | 版 圖 | 典 法 | 禮 儀 | 工 典 |
| 恭愍王 18년 | 選 部 | 摠 部 | 民 部 | 理 部 | 禮 部 | 工 部 |
| 恭愍王 21년 | 典 理 | 軍 簿 | 版 圖 | 典 法 | 禮 儀 | 工 典 |
| 恭讓王 원년 | 吏 曹 | 兵 曹 | 戶 曹 | 刑 曹 | 禮 曹 | 工 曹 |

45) 최근 연구에서 김지와 조준이 동서 관계이고 조준과의 관계가 긴밀하다고 하고
　　조준이 경사에 몰두한 우왕 10~14년 사이에『주관육익』이 간행되었을 것으로
　　추정하였다(김인호,「金祉의 周官六翼 편찬과 그 성격」,『역사와 현실』40, 2001,
　　142~144쪽).
46)『주관육익』의 찬자, 金祉(敬叔)는 이색과 관계가 돈독하고 긴밀한 관계를 유지하였
　　다. 이색은 그를 典故에 밝은 노학자로서 평가하고 3개의 서문(『牧隱集』文藁
　　권9, 選粹集序, 周官六翼序, 金敬叔秘書詩序)을 써주어 격려하고, 그를 위해 시를
　　남기기도 하였다(『牧隱集』詩藁 권10, 寄贈金敬叔少監(우왕 4년) ; 권22, 憶金祕書
　　祉(우왕 6년 4월)). 이를 뒷받침하는 것이 왕조실록에 보인다. 김지가 천거한
　　白天祐가 글자도 모르고 직무에 칭송이 없다고 하여 開國 1등 공신인 趙璞에
　　의해 탄핵되었는데, 김지는 그러한 白天祐를 천거했다는 이유로 파직되었다(『太祖
　　實錄』권2, 즉위년 11월 무자(1책, 35쪽상단ㄱ) "司憲府上言, 雙阜監務白天祐,
　　不識字, 不稱其職, 爲按廉使趙璞所黜, 請罷擧主禮曹議郞金祉, 以戒後人.") 이색과
　　김지는 고려의 문물제도를 복구하여 왕조를 재건하려고 하였다는 점에서 의견을
　　같이하였다고 할 수 있다(花村美樹,「周官六翼とその著者」,『京城帝大法學論集』
　　12-3·4, 1934 ; 許興植,「金祉의 選粹集·周官六翼과 그 價値」,『奎章閣』4, 1981 ; 김
　　인호,「金祉의 周官六翼 편찬과 그 성격」,『역사와 현실』40, 2001).
47)『牧隱集』詩藁 권22, 憶金祕書祉(우왕 6년 4월) "淨書叢錄疾如神, 萬卷堂中又過春,
　　耳具聰明心獨苦, 形容枯槁氣彌振, 朝廷法制如金玉, 臺閣文章似鳳鱗, 名掛篇端深
　　自幸, 白頭多病忝詞臣."

다가 삼국으로 나뉘어졌다. 우리 태조에 이르러 천명을 받아 비로소 삼국을 통일하였으니 이제 400여 년이 되었다. 그런데 관직제도의 개혁이 여러 번 있었으나 관제와 관련된 책을 저술한 사람은 없었다. 그래서 관직에 임기만 채우면 바로 떠나고 혹시 그 어떤 일을 하는지 물으면 "나는 모른다" 하고 그 녹봉이 얼마나 되는지 물으면 "나는 약간의 녹봉을 받았는데 지금 벌써 몇 해가 되었다"라고 할 뿐이다. 아 관직을 헛되이 설치해 놓은 것이 아니라고 한다면, 나는 그 말을 믿지 않겠다.

근년에 전란이 많아서 軍糧과 軍事는 따로 특별한 관청을 설치하고 능한 자를 뽑아서 맡게 하였다. 典理는 백관을 출척하는 일, 軍簿는 諸衛를 단속하는 일, 版圖는 財賦를 출납하는 일, 典法은 刑獄을 평결하는 일, 禮儀는 祭祀와 조회를 주관하는 일, 典工은 工匠을 造作하는 일, 고공의 도력이나, 도관의 사인 같은 任務는 故事가 되었을 뿐이고 百司庶府의 設官의 원리를 밝게 알아서 실천하는 자가 적었다.

김경숙은 그것을 깨닫고 六房을 근본으로 삼고 각각 그들의 맡은 임무를 조목으로 삼아 官職에 있는 자가 준수해야 할 바를 밝혔다. 그는 百官의 임무를 밝히는데 온 힘을 기울였고 그래도 힘이 부족하면 힘써 진실에 미쳤으니 다만 前日의 폐단을 제거할 뿐이겠는가.[48]

당시 관제 개혁이 여러 번 행해졌지만, 각 기관의 직무가 제대로 수행되지 않고 있었다. 일을 맡고 있는 관원에게 무슨 일을 하고 녹봉을 얼마나 받느냐고 질문하면 명확하게 답변을 하지 못하고 있다. 관제의 연혁을

---

[48] 『牧隱集』 文藁 권9, 周官六翼序 "我東方, 國於唐堯戊辰歲, 世理世亂, 分爲三國, 至于太祖, 受天明命, 始克一之, 四百有餘年矣. 官制因革, 亦且屢矣. 職林之書, 未有秉其筆者. 是以居官者因仍歲月, 得代卽去, 至有問其官守, 則曰吾未之知也. 問其祿, 則曰吾受祿若干, 今已若干年矣. 嗚呼! 不曰虛說, 吾不信也. 比年多苦以來, 糧斛甲兵, 則別置局 選能者以主之, 典理之黜陟百司, 軍簿之約束諸衛, 版圖之出納財賦, 典法之平決刑獄, 禮儀之朝會祭祀, 典工之工匠造作, 考工之都曆, 都官之私人, 視爲故事而已, 至於百司庶府, 能探設官之故, 而力行者盖寡. 金君敬叔深慨其然, 以六房爲綱, 各以其事, 疏之爲目, 俾居官者, 咸有所遵守, 思盡其所當爲, 力不足則勉而及之. 不但如前日之苟去而已焉."

모르고 담당자도 임기만 채우고 이동할 뿐이며 직임의 내력이나 녹봉에
대해서는 아는 자가 없었다. 6부의 조직은 있지만, 각 司와 각 府가 설치된
이유와 수행해야 할 일을 모르고 있다는 것이다.

이색에 의하면, 원래 『서경』의 周書나 周官, 『주례』에서 유교의 이상적인
관직제도를 정리했고, 태조 왕건이 나라를 세우고 관직제도를 답습하기도
하고 개혁하기도 하면서 400여 년을 내려왔지만, 우리나라에는 관직에
관해 정리된 책이 없었다. 찬자 김지는 당시의 관직제도에 대한 혼란상을
절감하여 6典을 바탕으로 백관의 원리와 내력을 밝힘으로써, 백관이 맡은
바를 충실히 수행하기를 바랐다. 즉 『주관육익』은 무너진 정치체제를 6典을
통해 재정리함으로써 관직체계를 정상화시키는데 목적이 있다는 것이다.

이색은 유교의 6전 조직에 의한 정치제도, 정치운영이 가장 이상적이라는
사실에 공감하고 있었다. 중앙정계에 입문하기 시작한 공민왕대 초반 이색
은 고려의 6전적 정치조직을 재정비하여 무신집권이래 변형된 원래의
정치기구나 관제의 복구에 힘썼다. 우선 이색은 정방의 혁파와 전선의
회복을 주장하였다.[49] 이는 이색의 성균시 좌주인 김광재가 충정왕에게
"문반의 인사는 이조가 무반은 병조가 맡았는데, 정방에서 총괄하는 것은
권신이 시작한 것으로 옛 제도를 따르는 것이 좋겠습니다"[50]라고 건의하여
실행하게 한 것, 또 이제현이 정방은 古制가 아니므로 마땅히 폐지하여
인사권(銓注權)을 吏部(典理), 兵部(軍簿)의 두 관서에 맡기자고 한 견해[51]에

---

49) 『高麗史』 권115, 列傳28 李穡(하, 526) "(恭愍王)五年以母老棄官, 東歸上書言時政八
事, 其一罷政房, 復吏兵部選也. 王嘉納. 遂以穡爲吏部侍郎兼兵部郎中, 以掌文武之
選."

50) 『牧隱集』 文藁 권17, 松堂先生金公墓地銘幷書 "俄改三司右使, 入告于王曰, 文選吏
曹掌之, 虎選兵曹掌之, 摠于政房. 自權臣始, 非令典也. 殿下如聽臣言仍舊, 便從之."

51) 『高麗史』 권110, 列傳23 李齊賢(하, 416) "書都堂曰,……政房之名, 起于權臣之世,
非古制也. 當革政房, 歸之典理軍簿, 置考功司, 標其功過, 論其才,……則可以絶請謁
之徒, 杜僥倖之門."

찬동하는 것으로 표출되었다.

이 주장이 받아들여져 정방은 혁파되었지만, 곧 복설되어 관리 임용의 중요한 수단으로 이용되었다. 정방을 기반으로 한 私門·權臣의 반발과 저항이 강했기 때문이다. 예를 들면 공민왕 원년 정방혁파에 대하여 조일신은 다음과 같이 말하였다.

전하께서 환국하실 때 元 조정의 權臣과 총애받는 신하들 가운데 우리나라 사람과 혼인을 맺고 있는 자들이 자기의 인척에게 벼슬을 줄 것을 전하께 먼저 청탁하고 신에게도 부탁하였습니다. 그런데 지금 典理 軍簿의 兩司로 하여금 銓選을 맡도록 하시면 有司가 법규에 구애되어 지체되는 경우가 많을까 걱정입니다. 청컨대 政房을 복설하시어 안으로부터 벼슬이 제수되도록 하소서.[52]

典理 軍簿의 兩司가 銓選을 맡게 된다면 有司가 法文에 구애되어 사적으로 벼슬을 주는 것이 지체된다는 이유에서 정방 폐지에 반대하였다. 권세가들은 정방을 통하여 인사권을 장악하고 자신의 기반을 재생산할 수 있었으므로 쉽게 포기할 수 없었던 것이다.[53] 그리고 이색은 관직제도의 운영상의 잘못, 시행상의 폐단을 시정하고자 하였다.

공민왕 5년(1356)의 반원 개혁을 통하여 고려 전반에 걸친 개혁 작업이

---

52)『高麗史節要』권25, 恭愍王(원년 3월)(669) "趙日新啓曰, 殿下之還國也, 元朝權倖聯姻于我者, 請官其族, 旣托於上, 又囑於臣. 今使典理軍簿掌銓選, 恐有司拘於文法, 多所阻滯, 請復政房, 從中除授."

53) 정방은 국왕의 사적 기반을 강화하는데 이용되었다. 원 간섭기의 국왕은 원에 의해 임명되었고 미약한 국내세력을 육성하기 위해 측근세력을 등용하였는데 정방은 중요한 통로였다. 공민왕은 정방을 통하여 측근을 등용하고 왕권 강화를 도모하였다(閔賢九,「高麗 恭愍王代『誅奇轍功臣』에 대한 檢討」,『李基白先生古稀紀念韓國史論叢』, 1995). 정방은 수차례의 치폐를 거듭하면서 창왕대까지 존속하였다(金昌賢,『高麗後期 政房 硏究』, 고려대출판부, 1998).

244

이루어졌다. 그런, 공민왕이 여러 차례 반포한 德音과 條令 등으로 해서 법이 구비되었는데, "유사들이 文具로 여기고 舊弊를 따른다"고 한 것처럼 유사 곧 관리들의 호응을 얻지 못하여 제대로 시행되지 않고 실효를 거두지 못하였다.54) 이는 이첨이 지적하듯이 국왕이 국가의 운영, 정책의 추진 등을 재상을 비롯한 중요 관료들과 논의하지 않고 직접 말단 관료에게 지시하며 일일이 파악하고 처리하는 것에 연유하는 것이다.55) 기본 정책, 정강의 입안 등에 대한 공민왕의 개혁의지에 일반 관료들이 부응하지 못하였던 것이다. 급기야 공민왕은 조정의 뿌리를 내리는 세신대족은 물론, 초야신진, 좌주문생, 동년 등 당파를 이루며 사정에 이끌려 행동하는 쓸모없는 존재라고 비판하기까지 하였다.56)

공민왕에 이어 우왕이 즉위하고 고려의 정치운영은 왕권이 약화된 가운데 사적인 권력을 행사하는 도당에 의해 이루어졌다.57) 소수의 권력자가 실질적인 권력을 행사하며 왕명출납까지 간여하였다. 6사와 중하급관청의 기능이 발휘되지 못하였고, 법규대로 시행되지 못하였으며, 각 기관 사이의 업무상의 계통이나 서열이 무너지는 등 관제 전반이 문란하였다.

당시 정치 사회의 현안을 위한 개혁을 추진하기 위해서는 관제를 개편하는 것이 중요했고, 그와 함께 각종 법령을 비롯한 상세한 규례나 지침을

---

54) 『高麗史』 권115, 列傳28 禹玄寶(하, 536~537) "與同僚金允升徐鈞衡崔積善盧嵩等上疏曰,……殿下臨御以來, 勵精圖理, 屢下德音, 頒示條令, 其於憂國愛民慮甚遠也. 法悉備也. 然而理効無著, 敎化未孚, 其故無他, 但有司者以爲文具, 循舊弊耳. 願取丙申以後, 累降條畫申勅有司擧行無遺. 便民之道不出乎此."

55) 『高麗史』 권117, 列傳30 李詹(공민왕 19년 11월)(하, 577~578).

56) 『高麗史』 권132, 列傳45 叛逆6 辛旽(하, 856) "初王在位久, 宰相多不稱志, 嘗以爲世臣大族親黨根連, 互爲掩蔽, 草野新進, 矯情飾行以釣名, 及貴顯恥門地單寒, 連姻大族, 盡弃其初, 儒生柔儒少剛, 又稱門生座主同年, 黨比徇情, 三者皆不足用, 思得離世獨立之人, 大用之以革因循之弊."

57) 이하 우왕과 공양왕대의 정치는 다음의 연구를 참고하였다(朴宰佑, 「高麗 恭讓王代 官制改革과 權力構造」, 『震檀學報』 81, 1996).

포함한 운영체계를 새롭게 확립하는 일이 시급하게 요구되었다. 전기의 6부제 복구라는 대원칙에 바탕하면서 보다 구체적인 운영체계를 마련할 필요가 있었던 것이다.[58]

『주관육익』은 이러한 공민왕대 개혁의 흐름의 연장선에서 만들어진 것이다.『주관육익』은『주례』의 6典을 바탕으로 하면서『통전』『문헌통고』의 체제를 원용하였다.[59]『주관육익』은『신증동국여지승람』『세종실록지리지』를 조사해 보면 대략 윤곽을 파악할 수 있다. 그 내용은 ① 고려국가의 正統을 밝히는 삼한이래의 역대사와 世系 ② 호전과 관계있는 각 지방의 산물 ③ 각 지방의 성씨로 구성되어 있다.[60] 이색의 서문에서는『주례』의 6전 원리를 바탕으로 고려의 6전조직을 체계화하였다고 했는데, 그 내용에서는 법전뿐만 아니라 고려왕실의 정통과 왕실의 세계 그리고 각 지방의 산물·성씨와 천문·지리까지도 포함하고 있다.

『주관육익』이 남아 있지 않아 전모를 알 수는 없지만, 남아 있는 자료를 재구성하여 보면 서문에서 제시한 6전 편목인 典理, 軍簿, 版圖, 典法, 禮儀, 典工의 대체적인 내용을 확인할 수 있다.[61]『주관육익』은『주례』의 6전의 형식을 따랐지만, 그 배열 순서는『주례』를 모방하지 않고『고려사백관지』의 순서를 따랐다.[62]『주관육익』은 전리 등의 6부에 대한 기능과

---

58) 尹薰杓,「高麗末 改革政治와 六典體制의 導入」,『學林』27, 2006, 4~11쪽.
59)『牧隱集』文藁 권9, 贈金敬叔秘書詩序 "梁選唐粹·宋文鑑·通典·通考精英儲."
60) 許興植, 앞의 글, 41~46쪽.
61) 花村美樹, 앞의 논문, 105~109쪽 ; 도현철, 앞의 책, 119~130쪽.

62) 〈표 11〉 여선교체기 법전상의 六部 명칭 변화

| 周 禮 | 治 典 | 敎 典 | 禮 典 | 政 典 | 刑 典 | |
|---|---|---|---|---|---|---|
| 高麗史百官志 | 吏 曹 | 兵 曹 | 戶 曹 | 刑 曹 | 禮 曹 | 工 曹 |
| 經世大典 | 治 典 | 賦 典 | 禮 典 | 政 典 | 憲 典 | 工 典 |
| 周官六翼 | 典 理 | 軍 簿 | 版 圖 | 典 法 | 禮 儀 | 典 工 |
| 朝鮮經國典 | 治 典 | 賦 典 | 禮 典 | 政 典 | 憲 典 | 工 典 |
| 經國大典 | 吏 典 | 戶 典 | 禮 典 | 兵 典 | 刑 典 | 工 典 |

원리를 밝히려고 하였다. 상세한 것은 알 수 없으나 고려의 문물제도를 재현하되 그 방법은『주례』의 6전체제로 원용한 것임을[63] 현존하는 자료를 통해서 확인할 수 있다.

특히『주관육익』은 王氏의 世系와 三韓 및 三國時代의 역사를 서술하고 있다.[64]『고려사』世系에 의하면 고려의 조상은 당 숙종이었는데, 숙종은 선종의 잘못이라고 하였다.[65] 진위여부를 떠나서『주관육익』은 왕건의 世系와 관련있다는 당 선종의 錢浦說話를 언급하고 고려의 世系에 대하여 관심을 가지고 서술하였다. 김관의의『편년통록』은 의종때 산악신앙과 水(龍)信仰에 기대어 왕권을 신성화·미화하고 귀족세력의 발호를 막아보려는 의도로 저술되었는데,[66] 같은 맥락에서『주관육익』은 여말이라는 시대상황에서 왕씨의 世系를 밝힘으로써 고려왕조의 건재함을 과시하려고 했던 것이다.

또한『주관육익』은 彌秩夫城과 그 성주 萱達의 來降을 언급하면서 태조 왕건의 건국과정을 기술하고 있는데,[67] 이 역시 고려의 성립과정과 그 내력을 다시 강조함으로써 고려왕조 성립의 필연성, 성립의 의의를 밝히고

---

63) 高麗史百官志         周官六翼
　　吏曹(掌文選勳封之政)     典理(黜陟百司)
　　兵曹(掌武選軍務儀衛郵驛之政)  軍簿(約束諸衛)
　　戶曹(掌戶口貢賦錢糧之政)    版圖(出納財賦)
　　刑曹(掌法律詞訟詳讞之政)    典法(平決刑獄)
　　禮曹(掌禮儀祭享朝會交聘學校科舉之政) 禮儀(朝會祭祀)
　　工曹(掌山澤工匠營造之政)    典工(工匠造作)

64)『新增東國輿地勝覽』권4, 開城府上 山川 錢浦 "府西三十六里, 周官六翼, 唐宣宗隨商船渡海, 初到開州西浦, 時方潮退, 泥濘滿渚, 從官取船中, 錢布泥上然後下陸, 因名之, 按金寬毅通錄, 以布錢爲肅宗事, 辨在形勝下."

65)『高麗史』世系.

66) 河炫綱,「編年通錄과 高麗王室世系」;「毅宗代의 性格」,『東方學志』26, 1981/『韓國中世史研究』1988, 408~415쪽.

67)『新增東國輿地勝覽』권22, 興海 古跡 "彌秩夫城, 周官六翼高麗太祖十三年, 北彌秩夫城主萱達與南彌秩夫城主, 來降, 二彌秩夫合爲興海郡."

그 존립 근거를 재확인하려는 것이라고 할 수 있다.

『주관육익』은 地志적 성격도 갖고 있다.『주관육익』은 각 지방의 産物 姓氏 등 인문지리지의 내용까지도 포함하고 있다.[68] 地志처럼 행정(沿革, 所管, 四境, 越境處, 海島), 經濟(貢賦, 土質, 藥材, 土宜, 土産, 鹽所, 魚梁, 堤堰, 磁器所, 陶器所, 租稅輸納, 墾田, 戶口), 軍事(城郭, 險阻, 關防, 要害, 木柵, 牧場, 驛, 烽火, 水營, 鎭, 軍丁) 등 지방의 세부 사항을 모두 기록하고 있는 것이다. 이는 중앙 집권력이 증대되어 가면서 중앙에서 지방을 지배할 수 있는 능력이 증대되고, 특히 賦稅 課役의 합리성 추구라는 측면에서 그 필요성이 증대된 결과라고 할 수 있다.『주관육익』은 고려의 문물제도를 복구하려는 의도로 저술되었고, 이것이 인문지리지적 성격을 갖게 했던 것이다. 말하자면 이색은『주관육익』을 통하여 왕실의 正統과 王室의 世系, 각 지방의 産物 姓氏와 天文 地理까지도 포함하여 고려의 내력과 문물제도를 6전체제로 밝혔던 것이다. 이는 고려 문물제도에 대한 학문적 정리 작업을 통하여 고려의 정치질서를 회복하고 왕조를 재건하려고 했음을 의미하는 것이다.

6전체제에 입각한 고려왕조의 수습 방안은 6전을 기반으로 하면서 전반적인 개편을 주장하는 정도전, 조준 등에게도 상당히 영향을 주었을 것이다.[69] 당시의 실정에 맞도록 전체를 6전으로 나누어 綱으로 설정하고 세부 내용은 目으로 삼아, 전체와 부분을 통일된 체계로 연결되도록 하고 하나의 운영체계로 구체화시킨 점은 체제 개편을 염두에 둔 이들에게 영향을 미쳤던 것이다. 개혁을 진행하기 위해서는 문물제도에 대한 정리 작업이 필요하였을 것이므로 더욱 그러했을 것이다.[70]

---

68)『新增東國輿地勝覽』 권3, 漢城府 姓氏 ; 권20, 唐津 姓氏.
69) 김인호,「金祗의 周官六翼 편찬과 그 성격」,『역사와 현실』40, 2001.
70) 조준은『주례』의 이상적인 정치체제와 성리학의 재상정치론을 통하여 개혁을 주장하였다. 즉『周禮』의 天官 冢宰를 바탕으로 총재=재상, 6典, 屬官으로 이어지

248

　『주관육익』에 의한 국가체제 구상은 고려가 안고 있는 정치체제의 특징
을 그대로 인정한 것이다. 고려의 정치체제는 중서문하성의 宰府와 郎舍,
中樞院의 樞府와 承宣房 등 정치기구가 상하 2중으로 구성된 것이다. 지방제
도도 南道지역과 兩界지역, 그리고 京畿지역으로 다원화되어 있고 통치내
용도 지역에 따라 달랐다.[71] 중앙집권적 정치체제를 지향했지만, 통일적인
지배구조, 권력구조를 이루지 못하여 관료의 자의적인 지배와 사원이나
토호들의 독자적인 세력 형성을 용인하였다. 이러한 정치체제에서는 사원
이나 귀족 그리고 이들과 연결된 지방 세력의 私的 支配와 자의적 침탈이
용인되고, 왜구·홍건적 등 대외적 침략에 효과적으로 대응하는데 부적합하
였다. 이색은 고려 정치체제의 특성을 인정하는 가운데, 대내외적 상황에
대응하였다.
　『주관육익』을 통하여 왕조를 재건하려는 이색의 구상은 관료의 자율권을
보장한다는 의미를 지닌 것이었다. 고려의 정치체제를 전제하고 주어진

---

는 관료체제를 지향하였다. 6典이 있고 그 하부에 360의 屬官이 있어서 6卿에
통솔되고 6卿은 총재에 통솔되도록 하여, 司로 나누어진 행정 관서를 6曹에
예속시켜 6조 중심의 행정체계를 이루고자 하였다. 이는 고려전기와 같은 상호
중복, 사각 지대 발생 등의 문제를 해결하기 위해 별도로 조정을 위한 합좌
및 회의기구 등을 만들거나 사업의 종류나 내용에 따라 수시로 임시관청을 설치해
야 하는 폐단을 제거하고, 통제가 강화됨에 따라 인사 및 조직 관리, 관계법령과
규례의 제정, 폐기를 조속히 처리할 수 있도록 하는 것이다. 또한 개혁을 통해
현행의 문제점을 시정하는 동시에 법을 제정하여 지속적으로 변화된 상황에
맞게 고치도록 하였다. 기구 및 관직의 정비와 함께 업무와 직결되는 법, 규례가
마련되고, 6조와 관련된 법령, 구례 등을 정비하도록 했던 것이다. 이를 위해
『대명률』을 수용하되, 실정에 부합하게 수정하도록 했다. 개혁의 요체가 되는
判付한 法制를 板에 새겨 시행하는 것과 그 운용에 필수인 새로운 형률 및 관사의
업무 처리에 따르는 정차 및 격식들도 함께 정리하여 반행하도록 했다. 6전의
구성이 불가피하였고 『경제육전』의 편찬으로 이루어졌다(尹薰杓, 「高麗末 改革政
治와 六典體制의 導入」, 『學林』 27, 2006).
71) 邊太燮, 『高麗政治制度史硏究』, 일조각, 1971 ; 박용운, 「중앙 정치체제의 권력구조
　와 그 성격」 ; 하현강, 「지방 통치조직과 그 구조」, 『한국사』 13, 국사편찬위원회,
　1993.

법과 제도 안에서 관료의 양식과 재량에 의하여 합리적으로 정치가 운영되기를 바라는 그의 의도가 담겨있기 때문이다.

이색은 성리학이 수용되고 교육·교화 문제가 중시되는 시대 분위기에서 학교의 설립과 이를 통한 교화를 내세웠다. 이색은, 고려시대에 개별 수령의 의지와 능력에 따라 학교를 운영하듯이, 지방관이 자율적으로 학교를 세우고 교화를 주도할 것을 구상하였다. 인재 등용과 교화의 실현을 수행하는 학교를 설립하기 위해서, 중앙정부 차원에서 모든 군현 단위에 일률적으로 학교를 설립하는 것이 아니라 의식있는 지방관의 판단과 노력에 맡기는 방식을 제시하였다.[72]

이색은 군자적 자질을 갖춘 관리가 민의 도덕적 본성을 계발하는 인성·도덕교육에 힘쓸 것을 요구하는 한편 개별적으로 향교·학교를 설립하는 가운데 교화가 실현될 것을 기대하였다. 당시에는 다수의 書齋를 통해 興學 활동이 활발하게 전개되고 있었다.[73] 이색은 학교는 풍화의 근원이

72) 충선왕 15년(1313)에서 1392년까지 17개의 향교(江陵, 襄陽, 榮州, 丹城, 京山, 尙州, 金海, 禮州, 咸陽, 提州, 連山, 龍潭, 靈光, 南原, 兎山, 仁川, 延安)가 설립되었다. 그 이전부터 존재한 향교(江華(喬桐), 黃驪(驪州), 富平, 白翎, 公州, 泰安, 丹陽, 上洛(安東), 晋州, 保安(부안) )와 합하면 29곳으로 거의 전국적인 규모로 존재하고 있다. 향교의 新設 또는 복구의 주체인 江陵의 金承印, 提川의 金綏, 襄陽의 安軸, 江華의 沈德符, 金海의 李國香, 延安의 鄭仲訓·李晟, 仁川의 申槩 등은 지방관이나 수령이고 京山의 尹澤, 寧海의 李天年은 掌書記이며 延安의 鄭達蒙은 교수이다. 이들이 발의하여 그 지방의 父老들의 적극적인 협조를 얻어서, 농한기를 이용하여 지방민을 동원하여 복구 또는 수리하였다(朴贊洙,『高麗時代敎育制度硏究』, 경인문화사, 2001, 158~165쪽, 196쪽, 213쪽). 이들은 과거급제자로서 이색과 연결되었다. 安軸은 고려와 원의 과거에 합격한 인물로 아들인 안종원이 이색과 동년이고, 尹澤은 이곡·백문보와 동년이며, 정달몽은 공민왕 18년 과거의 이인복과 이색의 문생이었다. 이들은 지방관으로 나아가 개별적으로 향교를 세우고 교화에 힘썼다.
73) 李秉烋,「麗末鮮初 科業敎育－書齋를 중심으로」,『歷史學報』67, 1975 ; 李秉烋·朱雄英,「麗末鮮初 興學運動」,『歷史敎育論集』13·14, 1990 ; 김호동,「여말선초 향교교육의 강화와 그 경제적 기반의 확보과정」,『대구사학』61, 2000 ; 정순우,「麗末鮮初 ‘私置書齋’의 역할과 성격」,『정신문화연구』33-4, 2010.

250

되고 국가의 治亂이 연유되는 곳이라고 보아[74) 교육과 학교 설립에 적극적
이었으며, 이에 공이 있는 사람을 높이 평가했다. 갑신년에 진사가 된
丘思平이 善州의 華谷에 書齋를 두고 생도 30여 명을 가르치는 일을 듣고
시를 지었다.[75)

원래 고려의 지방관의 임무에서 학교를 통한 교화 기능은 약했다. 현종
9년(1018)에 정한 諸州 府員의 奉行 6條에는 민의 孝悌·廉潔을 살피는
기능만 있을 뿐 학교에 관련된 조항은 없었다.[76) 우왕대 역시 학교문제와
관련된 守令의 역할은 제시되어 있지 않았다.[77) 수령의 역할로 학교의
문제가 대두된 것은 위화도 회군 이후 조준의 상소에 의해서였다. 창왕
즉위년 7월에 조준은 개혁 상소를 올리면서 수령의 고과를 정하는 기준의
하나로 학교의 진흥이 제시되었고,[78) 이것이 조선의 고과법으로 정해져
『경제육전』·『경국대전』에 수록되게 되었던 것이다.

즉, 이색은 국가가 전국의 군현에 학교의 설립을 원하면서도 전국에

---

74) 『牧隱集』 詩藁 권11, 聞鄭司藝道傳在提州村莊授徒 ; 詩藁 권26, 八月十七日 知申事
李存性傳王旨, 撰進泮宮修造碑文. 臣竊念先王盛德興學校, 今上遹追先志, 甚盛擧
也. 然興學校 在於敎養, 今也生徒散而學官罕至, 殆爲茂草, 臣欲措辭, 未得其要,
因循至今, 不能緘默, 吟成一首 ; 詩藁 권29, 權可遠來言承宣房口傳成均官, 將以興
學校也. 臣稽不勝喜躍, 吟成一首以志. ; 詩藁 권29, 學校三首 ; 詩藁 권32, 鄕校一
道.

75) 『牧隱集』 詩藁 권24, 甲申進士丘思平, 予少也從之游, 乖離已久, 不知存亡久矣.
尙州同年金直之言, 丘公在善州支縣華谷, 治居第甚整, 置書齋, 授徒三十餘人, 饗賓
客甚豊, 金公又言其貌甚壯, 且能飮啖, 又言言及於僕, 吟成一首, 附金同年寄呈, 幸笑
覽.

76) 『高麗史』 권75, 志29 選擧3 銓注 選用守令(현종 9년 2월)(중, 637) "新定諸州府員奉行
六條, 一察民庶疾苦, 二察黑綬長吏能否, 三察盜賊姦猾, 四察民犯禁, 五察民孝悌廉
潔, 六察吏錢穀散失."

77) 『高麗史』 권75, 志29 選擧3 銓注 選用守令(우왕 원년 2월)(중, 638) "敎守令考績之法,
以田野闢, 戶口增, 賦役均, 詞訟簡, 盜賊息, 五事爲殿最, 其遞任者, 必待新官交付,
去任朝參."

78) 『高麗史』 권75, 志29 選擧3 銓注 選用監司(중, 640) "趙浚言,……以田野闢, 戶口增,
詞訟簡, 賦役均, 學校興, 巡察州郡, 而黜陟之."

학교 설립이 미흡한 현실을 인정하여 뜻있는 지방관이나 지방 유지들이 자율적으로 학교를 세우고 농민을 교화해야 한다고 생각하였다. 정도전과 조준 등이 군현제를 정비하고 군현에 학교를 설립하여 전국적인 단위의 향촌교화, 농민지배를 제시한 것과는 대비된다고 하겠다.

이색은 토지문제에서 과전제도 자체는 그대로 두고 운영상의 폐단만을 시정하려고 하였다. 당시 농민의 불안정을 토지제도의 문란에서 찾았는데, 토지문제는 私田의 家産化와 대토지소유화 곧 농장이 발달하는 私田問題로 집약된다. 무신난 이후 수조권에 의한 토지 점유와 전객 지배는 엄존하면서 그 授受 管理는 붕괴되어 갔다. 私田소유자는 사전을 사적으로 관리하면서 세습하였으며 수조지 겸병에 참여하였다. 이러한 수조지의 세습과 겸병에는 불법과 침탈이 포함되고 특히 전객에 대한 수조권의 강화로써 동시에 전주의 전객에 대한 수취강화를 동반하게 되었다. 사전에서는 규정된 租率이 있었지만 수조권자가 직접 踏驗을 실시하여 豊·凶을 결정하고 직접 수조하도록 되어 있었다. 여기에 운반비 등을 농민이 부과하도록 되어 있었으므로 농민들은 규정된 이상의 조세를 부담해야 했다. 또한 수조지 겸병으로 농민들은 한 토지에 3~4번 심지어 8~9번까지의 田租를 부담해야 했다. 이에 따라 전주에 대한 전객농민의 불만은 고조되고 있었다.[79]

이색은 토지겸병과 농민몰락을 수조권 문제로 이해하였다. 소유지의 겸병과 소유불균·소유권의 문제로 접근하는 경향과 다른 것이다. 이색은 당시의 토지문제를 수조지의 문제로 파악하고 수조지의 점유상의 분쟁이나 농민수탈의 가중·중복을 개선하고자 하였다. 이색은 농민들이 곤궁한 이유가 田主가 數名에 달하고 數次의 徵租에 있다고 보았다. 그리하여 이색은 甲寅柱案을 위주로 하고 公文朱筆을 참작해서 쟁탈되고 있는 수조지의 田主를 명백히 가려내야 한다고 하였다.[80] 이색은 현재의 私田 및 그

---

79) 李景植, 「高麗末期의 私田問題」, 앞의 책.

점유상황은 문제될 것이 없고, 따라서 이 범위 안에서 점유상의 분쟁이나 여기에서 야기되는 농민수탈의 과중·중복을 개선함으로써 사태를 수습하자는 입장이었다. 이렇게 되면 '正爭奪之田 安耕種之民'[81])이 될 것이라고 하였다.

이색은 제도를 운영하는 주체인 관리나 수조권자의 良識과 道德性에 의해 토지문제를 해결할 수 있고, 민에 대한 과도한 수탈을 제어할 수 있을 것으로 보았다. 그리하여 이색은 田主의 良識과 이에 의한 田客 보호를 통해 전주와 전객간의 조화·질서를 회복하고 고려국가가 회생되기를 기대하였다.[82])

한편, 이색은 의창을 통한 진휼책의 경우에도 관리의 양식에 의해 구휼되기를 원했다. 이색은 민의 恒産을 마련하기 위한 대책으로 의창을 통한 진휼을 제시하였다. 고려의 구휼제도는 無償으로 食糧이나 種子를 분급하기도 하고 還納할 것을 전제로 분급하기도 하였다. 그런데 이 시기에는 상설적인 구휼기관으로서의 의창은 중기 이후 폐지되고 임시적이고 산발적인 구휼사업이 이루어졌다. 당시 국가재정은 몽고와의 전쟁과 원의 요구 등으로 고갈되었으므로 국초 이래의 의창곡은 유명무실하여졌고, 흉년에 기민 구제를 위한 구체적인 방도가 마련되지 못하였다.[83]) 오히려 국가의 과렴이 심해지고 권세가에 의한 고리대로 '轉賣男女'·'賣其子女' 하는 형편이었다.

이색은 鰥寡孤獨에 대한 구제사업은 仁政에서 우선해야 할 것으로 보았다. 유교의 인정론과 왕도론을 실현하려면 하소연할 곳 없는 민들을 우선적으로 구제해야 하기 때문이다.[84]) 이색은 궁핍한 민들을 구휼하기 위하여

80) 『高麗史』 권115, 列傳28 李穡(하, 522).
81) 『高麗史』 권115, 列傳28 李穡(하, 522).
82) 李景植, 「高麗末의 私田捄弊策과 科田法」, 앞의 책, 66~83쪽.
83) 金勳埴, 『朝鮮初期 義倉制度硏究』, 서울대 박사논문, 1993, 10~18쪽.

의창곡을 마련하고, 饑饉 등 농업생산의 불안정을 해소하려고 하였다. 이색의 문인이며 과거급제자인 이무방[85])은 공민왕 20년(1371)에 鷄林府尹으로 부임하여 魚鹽을 판매하여 얻은 미곡으로 의창을 설립하였다.[86]) 지방관 개인의 노력으로 군현에 의창을 세웠던 것이다.

이색은 국가적이고 제도적인 차원에서 마련하기보다는 지방관이나 유력자가 자율적으로 의창곡을 마련하기를 기대하였다. 이색은 성리학을 익힌 지방관이 자율적으로 부세납부를 원활히 하고 민의 생업 안정에 주력해야 한다고 보았다. 민에 대한 대책은 나라의 존립과 관련되는 문제였고, 당시는 왜구와 홍건적의 침입과 饑饉 그리고 流亡·流移하는 민이 불안정하고 생산기반이 붕괴되는 시기였는데, 이색은 개인적, 개별적 차원에서 이를 해결하려고 하였다.

민에 대한 지방관의 자율적인 대응책은 부세납부와 민의 부담을 줄이려는 구체적인 노력 속에서 드러난다. 남원부와 청주목에 濟用財에 대한 이색의 記에서 이를 알 수 있다. 남원의 제용재는 이제현의 손자인 이보림에 의하여 설치되었는데, 남원부 속현의 부세를 충당하고 남원부에 왕래하는 빈객사신의 접대비용을 충당할 때 생기는 폐단을 시정하려는 것이었다. 남원의 제용재는 서로 다른 목적을 가진 두 개의 재단으로 구성되었는데 이 둘을 합하여 濟用財라고 하였다.[87]) 하나는 남원부의 지현에 할당된 부세를 원활하게 충당하기 위하여 만들어진 것인데, 재원은 逋稅의 징수, 按廉使의 出助, 奴婢訟과 관련된 수입 등에서 확보한 布 650匹이고,[88])

---

84) 『孟子』 梁惠王章句下.

85) 이무방은 이곡과 座主 門生관계이고 이색과 함께 신사년(1341)에 진사과에 합격한 同年이었으며, 이색은 그를 위해 기를 써주었다(『牧隱集』 文藁 권1, 南谷記).

86) 『高麗史』 권112, 列傳25 李茂方(하, 459) "尋出爲鷄林府尹. 初府大饑, 及茂方至, 適歲稔, 茂方因民之便, 販魚鹽, 置義倉, 以備賑貸."

87) 『牧隱集』 文藁 권1, 南原府新置濟用財記 "旣備完, 合而名之曰濟用財."

88) 『牧隱集』 文藁 권1, 南原府新置濟用財記 "楊君之言曰, 每使者素賦急, 吾支縣不及

또 다른 하나는 남원부에 오가는 빈객접대 비용을 확보하기 위한 목적으로 만들어졌는데, 재원은 按廉使가 出助한 布·糶米 약간, 忞吏에게 방치되었던 屯田의 경영을 통해서 얻은 米 100石, 豆菽 150石, 新墾田에서 거둔 70石이다.[89]

청주목의 濟用財도 부세납부와 빈객접대 비용의 합리적 운영을 위하여 만들어진 것이다.[90] 청주목의 경우는 재원조달 방법에 대한 언급이 없지만 남원부와 비슷한 방법이 아닌가 한다. 제용재는 남원부와 청주목 모두 지방의 재정운영에 있어서 수령의 조세납부를 원활히 하고 '虐民'·'厲民'을 시정하고자 하여 만들어진 것이다.

부세납부를 원활히 하고 민의 부담을 줄이는 이색의 방안은 국가적이고 전국적인 규모로 시행하고자 한 것이 아니라, 의식 있는 지방관이 개별적이고 자율적으로 기금을 마련하여 운영하자는 것이었다. 고려의 田賦와 土貢의 징수, 그리고 賦稅의 감면은 군현 단위로 이루어졌고, 그 책임은 수령이 맡고 있었다.[91] 이들은 지방관이 자신의 직무에 충실하고 현실문제 해결에 좀더 주체적이고 적극적으로 대응하기를 기대했던 것이다. 제도적 차원에서 구조적으로 문제를 바라보기 보다는, 주어진 조건 속에서 최대한의 합리성과 효율성을 높이는 방안을 제시한 것이다. 濟用財를 통해 민에 대한 인식과 대책을 짐작할 수 있다. 이색은 민의 물질적 고통을 해소하는

---

辨, 稱貸而益之, 由是或破産. 吾侯知其然, 則曰, 虐民有尙此哉. 會徵逋稅, 得布若干, 啓按廉使, 使嘉之出布以助. 爭奴婢訟于官, 受直者入布, 口一匹, 吾侯善決斷, 所入尤多. 總得布六百五十疋."

89) 『牧隱集』 文藁 권1, 南原府新置濟用財記 "吾府雖在山中, 賓客絡繹, 斂以委積, 民甚苦之. 吾侯知其然, 則又曰, 虐民復尙此哉. 又以置財意, 啓按廉使, 得布糶米若干. 舊有屯田, 忞吏爲奸, 吾侯躬親其勞, 吏不敢罔. 總得米爲石二百, 豆菽爲石百五十."

90) 『牧隱集』 文藁 권6, 淸州牧濟用財記 "然臨之者或寬或猛, 或苟焉得代而去. 故其吏民無以異他州. 出地毛奉公上, 豊館餼待賓客, 率無定法 或至厲民 民以是困, 吏以是橫, 弊成也久矣."

91) 朴鍾進, 「高麗前期 賦稅의 收取構造」, 『蔚山史學』 1, 1987.

일을 의식있는 지방관에게 맡기고, 利殖을 하여 운영을 하고자 하였다. 이는 생산기반이 불안정한 민을 근본적으로 보호해 주고 육성하는 것이라고 보기 어렵다.

이색은 민을 안집시키기 위하여 인성교육과 학교설립을 통한 교화에 주력하였고 부세납부를 원활히 하고 민의 생업 안정을 위해 濟用財를 마련하였다. 그런데 이러한 것들은 一田一主의 방식에 의한 전제개선안에서와 마찬가지로, 의식있는 지방관에 맡기는 개인적이고, 개별적인 해결 방식이다. 당시 왜구와 홍건적의 침입 등 대외적인 불안과 饑饉·流亡·流移 등 대내적인 불안으로 말미암아 민은 불안정하고 생산기반은 붕괴되던 시기에, 국가적이고 제도적인 차원에서 민의 생산기반을 마련해주기 보다는, 개별적으로 의식있는 사대부의 良識에 의해 기왕의 제도를 합리적으로 운영하는 가운데 민의 고통을 해결하려고 하였던 것이다. 이는 최소한도의 제도 개선이나 운영상의 병폐만을 제거하여 고려의 지배질서, 구법을 수호하려 했던 이색의 현실문제에 대한 입장을 보여주는 것이다.

## 2. 인성 중시와 관료제 운영 구상

### 1) 인성 중시의 교육론과 관료 양성

#### (1) 인성 중시의 교육론

이색은 성리학의 정치사상에서 입각해서 天理를 탐구하고 이를 실천하는 주체로서 자부하였다. 성리학의 인간론에 기초하여 본연의 성과 기질의 성을 구분하고, 氣質과 物欲에 의해 가려진 본연의 선을 회복하려고 하였던 것이다.[92] 그리하여 聖學은 天理를 보존하고 氣質과 物欲의 사사로움을

---

92) 『牧隱集』文藁 권10, 可明說 "予曰, 本然之善固在也, 而人有賢不肖智愚之相去也.

제거하는 것, 이른바 '存天理 遏人欲'이라고 하면서,93) 敬을 중시하는 수양 방법을 제시하였다.

앞서 이색은 敬 중시의 주자학을 주장하고 인간의 본성과 도덕적 실천을 중시하였는데,94) 같은 맥락에서 민의 몰락과 불안정을 인간의 본성을 바탕으로 타개하고자 하였다. 이색은 인간의 본성을 天理로서 재확인하고 그 본성의 발현에 관심을 집중하였다. 하늘이 백성을 낳음에 떳떳한 도리를 갖게 하였으므로, 백성의 본성은 하늘이 부여한 바대로 선한 것이다. 그런데 하늘이 부여한 인간의 선한 본성은 기질이나 인욕에 의해 가려져 욕망에 빠지기 쉽다. 그러나, 인간은 떳떳한 도리, 도덕적 본성을 본유하고 있으므로 백성으로 하여금 욕망을 절제하고 자각하여 본래 갖고 있는 마음을 보존케 해야 한다. 정치는 백성을 편안하게 하는 것인데, 백성의 편안함은 인간 본래의 선한 성정을 보존하고 기르는 데 있다.95) 그 점에서 백성을 훈도하고 이끄는 위정자의 역할이 생기게 된다. 이색은 백성의 어른 된 자가 교육·교화를 행하여 백성의 본성을 되찾아 주어야 한다고 주장하였다. 즉 군자 혹은 선각자가 백성을 가르쳐 주고 이끌어 주어야 한다는 것이다. 이색은 강원도 간성의 지방관인 朴仁乙에게 字의 기를 써주면서 다음과 같이 말한다.

사람에게 있어서 마음을 보존하는 것을 仁이라 한다. 집에 거처할 때 사랑하고 효도하며 정치를 할 때 측은한 마음을 갖는 이것이 인을 미루어

---

何哉? 氣質敝之於前, 物欲拘之於後, 日趨於晦昧之地, 否塞沉痼, 不可救藥矣."; 文藁 권6, 平心堂記 "而人最靈, 然其氣稟拘於前, 物欲蔽於後, 三品之說所由起也. 聖人憂之, 立敎以明倫, 克己以復禮, 於是, 上下四方, 均齊方正矣, 此吾說也."

93) 『牧隱集』文藁 권10, 伯中說贈李狀元別 "願受一言以行, 孝於家忠於國, 將何以爲之本乎? 予曰, 大哉問乎!中焉而己矣.……是則事君事親, 行己應物, 中和而已. 欲致中和, 自戒愼始, 戒愼之何? 存天理也. 愼獨焉何? 遏人欲也. 存天理遏人欲, 皆至其極, 聖學斯畢矣."

94) 본서 제3장 2절 경학인식과 왕안석 인식 참조.

95) 『牧隱集』詩藁 권17, 雲龍吟 "只得立政安吾民 吾民之安在循性."

나가는 것이다.……백성들이 교화에 순종하는 것이 마치 봄바람 앞에
서 있는 것 같아서 온화한 기운이 사방으로 도달하여 끝없이 흐르는데,
하물며 한 고을이야.96)

　治者가 솔선수범하면 민은 자연스럽게 따라오게 되어 있다. 『논어』는
바람으로 의제된 군자의 솔선수범에 의해 풀로 의제된 小人은 자연히
눕게 된다97)고 설명한다. 백성은 바람에 나부끼는 풀과 같은 존재여서
군자로 비유되는 바람에 크게 영향을 받는다. 즉 백성은 지배층의 솔선수범
에 의하여 감화된다는 것이다. 여기에서 백성을 교화시키는 주체로서 君子·
大人의 역할이 필요해진다. 이색은 백성을 교화·교육시키는 담당 주체로서
군자·대인을 제시하면서 현실에 대한 강한 책임의식을 요구한다.
　이색은 백성을 이끌어 나가는 주체자로서 자신의 정치참여를 합리화하는
논리를 전개한다. 유교적 지식에 철저한 사대부=군자가 관리가 되어야
하고 이러한 인재의 등용이야말로 정치의 근본이라고 보았다. 이색은 士君
子로서 현실에 대한 책임의식, 경세의식을 가지고 당대가 요순시대로,
백성들이 요순의 백성으로 되기를 기약하였다.98) 이러한 구조 속에서
사대부는 인격적 존재인 군자일 뿐만 아니라 백성을 이끌 주체자·관리자로
서, 백성 위에 군림하여 지배층으로 존재할 수 있었던 것이다. 이때 군자·대
인인 덕을 가진 관리가 된 사대부는 예치와 덕치를 행해야 한 의무를
진다.99)

---

96) 『牧隱集』 文藁 권10, 景春說 "其於人也, 存心曰仁, 居家慈孝, 爲政側隱, 是其推也.……
　　民之從化, 如立春風, 和氣四達, 流乎無窮, 況一州之地乎?"
97) 『論語』 권12, 顔淵 "季康子問政於孔子曰, 如殺無道以就有道, 何如? 孔子對曰, 子爲
　　政, 焉用殺? 子欲善而民善矣. 君子之德, 風也. 小人之德, 草也. 草尙之風必偃."
98) 『牧隱集』 文藁 권10, 孟周說 "士君子幼也學壯也行, 始于家而終于天下, 致君澤民,
　　移風易俗, 必曰堯舜其人, 唐虞其時."
99) 본서 제3장 2절 경세의식의 함양과 隱·仕 통일의 출처관 참조.

258

이색은 백성의 의사에 순응하는 敎導, 백성의 도덕적 본성을 계발하는 人性·道德교육을 요구하는 것과 같은 맥락에서 향교·학교의 역할을 강조하였다.100) 그가 남긴 시에 학교의 중요성을 강조하고 학교가 폐해지는 현실을 개탄하는 글이 많은 것도 바로 이 때문이었다. 우왕 6년 泮宮修造碑文을 지으라는 왕의 명을 '공민왕의 성덕으로 학교를 일으키고 인재를 양성하는 뜻을 잇는 것'으로 높이 평가하고,101) 우왕대 이후 쇠락해진 성균관을 아쉬워하던 차에, 권근이 성균관 교관이 되고 학교가 장차 흥성하게 될 것이라는 말을 듣고 기뻐하며 시를 짓는다.102)

학교는 풍화의 근원이고 인재를 양성하는 곳이다. 이색은 학교 교육을 통하여 윤리도덕을 구현하고 항심을 갖게 해야 한다는 입장을 견지했다. 이색은 향교를 통하여 인간이면 누구나 지켜야 할 도리, 윤리도덕을 교육시킴으로써 사회를 교화시킬 수 있다고 보았던 것이다. 따라서 이색은 군자임을 자부하는 관료가 개별적으로 향교를 세우고 교화에 힘쓰기를 원했다.

## (2) 책문과 시부의 병행을 통한 관료 양성

이색은 성리학의 인간론에 따라 人性을 중시하는 교육과 이를 기초로 한 관료 양성을 주장하였다. 이색은 "옛날 사람들은 성인을 본받기 위해 공부하는데 요즘 사람들은 벼슬을 하기 위해 공부합니다. 그 결과 詩·書를 공부함에 그 도를 깊이 이해하기도 전에 화려하게 과시하고자 하는 욕구가

---

100) 『牧隱集』詩藁 권11, 聞鄭司藝道傳在提州村莊授徒 ; 詩藁 권29, 權可遠來言承宣房口傳成均官, 將以興學校也. 臣穡不勝喜躍, 吟成一首以志. ; 詩藁 권29, 學校三首 ; 詩藁 권32, 鄕校一道.
101) 『牧隱集』詩藁 권26, 詩藁 권26, 八月十七日, 知申事李存性傳王旨, 撰進泮宮修造碑文. 臣竊念先王盛德興學校, 今上通追先志, 甚盛擧也. 然興學校 在於敎養, 今也生徒散而學官罕至, 殆爲茂草, 臣欲措辭, 未得其要, 因循至今, 不能緘默, 吟成一首.
102) 『牧隱集』詩藁 권29, 權可遠來言承宣房口傳成均官, 將以興學校也. 臣穡不勝喜躍, 吟成一首以志(우왕 7년).

일어나 文章과 詩句를 조탁하는데만 지나치게 마음을 쓰니 誠意·正心의
공부를 할 겨를이 어디 있겠습니까"[103] 하였다. 벼슬을 구하는 공부보다
성인을 본받는 공부를 강조하면서, 文章과 詩句를 조탁하는 사장학을 비판
하고 성리학에 입각한 마음공부를 주장하였던 것이다.

이색은 관료를 선발하는 과거 시험에서, 經學과 策問, 詩賦를 모두 중시하
였다. 이색은 공민왕 18년과 20년, 우왕 12년에 試官, 공민왕 17년에 독권관이
되어 經學과 經世學을 강화하는 방향으로 과거제를 운영하려고 하였다.

고려후기에 성리학이 수용되자 과거에서 經學과 策問이 중시되었다.
과거 예부시에 初場·中場·終場의 단계별 시험의 마지막 단계인 종장에서
무엇을 시험할 것인가가 논란이 되어왔다. 충숙왕 7년(1320) 이제현이
지공거일 때는 종장에 詩·賦를 폐지하고 策問을 포함시켰고,[104] 충목왕
즉위년(1344)에는 과거 시험과목으로 초장에 六經義·四書疑, 중장에 古賦,
종장에 策問을 치르는 것으로 정해졌다.[105] 이는 詞章보다 經學이 중시되었
음을 보여주는 것으로, 경학을 통해 사물의 이치와 변화하는 현실에 대응하
는 올바른 방법을 강구할 수 있게 하는, 다시 말해 義理와 時務를 중시하는
학풍으로 바뀌어 가는 계기를 마련해갔던 것이다.

하지만 이러한 흐름에 반대하여 시·부를 중시하는 사장학이 존중되어야
한다는 논의가 제기되었다. 공민왕 11년 홍언박과 유숙이 시관이었을 때는
종장에 詩·賦를 시험하였고, 공민왕 17년 親試에서 經義가 제시되었다가,
우왕 2년에 과거 시험에 시·부로 인재를 선발하고, 鄕試·會試·殿試를 폐지했
다.[106] 이는 결과적으로 공민왕 17년 이전의 과거제로 되돌아 간 것이었
다.[107] 우왕 2년에 시부로 인재를 뽑은 것에 대하여 이색은 병진(우왕
2, 1376), 정사(우왕 3, 1377)년에 실시된 두 차례의 과거는 『논어』에 '삼년

---

103) 『高麗史』 권115, 列傳28 李穡(하, 524~525) "服中上書曰,……古之學者將以作聖,
今之學者將以干祿, 誦詩讀書, 嗜道未深, 而繁華之戰, 已勝彫章琢句, 用心大過, 而誠
正之功, 安在?"

260

동안은 돌아가신 부모님의 방식을 바꾸지 않는다'는 말이 빈말이 되게 할 것이라고 비판하였고,[108] 우왕 12년에 이색이 시관이 되면서 終場에 策問을 시험하게 하였다.[109] 이보다 앞서 우왕 5년에 간관들은 '공민왕은

104)

〈표 12〉 고려시기 왕대별 과거 과목변천

| 년대 | 초장 | 중장 | 종장 |
|---|---|---|---|
| 광종 9년 | 詩 賦 | 頌 | 時務策 |
| 11년 | 詩 | 賦 | 頌 |
| 15년 | 詩 賦 | 頌 | 時務策 |
| 성종 2년 | 詩 | 賦 | 時務策 |
| 목종 7년 | 貼經(禮經10條) | 詩 賦 | 時務策 |
| 현종 1년 | 貼經(禮經10條) | 詩 | 賦 |
| 10년 | 貼經(禮經10條) | 詩 | 論 |
| 예종 5년 | 貼經(禮經10條) | 詩 賦 | 策 |
| 14년 | 經義(六經) | 詩 賦 | 策 |
| 인종 5년 | 經義(六經) | 詩 賦 | 論 |
| 14년 | 經義(六經) | 詩 賦 | 論 |
| 17년 | 經義(六經) | 論 策 | 詩 賦 |
| 의종 8년 | 論 策 | 經義 | 詩 賦 |
| …… | …… | …… | …… |
| 충숙왕 7년 | 論 策 | 經義 | 策問 |
| 충목왕즉위년 | 六經義四書疑 | 古賦 | 策問 |
| 공민왕11년 | 六經義四書疑 | 古賦 | 詩 賦 |
| 17년 | 詩 賦 | 策問 | 經義 |
| 18년 | 詩 賦 | 經義 | 策問 |
| 우왕 2년 | 經義 | 策問 | 詩 賦 |
| 12년 | 經義 | 詩 賦 | 策問 |

105) 『高麗史』 권73, 志27 選擧1 科目1 東堂試(충목왕 즉위년 8월)(중, 594) "改定初場試六經義四書疑, 中場古賦, 終場策問."

106) 『高麗史』 권73, 志27 選擧1 科目1 東堂試(중, 594) "辛禑二年五月, 政堂文學洪仲宣, 革林樸所建對策取士之法, 復以詩賦取士, 罷鄕試會試殿試, 議者非之."

107) 許興植,「高麗科擧制度의 成立과 發展」,『高麗科擧制度史硏究』, 1981 ; 朴龍雲,「高麗時代의 科擧－製述業의 運營」, 앞의 책, 1990, 256~261쪽.

108) 『牧隱集』詩藁 권24, 至正癸巳四月, 益齋先生陽坡先生典貢擧, 無燕會, 僕與同年成行, 罷則休于家, 甚蕭索也……(우왕 6년 6월) "……三年無改虛語耳……."

109) 『高麗史』 권73, 志27 選擧1 科目1 東堂試(중, 594) "(禑王)十二年五月, 李穡知貢擧, 復用策問, 嚴立禁防, 擧子年未滿二十, 不許赴擧."

經學을 높여 선비를 기르고 인재를 선발하였는데, 근자에는 詩·賦로 인재를
뽑아 詞章만을 숭상하니 經學이 점점 쇠퇴하고 있다'고 간언을 하였는데,[110]
7년이 지난 후에야 이색이 경학을 시험 과목으로 다시 정하였던 것이다.

위화도 회군 이후 己酉年(공민왕 18)의 규정대로 과거제를 시행하도록
하여,[111] 鄕試·會試·殿試의 3장제를 부활하고 經學을 중시하였다.[112] 과거
시험에서 경학을 중시하는 것은 현실에 대한 책임의식과 경세의식을 함양
하는 데 기여한다. 현실 변화에 대응하는 논리를 개발하려면 經學을 바탕으
로 역사 발전의 원리를 익히고, 현실에 나타난 의리의 존재 여부를 이해해야
하기 때문이다.

이색은 과거제에서 經學과 策問을 중시하였지만, 詩·賦의 의의도 인정하
였다. 이색은 시·부 짓는 것을 마음공부, 性情 닦기의 일환으로 생각했다.
이색은 충목왕 즉위년(1344)에 동당시에서 시부를 파하고 고부와 대책을
사용한 이래 시를 짓지 않았다가, 병을 앓고 난 이후에는 시를 짓기도
하고 혹 요구하는 사람이 있으면 거절하지 않았다. 이색은 공자가 『시경』을
'思無邪'로 해석한 것처럼,[113] 시는 性情을 닦고 마음공부를 하는 단서로
보고, 처음 시 짓는 법을 배울 적엔 바른 性情만 구하였다고 술회하였다.[114]
이색은 刻燭賦詩[115]에 일찍부터 참여하여 20차례나 장원을 했지만 '잘된

---

110) 『高麗史』 권73, 志27 選擧1 科目1 東堂試(중, 594) "(禑王)五年正月, 諫官上言,
    玄陵崇信經學, 養士取人. 近年以來, 詩賦取士, 專尙詞章, 經學漸廢, 今後一遵玄陵己
    酉年, 科擧之法."
111) 『高麗史』 권73, 志27 選擧1 科目1 東堂試(중, 594) "(昌王)敎科擧之法, 一依己酉年之
    規, 以時擧行州縣之學, 貢士不充額數者, 罪及守令."
112) 敎授官을 五道에 파견하고 四書五經 중심의 교육과정이 마련되고(『高麗史』 권74,
    志 28 選擧2 科目2 學校(공양왕 원년 12월)(중, 629), 개경에 五部 및 西北面의
    府·州와 각도의 牧과 府에 儒學敎授官이 두어졌다(『高麗史』 권74, 志28 選擧2
    科目2 學校(중, 629)).
113) 『牧隱集』 詩藁 권6, 茶後小詠 ; 詩藁 권7, 有感 ; 詩藁 권7, 讀詩 ; 詩藁 권8, 述古 ; 詩
    藁 권13, 次圓齋韻 ; 詩藁 권16, 午雞.
114) 『牧隱集』 詩藁 권23, 古風.

것은 하나도 없고 한두 연구가 다른 사람보다 나을 뿐이다. 시 짓는 것은 회포를 푸는 일, 性情을 가다듬어 마음을 안정시키는 일'이라고 하였다.[116]

이색은 시 짓는 것은 마음공부의 일환으로 보면서 시·부의 지나친 성행을 비판하였다. 응시자의 시·부를 읽고 소감을 적은 시에서 당나라의 풍속이 율부를 숭상하더니 끼친 폐단이 동방에 성하다고 하였다.[117] 다른 글에서 程朱學의 가르침에 따라 곧장 性情을 추구하여 사계절의 경치를 읊는 것을 도외시하고, 중국 전국시대 연나라의 邯鄲學步의 고사처럼, 두 가지를 모두 잃을까 걱정하기도 하였다.[118] 경학과 책문을 중시하면서 시·부를 겸하는 입장을 취한 것이라 할 수 있다.

고려시대에는 시·부가 중시되고 경학이 등한시 되었다.[119] 시·부는 귀족 관료의 교양으로서 이용되었고, 경학이나 제술은 행정실무자의 기능으로

---

115) 刻燭賦詩는 초에 눈금을 긋고 촛불이 눈금까지 타는 동안 시를 짓는 모임으로 권학의 방편으로 이해하였다(『牧隱集』 詩藁 권18, 昨至九齋坐松下, 松陰薄, 日將午, 熱尤甚. 於是,告諸生曰,…… ; 詩藁 권19, 靜坐偶記, 九齋都會, 刻燭賦詩, …… ; 詩藁 권24, 初六日, 穡與韓淸城·廉東亭, 同遊九齋,…… ; 詩藁 권32, 同柳巷邀光陽君, 觀夏課諸生, 有雨不宜露坐 乃於龜山寺, 刻燭賦詩, 敎官設酌, 微醉而歸, 從者柳巷次子尙敬·吾豚大種學·種善·門生宋文中, 而適値者金潚·姜淮仲·辛權·朴貫·柳謙也. ; 詩藁 권33, 昨聞朴判書契長卽世, 曉作挽詞).

116) 『牧隱集』 詩藁 권19, 靜坐偶記, 九齋都會, 刻燭賦詩…….

117) 『牧隱集』 詩藁 권22, 讀擧子詩賦有感(우왕 6년 夏월) "唐風崇律賦 流弊盛東方 音韻偕平側 文章局短長 揚淸仍激濁 配白故抽黃 刭狗終安用 令人自歎傷."

118) 『牧隱集』 詩藁 권18, 昨至九齋坐松下, 松陰薄, 日將午, 熱尤甚. 於是, 告諸生曰, 入紫霞洞, 就涼冷處賦詠如何? 諸生踊躍導行. 至安心寺前亂水坐南岸, 刻燭出題, 燭未半, 雨驟至, 引諸生走入寺, 衣巾盡濕, 殊有佳致. 賦三詩, 曰松風, 予所命也, 曰宰相行 光陽君李先生所命也, 曰驟雨, 上黨韓先生所命也. 初持馬報僕者, 閔祗候安仁也, 從僕者, 閔令中理·豚犬種學也. 從上黨者, 乃子尙敬·壻安景儉也, 其邂逅者, 典校令金可久·典法摁郞任獻·典校副令廉廷秀也. 旣歸頹然困臥, 及覺, 眞如夢中. 歌以錄之, 日已高矣.

119) 문학은 중국 고대 이래로 권위있는 규범적 가치나 모범과 외적인 의례나 형식을 보여주는 것이었고, 당대에 이르면 자연적 질서로 여겨지는 하늘의 이치를 인간사회의 제도로 만든 고대의 문헌적 전통으로 이해된다(피터 K. 볼 지음, 심의용 옮김, 『중국지식인들과 정체성』, 북스토리, 2008).

여겨졌다.[120] 원 간섭기에 성리학이 수용되면서 시·부보다는 실용적이고 실제적인 글쓰기가 권장되고 載道論, 古文論이 제기된다. 문장은 겉꾸밈보다는 내용이 충실해야 하고, 도가 담겨져야 한다는 것이다. 성리학의 자연의 법칙과 인간의 도리를 글 속에 넣어야 한다는 것이다.

　이색은 성리학의 '文以載道'적 문학론을 받아들였고,[121] 이제현이[122] 시부장구에만 매달려 벌레를 아로새기듯이 문장 다듬기만 하는 '雕虫篆刻之徒'를 비판하듯이,[123] 이제현의 제자인 이색은 문장과 시구를 조탁하는데

120) 고려의 과거제도에서는 詩·賦가 중시되었다. 經學에 능통한 자보다는 문학적 교양을 갖추어 文翰職에 알맞는 사람을 우대하였다. 음서제가 발달하고 귀족적 관료제의 특성이 반영된 고려사회에서는 경학과 같은 현실의 경세의식보다는, 시·부를 통한 문장 짓기가 지적 교양으로 중시되었다. 詩·賦는 일정한 字數, 규칙적인 聲律, 조화로운 對句, 풍부한 典故를 통해 사물을 문학적으로 형상화하는 것이다. 詩·賦 중심의 사장학으로 인간의 감정과 博學을 중시하는 경향을 반영하는 것이라고 할 수 있다. 과거합격자로서 문벌 귀족적 기반을 갖지 못하면 실용적 행정실무자로서의 역할을 수행할 수 있을 뿐이었다. 經學에 대한 사회적 인식은 미약했고 문학적 교양을 갖춘 관리를 필요로 하였던 결과이다. 문벌귀족 사회의 정치운영의 주체는 소수의 귀족으로 한정되고, 사대부는 실무 관리로서 기능하였다. 과거시험에서는 좋은 시를 짓기 위한 형식적인 규칙인 聲調 押韻 對仗을 지키고 여기에 用事의 精切이라고 해서 典據를 정확하게 이해하고 압축시킨 다음 자신의 詩語로 소화하는 솜씨가 중시되었다. 제술은 문장력을 필요로 하는 일종의 논술시험인데, 이것은 문장을 익히고 경서를 외우기만 하는 명경에 비하면 상대적으로 많은 노력과 시간이 필요하였다. 이를 위해서는 폭넓은 독서가 필요했고 사회경제적으로 여유가 있는 귀족의 이해와 일치하였다. 김구·이규보·임춘 등이 과거에 여러 번 낙방한 것도 詩才가 인정되어도 格律에 맞추는 답안을 작성하지 못한 결과이다. 원 간섭기 전에는 詩賦가 제술시험에서 가장 큰 비중을 차지, 그 평가기준은 格式의 遵守였다(朴連鎬, 『朝鮮前期 士大夫 敎養에 관한 硏究』, 정문연박사논문, 1994, 54~76쪽).

121) 李炳赫, 「李穡, 主理的 思想과 求道窮理의 詩」, 『高麗末 性理學 受容期의 漢詩 硏究』, 태학사, 1995, 99~109쪽.

122) 金血祚, 「益齋의 古文倡導와 그 역사적 의의」, 『民族史의 展開와 그 文化 上』(碧史 李佑成敎授定年退職紀念論叢), 1990.

123) 『櫟翁稗說』 前集1 "又問我國古稱文物侔於中華, 今其學者, 皆從釋子以習章句, 何耶? 齊賢對曰,……今殿下誠能廣學校, 謹庠序尊六藝, 明五倫, 以闡先王之道, 孰有背眞儒而從釋子, 捨實學而習章句? 將見彫虫篆刻之士, 盡爲經明行修之士."

마음을 지나치게 쓰지 말고, 학문의 도와 사물의 이치를 담은 성리학적 문체를 주장하였다. 즉, 이색은 시문을 아름답게 꾸미는 일에만 매달리는 학자들을 비판하고, 경서를 통해 性命의 근원을 탐구하고 심성 수양에 힘 쏟을 것을 강조하였는데, 시가 갖는 성정 도야의 의미도 인정하였던 것이다. 세종 년간에 김일자 등이 이색의 문묘종사를 주장하면서 이색의 공적을 "經籍의 깊은 뜻을 토론하고, 程朱의 뜻에 정미하게 합하여, 학자로 하여금 입으로 외고 귀로 들으며, 詞章에만 힘쓰던 습성을 버리게 하고, 몸소 性命의 근원을 窮究하게 하여, 斯道를 높이고 異端에 유혹되지 않게 하고, 그 의리를 바루어서 功利로 달려가지 않게끔 하였습니다. 이에 동방의 性理學이 크게 일어나고 儒風과 학술이 새롭게 빛나게 되었습니다.[124]"라 하였는데, 이는 이 점을 염두에 둔 것이라 생각된다.

말하자면, 이색은 고려의 문학적 전통을 기반으로 성리학적 '文以載道'적 문학관을 견지하고, 시·부를 마음 수양의 일환으로 이해하였으며, 시·부를 중심으로 하는 고려 과거제의 기초 위에 경학 중심의 주자학적 과거제를 수용하고자 하였다.[125]

---

124) 『世宗實錄』 권72, 18년 5월 정축(3책, 675~676쪽) "成均生員金日孜等上言,……牧隱文靖公李穡, 北學中國, 學問精博, 講明道學, 闡發幽秘. 歲在辛丑經兵之後, 學校廢弛. 惟穡職兼成均, 討論經籍之蘊, 妙契程, 朱之志, 使學者祛口耳詞章之習, 窮身心性命之源, 宗師道而不惑於異端, 正其義而不怵於功利. 於是, 東方性理之學大興, 而儒風學術, 煥然一新.……"

125) 조선 건국 후 태조 4년에 시부로 시험하는 進士試를 폐지하고 經學만을 시험과목으로 하여 성균관 儒生을 선발하는 生員試만을 두게 하였는데(『太祖實錄』 권8, 4년 12월 병신(1책, 87쪽)), 세종대 변계량은 정도전이 진사과를 폐지하여 이를 생원시로 합하니 이색이 이를 한스럽게 여겼다(『世宗實錄』 권2, 즉위년 12월 무사(3책, 290쪽))고 하였다. 논란 속에 세종 20년에 進士試가 부활되었다. 이는 조선초기 講經과 製述 논쟁의 결과에 연유한다(李成茂, 「朱子學이 14·15세기 韓國敎育·科擧制度에 미친 影響」, 『韓國史學』 4, 1983 ; 김대용, 『조선초기 교육의 사회사적 연구』, 한울, 1984).

## 2) 공·사 병존의 관료제 운영 구상

### (1) 교육 과거제의 통일과 좌주문생제의 존중

이색은 교육 과거제를 중시하고 이를 통하여 학문이 발전하고 문치가 일어날 것으로 생각했다. 교육 과거제를 통한 인재 양성이 정치적 유대감으로 이어지고, 과거제의 예를 통하여 사문이 일어날 것으로 기대하였던 것이다.

이색은 과거제를 중시하고 학문을 진흥시켜 인재를 양성하고자 하였다. 우왕 6년 이색에게 과거 공부를 배우고 인친이기도 한 염흥방이 지공거, 이곡의 문생인 박형이 동지공거로, 동년이었던 서영의 아들인 서균형이 감시의 試員으로 참여하게 되자, 자신과 연관되는 인물이 과거를 주관한 것에 대한 감회가 남달랐다. 그는 과거를 통하여 학문이 진흥되는 성대한 모습을 보게 된 것을 매우 다행스러워 하는 소회를 『목은시고』에 남기고 있다.126) 음력 5월 3, 4일경에 성균시를 보고127) 5월 7일에 서승제가 진사시 권을 고열하여 올리자, 임금이 봉함을 뜯은 다음 내시에게 명하여 방을 써서 이름을 부르게 하였는데 자신이 피곤하여 참여하지 못한 아쉬움을 시로 남겼다.128) 응시자129)와 과거 시험방법130)에 대한 생각을 시로 술회하고, 초장,131) 중장의 방방일 새벽 시를 읊기도 하였다.132) 과거 공부는

---

126) 『牧隱集』 詩藁 권22, 今庚申年, 東堂監試主司, 皆與僕親厚. 知貢擧廉東亭, 從僕習擧業 且姻親也. 同知貢擧朴密直, 先君門生, 稱僕則曰張伯. 監試試員徐承旨, 同年之子, 其習擧業也. 亦以其所爲文求是正. 吾老矣, 病也久矣, 獲覩盛事, 自幸之甚, 吟成一首.

127) 『牧隱集』 詩藁 권23, 成均試士 ; 詩藁 권23, 成均試日.

128) 『牧隱集』 詩藁 권23, 五月初七日, 徐承制考閱進士卷進呈, 上出御便殿折封, 命內侍 寫唱名. 穡以困不能往觀盛事, 吟成一首.

129) 『牧隱集』 詩藁 권22, 讀擧子詩賦有感.

130) 『牧隱集』 詩藁 권22, 詩賦科輿有感.

131) 『牧隱集』 詩藁 권23, 初場放榜日.

132) 『牧隱集』 詩藁 권23, 中場日 ; 詩藁 권23, 中場放榜日曉吟.

폐한 지 오래여서 합격하기 어려움을 걱정하는 응시자의 일을 시로 기록한 것과 어떤 응시자가 과제로 지은 시부를 가지고 와서 고쳐줄 것을 요구하자 그것을 읽고 적은 시 등이 있다.[133]

원과 고려의 과거에 합격한 이색은 과거제를 인재를 양성하고 학문을 발전시키는 중요한 수단으로 생각했다. 이색은 공민왕 원년의 복중상서에서, 학교를 발전시키고 유학적 경세의식을 갖춘 관료 양성을 위한 유기적인 개혁안을 내놓았다.

> 또한 벼슬에 오른 자가 급제자일 필요가 없으며 급제한 자가 국학을 거칠 필요가 없다면 누가 기꺼이 지름길을 버리고 오솔길로 가겠습니까? 유림이 흩어지고 학교가 쇠락하는 것은 진실로 이 때문입니다. 신이 엎드려 바라건대 밝은 條制를 내리시어 밖으로는 향교와 안으로는 학당에서 그 재능을 심사하여 이들을 12徒에 올리고 12도에서는 또 모두를 심사하여 成均에 올려서 일정한 기한 그 德과 藝를 닦도록 하여 예부에 올리고 합격자는 例에 의해 관직을 주고 불합격자도 또한 出身의 階梯를 줍니다. 현직으로 과거를 보는 자를 제외하고 그 나머지 국학생이 아닌 사람은 시험에 참여하지 못하게 하면, 전에는 불러도 오지 않던 자가 이제는 가라고 하여도 가지 않게 될 것이니, 신은 장차 인재가 배출되어 전하께서 써도 다 쓰지 못하게 됨을 보게 될 것입니다.[134]

이색은 학제와 과거제에 대하여 당시의 문제를 분석하고 대안을 마련하

---

133) 『牧隱集』 詩藁 권22, 有擧子以所課詩賦求斤正者, 僕方腰痛, 不能出見, 使人取之, 讀畢有作(우왕 6년 4월) "……明經攻古賦 對策據通津 最是規模狹……."

134) 『高麗史』 권115, 列傳28 李穡(하, 524~525) "服中上書曰,……又況登仕者, 不必及第, 及第者, 不必由國學, 孰肯弃捷徑而趣歧途哉? 朋徒解散, 齋舍傾頹, 良以此夫. 臣伏乞, 明降條制, 外而鄕校, 內而學堂, 考其材, 而陞諸十二徒, 十二徒又摠而考之, 陞之成均, 限以日月, 程其德藝, 貢之禮部, 中者依例與官, 不中者亦給出身之階. 除在官而求擧者, 其餘非國學生, 不得與試, 則昔之招不來者, 今則麾不去矣. 臣將見人才輩出, 殿下用之不竭矣."

였다. 국학은 風化의 근원이고, 인재는 政敎의 근본이다. 그런데 당시는 유림이 흩어지고 학교는 쇠락한 상태였다. 따라서 성인의 도를 교육하기 위해서는 학교의 쇠락을 시정하는 것이 급선무이다. 이색은 이러한 문제가 '벼슬에 오른 자는 과거급제자가 아니며 급제자라도 국학을 거치지 않는다' 즉 과거와 학교 교육을 거치지 않고 또 벼슬에 나아갈 수 있는 길이 있었기 때문이라고 본 것이다.

이에 이색은 학교제와 과거제, 관료제를 일치시키고자 하였다. 지방의 향교, 서울의 학당을 설치하여 학생들의 재주를 본 뒤 우수한 학생을 12도로 올리고 또 다시 살펴서 성균관에 올리게 하며, 성균관에서는 덕과 재주를 시험한 뒤 예부로 올려 보내 합격자는 예에 따라 관직을 주고 불합격자는 출신의 階를 지급하게 하자는 것이다. 이와 함께 이미 관직에 있는 자들을 제외하고, 국학생이 아니면 과거 응시를 할 수 없게 하자고 제안하였던 것이다.

이는 과거와 학교 교육, 관직 수여까지의 과정을 하나의 계통으로 연결시켜, 관료 선발을 보다 공정하고 엄격하게 관리함으로써 과거의 권위를 높이려는 생각으로, 이제현과 백문보가 국학을 재건하고 과거를 보다 엄정하고 합리적으로 운영하자는 논의보다 더욱 진전된 방안이다. 또한 이 방안은 과거 응시생의 교육을 강화하여 관료의 자질을 높이는 것과 동시에 과거출신이 관료 세계에서 핵심적인 지위를 차지하도록 과거의 비중을 높이자는 것으로, 궁극적으로는 유교 정치의 활성화를 목표로 하는 것이라 할 수 있다.[135]

공민왕은 즉위초부터 과거제에 깊은 관심을 가졌고, 과거제의 공정하고 합리적인 운영을 지향하였다. 공민왕 2년 송천봉이 감시를 맡아 한달한

135) 金仁昊, 『高麗後期 士大夫의 經世論 硏究』, 혜안, 1999 ; 임용한, 「麗末鮮初의 學校制와 科擧制」, 『韓國史의 構造와 展開』, 혜안, 2000.

268

등을 뽑았을 때, 공민왕이 한달한과 나이 어린 5명을 불러 모란시를 짓게 했는데, 대부분 정밀하지 못했고, 한 사람은 백지를 내기까지 하였다. 이에 왕이 노하여 방목을 회수하고 송천봉을 책망하였다.136) 과거제가 본래 추구하는 인재 양성에 부응하지 못한다는 이유에서였다. 공민왕 17년 왕은 감시에서 선발된 자는 모두 어리고 경학에 밝거나 덕을 쌓은 선비도 아니어서 국가에 도움을 주지 못하므로 폐지한다137)고 하였다. 공민왕 20년에 왕은 가장 젊은 나이에 會試에 합격한 王康을 불러 답안지를 다시 쓰게 하고, 쓰지 못하자 殿試에 응시하지 못하게 하였다. 즉 15세 미만은 과거에 응시하지 못하도록 하였던 것이다.138)

이색은 이러한 공민왕의 과거 개혁안에 부응해서 과거제의 합리적인 운영을 지향하면서 이를 방해하는 불합리한 제도와 관행을 비판하였다. 모두 4번의 시관과 1번의 독권관을 역임한 그는 공민왕 18년 응시자들이 시험장에 책을 가지고 들어가거나 답안지를 바꾸어보는 것을 엄금하였다.139) 공민왕 20년에는 25세 미만에게는 과거에 응시할 자격을 부여하지 않기도 했다.140) 우왕 12년에는 20살 미만은 과거에 응시하지 못하게 하였다.141) 또한 과거제의 不正과 脫法을 없애고 공정한 과거제 운영에 주력했

---

136) 『高麗史』 권111, 列傳24 宋天鳳(하, 439).
137) 『高麗史』 권74, 志28 選擧2 科目2 國子監試(중, 617) "恭愍王十七年, 王欲選通經者爲試官, 辛旽欲以監察大夫孫湧爲之, 宦者李剛達欲 以判典校寺事李茂芳, 權思復爲之, 王惡其爭乃曰, 監試所取例皆童蒙, 非經明行修之士, 無益國家, 罷之. 辛禑二年復之."
138) 『高麗史』 권116, 列傳29 王康(하, 556) "恭愍二十年應擧中會試, 康於儕輩年最少, 王召見謂曰, 判官曹崇禮, 進士閔安仁, 老成儒者, 尙未中第, 況此少者乎? 必假手也. 使寫會試策題 不克. 王怒停殿試, 命自今年未十五歲者, 毋得赴試."
139) 『高麗史』 권73, 志27 選擧1 科目1 東堂試(중, 594).
140) 『高麗史』 권73, 志27 選擧1 科目1 東堂試(중, 594) "二十年三月敎, 自今年未滿二十五歲者, 毋得赴擧."
141) 『高麗史』 권73, 志27 選擧1 科目1 東堂試(중, 594) "(禑王 12년 5월) 李穡知貢擧, 復用策問, 嚴立禁防, 擧子年未滿二十, 不許赴擧."

다. 우왕 12년에 동지공거였던 염흥방이 판문하부사 조민수의 불합격한 아들을 합격시켜 줄 것을 지공거인 이색에게 요청하였으나, 이색은 이를 거절하였다.[142)

이색은 과거제를 존중하고 과거제에 기초한 유대감을 강조하였다. 과거제에서 파생된 좌주문생제, 동년회, 명족회 등을 중시하고 이런 모임을 예가 있는 자랑스러운 일로 생각했다. 우선 이색은 좌주문생제를 존중하였다. 고려는 사학이 발달하면서 과거 시험 전에 시험관과 응시자가 이미 스승과 제자로 맺어지고 과거 후에는 시험관과 합격자로 이어진다. 그리하여 이들의 관계는 평생 부모 자식과 같은 강한 유대관계를 유지하는 좌주문생의 관계로 발전한다. 유매가 좌주인 이무방에게 죄를 얻어 이색에게 중간에서 풀어달라는 요청을 하자, 이에 답하여 이색은 좌주와 문생을 부모와 자식의 관계와 동일시하고 그들 사이의 사적 은혜와 의리가 국가의 원기를 배양하는 것이라고 하면서 상호간에 해결하라고 조언하였다.[143)

부모 자식처럼 긴밀한 좌주문생 관계는 좌주의 아들과 문생의 관계로까지 이어진다. 宗伯은 좌주의 아들을 부르는 말인데,[144) 이곡의 문생들에게 이색은 종백이 되고, 이제현의 문생 역시 이제현의 아들은 종백이 된다. 이곡의 문생인 박형은 이색을 종백이라 하고,[145) 이색은 이제현의 아들인

---

142) 『高麗史』 권113, 列傳28 李穡(하, 528).

143) 『牧隱集』 詩藁 권24, 兪邁得罪於其座主光陽君, 無所告處, 來言於僕. 觀其意, 欲僕求解於其座主也. 然門生之於座主, 猶子之於父也. 子得罪於父, 豈有托旁人以求解者乎? 但朝夕求哀, 以俟其一旦慈愛之心之發耳. 予領成均時, 邁爲諸生, 故不忍自外, 忠告如此. "門生與座主 視猶骨肉親 斯文大血脈 坐令邦命新 ……"; 詩藁 권26, 雨中 門生掌試圖幷序 "門生座主恩義之全 足以培養國家之元氣."

144) 『牧隱集』 詩藁 권9, 憶丁亥科諸公 三首(國俗進士及第 稱其座主之子曰宗伯).

145) 『牧隱集』 詩藁 권22, 今庚申年, 東堂監試主司, 皆與僕親厚. 知貢擧廉東亭, 從僕習擧業 且姻親也. 同知貢擧朴密直, 先君門生, 稱僕則曰宗伯. 監試試員徐承旨, 同年之子, 其習擧業也. 亦以其所爲文求是正. 吾老矣, 病也久矣, 獲覩盛事, 自幸之甚, 吟成一首.

270

李彰路를 종백이라고 하였고,146) 홍언박의 아들인 洪師瑗을 종백이라고
하였다.147) 좌주문생관계로 맺어진 인간관계가 자식에게까지 확대되어
갔던 것이다.

　　소재 최표가 나에게 말하였다. "나와 염동정은 모두 성산 송영공(송천봉)
　　의 문하 출신이다. 지금 그분의 손자인 자교가 또 동정의 문하가 되었고
　　그가 장차 성산으로 돌아가 자기 할아버지를 뵈려고 하기에 우리들이
　　전별해주었는데, 염흥방도 감히 자신의 신분을 내세우지 않고 기꺼이
　　와서 모임에 참석하였다.……그런데 우리 좌주 이제현 시중의 손자인
　　李政堂(寶林)은 자기 조부의 문생인 안정당(安輔) 문하 출신이고, 근재
　　안문정공(안축)의 손자 正郎 景恭은 자기 조부의 문생인 홍찬성(홍중선)
　　문하 출신이며, 내 아들 種學은 선친 가정공(李穀)의 門生인 韓청성(韓脩)의
　　門生이다. 지금 자교가 동정의 문하에서 나온 것은 또한 우연한 일이
　　아니다."148)

　　염흥방의 문생인 송자교는 염흥방의 성균시 좌주인 송천봉의 손자였는
데, 송자교가 고향으로 돌아가게 되자 염흥방이 송자교를 위해 글을 써달라
고 부탁했다. 이에 이색은 염흥방이 고위직에 있으면서 문생을 생각하는
마음을 찬양하면서 좌주인 이제현의 손자 이보림이 이제현의 문생인 안보
문하의 출신이고, 장남인 종학이 이곡의 문생인 한수의 문생이라고 하여,
祖나 父의 문생을 아들의 좌주로 삼게 되는 사실을 자랑스럽게 설명하였다.

146) 『牧隱集』 詩藁 권14, 奉寄李開城 ; 詩藁 권16, 謝李開城携酒見訪 ; 詩藁 권16, 次宗
　　伯開城韻.
147) 『牧隱集』 詩藁 권20, 宗伯洪尙書見訪.
148) 『牧隱集』 文藁 권8, 贈宋子郊序 "崔疏齋來曰, 彪與廉東亭, 俱出星山宋令公門下.
　　今其孫子郊, 又爲東亭所取. 將歸謁乃祖于星山, 吾等餞其行, 東亭亦不敢自重, 來與
　　會中.……然吾座主益齋侍中之孫李政堂出乃祖門生安政堂門下, 謹齋安文貞之孫
　　正郎景恭出乃祖門生洪贊成門下, 吾豚犬種學得爲先稼亭公門生韓淸城之門生. 今
　　子郊之出於東亭之門 亦非偶然矣."

이색은 과거 장원급제자 모임인 용두회, 같은 해에 급제한 모임인 同年
會[149)]와 名簇會[150)]의 만남을 통하여 인적 결합과 유대 관계를 돈독히
하려고 하였다. 榮親讌은 원래 과거의 급제자가 부모님을 찾아뵐 때 베풀던
연회이다.[151)] 이색은 영친연의 잔치를 보고 기쁨을 누리고 영원히 존재할
것으로 기약했다.[152)] 민근의 둘째아들이 영친을 했다는 것[153)]과 문생을
뽑으니 영친연[154)]을 하겠다는 글이 있다. 여기에는 좌주가 꼭 참석하고
좌주에 대한 예를 다한다.[155)]

---

149) 『牧隱集』 詩藁, 권20, 安簽書作同年會, 僕與狀元易菴公·任右尹赴席, 李知部不至.
醉歸吟成二首. ; 詩藁 권26, 昨與同年鄭簽書·朴判書·李判事, 各携酒果, 餞庸夫四
宰江南之行, 唯宋判事以妻喪不至, 則居京者六人耳. 自癸巳至今二十八年矣, 散而
之四方, 不幸而入九京 念之傷心. 庸夫當國家危疑之際, 被選入見天子, 風彩傾一時,
而吾四人者, 皆居散地, 蕭索之甚. 然談笑雍容, 雖盛饌華筵, 張樂獻酬, 無以過之.
微醉而出, 乘月而歸. ; 詩藁 권29, 圓齋政堂來云, 今日設同年會, 請日午卽來, 喜而
志之.

150) 『牧隱集』 詩藁 권31, 朴政堂稱僕曰宗伯, 其門生名簇會, 臨門相邀扶病與席, 入夜而
歸, 明日代書以謝. ; 詩藁 권29, 庚申科及第李正言等, 呈名簇於其座主廉東亭東亭,
呼其前門生己酉科·甲寅科, 合享之. 穡承招與坐, 酒酣聯句有云,……(우왕 7년 3
월) ; 詩藁 권29, 途遇韓政堂偕行 又遇李二相 至營廉東亭 禹政堂 柳密直繼至韓政
堂邀僕夕飯……(우왕 7년 4월) ; 詩藁 권29, 竹城君讌門生及第, 爲其呈名簇也. 兩侍
中東面, 判三司成政堂韓政堂及穡在北, 鄭南京, 閔密直, 安密直西面, 門生在東廳,
妓樂交作, 聯句樂甚, 入夜而歸.

151) 『高麗史』 권68, 志22 禮10 嘉禮 新及第進士榮親儀(중, 500).

152) 『牧隱集』 詩藁 권24, 至正癸巳四月, 益齋先生陽坡先生典貢擧, 無燕會, 僕與同年成
行, 罷則休于家, 甚蕭索也…….

153) 『牧隱集』 詩藁 권20, 聞咸陽大姨夫閔判事家爲倭奴所劫(우왕 5년 12월).

154) 『牧隱集』 詩藁 권22, 紀事.

155) 『牧隱集』 詩藁 권22, 門生盤果, 閔子復同榜諸公, 爲其恩門東亭, 將設於宴廳, 所以饗
後門生也. 問其詳於僕, 僕所不知也. 故不能參, 以詩紀之.(우왕 6년) ; 詩藁 권28,
外舅花原君諸孫, 爲權正郎煖房, 正郎張幕設筵, 妓樂甚盛. 請父行押坐, 於是, 小丈人
密直公, 居主人之位, 權判書·閔判事及僕與焉. 李商議·廉東亭·任大諫·廉大卿亦以
醴泉外孫, 皆在賓位, 而東亭又其座主也, 故特邀. 朴密直至, 則兩恩門叔父姑夫內外
兄弟皆在, 正郎榮矣哉. 入夜醉歸, 明日吟成一首, 呈李密直·李商議·廉東亭·朴密直
(우왕 7년 2월).

<표 13> 고려후기 과거 시험관과 합격자

| 시기 | 합격자 | 지공거<br>동지공거 | 과거합격시기 | 지공거와 동지공거 |
|---|---|---|---|---|
| 충목왕즉위년 | 河乙沚등 33인 | 朴忠佐 | 충숙왕 후5년 | 蔡洪哲 安珪 |
| | | 李蒨 | 충렬왕 33년 | 許有全 李顗 |
| 〃 3 | 金仁琯등 33인 | 許伯 | 충숙왕 4년 | 朴全之 白元恒 |
| | | 李穀 | 충숙왕 7년 | 李齊賢 朴孝修 |
| 공민왕 2년 | 李穡등 33인 | 李齊賢 | 충렬왕 27년 | 權溥 趙簡 |
| | | 洪彦博 | 충숙왕 17년 | 安元凱 李湛 |
| 〃 4 | 安乙起등33인 | 李公遂 | 충혜왕 후1년 | 金永旽 安軸 |
| | | 安輔 | 충숙왕 7년 | 李齊賢 朴孝修 |
| 〃 6 | 廉興邦등 33인 | 李仁復 | 충숙왕 13년 | 權溥 朴瑗 |
| | | 金希祖 | 충숙왕 후5년 | 蔡洪哲 安珪 |
| 〃 9 | 鄭夢周등 33인 | 金得培 | 충숙왕 후5년 | 蔡洪哲 安珪 |
| | | 韓方信 | 공민왕 4년 | 李公遂 安輔 |
| 〃 11 | 朴實등 33인 | 洪彦博 | 충숙왕 17년 | 安元凱 李湛 |
| | | 柳淑 | 충혜왕후 1년 | 金永旽 安軸 |
| 〃 14 | 尹紹宗등 28인 | 李仁復 | 충숙왕 13년 | 權準 朴瑗 |
| | | 李穡 | 공민왕 2년 | 李齊賢 洪彦博 |
| 〃 17 | 李詹등 7인 | 親試 | | |
| 〃 18 | 柳伯濡등 33인 | 李仁復 | 충숙왕 13년 | 權準 朴瑗 |
| | | 李穡 | 공민왕 2년 | 李齊賢 洪彦博 |
| 〃 20 | 金潛등 31인 | 李穡 | 공민왕 2년 | 李齊賢 洪彦博 |
| | | 田祿生 | 충혜왕 후5년 | 朴忠佐 李蒨 |
| 〃 23 | 金子粹등 33인 | 李茂芳 | 충목왕 3년 | 許伯 李穀 |
| | | 廉興邦 | 공민왕 6년 | 李仁復 金希祖 |
| 우왕 2년 | 鄭摠등 33인 | 洪仲宣 | 충혜왕 후5년 | 朴忠佐 李蒨 |
| | | 韓脩 | 충목왕 3년 | 許伯 李穀 |
| 〃 3 | 成石珚등 33인 | 安克仁 | 충혜왕 후5년 | 朴忠佐 李蒨 |
| | | 權仲和 | 공민왕 2년 | 李齊賢 洪彦博 |
| 〃 6 | 李文和등 33인 | 廉興邦 | 공민왕 6년 | 李仁復 金希祖 |
| | | 朴形 | 충목왕 2년 | 許伯 李穀 |
| 〃 8 | 柳亮등 33인 | 安宗源 | 공민왕 2년 | 李齊賢 洪彦博 |
| | | 尹珍 | 충혜왕 후5년 | 朴忠佐 李蒨 |
| 〃 9 | 金漢老등 33인 | 禹玄寶 | 공민왕 4년 | 李公遂 安輔 |
| | | 李仁敏 | 공민왕 9년 | 金得培 韓方信 |
| 〃 11 | 禹洪命등 33인 | 廉國寶 | 공민왕 4년 | 李公遂 安輔 |
| | | 鄭夢周 | 공민왕 9년 | 金得培 韓方信 |

| ″ 12 | 孟思誠등 33인 | 李穡<br>廉興邦 | 공민왕 2년<br>공민왕 6년 | 李齊賢 洪彦博<br>李仁復 金希祖 |
|---|---|---|---|---|
| 창왕 즉위년 | 李致등 33인 | 鄭道傳<br>權近 | 공민왕 11년<br>공민왕 18년 | 洪彦博 柳淑<br>李仁復 李穡 |
| ″ 원년 | 金汝知등 33인 | 柳源<br>李種學 | 공민왕 9년<br>우왕 2년 | 金得培 韓方信<br>洪仲宣 韓脩 |
| 공양왕 2년 | 李惕등 33인 | 成石璘<br>趙浚 | 공민왕 6년<br>공민왕 23년 | 李仁復 金希祖<br>李茂芳 廉興邦 |
| ″ 4 | 金絪등 33인 | 偰長壽<br>李元紘 | 공민왕 11년<br>공민왕 23년 | 洪彦博 柳淑<br>李茂芳 廉興邦 |

경신년 과거에 급제한 이정언(이문화)이 자신들의 이름을 써 넣은 족자를
좌주인 염동정에게 증정하였는데, 여기에는 염흥방의 기유년, 갑인년 과거
에 합격한 문생까지 참석하였다.[156] 동정의 갑인년 문생이 연회를 주선하여
이야기꽃을 피우며 사문의 흥성을 보여준다고 칭송하였다.[157]

　용두회는 영친연이 확대된 장원급제자 모임으로서,[158] 공민왕 2년 이제
현·홍언박 문하의 장원급제자인 이색은 공민왕 6년의 장원급제자인 염흥방,
이색 자신이 주관한 과거의 장원급제자인 공민왕 18년의 윤소종, 우왕
23년의 이문화, 우왕 12년의 맹사성 등과 모여 정감을 나누고 유대관계를
돈독히 하였다. 용두회에 대하여 이색은 염흥방이 문하평리가 된 것을
축하하면서 용두회 출신인 정몽주(공민왕 9년 장원급제자)와 더불어 묘당에
들어간 것을 기뻐하고 있다.[159] 이색은 과거제에서 파생된 좌주문생제,

---

156) 『牧隱集』 詩藁 권29, 庚申科及第李正言等, 呈名簇於其座主廉東亭. 東亭呼其前門生
　　己酉科·甲寅科, 合享之. 穡承招與坐, 酒酣聯句有云,……(우왕 7년 3월).

157) 『牧隱集』 詩藁 권31, 東亭甲寅門生設宴, 昆季旣會, 使騎招僕與韓孟雲侑坐, 至則鄭
　　密直圃隱先在·知門下朴學士, 又來, 劇飮入夜而歸, 閏月晦日也.

158) 『牧隱集』 詩藁 권25, 歷科壯元作讌, 曰龍頭會, 凡於迎餞慶慰, 無不如禮. 僕之僬倖也
　　常軒先生無恙數年, 然未嘗一會, 至廉東亭始辨一席. 然東亭主文之後, 其座主宋先
　　生密直召至 東亭獻壽觴, 以龍頭會爲名, 其實榮親之例耳. 今純仲會長東亭之前門生
　　也, 其還鄕也, 僕與東亭及鄭判書·尹副令·鄭正言, 各以酒果, 會餞于成, 會長乃尊之
　　第一, 獻一酬而罷, 其風流閑雅, 亦足爲一時盛事. 吾病也久矣, 而獲與斯會, 豈非天
　　乎? 旣歸便睡, 明日吟成一首, 錄呈諸會長座下.

용두회 등을 통해 맺어진 인적인 결합을 중시하고 그들간의 유대감을 존중하였다. 이는 다시 말하면 과거제를 통하여 맺어진 인적 유대를 강화함으로써 사문(유학)을 일으킬 것을 도모한 것이라고 할 수 있다.

좌주문생제는 성리학을 보급하고 성리학을 익힌 사대부를 결집시키는 데 기여한다. 충목왕 3년 이후부터 실시된 10회의 과거 시험 가운데 공민왕 6년과 11년을 제외한 시험의 시관이 이제현과 좌주문생의 관계에 있는 사람들이었다. 고려후기 성리학은 안향, 권보, 백이정에서 시작해서 이제현, 박충좌, 이곡, 백문보, 이인복, 안축을 거쳐 이색으로 이어지고, 다시 김구용, 박의중, 정몽주, 정도전, 권근으로 이어진다. 그중에서도 만권당에서 원의 성리학자와 교류한 이제현은 특별한 위치에 있다.[160]

이제현은 충선왕에게 경명행수지사를 양성할 것을 진언하였고,[161] 충목왕에게 格物致知, 誠意正心의 도리를 익히도록 간언하였다.[162] 충목왕 즉위년의 과거제 개편에서 사서육경을 중심으로 한 경학을 포함시킨 것[163]은 원 제과에 이미 그것이 포함되었기 때문이기도 하지만, 시기적으로 이제현이 충목왕에게 사서의 중요성을 강조한 것에서 연유한 것으로 보인

159) 『牧隱集』 詩藁 권29, 東亭復入都堂 詩以陳賀(우왕 7년 3월) “龍頭今在廟堂中, 只有鴻樞圃隱公, 最喜東亭拜評理, 定敎黃閣振文風.”

160) 이러한 계승의식은 15세기에도 나타난다. “성균사예 김반이 상언하기를, 익재 이제현이 도학을 창도하였고, 목은 이색이 그 정통을 전하였는데, 양촌 권근이 종지를 얻었다고 하였다”(『世宗實錄』 권59, 15년 2월 癸巳(3책, 442~443쪽)).

161) 『櫟翁稗說』 前集1 “又問我國古稱文物侔於中華, 今其學者, 皆從釋子以習章句, 何耶? 齊賢對曰,……今殿下誠能廣學校, 謹庠序尊六藝, 明五倫, 以闡先王之道, 孰有背眞儒而從釋子, 捨實學而習章句? 將見彫虫篆刻之士, 盡爲經明行修之士.”

162) 『高麗史』 권110, 列傳23 李齊賢(하, 415) “上書都堂曰,……敬愼之實, 莫如修德, 修德之要, 莫如嚮學. 今祭酒田淑蒙已名爲師, 更擇賢儒二人, 與淑蒙講孝經語孟大學中庸, 以習格物致知誠意正心之道, 而選衣冠子弟, 正直謹厚好學愛禮者十輩爲侍學, 左右輔導, 四書旣熟, 六經以次講明.”

163) 『高麗史』 권73, 志27 選擧1 科目1 東堂試(충목왕 즉위년 8월)(중, 594) “改定初場試六經義四書疑, 中場古賦, 終場策問.”

다. 이때 이후로 이제현과 좌주문생의 관계에 있는 사람들이 시관을 독점하였다.164) 이제현을 중심으로 한 좌주문생관계는 성리학의 보급에 공헌하고, 이 관계는 다시 이색을 중심으로 공민왕 16년 성균관이 중영되면서 성리학 연구에 진력하는 방향으로 나아가게 한다. 다시 말하면, 고려후기 성리학 수용기에는 과거제를 통한 인적 결합, 성리학의 전수, 정치세력의 형성 등이 나타났고, 과거제에서 파생된 좌주 문생제는 부모와 자식처럼 긴밀한 인간적 유대관계를 형성하여 학문적 결합이나 중앙정계에서의 인적 관계를 이루는 고리역할을 했던 것이다.165)

하지만, 공민왕은 좌주문생제에 비판적이었다. 공민왕은 신돈을 등용하는 이유를 언급하면서 다음과 같이 말했다.

처음에 왕이 재위한 지 오래되었음에도, 재상들이 왕의 뜻에 부응하지 못하는 사람이 많자 말하기를 "世臣大族은 親黨이 뿌리처럼 이어져 서로 허물을 가려주고, 草野 新進은 감정을 감추고 행동을 꾸며 명망을 탐하다가 귀현해지면 집안이 한미한 것을 부끄럽게 여겨 대족과 혼인하여 처음의 뜻을 다 버린다. 儒生은 유약하여 강직함이 적고 또 座主, 同年이라 칭하면서 당을 만들고 사정을 따르니, 이 셋은 모두 쓰지 못하겠다. 세상을 벗어나 초연한 사람을 얻어 크게 써서 인습되어온 폐단을 개혁하려고 생각하였다"고 하였다.166)

---

164) 이익주, 「공민왕대 개혁의 추이와 신흥유신의 성장」, 『역사와 현실』 15, 1995, 38~42쪽.
165) 李南福, 「麗末鮮初 座主·門生에 關한 一考察」, 『藍史鄭在覺博士古稀記念東洋學論叢』, 1984 ; 이익주, 「14세기 전반 성리학 수용과 이제현의 정치활동」, 『典農史論』 7, 2001 ; 채웅석, 「『목은시고』를 통해본 이색의 인간관계망-우왕3년(1377)~우왕9년(1383)을 중심으로-」, 『역사와 현실』 62, 2006 ; 「고려시대 과거를 통한 인간관계망의 형성과 확장」, 『사회적 네트워크와 공간』(문화로 보는 한국사 1, 이태진 교수 정년기념논총간행위원회), 태학사, 2009.
166) 『高麗史』 권132, 列傳45 叛逆6 辛旽(하, 856) "初王在位久, 宰相多不稱志, 嘗以爲世臣大族親黨根連, 互爲掩蔽, 草野新進, 矯情飾行以釣名, 及貴顯恥門地單寒, 連姻大

276

공민왕은 기존의 정치세력을 世臣大族·草野新進·儒生으로 구분하고, 세신대족은 親黨으로 뿌리를 내리고 이어져 서로 掩蔽하고, 초야의 신진은 명예만 탐하여 儒生은 座主 同年이라 하여 情에 따른다고 비판하였다. 그리하여 '離世獨立之人'인 신돈을 등용하였다. 공민왕이 신돈을 등용한 이유는 정치세력을 재편하여 왕권을 강화하려는 것이고, 인순지폐를 개혁하려는 것이었다. 이처럼 공민왕이 유생을 기용하지 않은 이유는 '유생은 유약하여 강직함이 적고 門生·座主·同年이라 칭하면서 黨을 만들고 私情에 따른다'는 것 때문이었다. 신돈 역시 여기에 공감하였다. 신돈은 공민왕에게 "유자들은 좌주 문생이라 칭하면서 서로간에 칭탁하여 원하는 것을 얻습니다. 예를 들어 이제현 문생의 문하에서 문생을 보게 되어 드디어 온 나라에 가득찬 도적이 되었으니 儒者의 有害함이 이와 같습니다"[167]고 하였다. 그리하여 공민왕 17년 왕은 친시를 행하였고, 초장과 종장의 시험과목으로 사부와 경의를 각각 부여하여 경의를 강조하였다.[168] 이때 독권관은 이색이었다. 하지만, 다음해인 공민왕 18년에 이색이 지공거가 되고 좌주문생제는 유지되었다.

우왕 14년에 부정과 비리로 처형된 염흥방은 3번이나 지공거를 역임한 인물로서 이색과 마찬가지로 과거제에 기초하여 형성된 유생간의 유대감을 강화하는 방향에 찬성하였다. 좌주문생제, 동년회, 용두회, 영친연 등을 통하여 긴밀한 인간관계를 유지하고 그 관계가 오래 유지되기를 바랐다. 과거제는 관료 진출의 통로로서 정치 활동의 실마리가 되므로 정치적 결집의 수단으로 활용할 수 있었다. 하지만, 이러한 인간관계는 이념 지향의

族, 盡弃其初 儒生柔懦少剛, 又稱門生座主同年, 黨比徇情, 三者皆不足用, 思得離世獨立之人, 大用之, 以革因循之弊."
167)『高麗史』권110, 列傳23 李齊賢(하, 419) "吨深衛之以老不得加害, 乃謂王曰, 儒者稱座主門生, 互相干請, 如李齊賢門生, 門下見門生, 遂爲滿國之盜, 儒者之害, 有如此."
168)『高麗史』권74, 志28 選擧2 科目2 國子監試(중, 617).

동질성에 따라 주체적으로 선택한 것이라기보다는 처음부터 주어진 요소가 많았으므로 그 관계가 영속적이기 어려웠고 취약하였다.[169] 우왕 14년초 염흥방이 부정과 탈법 혐의로 처벌될 때 처형된 인물들은 친인척 이른바 '族黨'이 대부분이었다.[170] 조준, 한상질, 권집경, 길재 등 염흥방의 門生이나, 김자수·이문화·이색·윤소종 등 용두회 일원은 여기에 포함되지 않았다. 염흥방이 생각하는 것만큼 과거제에 기초한 유대감이 정치적 유대감 혹은 정치 기반으로까지 이어지지 못하고 있음을 보여준다.[171]

과거제에서 파생된 좌주문생제와 용두회 등은 성리학의 천리인욕설이나 공사론에서 보면 모순되는 측면이 있다. 이는 과거 시험과목인 사서오경을 통하여 익힌 성리학의 공사론, 의리론이 과거제에서 파생되는 좌주문생 관계라는 사적이고 인위적인 인간관계와 어울리기 어렵기 때문이다.

정도전은 좌주문생관계가 '공적인 인재등용을 사사로운 은혜로 여긴 것(以公擧爲私恩)'[172]이라 비판하였고, 공민왕이 詞賦를 혁파했으나 좌주문생제는 시행된 지 오래되어 갑자기 제거하지 못하였으므로 식자들이 이를 한탄하였다고 하였다.[173] 좌주와 문생관계는 개인적인 친분에 그치는 것이 아니라, 사적인 인간관계로 인맥화·사당화하여 합리적이고 공적인 인재등용을 저해한다는 것이다.

좌주문생제는 개혁세력의 결집에 기여하였으나 처음부터 가부장적 성격이 있었고 관료의 사적인 결합을 초래할 수 있었다. 좌주문생제 비판은 왕조 개창에 반대한 이색 일파에 대한 비판이었지만, 이색의 문생, 제자들이

---

169) 채웅석, 앞의 논문(2006), 104~107쪽.

170) 『高麗史節要』 권33, 辛禑(14년 정월)(817).

171) 도현철, 「고려말 염흥방의 정치활동과 사상의 변화」, 『東方學志』 141, 2008.

172) 『太祖實錄』 권1, 즉위년 7월 정미(1책, 22쪽) ; 『太宗實錄』 권25, 13년 1월 병술(1책, 659쪽) ; 『太宗實錄』 권25, 13년 5월 신묘(1책, 671쪽).

173) 『三峯集』 권7, 朝鮮經國典 上 禮典 貢擧 "恭愍王一遵原制, 革去詞賦之陋, 然所謂座主門生之習, 行之甚久, 不能遽除, 識者歎之."

278

다시 등용되고 그들이 정치적 실권을 장악한 뒤에도 좌주문생제는 부활되지 않았다.[174]

이색은 성리학의 천리인욕, 공사론에 입각한 관료 선발, 정치운영에는 어긋나지만, 과거제를 존중하고 과거제에서 파생된 좌주문생제, 용두회와 같은 인적 유대감을 중시하였다. 고려의 혈연을 존중하는 귀족기반 위에 성리학을 수용한 이색 사상의 특색을 보여주는 것이라 할 수 있다.

### (2) 공·사 병존의 관료제 운영 구상

이색은 의리와 명분을 중시하는 주자학을 수용하여 공의에 입각한 정치운영과 능력을 본위로 하는 관료제 운영론을 지향하였다. 이색은 성리학의 태극·이기·천리인욕 등을 통하여 자연과 인간 사회를 설명하고, '存天理遏人欲'이 聖學의 도달점이라 하여 성리학의 수양론, 정치운영론을 지향하였다.[175]

이색은 성리학의 천리인욕설, 공사론에 근거해서 公心, 公法에 의한 정치운영, 능력 중심의 관료 선발, 관료 운영을 지행하였다. "사심 없는 것이 우리 상제의 명으로, 공심과 공법은 당초 두 길이 아니다"[176] 하고, "私心을 人欲이라 하는데, 私心을 잊으면 天理가 밝아진다"고[177] 하였으며, "화의 근원은 다만 사욕에 있다"고 하여, 사욕을 극복해야 한다고 하였다.[178] 성리학의 '天理人欲說'에 근거하여 공사를 구분하고 정치운영과 시비선악

---

174) 김훈식, 「여말선초의 명분 사상과 민본론」, 『애산학보』 4, 1986, 38쪽.
175) 『牧隱集』文藁 권10, 伯中說贈李狀元別 "願受一言以行, 孝於家忠於國, 將何以爲之本乎? 予曰, 大哉問乎! 中焉而己矣.……是則事君事親, 行己應物, 中和而己. 欲致中和, 自戒愼始, 戒愼之何? 存天理也. 愼獨焉何? 遏人欲也. 存天理遏人欲, 皆至其極, 聖學斯畢矣."
176) 『牧隱集』詩藁 권19, 有懷(5년 9월) "只緣公義匪私恩."
177) 『牧隱集』詩藁 권28, 公生明 "私意名人欲 忘私理卽明."
178) 『牧隱集』詩藁 권23, 知止堂歌 "……禍源只在逞其私, 克己寡欲爲良方 私如塵垕心似境."

의 가치기준을 정하였던 것이다.

성리학은 人性을 물질(관능)·욕망의 추구와 도덕·규범의 지향이라는 두 측면으로 나누어 전자를 人欲의 私邪나 惡으로, 후자를 天理의 公正과 善으로 규정하고 이 모든 작용은 마음[心]의 그러한 속성에 기인하는 것이므로, 사람은 人欲의 私를 버리고 天理의 公으로 돌아가야 한다고 주장한다.[179]

이색은 고려의 법제를 준수하고 공사를 구분하며 도덕적 양심에 의하여 직무를 처리하고자 하였다. 붓을 함부로 놀려서 법규를 농락하며 고의로 왜곡 적용하여 폐단을 일으키는 이른바 ‘舞文弄法’을 경계하였다.[180]

우왕 6년(1380)에 지공거인 염흥방은 계사년(공민왕 2, 1353) 진사과 동년이면서 26년 후 본시험에 응시한 洪敏求를 불합격시켰다. 이색은 자신도 지공거로서 동년을 떨어뜨린 적이 있었는데, 시험답안지를 대할 때 마음을 단정히 하고 시선을 집중하여 오직 공도에 입각해서 처리하려 하였으니, 조금이라도 동년인 옛 친구를 생각할 여유를 가질 수 없었다고 하면서, 염흥방 역시 그러한 공정한 태도로 과거에 임했을 것이라고 하였다.[181]

이색의 친구인 최인호[182]가 정방에 청탁해 달라고 청하였을 때, 이색은 본래 운명은 하늘에 달려있다고 거절하였다.[183] 이 시를 최인호에게 보였더니, 최인호는 “말이 옳기는 옳으나, 다시 한번 청해보는 것이 어떻겠는가”라고 하였다.[184] 이색은 이에 대하여 빈부는 자기가 부르는 것이고, 壽命과 窮通이 모두 하늘의 뜻이라고 거절하였다.[185]

---

179) 金駿錫, 「17세기 正統朱子學派의 政治社會論」, 『東方學志』 67, 1990, 114쪽.
180) 『牧隱集』 詩藁 권28, 錄筆語.
181) 『牧隱集』 文藁 권13, 跋愚谷諸先生送洪進士詩卷.
182) 『牧隱集』 詩藁 권13, 崔仁浩被檜山所擾 來告急 偶題四絶 ; 詩藁 권16, 戱崔仁浩.
183) 『牧隱集』 詩藁 권17, 崔翁邀僕 爲請於政房 吟成一首.
184) 『牧隱集』 詩藁 권17, 旣示崔翁 翁曰是則是矣 然更一請如何 於是又用前韻.
185) 『牧隱集』 詩藁 권17, 記崔翁語 申之以已見.

그런데 이색은 고려의 문벌과 혈연에 의한 유대감을 존중하였다. 이색은 閥閱 가문을 존중하였다. 자신의 처갓집인 안동 권씨를 높여서 벌열이라 하고, 존중하는 인물을 말할 때 벌열로 표현하고 있다. 이색은 안동 권씨의 사위 집안으로 장인인 권중달과 처남인 권사종과 권계용, 사위인 전분, 유혜방, 민근, 김윤철을 말하면서 문벌가문은 성쇠가 빈번하다고 했다.[186] 유대언의 부인인 원주 원씨의 만사를 지으면서 많은 자손으로 벌열이 빛났다고 하고,[187] 퇴근하는 기집현을 높여 벌열가문이라 하며,[188] 조계종 판사 죽암 진공이 벌열에서 태어난 것을 높여 말하고 있다.[189]

고려시기에는 문벌·문지가 성한 가문 출신의 인물을 치세를 이루는 데 필요한 인간상으로 생각했다. '大族' '世臣舊家' '望族'은 국왕의 총애나 권세로 얻어지는 것이 아니라 국왕에 대한 충성과 타자에 대한 베풂의 결과로 얻어진 餘慶이라고 파악했다.[190] 문벌을 말하면서 권세, 총행이 아니라 국왕과 왕조에 대한 충성, 학문과 도덕을 통해 형성된 문벌을 중시한 것이다.[191]

음서는 혈연적 기반에 근거한 고려의 관료 선발 방법의 하나인데, 이색은

---

186) 『牧隱集』 詩藁 권23, 端午, 拜掃奠物, 吾家承次謹備, 閔兄適還京, 與權判書同行, 予以天陰骨酸不能與, 坐題一篇, 仍戒子孫云(우왕 6년 5월) "花原之門壻五人, 全柳閔金風采新, 當時豪逸皆名士, 酸寒獨有韓山李, 自上而下次於三, 自下而上爲第二, 武德將軍酷愛酒, 白楊幾見秋風起, 如今判書獨當門, 我與老閔能生存, 閔氏歸來爲拜掃, 我病不出心中煩, 淸齋貞愼謹爲饒, 白日照破重陰昏, 山頭松樹高幾尺, 松花滿山露交滴, 焚香酌酒再三拜, 錫類子孫應善積, 陵谷易處知者誰, 閥閱自古多盛衰, 但將忠孝保箕裘, 不用汲汲求名馳."

187) 『牧隱集』 詩藁 권33, 柳代言夫人元氏挽詞(우왕 8년 8월) "北原元大姓, 西海柳名家, 早寡身心苦, 多孫閥閱和, 山橫浮曙日, 風細散朝霞, 回首驪江上, 迢迢一路斜."

188) 『牧隱集』 詩藁 권2, 奉送奇集賢歸觀 "門閥赫赫臨箕封."

189) 『牧隱集』 詩藁 권35, 判曹溪事竹菴軫公, 退院歸住所億政寺留巖串, 以般若湯蔬菜五星, 來慰吾三黜也. 新亭適成, 共坐移日而去(1392년 5월), 公生閥閱樂金刕.

190) 『牧隱集』 文藁 권15, 高麗國, 忠誠守義同德論道輔理功臣壁上三韓重大匡, 曲城府院君, 贈諡忠敬公, 廉公神道碑.

191) 박종기, 「이색의 당대사(當代史) 인식과 인간관」, 『역사와 현실』 66, 2007.

이를 존중하였다. 이색은 15세 때 부음으로 별장직을 얻었다.192) 이색과 동류인 한수·이강·우홍수·황희 등은 음직을 받고 과거에 합격하였다.193) 이색의 둘째 아들 이종학은 이색이 문하시중에 임명된 후 우왕 14년 8월에 성균시194)와 9월에 예부시를 주관하였다.195) 이종학은 원래 문필에 능하지 못하였으므로 사람들은 "이색이 그 아들에게 사정이 있다"196)고 비판하였다. 이색의 처남인 민근의 아들 민중리는 이색이 독권관이던 공민왕 17년 친시에 합격했다.

이색은 혈연과 가문을 중시하는 고려 귀족사회의 분위기를 중시하였다. 이색은 공의를 참작하면서도 은사나 睦親 등 私恩을 강조하는 고려의 귀족적 전통197)을 중시한 것이라고 할 수 있다. 정통 성리학자들이 公義와 私恩을 2분화해서 이를 天理와 人欲으로 엄격히 구분한 것과 대비된다고 할 수 있다. 이는 결국 성리학을 통한 체제보수의 입장을 반영한 것이라고 할 수 있다.

---

192) 『牧隱集』 文藁 권6, 重房新作公廨記 "穡年十五以父陰, 白身受別將."
193) 朴龍雲, 「高麗時代 蔭敍制의 實際와 그 機能」, 앞의 책, 1990, 65~67쪽.
194) 『高麗史』 권74, 志28 選擧2 科目2 國子試之額(중, 623) "辛昌卽位之年八月, 知申事李種學取孟思謙等九十九人."
195) 『高麗史』 권73 志27 選擧1 科目1(중, 611) "辛昌元年九月, 判開城府事柳源知貢擧, 厚德府尹李種學同知貢擧, 取進士賜金汝知等三十三人及第."
196) 『高麗史』 권115, 列傳28 李穡(하, 530) "又久典文衡, 以其子種學再掌試, 種學素不能文, 士林頗譏穡私其子."
197) 채웅석, 「고려 문종대 관료의 사회적 위상과 정치운영」,『역사와 현실』 27, 1998.

# 제6장 형세·문화적 화이관과 사대외교

## 1. 형세·문화적 화이관과 일본인식

### 1) 형세·문화적 화이관과 소중화 의식

이색은 形勢·文化的 華夷觀과 소중화 의식을 견지했다.[1] 이색이 살았던 14세기는 동아시아 국제질서의 변화, 변동기였다. 원을 대신해서 명이 등장하고, 일본은 남북조가 분열되고 왜구가 중국과 고려를 침략했다. 14세기 동아시아 국제질서를 어떻게 성격 규정할 것인가에 대하여 많은 논의가 있다. 전통적으로 원을 중국의 역대 왕조의 하나로 파악하고 원과 고려를 책봉 조공관계로 파악하고 있는데, 최근 연구에서 이에 대한 새로운 견해가 제시되기도 하였지만,[2] 여전히 원과 고려의 관계를 전통적인 책봉 조공관계로 파악하는 것이 유효한 것으로 보인다.[3]

---

1) 이하 이색의 형세·문화적 화이관과 소중화 의식 부분은 필자의 연구(『高麗末 士大夫의 政治思想研究』, 일조각, 1999, 101~115쪽)에 새로운 자료를 추가하여 정리한 것이다.

2) 김호동,『몽골제국과 고려』, 서울대학교출판부, 1997 ;「몽골제국과 ‘大元’」,『歷史 學報』192, 2006 ; 이개석,「大蒙古國－高麗 關係 연구의 재검토」,『史學研究』 88, 2007 ; 森平雅彦,「高麗王位下의 基礎的考察－大元ウルス의 一分權勢力として 高麗王家－」,『朝鮮史研究會論文集』36, 1998 ;「駙馬高麗國王의 成立－元朝にお ける高麗王의 地位についての豫備的考察－」,『東洋學報』79-4, 1998.

이색은 중국 문명의 본질인 정신과 사상을 도입하면서, 전통 문명을 계승하려고 하였다.[4] 이색은 중국 중심의 세계관을 받아들였고,[5] 중국을 천자국으로 고려를 제후국으로 하는 유교의 명분에 충실한 사대의식을 견지했다. 그에 의하면, 하늘을 대신해서 일을 행하는 자를 천자, 천자를 대신해서 봉해진 땅을 다스리는 자를 제후로 이해하고, 天子는 天地에 제사지내고, 諸侯는 山川에 제사지내며, 士大夫는 五祀에 제사지낸다고 하였다.[6] 또한 이색은 수레바퀴의 폭이 같듯이 문물제도가 일정하고 문자가 같으며 윤리도덕의 기준이 통일되어 있다는 한자문화권 내지 유교 문명 의식을 전제로 가지고 있었다.[7]

---

3) 채웅석, 「원 간섭기 성리학자들의 화이관과 국가관」, 『역사와 현실』 49, 2003 ; 이익주, 「14세기 후반 원·명 교체와 한반도」, 『전쟁과 동북아 국제질서』, 일조각, 2006 ; 「고려-몽골 관계사 연구 시각의 검토-고려 몽골 관계사에 대한 공시적, 통시적 접근-」, 『한국중세사연구』 29, 2009.

4) 김용섭, 「고려국가의 몽골·원과의 관계 속 문명전환 정책」, 『東아시아 역사 속의 한국문명의 전환-충격, 대응, 통합의 문명으로』, 지식산업사, 2008, 155~156쪽.

5) 최근 전근대 동아시아 국제관계를 일국사적 관점이 아닌 다국사적, 세계사적인 관점으로 이해할 필요가 있다는 지적이 있고, 특히 중국을 중심으로 하는 국제관계를 말하더라도 상호 관계, 상호 소통의 측면을 중시해야 한다는 연구가 제시되고 있다(역사학회 편, 『전쟁과 동북아의 국제질서』, 일조각, 2006 ; 차혜원, 「유동적 역사공간-근세 동아시아로의 접근」, 『역사비평』 79, 2007 여름).
   또한, 중국 중심의 동아시아 질서에 대한 비판적 관점으로 다원주의적 접근이 이루어지고 있다. 여기에는 몽골 입장에서 세계지배를 생각하는 입장(김호동, 「대원 울루스의 성립」, 『歷史學報』 192, 2006)과 원을 중국의 역대 왕조의 하나로 인정하는 입장(이개석, 「13~14세기 大蒙帝國(大元)-高麗 關係-학설사적 검토를 중심으로」, 『제41회 국사편찬위원회 한국사학술회의 ; 동아시아 속의 한국과 세계』 2007.5 ; 「정통론과 13~14세기 동아시아 역사서술」, 『大丘史學』 88, 2007)이 있다.

6) 『牧隱集』 文藁 권9, 送慶尙道按廉李持平詩序 "神人之際, 未易言也. 事神理民, 唯帝王視爲一事. 其分也截然有定而不可紊. 盖天子然後祭天地, 諸侯然後祭山川, 大夫然後祭五祀, 記禮者固已言之矣." ; 文藁 권9, 周官六翼序 "國於天地間, 代行事者曰天子, 代天子分理所封者曰諸侯, 位有上下, 勢有大小, 截然不可紊, 易之所以有履也. 然天地交而成泰, 否則否矣."

7) 『中庸』 28장, "今天下, 車同軌, 書同文, 行同倫."

284

　이러한 생각은 이색만이 아니라 원을 통하여 성리학을 받아들인 유학자
들에게는 공통적인 것이었다. 이제현(1287~1367)은 도당에 올리는 글에서
『중용』의 천하국가를 다스리는 자는 九經(9가지 기본준칙)이 있는데 그것을
행하는 소이는 하나이다. 끊어진 세대를 이어주고 망하는 나라를 일으켜
주며 어지러운 것을 다스리고 위태로운 것을 붙잡아 주며 보내는 것을
많이 하고 받는 것을 적게 하는 것은 제후를 회유하기 위함이라고 하였다.8)
또한 "번성한 시기를 만나 천하가 같은 문자를 쓰게 되어 집마다 정주의
책을 갖추고 성리학을 익히며 교화의 도가 갖추었다"9)고 하였다.『중용』의
同文의식, 한자와 삼강오륜이라는 윤리관을 지향하였고, 理에 의한 성리학
적 세계관을 견지했던 것이다.10)

　이곡(1298~1351)은 "元은 무력으로 중국을 통일하였지만 이제는 문화로
서 四海를 다스린다"11)고 하였고, 당시를 "皇元이 六合을 통일하고 文軌를
함께하는 시대……夷와 夏가 처음으로 하나로 통합된 시대"12)라고 하였고,

---

　8)『高麗史』권110, 列傳23 李齊賢(하, 410) "齊賢爲書上都堂曰, 中庸曰, 凡爲天下國家
　　有九經, 所以行之者一也. 繼絶世, 擧廢國, 理亂, 持危, 厚往, 薄來, 所以懷諸侯也.
　　……."
　9)『益齋亂藁』권9下, 策問 "幸際休明, 天下同文, 家有程朱之書, 人知性理之學, 敎之之
　　道, 亦庶幾矣."
　10) 金泰永,「高麗後期 士類層의 現實認識」,『創作과 批評』44, 1977 ;「朝鮮前期 封建的
　　社會思想 試論」,『經濟史學』2, 1978.
　11)『稼亭集』권8, 送金同年東陽遊上國序 "今我皇元, 巍巍赫赫, 始以武功定天下, 今以
　　文理治海內."
　12)『稼亭集』권3, 趙貞肅公祠堂記 "其大槩曰, 天下之生久矣. 一理一亂. 近自唐家旣衰,
　　五季大亂, 遼金與宋, 南北分裂, 戰爭不息, 生民之塗炭極矣. 天開景運, 聖人繼作,
　　名臣輩出, 一六合定群志, 同文軌變風俗. 易曰, 大哉! 乾元. 萬物資始, 其惟皇元乎
　　?……貞肅公生於太宗九年丁酉歲. 時甫收汴蔡, 天下幾定, 而南征西伐, 尙猶未已.
　　本國雖已歸附, 而制於權臣, 萬都江華, 逃職不時. 以致天兵壓境, 此亦國步安危之機,
　　人心向背之際, 俗習遷變之始, 而三韓之再初也. 當是之時, 夷夏始通, 宣上德達下情,
　　動資舌人, 而公以能華言善辭令, 拔擢飛騰, 始則束帶立朝, 與賓客言, 終則尊主庇民,
　　爲社稷臣, 觀公之生, 豈偶然哉?"

최해는 "지금 황원이 위에 있어 지극한 인과 풍성한 덕을 베풀어 천하를 기르고 있으며, 고려는 첫 번째로 귀부하였기 때문에 대대로 혼인하였고, 엄격한 법도를 잘 지켜 상하가 서로 즐거워하며 변경에 조그만 경계도 없고 풍년이 들고 있으니, 실로 천년에 오는 태평성대"[13]라고 하였다.[14] 세계제국 원의 성립을 통하여 천하가 통일되고 一視同仁, 天下同文이라는 유교 문화가 보편화되고 있는 점을 이 시기 유학자들은 유의하고 있었다.

이색의 중국 중심의 세계관은 화이관을 근거로 형세와 문화를 중시하는 형세·문화적 화이관이라고 할 수 있다. 이색은 천자국, 華의 기준으로 事勢(形勢)와 文化를 제시하여 이민족 元을 천자국(華)으로 파악하였다.[15] 이색은 공민왕 15년에 충렬왕과 충선왕의 諱를 고친 事例를 근거로 공민왕의 휘를 (왕)祺에서 顓으로 고쳐줄 것을 元 황제에게 요청하였다. 이때 원을 천자국으로 설정하고 유교의 事大의 禮에 근거하여 정중한 표문을 지었다.[16] 얼마 후 공민왕 18년에 명이 中原의 새로운 지배자로 등장하자 중원 지배를 축하하는 표문을 지어 명이 중국의 正統을 회복하고 華夏의 문명을 열었다고 칭송하였다.[17] 몽고족인 元도 천자국으로, 正統 漢族인

---

13) 『拙稿千百』 권1, 海東後耆老會序 "今則皇元宅上, 以至仁盛德, 涵養天下, 而王國由 首出歸明, 世蒙釐降, 恪遵侯度, 上下胥悅, 而三邊無小警, 連歲有大穫, 實可謂休明治 安, 千載一時矣."

14) 林熒澤, 「고려말 文人知識層의 東人意識과 文明意識」, 『牧隱 李穡의 生涯와 思想』, 1997 ; 韓永愚, 「稼亭 李穀의 生涯와 思想」, 『韓國史論』 40, 1998 ; 채웅석, 「원 간섭기 성리학자들의 화이관과 국가관」, 『역사와 현실』 49, 2003.

15) 『牧隱集』 文藁 권7, 益齋先生亂藁序 "元有天下, 四海旣一, 三光五嶽之氣, 渾淪磅礴, 動盪發越, 無中華邊遠之異."

16) 『高麗史』 권41, 世家41 恭愍王4(15년 8월 임신)(상, 817) ; 『牧隱集』 文藁 권11, 請改名表.

17) 『高麗史』 권41, 世家41 恭愍王4(18년 5월 갑진)(상, 823) ; 『牧隱集』 文藁 권11, 賀登極表 "遣禮部尙西洪尙載, 監門衛上護軍李夏生, 奉表如金陵賀登極, 仍謝恩其 表曰秉籙膺圖, 復中國皇王之統." ; 『牧隱集』 文藁 권11, 請冠服表 "議禮制度, 大開 華夏之明, 慕義嚮風, 庶變要荒之陋, 敢攄愚抱, ……憐臣以小事大, 許臣用夏變夷."

明도 천자국으로 이해하였던 것이다. 이는 천자국의 기준을 種族과 관계없이 形勢, 곧 중국 중원의 지배 여부로 파악하였음을 보여준다.

　화이론은 중국 중원의 지배자인 漢族이 주변 지역을 복속해 가는 과정에서 형성되었다. 원래 화이론은 文化·種族·地理의 3측면으로 구성된다. 華夷論은 중국 문명이 발전하는 과정에서 자기 문화에 대한 우월의식을 근거로 주변 이민족에 대한 지배를 정당화하는 논리였다. 漢族 중심의 文化·種族에 대한 우월감은 자신들이 거주하는 곳이 세계의 중심이라는 생각과 자연스럽게 연결되었다.

　한대에 유교가 국교화되면서 유교문화는 화이론의 핵심적인 준거틀이 되었다. 유교문화의 수용여부와 그 정도는 華와 夷를 판별하는 기준이 되었고,[18] 문화를 기준으로 漢族이 자국을 中華·華夏라고 칭하면서 주변 제국을 夷蠻戎狄으로 야만시하였다.[19] 천자국인 漢族은 '四海一家'와 '一視同仁'의 관념으로 이민족에게 인의도덕을 전파하게 되었고, 이민족은 중국문화의 선진적인 면을 받아들이는데 적극적이었으므로 자연히 유교의 예적 질서, 화이론에 빠져들게 되었다. 주변 이민족은 천자의 봉을 받은 제후국으로 등장하고, 제후국이 지켜야 할 사항은 예로써 규정되게 되었다.

　고려는 성립 당초부터 유교를 정치이념으로 표방하였고, 명분론에 입각한 천자·제후의 관계를 통한 사대외교를 전개하였다.[20] 고려는 다원적 세계관을 견지하며[21] 안으로는 천자, 황제의 위상을 가지면서도[22] 대외적

---

18) 趙誠乙, 「조선후기 華夷觀의 변화」, 『근대 국민국가와 민족문제』, 1995, 240~242쪽.
19) 漢族이 황하 유역을 중심으로 일찍부터 세계의 중심이라는 자부심을 갖게 되면서 주변 이민족에 대한 자국의 우위를 나타내었다. 천하의 중심인 中原은 漢族의 지배자가 천자의 도덕정치를 실시하는 세계의 중심이며, 그 주변은 천자의 덕치의 은혜를 받지 못하는 夷가 거주하는 곳이라는 것이다(金翰奎, 「中國槪念을 통해서 본 古代 中國人의 世界觀」, 『全海宗敎授華甲紀念論叢』, 1979 ; 「四夷槪念을 통해서 본 古代中國人의 世界觀」, 『釜山女大論文集』 10, 1981).
20) 具山祐, 「高麗 成宗代 對外關係의 展開와 그 政治的 性格」, 『韓國史研究』 78, 1992.

으로는 제후국으로 자처하였다.23) 중국을 포함한 북방민족의 군사적 우위
를 인정하면서 문화적, 경제적 실리를 고려하는 실용적인 외교 논리인
것이다. 이에 따라 고려는 의례적이고 형식적인 측면이 강한 책봉과 조공,24)
중국 연호 사용25) 등을 인정하였다.26)

---

21) 노명호, 「고려시대 다원적 천하관과 해동천자」, 『韓國史研究』 105, 1999.

22) 김기덕, 「고려의 諸王制와 皇帝國體制」, 『國史館論叢』 78, 1997.

23) 고려는 명분상 제후국이었지만 천자국과 대등한 국왕으로서의 존엄성을 유지했다.
고려 국왕의 명령을 천자국이 사용하는 용어인 詔·制·勅으로 썼고, 이를 문서화할
때에는 詔書·制書·勅書라는 황제가 사용하는 용어를 썼다. 이것이 충렬왕 이후
事元期에 이르러 宣旨·王旨로 바뀌었다(徐台洙, 「高麗國王の地位とその性格」, 『神
田信夫先生古稀記念論集』, 1992 ; 矢木毅, 「高麗王言考」, 『史林』 77-1, 1993). 그리
고 율령 법제와 정치제도, 불교와 유교의 통치이념·한자·한문 등의 문화수단이
도입되고 姓名·地名 등이 중국화되기도 하였다. 그런데 고려 현실에 따라 중국과
다르게 활용되기도 한다. 군현·서리·노비·부곡 등 용어가 중국의 그것과 개념과
내용이 다르고, 한문화된 여타의 것이 수행한 사회적 기능은 중국과 크게 다르다(梶
村秀樹, 「家族主義の形成に關する一試論」, 『朝鮮社會の構造と思想』, 研文出版,
1982, 1～3쪽).

24) 주변 이민족이 중국과 접촉하는 방식이 朝貢이다. 朝貢은 주의 봉건제도하에서
봉건제후가 천자를 알현할 때 공물을 바치고 하사품을 받아가던 것을 말한다.
진한 이후 중국이 통일되고 중앙집권화 정책이 추진되면서 조공제도는 주변의
이민족이 문화적 선진국이며 덕치가 행해지는 중국과 접촉하기 위한 방편으로
나타나게 된다. 주변의 제민족은 정기적으로 조회에 참석하고 공물을 바치며
하사품을 받아갔다(全海宗, 「韓中關係概觀」, 『韓中關係史研究』, 1986, 26～32쪽).
중국인은 "고려는 사대를 빙자해서 무역을 탐한다"(『高麗史』 권112, 列傳25 朴宜中
(하, 464)고 인식하였다. 朝貢과 그에 대한 답례로서의 回賜는 국가와 국가간의
무역관계로 이어지기까지 하였다. 그래서 천자국 스스로 조공사절의 내조를
부담으로 생각하여 이를 규제하는 경우도 많았다.

25) 봉국을 받은 나라는 천자국의 年號를 사용했다. 고려는 11세기 이후 중국과
다른 독자적인 曆을 사용하였으면서도 연호는 편의상 중국의 그것을 썼다. 이는
황제의 대해 숭모의 마음을 갖게 하더라도 정치 외교의 자율성과는 하등 관계가
없었다(朴星來, 「高麗初의 曆과 年號」, 『韓國學報』 10, 1978).

26) 책봉은 중국의 황제가 주변 국가의 君長에게 특정한 관작과 물품을 賜與함으로써
그의 자격과 지위를 부여하고 臣屬시키려는 것이다. 그러나 실제로는 왕위에
오르기 전에 중국측의 의향을 타진하는 정도의 형식적 수속에 불과하다. 적어도
漢族의 국가의 경우 봉국을 받은 나라의 왕의 人選에 구체적으로 간섭하는 일은

그런데 漢族이 아닌 이민족으로서 중국 중원을 지배한 정복왕조는 한족 우위의 화이론을 변화시켰다. 거란(遼)·여진(金)·몽고(元)의 정복왕조는 무력으로 중국을 통일하고 중국을 지배하였다. 이때 이들은 지배질서를 유지하기 위해 유교를 채용하고 중국 고유의 문물제도를 받아들였다. 원은 漢和정책을 추진하고 유교를 국교화하였다. 즉 정복왕조는 무력 곧, 形勢로 중국을 지배하였지만, 문화(유교)를 통하여 중국화함으로써 명실상부한 천자국(中華)이 되려고 하였다. 그러므로 정복왕조 원의 화이관은 형세적 관점과 문화적 관점이 결합되어 나타난다.

이민족 몽고족인 원은 중국 중원의 지배자가 되고 중국 문화를 받아들인 漢化政策을 추진하여, 중국의 전통 왕조를 계승하고 있었다. 당시 원의 사대부들은 형세와 문화를 기준으로 삼는 正統論을 내세웠다.

劉整이 또 말하기를 옛부터 제왕들이 사해를 일가로 통일하지 못하면 正統이 되지 못했습니다. 성조가 지금 천하의 7~8할을 차지하고도 한쪽 모서리에 어떤 나라가 있는지 묻지 않으시니 스스로 正統을 버리려 함이 아니겠습니까.[27]

송이 남쪽으로 간 뒤에는 천하라고 할 수 없었다.……금이 요를 병합하고 원이 금을 병합하며 남송을 병합하였다. 그런 연후에 천하의 바른 자리에 앉았고 천하를 하나로 통일한 후에 그 正統을 바르게 했다.[28]

---

없다. 봉국을 받은 나라에서 추천한 왕이 책봉되지 않은 예는 거의 없다(全海宗, 앞의 책, 26~32쪽 ; 朴忠錫, 「國際秩序觀念-事大와 中華-」, 『韓國政治思想史研究』, 三英社, 1982, 48~66쪽 ; 유근호, 「조선조 국제관념의 기본적 패턴」, 『조선조의 정치사상』, 평화출판사, 1987, 98~117쪽).

27) 『元史』 권161, 列傳48 劉整 "整又曰, 自古帝王, 非四海一家, 不爲正統, 聖祖有天下十七八, 何置一隅不問, 而自棄正統邪? 世祖曰, 朕意決矣."

28) 『王忠文公集』(王褘) 권4, 正統論(『影印文淵閣四庫全書』 集部 165, 1226권) "宋旣南渡 不可謂天下,……自遼幷于金而金幷于元, 及元又幷于南宋, 然後居天下之正, 合天下于一, 而後正其統."

원 사대부들은 정통의 기준으로 중국 천하를 지배했느냐의 여부 곧
형세를 내세웠고, 이를 통해 원은 정복왕조로서의 정통성을 합리화시켰을
뿐만 아니라 중국사의 발전과정에 하나의 왕조로서 참여하고자 하였다.
원 사대부는 文化를 정통의 기준으로 내세워 원조의 정당성을 주장하였다.
이들은 원이 형세를 통하여 중국을 통일한 후 文化를 통하여 중국의 正統을
계승하였다고 보았다. 이적=몽고가 유교 문화를 적극 도입하는 등 중국의
漢法을 사용하여 중국 문화의 주인공이 되었다는 것이다. 원 관학 주자학자
허형29)은 時務五事에서 立國規模, 立法, 聖君之道, 人才養成, 學校設置,
人心安定이라는 구체적인 방안을 제시하였는데,30) 주된 요지는 중국의
한법을 사용하여 명실상부한 천자국(문명국)으로의 전환을 모색하라는
것이었다.

원 사대부들은 "중국이 夷禮를 수용하면 夷가 되고, 夷가 중국에 들어오면
중국이 된다"31)라는 논리를 통하여 유교의 도덕, 예와 덕의 실행여부가
문명국 華의 변별기준이 된다고 하였다. 그것은 송대의 種族에 의한 화이관
이 아니라 文化를 중심으로 하는 화이관이었다. 金과 遼와의 항쟁과정에서
형성되었던 주자학의 種族 중심의 화이관은 形勢的 화이관과 文化的 화이
관에 자리를 내주게 되었던 것이다. 이러한 입장은 원나라 당시 요·금·송
三史의 서술에서 體例, 역사의 시비 등 論難過程에서 분명하게 표출되었다.
즉 이들은『遼史』·『金史』·『宋史』를 서술할 때 송과 遼·金의 대치 국면을
無統으로 단정하여 大一統을 달성한 元朝의 정통성을 더욱 선명히 하려고
하였다.32)

---

29) 허형에 대해서는 제2장 2절 원·명초 성리학의 수용 참조.

30)『魯齋遺書』권7, 時務五事(影印淵閣四庫全書 集部 137 1198권) ; 金洪徹, 앞의
    글, 47쪽.

31)『元文類』권32, 正統八例總序(楊奐)(影印文淵閣四庫全書 集部 306, 1367권) "中國而
    用夷禮, 則夷之, 夷而進於中國, 則中國之也."

32) 金陽燮, 「遼·金·宋 三史 編纂에 대하여」,『中央史論』6, 1988, 261~265쪽.

　　형세와 문화가 결합된 화이관은 중국에 정복왕조가 들어설 때마다 제기
되었다. 고려초기 거란과 여진족의 흥기는 송 일변도의 대외정책에 수정을
가하도록 하였다. 고려는 중국의 정통왕조인 송과 천자－제후의 관계를
맺지만, 金, 遼와의 대치 속에서 정치적, 군사적, 경제적 상황에 따라 실리외
교를 전개하면서 원만한 국제관계를 유지했다. 고려는 요와 전쟁을 치르고
사대하는 입장을 취했는데, 공식적인 조공과 사행 무역만을 인정하였다.[33]
당시 요는 송과 위구르족 등 내륙 루트를 통한 동서간의 국제 교역을
행하였고, 거란 문자를 만들고 대장경을 간행하는 등 문화 수준을 높이려고
하였다. 문종 17년(1063)과 25년 두 차례에 걸쳐 고려에 대장경이 전해지기도
하였다.[34] 문종이 중화를 사모하고 꿈을 꾸고 지었다는 시가 송에 알려졌으
며, 요에 가 있던 고려인과 역시 그곳에 사신으로 갔던 송인 사이의 접촉을
통하여 문종이 중국을 향모하고 있다는 사실이 전해졌다고 한다.[35]

　　고려는 흥기하고 있던 금에 대하여 사대관계를 맺었고 금과의 관계를
고려하여 송이 제시한 聯麗制金策을 거절하였다. 인종 4년(1126)에 백관회
의에서 금나라에 대한 사대를 결정하였고 거란으로부터 돌려받았던 保州
지역에 대한 고려의 영유권을 확약받았다.[36] 이자겸과 척준경이 중심이
되어 이를 결정하였는데,[37] 이자겸이 숙청된 다음에도 이는 이어졌다.[38]
종족이나 의리에 얽매이지 않는 형세와 문화를 고려한 화이관이 작용한
결과였다.

---

33) 이정희, 「고려전기 對遼 무역의 성격」, 『지역과 역사』 4, 1997.
34) 김영미, 「11세기후반~12세기초 고려·요 외교관계와 불경교류」, 『역사와 현실』
　　43, 2002.
35) 채웅석, 「11세기 후반~12세기 전반 동북아시아 국제정세와 고려」, 『전쟁과 동북아
　　국제질서』, 일조각, 2006, 135쪽.
36) 박종기, 「고려시대의 대외관계」, 『한국사』 6, 한길사, 1993, 227~237쪽.
37) 『高麗史』 권15, 世家15 仁宗(상, 304).
38) 朴漢南, 「12세기 高麗의 對金政策 論議에 대하여」, 『水邨朴永錫博士回甲紀念韓國
　　史學論叢』, 1992.

인종을 전후한 시기에 대외정책을 둘러싸고 정치세력간에 의견 차이가 나타났지만, 국제관계상의 탄력적 대응은 견지되었고, 요·금 교체에 따른 동북아시아의 급변에도 국가를 유지할 수 있었다. 고려는 왕조를 보위하고 실리적 이익을 얻기 위한 방안의 하나로 事大外交를 지향하였고, 그 기준은 種族이 아니라 形勢와 文化였다. 문종대 이래의 고려의 외교정책을 한마디로 말하면, 주변 국가의 어느 한쪽에 치우치거나 적대적인 태도를 취하지 않고 견제와 균형을 지향한 외교를 추구하면서, 요·금의 교체와 같은 정세변화에 능동적으로 대응하는 것이었다.[39]

무신집권기에 몽골의 침입으로 고려는 고종 18년(1231) 8월부터 고종 46년까지의 전쟁 상태에 들어갔다. 처음 몽골이 침입할 때 최우는 항전론을 주장하여 강화도에 천도하였지만, 대세는 강화론이었다. 당시 고려 4품 이상의 군신들이 "저들은 군사가 많고 우리는 적습니다. 만약 사신을 맞아들이지 않으면 저들은 반드시 쳐들어 올 것이다. 어찌 적은 것으로 많은 것들을 대적하며, 약한 것으로 강한 것을 대적할 수 있겠습니까"[40]라고 하였다. 유승단 역시 "작은 나라가 큰 나라를 섬기는 것은 이치에 맞는 일이다. 예로서 섬기고 신으로써 사귄다면 저들 역시 무슨 명분으로 매번 우리를 괴롭히겠는가"[41]라고 하였다.[42]

원 간섭기에도 원에 대한 사대외교는 지속되었고 그 기준은 형세와 문화였다. 이승휴(1224~1300)는 正統의 중요한 기준으로 중국 중원을 차지

---

39) 채웅석, 「11세기 후반~12세기 전반 동북아시아 국제정세와 고려」, 『전쟁과 동북아 국제질서』, 일조각, 2006.

40) 『高麗史』 권23, 世家23 高宗(19년 5월 계묘)(상, 463) "癸卯, 四品以上又會議, 皆曰, 城守拒敵. 唯宰樞鄭畝太集成等曰, 宜徙都避亂."

41) 『高麗史』 권102, 列傳15 兪升旦(하, 247) "升旦獨曰 以小事大, 義也, 事之以禮, 交之以信, 彼亦何名而困我哉? 弃城郭捐, 宗社竄伏海島, 苟延歲月 使邊氓丁壯, 盡於鋒鏑, 老弱係爲奴虜, 非爲國長計也."

42) 李益柱, 「高麗 對蒙抗爭期 講和論의 硏究」, 『歷史學報』 151, 1996, 6~9쪽.

하고 중국 대륙을 통일한 왕조라는 원칙을 제시하면서 민족은 크게 문제
삼지 않았다.[43] 이제현도 元 세조가 南宋을 정벌하고 회군할 때, 원종이
天命의 돌아감과 人心의 복종됨을 알고 육천여 리를 멀다 하지 않고 원의
수도인 개봉까지 영접나갔다고 찬양하면서[44] 원의 남송 멸망을 天命사상에
의해 기정 사실화하였다.

  그런데 이색은 성리학을 수용하였고, 漢族의 종족적 우월을 중시하는
성리학의 화이관을 이해하였다. 주자학을 받아들였다면 漢族과 異民族을
구분하고 漢族 중심의 화이관을 받아들였어야 했다. 주자학의 성립은 遼·金
과의 대치로 고조된 중국 민족의 국수감정, 정치적 외압에서 오는 배외감정
과 관계 깊었고, 주자는 主戰論의 선봉으로 尊王攘夷를 내세우고, 漢族이
아닌 이민족에 대한 강한 배외의식을 견지하였기 때문이다.[45]

  하지만 이색은 성리학을 수용하면서도 種族에 입각한 화이관이 아니라
形勢와 文化에 입각한 화이관을 따랐다.[46] 그리고 이를 근거로 만족인
몽고족 원을 천자국인 華로 파악하였다. 이색은 원이 천하를 차지하여
四海가 하나가 되고 中華와 邊遠의 차이가 없어졌고,[47] 원 세조가 무력을
가라앉히고 문치를 행하여, 한결같이 仁義를 마음으로 삼고 왕도를 행하였
다고 하였다. 그리하여 하늘 아래 모든 곳이 생성의 교화를 입고, 모든
백성들이 즐거이 양육하는 은혜에 젖게 되었다고 하였다.[48] 또한 유가의

---

43) 河炫綱, 「李承休의 史學思想研究」, 『東方學志』 69, 1989, 186~189쪽.
44) 『益齋集』 권6, 在大都上中書都堂書 "世祖皇帝班師江南, 忠敬王知天命之有歸, 人心
   之攸服, 跋涉六千餘里, 迎拜于汴梁之地."
45) 宋 晞, 「朱子의 政治論」, 『朱子學入門』, 1974, 570~573쪽.
46) 채웅석, 「원 간섭기 성리학자들의 화이관과 국가관」, 『역사와 현실』 49, 2003.
47) 『牧隱集』 文藁 권7, 益齋先生亂藁序 "元有天下, 四海旣一, 三光五嶽之氣, 渾淪磅礴,
   動盪發越, 無中華邊遠之異."
48) 『策文』, 『東人策選』 李穡 "今我皇帝, 持盈守成, 一皆仁義爲心, 動法皇王, 伯者之事,
   無足道矣. 宜其普天率土, 並被生成之化, 愚婦愚夫, 同沾樂育之恩. 豺狼不敢肆其虐,
   蠆蜂不敢致其毒, 而跂行喙息, 皆有以鼓舞於鳶飛魚躍之閒."

道의 학문적 전승을 상징하는 道統이 원으로 이어졌다고 하였다. 공자 이래의 道統이 한유, 주렴계, 정이천을 거쳐 북쪽으로 허형에게 전해져 세조 쿠빌라이의 중흥의 정치가 이루어졌다는 것이다.[49] 이색은 문명과 미개라는 유교의 교화론을 전제로 원을 천자국이며 문명국으로 인정하였던 것이다.[50]

이색은 몽고족 원을 천자국으로 파악하고 漢族을 대신해서 天子國, 華가 되었다고 보았고, 원을 중국 역대 왕조의 일원으로 정통성을 인정하였다. 원 국자감에 3년 동안에 유학하여 원 문화의 세계성과 보편성을 체험했던 이색은 세계제국 원의 정치군사적인 힘뿐만 아니라 사회문화적인 힘에 압도되었다. 이민족 元이 강력한 군사력으로 南宋을 멸망시키고 중국 문화를 수용한 사실을 인정할 수밖에 없었다.

이색의 형세·문화적 화이관은 漢族 明이 중국 중원의 지배자로 등장할 때도 이어진다. 이색은 명이 원을 만주로 내몰고 중국 중원을 지배했다는 사실을 형세·문화적 화이관으로 승인하였고, 공민왕의 向明에 찬성하였다. 천자국 원에 대한 표문을 지은 바 있는 이색은 명에게도 중원의 지배자·천자국임을 축하하는 표문을 지었다.[51]

형세·문화적 화이관을 견지한 이색은 문화·문명을 중시하는 입장에서 명 문인들과 교류하였다. 명 사신으로 온 인물들과 교류하며 시문을 주고받

---

49) 『牧隱集』文藁 권9, 選粹集序 "孔氏祖述堯舜, 憲章文武, 刪詩書, 定禮樂, 出政治, 正性情 以一風俗, 以立萬世大平之本. 所謂生民以來, 未有盛於夫子者, 詎不信然, 中灰於秦, 僅出孔壁 詩書道缺, 泯泯棼棼, 至于唐韓愈氏, 獨知尊孔氏, 文章逐變, 然於原道一篇, 足以見其得失矣. 宋之世, 宗韓氏學古文者, 歐公數人而已. 至於講明 鄒魯之學, 黜二氏詔萬世, 周程之功也. 宋社旣屋, 其說北流, 魯齋許先生用其學, 相世祖, 中統至元之治, 胥此焉出."

50) 林熒澤, 「고려말 文人知識層의 東人意識과 文明意識」, 『牧隱 李穡의 生涯와 思想』, 1997.

51) 『高麗史』권41, 世家41 恭愍王4(18년 5월 갑진)(상, 823) ;『牧隱集』文藁 권11, 賀登極表.

았다. 공민왕 18년에 명에서 온 偰斯에 대하여 이색은 다음과 같이 말했다.

근래 홍건적이 요동을 침범하였을 때 공은 이 곳을 피하였다. 사대부들 가운데 공과 더불어 어울린 사람들은 그대를 공경하고 아껴 지난번에 떠나갔을 때 그대를 생각함이 깊었고, 이제 다시 그대가 오니 기쁨이 크다. 지금 다시 급하게 돌아가고자 하는데도 머물도록 하지 못하여 근심하고 있다. 이에 그대에게 시를 지어 준다.[52]

홍건적이 요동을 침범하자 고려에 피난하여, 사대부들과 교류하고 함께 노닐며 어울렸다. 지난번에 떠나갔을 때 그대를 생각함이 깊었고, 이제 다시 그대가 오니 기쁨이 크다. 지금 다시 급하게 돌아가고자 하니 그대에게 시를 지어 준다고 하였다. 명 문인과의 교류 사정을 알게 해준다. 공민왕 19년에 고려에 온 명 사신 徐師昊를 시를 좋아하는 사람으로 묘사한 것도 이러한 사실을 보여준다.[53]

고려와 명의 문인 교류는 명 사신이 고려 문인의 시문을 논한 것에서 알 수 있다. 공민왕 18년 명에서 온 偰斯는 중국으로 돌아가면서 왕과 재상들의 선물을 거절하면서도 문신들의 시는 받아갔다.[54] 이숭인[55]과 하을지,[56] 이인복[57]이 그에게 준 시가 남아있다. 우왕 11년(1385) 9월에 詔書使로 張溥와 段祐, 諡冊使로 周倬과 雒英이 고려에 왔는데,[58] 張溥는

---

52) 『牧隱集』 文藁 권9, 送偰符寶使還詩序 "頃者, 關賊犯遼東, 公實避地于此. 士大夫與 之游者敬愛之, 故昔之去也思之深, 今之來也喜之至, 又憂其歸之亟而莫之留也. 於 是, 相與賦詩以贈."
53) 『牧隱集』 文藁 권7, 送徐道士使還序.
54) 『高麗史』 권41, 世家41 恭愍王4(18년 5월)(상, 823) "乙未, 偰斯以二羊享王. 丁酉, 斯還, 王餽鞍馬衣服, 不受. 宰樞贈人蔘藥物, 亦不受. 王命文臣賦詩以贈."
55) 『陶隱集』 권1, 送偰符寶還朝.
56) 『東文選』 권21, 送偰符寶還朝.
57) 『東文選』 권10, 送偰符寶還大明.
58) 『高麗史』 권135, 列傳48 辛禑3(우왕 11년)(하, 927) "溥等謁文廟, 召生員孟思誠講詩."

國子監學錄, 周倬은 國子監典簿였다. 이들은 문인으로서 고려 문인과의 酬唱과 贈詩에 적극적이었다.[59] 이들과 정몽주, 정도전 이숭인 등과 왕래한 시가 전한다. 張溥는 문묘를 참배하고 맹사성과 시에 대하여 논하였고,[60]

[59]

〈표 14〉 고려 문인과 명 사신의 시문 교류

| 이름 | 시기 | 교류 유학자 |
|---|---|---|
| 偰斯 | 공민왕18 | 『牧隱集』文藁 권9, 送偰符寶使還詩序<br>『陶隱集』권1, 送偰符寶還朝<br>『東文選』권21, 送偰符寶還朝(하을지)<br>『東文選』권10, 送偰符寶還大明(이인복) |
| 張溥 | 우왕 11 | 『三峯集』권1, 太平館席上 次國子學錄張先生溥韻(乙丑秋)<br>『圃隱集』권2, 乙丑九月陪天使張學錄溥 周典簿倬 登西京永明樓 次板上韻<br>『圃隱集』권2, 洪武乙丑九月 七站馬上 次江南使張溥詩韻<br>『圃隱集』권2, 送張學錄溥還朝<br>『陶隱集』권1, 送張學錄使還京師<br>『陽村集』권4, 送詔書使國子學錄張溥使還<br>『復齋集』上, 贈國子學錄張先生溥使還(정총) |
| 段祐 | 우왕 11 | 『三峯集』권1, 送行人段公祐還朝(乙丑秋)<br>『陽村集』권4, 送詔書副使行人段祐使還<br>『陽村集』권4, 代人贈段行人使還<br>『復齋集』上, 送行人段公祐還還(정총) |
| 周倬 | 우왕 11 | 『三峯集』권1, 送國子典簿周先生倬還京(乙丑五月)<br>『三峯集』권1, 伏蒙國子典簿周先生倬惠筆 謹賦五言八句爲謝(乙丑秋) 附 戲和宗之見示詩韻<br>『三峯集』권1, 宣仁館席上 次韻錄呈國子典簿周先生倬<br>『圃隱集』권2, 乙丑九月陪天使張學錄溥 周典簿倬詩韻…<br>『圃隱集』권2, 乙丑九月贈天使周倬<br>『圃隱集』권2, 送周典簿倬還朝<br>『松堂集』권2, 送大明使周倬<br>『陽村集』권16, 送國子典簿周先生倬還詩序<br>『陽村集』권4, 代人送誥命使國子典簿周倬使還<br>『陽村集』권4, 代人送國子周典簿倬 |
| 雒英 | 우왕 11 | 『陽村集』권4, 送誥命副使行人雒英使還<br>『三峯集』권1, 送行人雒公英還朝(乙丑10월)<br>『復齋集』下, 送行人雒公使還序 |

[60] 『高麗史』권135, 列傳48 辛禑3(우왕 11년)(하, 926) "九月 譯者郭海龍還自京師, 言帝遣詔書使國子監學錄張溥·行人段祐·諡册使國子監典簿周倬·行人雒英來. 禑

우왕이 준 의복이나 안마 등은 받지 않으면서도 조정의 신하들이 준 시는 받아보고 감탄하여 동방에 사람이 있다고 칭송하였다.[61]

이색을 대표로 하는 고려말 문인이 명 사신과 酬唱하고 贈詩한 이른바 使行詩의 존재는 유교 문화권의 독특한 문화 양상이라고 할 수 있다. 사행시는 공리적 의미 외에 사적인 감성의 고유를 통한 외교 관계의 유지라는 의미를 갖는다. 명 태조가 권근에게 응제시를 주고 응제하도록 한 것도 같은 맥락에서 이해할 수 있다.[62] 使行詩는 중국과 일본 등 동아시아가 공통으로 견지하였는데, 중국이 중화적 사고 속에서 세계 문화의 중심임을 내세울 수 있는 방편이었다. 고려에서는 이에 부응하여 시 창작에 능한 문인을 접반사로 임명하였다. 선초에 명 사신에는 환관 출신 조선인이 있기도 하였지만,[63] 대체로는 문인출신이 사신으로 임명되어 시문 교류를 통한 문인 외교가 이루어졌다.[64] 이에 따라 동방에 인물이 있음을 과시하기도 하고 문화국가로서 자부하기도 하였다.

형세와 문화를 중시하는 화이관은 원칙적으로 고려가 華로 전환될 수 있는 가능성을 시사해 준다. 形勢와 유교=漢法에 기초한 화이관은 夷라고 해도 중국 중원을 지배하고 유교도덕을 추구한다면 華로 전환될 수 있는 가능성을 열어두고 있기 때문이다. 그러므로 이들은 유교 문화에 몰두하여 그 가능성을 타진하고 있었다.

喜, 賜海龍銀帶一腰·廐馬一匹."
61) 『高麗史節要』 권32, 辛禑(우왕 11년 10월)(810) "張溥·周倬等還 禑贐以白金·苧麻布·衣服·鞍馬, 不受曰, 敢不拜賜, 然今身不受寒, 且不徒行, 受將焉用? 但受朝臣贈行詩, 覽而嘆曰, 東方有人矣."
62) 엄경흠, 「麗末 明 使臣의 接賓과 詩」, 『한국중세사연구』 22, 2007.
63) 曺永錄, 「鮮初의 朝鮮出身 明使考」, 『國史館論叢』 14, 1990.
64) 이와 연관되는 것이 『皇華集』이다. 『皇華集』은 세종 32년(1450)에서 인조 11년(1633)까지 183년간 명의 사신과 조선의 접반사들이 서로 주고받은 시문을 25책 50권으로 편찬한 것이다. 여기에는 24차례 39명이 등장한다(申太永, 『明나라 사신은 朝鮮을 어떻게 보았는가』, 다운샘, 2005).

이색은 『논어』에 '用夏變夷'는 中華의 법을 써서 오랑캐의 미개함을 변화시킨다거나,[65] 오랑캐에 군주가 있으나 中華에 없는 것과 같지 않다는 말[66]을 인용하여 이를 설명하였다. 이색은 공자가 "만일 나를 써주는 자가 있다면 내가 동쪽 주나라를 만들겠다. 周나라의 도를 동방에 일으킬 시기는 오늘이 아니겠느냐"[67]라고 함으로써 주나라의 도를 동방에 일으키려는 의사를 분명히 하였다. 禮를 의논하고 法을 제정함으로써 크게 중국의 문명을 열고, 의리를 사모하고 풍화를 쫓음으로써 궁벽하고 비루한 곳을 변화시키고자 하였던 것이다.[68] 이는 漢族이 중심이 된 문화, 문명국이 미개한 오랑캐 나라를 교화한다는 의미로서, 중국 정통 왕조는 주변의 이민족 국가에 대해 이러한 입장을 견지하였고, '用夏變夷'를 내세웠다.[69] 그리하여 이색은 夷인 우리나라를 문화국인 華로 전환시킬 수 있다고 생각한 것이다. 夷일 수밖에 없는 자신을 華로 변경할 수 있다는 형세·문화적 화이관을 동시에 제시한 것이다. 형세와 문화를 중시하는 화이관은 종족과 관계없이 중국 중원의 지배여부와 문화·문명을 중시하는 천하관이지만, 결국 이민족이라도 중국의 유교 문화를 받아들여 중국화 할 수 있다는 사실이 전제되어 있다. 그러므로 이러한 화이관은 문화·문명이 중심이 되는 중국관으로 귀착된다고 할 수 있다.

이색은 형세·문화적 화이관을 통해 문화·문명을 강조하는 소중화 의식을

---

65) 『孟子』藤文公章句上 "吾聞用夏變夷, 未聞變於夷者."
66) 『論語』권3, 八佾 "夷狄之有君, 不如諸夏之亡."
67) 『牧隱集』文藁 권10, 孟周說 "仲尼盖嘗曰, 如有用我者, 吾其爲東周乎? 與周道於東方, 不在今日乎?"
68) 『牧隱集』文藁 권11, 請冠服表 "議禮制度, 大開華夏之明, 慕義嚮風, 庶變要荒之陋, 敢攄愚抱,……憐臣以小事大, 許臣用夏變夷."
69) 『漢書』권82상, 列傳 方術 樊英 ; 『宋史』권191, 志144 兵5 鄕兵2 蕃兵 ; 『宋史』권453, 列傳194 儒林5 胡安國 ; 『明史』권51, 志27 禮5 吉禮5 加上諡號 "欽惟皇考皇帝, 統天肇運, 奮自布衣, 戡定禍亂, 用夏變夷, 以孝天下, 四十餘年, 民樂永熙, 禮樂文章, 垂憲萬世, 德合乾坤, 明同日月, 功超千古, 首冠百王, 謹奉冊寶,……廟號太祖."

견지하였다. 이색은 우리를 소중화로 자칭하여 中原과 습속이 비슷하다고 하였으며,[70] 中原이 우리의 문풍을 부러워한다고 하였다.[71] 문화·문명을 중시하는 이색은 중국 다음가는 문화국·문명국으로 고려를 자부하고 있었던 것이다.

소중화 의식은 신라 통일기 이래 존재해 왔다. 당은 신라를 君子의 나라라 하였고, 송은 고려를 문물과 예악이 발달한 나라라고 해서 우리나라 사신들이 유숙하는 곳을 小中華之館이라 하였다.[72] 이규보는 中華人이 우리를 小中華라고 말한 것은 진실로 채택할 만하다고 하였고[73] 이승휴도 (中)華人이 우리를 소중화라고 부른다고 하였다.[74] 고려 스스로도 문물이 융성하여 중국에 견줄 만하다고 하여 小中華라고 일컬었다.[75] 李達衷 (1309~1384)은 경주에서 읊은 시에서 스스로 소중화임을 자부하였다.[76]

---

70) 『牧隱集』 詩藁 권23, 五月初七日 徐承制考閱進士卷進呈……"天門日射翠華翻, 臺閣詞臣禮度尊, 肅拜主司榮罕比, 傳臚唱牓喜難言, 欲隨父老同扶杖, 擬賀昇平共置樽, 焉得人文光古昔, 小中華俗似中原."

71) 『牧隱集』 詩藁 권17, 閔祗候安仁, 集諸家詩藁, 將續拙翁東文, 予喜之甚, 作短詞以勗其成 "東方磊落多英雄, 文章氣燄摩蒼穹, 遺芳膡馥霑後人, 瓜留泥上如飛鴻, 名家全集不易得, 良金美玉沙石中, 孤雲以來多作者, 筆戰有如龍鬪野, 中原歆羨小中華, 日星晃朗光相射, 況有益齋集大成, 千百五七皆精英, 騈驪四六亦得體."

72) 『高麗史』 권120, 列傳33 金子粹(하, 639) "成均生員朴礎等亦上疏曰,……我國家自庚寅癸巳, 而上通儒名士多於中國. 故唐家以爲君子之國, 宋朝以爲文物禮樂之邦, 題本國使臣下馬所曰, 小中華之館." ; 『牧隱集』 詩藁 권18, 懷古 "國家遭遇宋文明禮樂交修最太平 制誥褒崇天語密 朝廷覆燾海封淸 病求藥物來醫老 閑關軍容報禍萌 萬古難磨忠義在 小中華館豈虛名."

73) 『李相國集』 권17, 題華夷圖長短句 "萬國森羅數幅牋, 三韓隈若一微塊, 觀者莫小之, 我眠謂差大, 今古才賢套套生, 較之中夏毋多愧, 有人曰國無則非, 胡戎雖大猶如芥, 君不見華人謂我小中華, 此語眞堪採."

74) 『帝王韻紀』 권하, 東國君主開國年代 "……華人題作小中華……."

75) 『東文選』 권28, 文王哀冊(朴寅亮) "……文物芬葩 比盛上國 稱小中華……." 또 박인량(?~1096)은 小華集을 짓기도 하였다(『高麗史』 권95, 列傳8 朴寅亮(하, 125)).

76) 『霽亭集』 권1, 倚風樓(『韓國文集叢刊』 3) "當時自謂小中華 半月城空鎖晚霞 里有苦碑金佛利 境連蓬島玉僊家 北川水落灘聲咽 西嶽雲奔雨脚斜 一瞬興亡多少事 憑軒

중국에 유학하는 유학생뿐만 아니라 외교 사절로 중국과 접촉하는 가운데 도덕 문화민족임이 알려지게 된 것이다. 물론 소중화론은 중국인에 의해서 형성되었지만, 국제관계에서 고려가 자존하는 방편으로 작용하였던 것이다.

華에 대한 강한 욕구와 華로의 전환 가능성을 타진하던 자세는 스스로를 華로 자부하는 小中華 의식으로 표현되었다. 이는 中華가 존재하지 않는다면 중화로 자부할 수 있는 근거를 마련해 주기도 하였다. 中原에서 윤리도덕, 선왕의 도가 실현되지 않는다면 중화로서의 자격이 없기 때문이다.

이색이 소중화 의식을 견지하였다는 것에는 상반된 의미가 함축되어 있다. 먼저 소중화는 儒敎, 華夷를 전제하므로 중국 중심의 세계질서를 인정하게 되고, 그러한 질서 속에서 고려는 제후국일 수밖에 없다. 국제관계 속에서 예속적 성격을 피할 수 없게 된다. 그런데 다른 한편에서 小中華 의식은 중국을 중심으로 하는 동아시아 국제질서에서 국가를 보위하고 문화민족임을 자임하는 것이기도 하다. 고려가 비록 華는 아니지만 다른 변방 이민족(夷) 가운데서는 가장 우월하고 中華와 비견된다는 것이다. 중국을 전제하면서 문명과 미개라는 기준으로 국가를 보위하고 자존의식을 견지하는 또 하나의 외교양식인 것이다. 이런 입장에서 우리나라는 중국 이외의 다른 나라에 대하여 중국에 대한 사대와 똑같은 사대를 '大'의 입장에서 누리기도 하였다.[77] 즉 소중화 의식은 사대외교를 전제한 漢族 우위의 문화적 우월의식 속에서 漢族 다음 가는 문화민족, 도덕국가임을 자부하고 보장받는 외교양식이었다.[78]

---

朗詠岸烏紗."

77) 조선은 藩胡·屬胡(여진인)·대만인에 대해서 명확히 대국의 자세를 가지고 임하고 조공을 받고 관직을 주었다(梶村秀樹, 앞의 논문, 40~49쪽).

78) 이는 고려의 祭天儀禮를 통해 확인된다. 원래 天地에 대한 제사는 황제의 의무 혹은 특권으로서 이해되었다(天子祭天地 諸侯祭山川 大夫祭五祀(『禮記』 권5, 王制). 그런데 성종 2년(983)부터 행해진 圓丘祀天禮는 『高麗史』에 20여 차례 보이는

요컨대 이색은 천자국의 기준을 형세와 문화로 파악하고 종족에 관계없이 몽고족 원과 漢族 明을 천자국으로 이해하였다. 그리고 소중화 의식을 통하여 문화, 문명을 중시하는 대외관을 견지했다.

## 2) 일본 인식과 문화 교류

이색은 성리학 수용자로서 유학의 대외관, 이민족관에 따라 일본을 인식하였다. 유학을 正學으로 유학 이외의 사상을 이단으로 파악하고, 주변국을 문명과 야만, 화와 이로 구분하면서 이를 '一視同仁'하는 교화의 대상으로 파악하는데, 일본 역시 이러한 교화의 대상으로 파악하였다. 이색은 "동서남북 사방 가운데 우리 삼한은 천하의 동쪽 끝에 있다. 다시 우리를 기준으로 보면 동쪽에는 일본이 있어 왜적이 화란을 겪고 있고, 북쪽으로는 여진에 접해 있으며, 서쪽과 남쪽은 중원에 속한 지역으로 밤에도 문을 걸지 않는다"고 하였다.[79]

---

데, 『高麗史』 凡例에 "圓丘 籍田 燃燈 八關과 같은 常事는 처음 보이는 것만을 기록하여 그 例를 보인다"라고 하였기 때문에 고려의 圓丘祀는 매년 개설된 것으로 보인다. 특히 충선왕은 圓丘 籍田 社稷을 국가의 慶福을 기원하는 제사로서 인정하여 설비를 개수하도록 하였고, 충숙왕은 사회불안을 진정시키기 위해 국내의 제신과 원구·적전·사직 등의 제사를 존중하였다. 고려의 圓丘祀天禮는 농작물의 풍작과 그를 위한 불가결한 조건인 降雨를 천신에 기원하였다. 단, 唐과 宋에서 冬至·祈穀·雩祀의 3종류의 제사가 개설된 것과 달리, 고려는 冬至가 제외되고, 祈穀·雩祀만 행하였다. 농업국가인 고려는 생산활동과 관련해서 天과 직결되었다는 의식을 견지하였으나, 天子와 諸侯의 名分이 분명히 설정되었고 事大의 禮가 지켜졌다(奧村周司, 「高麗の圓丘祀天禮について」, 『早稻田實業學校 研究紀要』 21, 1985 ; 「高麗の圓丘祀天禮と世界觀」, 『朝鮮社會の史的展開と東アジア』, 山川出版社, 1997).

79) 『牧隱集』 文藁 권8, 送玆上人序 "夫四方東西南北之謂也. 吾三韓在天下之東, 東則日本也. 長鯨巨浪, 賊船之禍相尋, 北接女眞, 飛沙積雪, 區脫之警相聞, 西南中原之地, 外戶不閉 道不拾遺. 然使命尙未通, 並其芒鞋竹杖, 敢蹈其誰何之境乎? 吾知上人所謂四方者, 非天下之四方也, 盖三韓之四方而已矣."

　고려는 몽고의 1, 2차 침입을 전후하여 일본을 왜구라고 칭하고 왜구의
침입이 빈번해지는 13세기 이후에는 약탈자로서 일본인상이 점차 굳어져
갔다.[80] 이는 전쟁을 계기로 몽고제국의 질서 속에 편입되기를 거절함으로
써 고려의 군대가 동원되는 상황을 만든 일본에 대한 반감이라고 볼 수
있다.[81] 이장용(1201~1272)은 몽고가 병부시랑 黑的 등을 파견하여 일본을
초유하라고 하였을 때, "일본은 교만하고 오만하며 명분을 알지 못하는
나라"라고 하거나, 원종은 일본을 "풍속이 완민하고 사려가 없다"라고
하였다.[82] 원 중심의 질서에 속한 고려의 명분론적 입장에서 일본을 인식하
고 있었고,[83] 일본과 왜구를 같은 의미로 사용하였던 것이다.

　13세기말에 형성되기 시작한 약탈자로서의 일본인상은 점차 강화되어

---

80) 고려후기 왜구와 고려의 대응에 대한 논문으로 다음이 참고된다(車勇杰,「高麗末
　　倭寇防守策으로서의 鎭成와 築城」,『史學研究』38, 1984 ; 이경희,「고려말 왜구의
　　침입과 對倭政策의 一斷面」,『부산여대사학』10·11, 1993 ; 張得振,「高麗末 倭寇侵
　　略期 '민'의 동향」,『國史館論叢』71, 1996 ; 나종우,「韓國中世對日交涉史硏究」,
　　원광대출판국, 1996 ; 金琪燮,「14세기 倭寇의 동향과 고려의 대응」,『韓國民族文
　　化』9, 1997 ; 김보한,「中世 麗·日 관계와 倭寇의 발생 원인」,『왜구 위사문제와
　　한일관계』, 2005 ; 구산우,「일본 원정, 왜구 침략과 경상도 지역의 동향」,『한국중
　　세사연구』22, 2007 ; 이영,『잊혀진 전쟁, 왜구』, 에피스테메, 2007 ;「고려말
　　왜구의 허상과 실상」,『大丘史學』91, 2008).

81) 李領,「고려의 대일인식」,『일본문화학보』12, 2002.

82) 『高麗史』권102, 列傳15 李藏用(하, 256~257) "(원종)八年 蒙古遣兵部侍郎黑的等,
　　令招諭日本, 藏用以書遺黑的曰, 日本阻海萬里, 雖或與中國相通, 未嘗歲修職貢.
　　故中國亦不以爲意, 來則撫之, 去則絶之, 以爲得之無益於王化, 弃之無損, 於皇威也.
　　今聖明在上, 日月所照 盡爲臣妾, 蠢爾小夷, 敢有不服, 然蜂蠆之毒, 豈可無慮? 國書
　　之降, 亦甚未宜, 隋文帝時, 上書云, 日生處天子, 致書于日沒處天子, 其驕傲不識名分
　　如此, 安知遺風不存乎? 國書旣入, 脫有驕傲之苔, 不敬之辭, 欲捨之, 則爲大朝之累,
　　欲取之, 則風濤艱險, 非王師萬全之地, 陪臣固知, 大朝寬厚之政, 亦非必欲致之, 偶因
　　人之上言, 姑試之耳. 然取舍在彼, 尺一之封, 莫如不降之爲得也. 且彼豈不聞大朝功
　　德之盛哉. 旣聞之, 計當入朝, 然而不朝, 蓋恃其海遠耳. 然則期以歲月, 徐觀其爲,
　　至則獎其內附, 否則置之度外, 任其蚩蚩, 自活於相忘之域, 實聖人天覆無私之至德
　　也. 陪臣再覲天陛 親承睿渥, 今雖在遐陬, 犬馬之誠, 思効萬一耳."

83) 南基鶴,「고려와 일본의 사회인식」,『日本歷史硏究』11, 2000, 84~89쪽.

302

13세기말 몽고의 일본침략에 따라 고려와 일본의 적대 관계가 형성되자 이를 배경으로 일본구적관으로 굳어지고 있었다. 왜구의 약탈이 일상화됨에 따라 정부와 연안 주민을 포함한 일반인들은 일본에 대한 강한 공포심과 증오 경멸의 태도를 갖게 되었던 것이다. 조선시대에 일본이 왜구의 소굴이라는 이미지는 고려말에 고착된 일본관의 계승이라고 하겠다. 외교문서에는 일본으로 표기했지만, 통상 倭, 倭國, 倭人으로 부르는 것이 일반적으로, 일본 문화의 저열성과 야만성을 전제로 한 일본 이적관, 일본 소국관을 보여주는 것이다.[84]

하지만 일본의 정치적 분열을 인지하면서 일본과 왜를 구분하기 시작하였다. 공민왕 15년(1366)의 禁倭使節은 경인년 이래 17년만에 일본에 사신을 파견한 것으로, 일본 조정을 통하여 변방의 도적으로서의 왜를 제어하려는 의도가 담긴 것이다.[85] 우왕 3년에 정몽주가 일본에서 돌아올 때 일본 승려 信弘이 파견되고 이를 통하여 왜구 토벌이 논의된 것은[86] 한일 양국이 왜구를 변방의 도적으로 인식하고 있음을 보여준다. 우왕 13년 정지는 일본을 공격할 것을 주장하면서 "왜국은 온 나라가 도둑이 아니고 나라에서 반란을 일으킨 백성들이 대마와 일기 두 섬을 점령하여 합포와 가깝기 때문에 때없이 들어와 도둑질하는 것이니 만일 죄를 물어 군사를 크게 일으켜 소굴을 없애면 변방 근심이 없어질 것입니다"[87]라고 하였다. 왜를 일본과 동일시하지 않고 해적으로서 왜를 정벌해야 한다고 보았던 것이

---

84) 하우봉, 「조선시대인의 세계관과 일본인식」, 『조선시대 한국인의 일본인식』, 혜안, 2006.

85) 이영, 「14세기 동아시아 국제정세와 왜구-공민왕 15년(1366)의 禁倭使節의 파견을 중심으로」, 『韓日關係史研究』 26, 2007.

86) 『高麗史節要』 권30, 辛禑(3년 8월)(767) "日本遣僧信弘, 來報聘. 書云, 草竊之賊, 是逋逃輩不遵我令, 未易禁焉."

87) 『高麗史節要』 권32, 辛禑(13년 추8월)(814) "鄭地上書, 自請東征曰, 倭非擧國爲盜, 其國叛民, 分據對馬·岐兩島, 隣於合浦, 入寇無時, 若聲罪大擧, 覆其巢穴, 則邊患永除矣. 且今水軍, 非辛巳東征蒙漢兵, 不習舟楫之比也. 順風而往, 則二島一擧可滅."

다.88)

처음 고려의 왜구 대책은 방어적인 것이었다. 우선 고려의 군사력으로 축성을 통하여 방비를 철저히 하거나89) 방어사나 절도사의 파견, 군현 영역의 재조정, 감무의 파견을 통하여 지방사회를 안정시키는 것이었다.90) 여몽연합군의 전진기지였던 합포, 탐라 등에 정동행성 휘하에 진변만호부를 설치하고,91) 공민왕 5년 이후에는 진수군체제를 정비하며 도순문사, 원수 등을 파견하여 왜구방비를 담당하도록 하였다.

고려 정부는 왜구의 침입에 대한 근본적인 대책을 마련하지 않으면 안 되었다. 왜구에 대한 소극적, 방어적, 외교적 대책만으로는 한계가 있다고 보고, 군사적 대책이 필요하다고 보았던 것이었다.92) 공민왕은 즉위한 직후 효과적인 왜구 방어책을 강구하는 한편, 자진해서 추포에 응하는 자가 양반이면 벼슬을 3등 올려주고, 賤人이면 錢을 하사하며 군인으로 도피하는 자는 범한 죄에 따라서 杖刑을 가하라고 하였다.93)

아울러 정부에서는 왜구의 침입에 대한 대응방안을 모색하며 의견을 모으는 작업을 진행했다. 대표적인 사례가 과거시험 종장의 문제인 책문을 활용한 것이다. 이색은 경인년 이래 출몰하는 왜구에 대한 방비책을 구상하

88) 이영, 「고려말의 왜구와 마산」, 『한국중세사연구』 17, 2004, 126쪽.
89) 이경희, 「고려말 왜구의 침입과 對倭政策의 一斷面」, 『부산여대사학』 10·11, 1993.
90) 박종기, 「고려말 왜구와 지방사회」, 『한국중세사연구』 24, 2008.
91) 고병익, 「征東行省」, 『東亞交涉史의 研究』, 서울대학교 출판부, 1970 ; 김광철, 「고려시대 합포 지역사회」 ; 이영, 「고려말 왜구와 마산」 ; 한정훈, 「고려시대 漕運制와 마산 石頭倉」, 이상은 『한국중세사연구』 17, 2004.
92) 洪榮義, 「恭愍王의 反元改革과 廉悌臣의 軍事活動－國防改革을 중심으로－」, 『軍史』 23, 1991 ; 「高麗末 新興士大夫의 反元改革과 軍制認識」, 『軍史』 32, 1996 ; 朴漢男, 「恭愍王代 倭寇侵入과 禹玄寶의 '上恭愍王疏'」, 『軍史』 34, 1997 ; 尹薰杓, 「高麗末 偰長壽의 築城論」, 『韓國思想史學』 9, 1997 ; 宋寅州, 「恭愍王代 軍制改革의 實態와 그 限界」, 『한국중세사연구』 5, 1998 ; 尹薰杓, 『麗末鮮初軍制改革研究』, 혜안, 2000.
93) 『高麗史』 권38, 世家38 恭愍王(1년 2월)(상, 755~756).

였다. 이색은 공민왕 원년의 복중상서에서 陸守와 海戰을 동시에 수행하여 왜적을 물리치자는 의견을 제시했다.[94] 많은 전투를 경험한 野人들과 논의하여 왜구를 물리칠 방도를 강구하면서, 陸軍과 船軍을 동시에 육성해야 한다고 하였다. 즉 陸守의 경우 육지에 사는 백성들을 징발하여 기계를 정비하고 요해처에 주둔하여 군용의 성대함을 과시해서 왜적이 접근하지 못하도록 하고, 海守의 경우 人性과 결부한 선군 육성을 주장하여 유명무실해진 해군의 부활을 통한 방비책을 제시했다.[95]

최근 발굴된 공민왕 2년의 과거시험 대책문은 왜구의 출현에 대한 대처방안을 질문한 것이었다.[96] 장원 급제인인 이색은 왜구대책에 대하여 『서경』에 黃帝가 蚩尤를 정벌하고, 순이 유묘를 항복시켰듯이, 화살과 석뇌를 사용하여 토벌하는 수고로움은 연회를 열어 대화로 해결하는 것만 못하고, 도끼와 무기로 정벌하는 것이 방패와 깃으로 춤추는 것만 못하다고 보았다.[97] 그러면서 왜구를 방어할 계책은 재주와 지혜가 있는 사람들을 선택하

---

94) 『高麗史』 권115, 列傳28 李穡(하, 524).

95) 尹薰杓, 『麗末鮮初軍制改革研究』, 혜안, 2000, 92~100쪽.

96) 이 과거시험 대책문에는 '海戰'보다는 陸守에 치중하고 있다. 즉 "그들에게 바다에서 싸우게 하면 반드시 유리한 것이 아니고, 육지에서 방어하도록 해야 항구적인 대책을 바랄 수 있습니다"("使之水戰, 不必有利, 使之陸守, 庶可爲恒")라고 하여 왜구에 대한 대책으로 '水戰'을 피하고 '陸守'에 치중할 것을 제시하였다. 服中上書에서 '陸守'와 '海戰'의 병용이라는 대응 방식이, 對策에서 '陸守' 중심의 대응으로 전환되었는데, 이는 服中上書와 對策文이라는 각기 상이한 글의 성격에 연유한다고 할 수 있다. 服中上書는 부친상을 치른 韓山에서 왜구의 노략으로 황폐해진 현장을 목도하고 지은 것이고, 對策은 元 鄕試에 합격하기 위하여 지은 것으로, 무력에 의한 패도보다는 교화를 통한 왕도를 중시한 유학적 정치사상을 중심으로 전개하여, 굳이 고려의 도서 지역 거주민을 모병하여 왜구와 해전을 벌이는 적극적인 방안을 제시할 필요가 없었을 것이다(정재철, 「「이색의 유교교화론과 일본 인식」에 대한 질의서」, 『이색 연구를 통해 본 한국중세사연구 방법』, 제407회 국학연구발표회 발표문, 2010, 70~71쪽 ; 도현철, 「이색의 유교교화론과 일본인식 – 새로 발견된 대책문을 중심으로 –」, 『韓國文化』 49, 2010).

97) 『東人策選』 李穡 "乃何比年以來, 孽堅潛植其黨, 根據大河之南, 島夷連引其類, 相侵東海之隅, 民何罪日就鋒鏑? 東土敵愾, 欲斬鯨鯢, 戍卒抽及於偏戶, 官資告罄於軍

여 장사로 삼고 위엄과 중망이 있는 사람을 감재로 삼아야 하고, 일단
위임을 하였으면 그에게 모든 것을 맡기고 그의 의견을 따른다. 또한 屯田을
세워 군량을 조달하고 按廉은 守令을 감찰하며, 烽燧는 정비하고 공이
있으면 상을 주어 권면하고 벌이 있으면 징계한다. 濱海의 郡으로 하여금
경계를 굳게 지키도록 하면 왜는 침범하지 못할 것이다. 식량을 얻을 것이
없게 하면 倭賊은 스스로 잦아들고 동방은 저절로 편안해질 것이라고
하였다.[98]

　다른 한편 성리학자인 이색은 왜구와 일본을 분리 인식하며 유교 이념에
따라 대응하고자 하였다. 왜구를 일본의 정치 혼란으로 발생한 도적으로
파악하였고, 유학의 화이론과 교화론으로 일본을 이해하였고, 일본 승려와
교류하였다. 이색은 우왕 원년 통신사로 일본에 간 羅興儒[99]가 일본 각지에
서 지은 시와 일본인으로부터 받은 시를 모아 『中順堂集』을 출간한 것을
격려했다. 지금 전하지는 않지만, 여기에는 총 250여 편의 시가 가운데
일본 조계종 승려가 준 시 20편이 포함되어 있다.[100] 이색은 일본에 사신으로

---

需, 聖上竭宵旰之憂, 廷臣盡帳幄之籌, 其故何哉? 以堂堂天朝, 赫然斯怒, 勃興仁義
之師, 則可以雷厲風飛, 迅掃六合, 而有會朝淸明之慶矣. 況茲孽芽者乎? 是使南賊授
首, 東寇屛迹, 蔑惟難矣. 雖然文德之敷, 舜之所以格苗也. 至誠之感, 益之所以贊禹
也. 矢石之勞, 不爲樽俎之談, 斧鉞之征, 何似干羽之舞? 此上心之軫慮, 將相之深謀,
潛消反側之情, 反有歸降之勢者也. 南寇之亂, 廟算之功, 必有所制. 置海隅迂生, 何足
以知之? 獨倭寇之於我邦, 爲患不淺, 切思所以待之之道. 願因執事之問 而獻焉, 執事
采之乎?”

98) 『東人策選』李穡 “爲今之計, 莫若擇有材智者, 爲之將使, 有威望者, 爲之監才. 不借於
異代, 用何患於無人? 旣以委任, 毋或疑貳. 或處置便宜, 一從其意. 而又立屯田, 以助
軍餉, 脩戰法, 以備不虞. 按廉以時督察守令, 器械以精 烽火以謹. 信賞以勸, 必罰使
懲, 使濱海之郡, 謹守其封, 倭不得犯, 使無所食, 則倭賊自屛, 東方自安矣.”
99) 『高麗史節要』 권30, 禑王(원년 2월)(749).
100) 『牧隱集』文藁 권9, 中順堂集序 “自請, 奉使日本, 遇物興懷, 輒形於詩, 凡二百五十篇,
日本曹溪禪者所贈又二十篇. 史氏索其本騰藏之, 臺臣又請觀之, 府中縉紳, 咸願目
觀, 爭求之 今三年矣, 而猶未已.”; 文藁 권13, 書錦南迂叟傳後 ; 文藁 권13, 跋羅興
儒賀詩卷 ; 詩藁 권8, 題羅判事詩卷(우왕 4년 1월) ; 詩藁 권23, 羅判書將刊其中順

306

가는 정몽주를 보내면서 지은 글에서 일본의 천년 역사와 문화의 독자성을
인정해 주고 있다. 이색은 일본에는 국왕이 있고, 일본국의 국왕을 해
뜨는 곳의 천자라고 했으며, 그 백성들은 仁義를 새기고, 목숨을 아끼지
않는다고 하였다.[101] 다만 왜구의 피해가 심해지고 국가체제를 위협하게
되자, 왜구를 단속하지 못하는 일본 정부에 대한 반감을 갖게 되고, 분노하기
도 하였다. 하지만 이색은 당시 일본이 정치적으로 분열된 혼란으로 인하여
왜구가 발생하는 것으로 보았고, 天道의 운행과 조화에 따라 일본은 곧
태평한 시대가 올 것이라고 기약하였다.[102]

당시 일본은 1333년 가마쿠라 막부(鎌倉幕府, 1192~1333)가 망한 후
남북조로 분열되어 왜구를 통제하지 못하였고, 왜구들은 중국과 한반도
일대를 노략질하게 된다. 왜구를 재물을 약탈하고 무고한 사람들을 살해
납치해가는 공포와 증오의 대상으로 보았지만, 이를 일본 전체와 동일시하
지는 않았다. 일본=왜구라는 인식은 정몽주 등을 포함한 고려의 사신이
여러 차례 파견되어, 남북조로 갈리어 내전을 거듭하고 있던 일본의 국내
상황을 이해한 뒤에는 변화하기 시작한다. 왜와 일본을 구분하여 사용하기
시작한 것이다. 고려 조정은 당시 고려를 침구하고 있던 왜구가 일본 정부로
서도 손을 쓸 수 없는 상태였음을 깨닫고, 일본과 협력하여 이를 금압하고자
노력하였다. 일본측은 비록 소수이지만 병력을 파견해 고려군과 함께 왜구
를 토벌하거나 왜구들에 의해 잡혀간 고려인들을 돌려보내는 등 우호적인
활동을 한다.

이색은 중국 천하의 교화가 미치는 일본을 인식하고 교류에 적극적이었

---

堂集於尙州 托書於僕 以求速成 甚矣 其嗜詩而欲其傳於世也(6년 4월) ; 詩藁 권29,
爲羅迁叟寄黃忠州 ; 詩藁 권30, 迁叟見訪.
101) 『牧隱集』 詩藁 권1, 東方辭 送大司成鄭達可奉使日本國(우왕 3년).
102) 『牧隱集』 詩藁 권20, 睦二相與諸元帥發行, 予以脚無力不能騎, 闕於拜送, 獨吟二首
有感(우왕 5년) "島夷竊發誰能遏, 國主羈囚自失權, 執命陪臣三世耳, 蒼蒼運化亦
昭然." ; 詩藁 권28, 聞昨日日本使者入城(우왕 8년).

다. 이색은 일본의 많은 승려와 교류했다. 이색이 가장 긴밀하게 교류한
允中庵은 이름이 守允, 호는 息牧叟 또는 매월헌, 학승으로 그림을 잘
그렸다. 1359년 25세에 중국에 유학하려다가 풍랑을 만나 고려에 머물렀는
데, 이색을 비롯한 당대 성리학자들과 교류하였다. 우왕 5년 7월경에 집을
방문하자 이색이 시를 지었고,103) 우왕 7년 12월 무렵에 이집과 이숭인이
靈隱寺에서 중암과의 만남을 상상하며 시를 짓기도 하였다.104) 또한 唐나라
裴休가 편찬한『黃蘗傳心要訣』과『宛陵錄』의 발문을 써주었다.105) 이외에
도 이색이 교류한 일본 승려는 萬峯 惟一, 天祐大有, 弘慧 등이 있다.106)

   이색은 불교와 같은 이단에 비판적인 성리학을 받아들였어도, 유불조화
론, 유불동도론을 견지하였듯이, 일본 승려에 대하여 적대적이지 않았다.
고려에서는 일본으로의 사행에 대하여 특정 자격을 원하지는 않았지만,
이단 비판에 철저한 성리학을 내세울 때에는 곤란한 점이 나타날 때가
있었다.107) 성리학의 예에 철저하고 주자가례에 입각하여 상제를 치른
鄭習仁108)은 우왕 3년에 정몽주와 함께 일본 사신으로 내정되었으나, 정습
인이 불교를 배척한다는 말에 일본이 사신 교체를 요구하고 대신 다른

---

103)『牧隱集』文藁 권9, 中菴允上人見過 "靈隱煙霞鎖一區, 天磨岩嶭接扶蘇, 半輪明月千
   峯頂, 肯向紅塵憶老夫."
104)『牧隱集』詩藁 권31, 遁村來過云, 將與陶隱, 守歲靈隱寺, 中菴所居也. "中菴出日本,
   道氣絶纖塵, 二李慰獨夜, 三韓知幾春, 氷崖紆犖确, 雲嶺聳嶙岣, 偃臥想高會, 如聞佳
   句新."
105)『牧隱集』文藁 권13, 跋黃蘗語錄.
106) 본서 제2장 2절 생애와 교유관계 참조.
107) 일본에서 외교문서 작성이나 외교를 전담하는 지식층이 불교 승려라는 점을
   충분히 고려하지 않는 가운데 성리학에 철저하고 소중화 의식을 견지한 성리학자
   가 외교 사절로 파견된 것은 일본에 대한 정세파악과 객관적인 인식과 대응이
   미흡한 것으로 파악된다. 성리학에서 불교를 '異端寂滅之敎'로 파악하였기 때문에
   상호 호혜적인 외교 관계를 고려한다면 승려를 사절로 보내는 것도 바람직한
   방법의 하나로 볼 수 있기 때문이다(이진오,「조선시대 對日交涉과 불교」,『韓國文
   學論叢』22, 1998).
108)『高麗史』권112, 列傳25 鄭習仁(하, 460).

사람이 가게 되었다.[109)]

　당시 일본과의 외교교섭에는 불교 승려가 참여하였고, 승려들은 불교
수행이나 유학에 높은 관심을 가지고 있었다. 足利시대 일본에서 불교는
문화의 중심이었고, 승려들은 막부나 영주의 명령을 수행한 지식층이었다.
이들은 외교문서 작성이나 외교 교섭에 나섰다. 특히 이들은 고려와 외교
교섭을 진행하는 과정에서 대장경을 요구하고, 고려 유학자들과 시문을
교류하는 일도 빈번하였다. 창왕 즉위년에 일본 國使 妙葩와 關西省探題源
了俊이 사람을 보내 方物을 헌납하고 被虜民 250인을 돌려보내면서 대장경
을 요구했다.[110)] 그리고 공양왕 4년 4월 역시 방물을 보내면서 대장경을
요구했다.[111)] 이색의 발문이 있는『大般若波羅蜜多經』은 이색이 우왕 7년
(1381년) 9월에 염흥방의 요청으로 대장경 간행의 발문을 쓴 것이다.[112)]
이후 태종대 일본측의 요구에 의해 일본에 전해졌다.[113)]

　이색은 중국 중심의 천하관, 세계관을 견지했고, 일본의 이질적인 문화를
존중하였으며, 일본 승려와 자유롭게 교류하였다. 유교에는 수레바퀴의
폭이 같듯이 문자를 같이 쓰고 윤리도덕의 기준과 예의범절이 통일되어
있다는 한자문화권, 유교문명의식이 전제되어 있다.[114)] 세계는 천자의
덕화가 미치고 그 은덕을 입는 주변국가로 구성되었으며, 주변국은 천자국

---

109)『牧隱集』文藁 권20, 草溪鄭顯叔傳 "日本使問顯叔之爲人於館伴, 館伴以實告, 日本
　　使佛者也, 畏其剛烈, 乃曰, 斥佛者吾律所不與, 請易之, 於是不果行."
110)『高麗史節要』권33, 辛禑(昌王 卽位年 七月)(829) ;『高麗史』권133, 列傳50 辛禑5
　　(하, 959) "日本國帥妙葩, 關西省探題源了俊, 遣人來獻方物, 歸我被虜民二百五十
　　人, 仍求藏經."
111)『高麗史節要』권35, 恭讓王(4년 6월)(914) ;『高麗史』권46, 世家46 恭讓王(상, 908)
　　"(四年六月) 日本遣使求藏經, 仍獻方物."
112) 小田幹治郎,「內地に渡れる高麗大藏經」,『朝鮮』74, 1921 ; 馬場久幸,「고려대장경
　　의 일본 傳存에 관한 연구」,『韓國宗敎』27, 2003.
113)『太宗實錄』권28, 14년 7월 임오(2책, 26~27쪽).
114)『中庸』28장, "今天下, 車同軌, 書同文, 行同倫."

의 덕화로 인의도덕을 실천하고 문명국으로 전환될 수 있다는 의식을 견지하였고, 일본에 대한 인식도 그러했다. 말하자면, 이색은 유교의 문명관, 문화관에 기초하여 일본을 교화의 대상으로 보고, 일본과의 교류에 적극적이었다.

## 2. 사대 외교와 중국 활용

### 1) 철령위 설치와 사대 외교

이색은 중국을 문명국이자 천자국으로 인식하였고, 중국 중심의 천하관을 받아들이면서 사대 외교를 지향하였다.[115] 명의 철령위 설치라는 부당한 요구에 대하여 이색은 천자국인 명을 존중하는 가운데 타협적 외교론으로 해결하려고 하였다.

우왕 말년은 중국의 정세가 불안정하여 고려에 대한 명의 견제와 압박이 심했던 때였다. 명은 요동지방과 깊은 이해관계를 가지고 있는 고려가 북원의 納哈出과 군사적으로 연합하거나 南方의 群雄과 연결되어 자신을 공격할지도 모른다고 우려하였다.[116] 명은 공물에 대한 무리한 요구와

---

115) 이하 이색의 철령위 설치와 사대외교 부분은 필자의 연구(『高麗末 士大夫의 政治思想硏究』, 일조각, 1999, 101~115쪽)에 새로운 자료와 내용을 추가한 것이다.

116) 명은 遼東 경략에 나서면서 고려가 원 이래 요동지방과 많은 연고를 가지고 있었고 고려인이 다수 살고 있었다는 점에 유의하였다. 고려는 동녕부 공격 이후 삼살 길주 이북에서부터 남만주 일대에 거주하는 여진족에게 영향력을 행사하게 되었으며 나하추와도 단속적이긴 하지만 사신이 왕래하고 있었기 때문이다(김순자, 「고려말 대중국관계의 변화와 신흥유신의 사대론」, 『역사와 현실』 15, 1995, 119~121쪽).

명은 遼東都司를 통하여 고려와 북원의 연합여부를 정탐하였고(『高麗史』 권134, 列傳 47 辛禑2(5년 1월 을해)(하, 886)), 고려가 명에 사대하면서도 북원 사신과 공공연하게 교류하는 사실을 지적하고 북원 사신을 압송하여 진심을 표시하라고도 하였다(『高麗史』권134, 列傳47 辛禑2(5년 8월)(하, 889). 우왕 2년 8월에는

310

육로를 통한 조공을 3年 1使로 제시하였고,[117] 우왕 13년 6월에 納哈出의
北元이 평정되자 그 지역의 관할권을 요구하였다.[118] 명은 요동의 북원
잔여 세력을 평정한 후 다음 단계의 요동 전략에 착수하여, 두만강 쪽의
女眞을 대상으로 한 三萬衛와 고려를 대상으로 한 철령위를 설치하려고
했던 것이다. 명은 압록강과 두만강에 이르는 중간지대에 대한 경략을
건너뛴 채, 일거에 고려와의 세력범위가 맞닿는 두만강·압록강 유역의
女眞을 초무의 대상으로 삼아 철령위와 삼만위를 설치함으로써 앞으로
고려가 女眞을 포섭할 가능성에 쐐기를 박는 한편 꾸준히 지속되고 있는
고려의 北進 기도를 미리 봉쇄하고자 하였다.[119] 그리하여 우왕 13년 12월에
철령 이북의 땅이 원래 元에 속하였으므로 회수하겠다는 철령위 설치를
통보하기에 이르렀다.[120] 이러한 사실은 賀聖節使로 명에 와 있던 偰長壽에

---

정료위에서 고려를 공격한다는 말이 있었고(『高麗史』 권133, 列傳46 辛禑1(2년
8월)(하, 871~872)) 우왕 9년 10월에는 북원과 고려가 명을 공격한다는 소식에
명이 고려를 공격하려고 시도하기도 하였다(『高麗史節要』 권32, 禑王(9년 10
월)(799) ;『高麗史』 권135, 列傳48 辛禑3(9년 10월)(하, 913)). 이에 고려는 명이
대국을 섬기는 태도가 불성실하다고 지적하자 군사적인 대비를 하였다(『高麗史』
권135, 列傳48 辛禑3(9년 8월)(하, 909)).

117) 우왕대 大明공물 기록은 김순자, 「고려말 대중국관계의 변화와 신흥유신의 사대론」,
『역사와 현실』 15, 1995, 126~127쪽의 <표 3>과 李泰鎭, 「14세기 동아시아
국제정세와 목은 이색의 외교적 역할」,『牧隱 李穡의 生涯와 思想』, 일조각, 1996,
62~67쪽의 <표 6>에 자세하다. 명은 고려에 대하여 바다를 통한 일체의 내왕을
금지하고, 冊封-朝貢의 정책을 적용하며, 요동의 육로를 통한 조공도 3年 1使를
요구하여 朝貢國으로 격을 낮추려고 하였다. 使行 회수는 고려의 요청대로 1년
3번으로 재조정되었지만 의구심을 버리지는 못하였다(李泰鎭, 「前近代 韓·中 交易
史의 虛와 實」,『震檀學報』 78, 1994, 174~176쪽).

118) 최근 연구에서, 명은 元 開元路 쌍성총관부 관하에 있었던 人民을 衛所軍으로
편성하여 요동도사 관할 하에 두고, 요동 개척에 필요한 인력으로 활용하고자
철령위를 설치했다고 한다. 고려에 咨文을 보내는 곳은 禮部나 兵部가 아닌 戶部였
는데, 이는 철령위 설치문제를 기본적으로 領土의 귀속문제보다 人民 관할 문제로
간주하였기 때문이라(박원호,『鐵嶺衛 설치에 대한 새로운 관점」,『韓國史研究』
136, 2007, 123~125쪽)는 것이다.

119) 박원호,『鐵嶺衛 설치에 대한 새로운 관점」,『韓國史研究』 136, 2007, 129쪽.

의하여 우왕 14년 2월에 고려 정부에 알려졌다.[121]

철령위 설치 무렵인 우왕 말년에는 원과의 관계를 유지하면서 명과 일정한 거리를 두고 있었다. 우왕은 명과 만주의 동태를 예의주시하면서,[122] 원과 명 사이의 兩端外交[123]를 폈다. 철령위 설치가 알려지자 고려 정부는 우선 외교적으로 대응하면서 군사적으로 대비하였다. 우왕은 5도의 성을 쌓도록 명령하고, 서북 지방에 여러 元帥들을 보내어 대비하도록 하며, 최영과 함께 요동을 공격할 것을 은밀히 논의하여, 坊里軍을 동원하여 漢陽 中興城을 수축하도록 하였다.[124] 이때 실권자인 최영은 여러 재상과 함께 定遼衛를 칠 것인가에 대한 可否를 의논하였는데, 조정에서는 철령 이북을 명에 바치는 것에 반대하였고[125] 화친론을 제기하였다.[126]

우왕은 군사적 대비에만 그치지 않고 동시에 외교적 수단도 함께 강구하였다. 밀직제학 박의중을 남경에 보내 철령 이북의 땅 즉 이전 쌍성총관부의 유래를 설명하며, 이 땅이 원래 고려의 영토였음을 설명하게 하였다. 표문에

---

120) 『明太祖實錄』 권187, 洪武 20年 12月 壬申 "命戶部咨高麗王, 以鐵嶺北東西之地, 舊屬開原, 其土著軍民女眞韃靼高麗人等, 遼東統之. 鐵嶺之南, 舊屬高麗, 人民悉聽 本國管屬. 疆境旣正, 各安其守, 不得復有所侵越."

121) 『高麗史』 권137, 列傳50 辛禑5(14년 2월 庚申)(하, 918~919).

122) 우왕은 李之富를 보내어 定遼衛와 친선을 도모하고 사태를 관찰하도록 하였고 李原實을 납하출과 교빙시키기도 하였다(『高麗史』 권133, 列傳46 辛禑 1(2년 2월)(하, 869). 또 李龜哲을 서북방면으로 보내어 定遼衛의 사정을 정탐하기도 하였고(『高麗史』 권134, 列傳47 辛禑2(7년 5월)(하, 900), 泥城元帥 洪仁桂, 江界元帥 李薿가 요동에 침입하여 백성들을 죽이고 재물을 약탈하였는데 우왕은 그들에게 金頂兒와 文綺絹을 하사하기도 하였다(『高麗史』 권137, 列傳50 辛禑5(14년 5월 갑신)(하, 952~953).

123) 박용운, 「우왕대의 대원·명에 대한 양단외교」, 『수정증보판 고려시대사』, 2008, 711~714쪽.

124) 『高麗史』 권137, 列傳50 辛禑5(14년 2월 경신)(하, 949).

125) 『高麗史』 권113, 列傳26 崔瑩(하, 492) "瑩集百官議獻鐵嶺迤北可否, 百官皆曰不可."

126) 『高麗史』 권113, 列傳26 崔瑩(하, 492) "瑩與諸相 議功定遼衛, 及請和, 諸相皆欲請 和."

서는 "……철령에서 북쪽으로 문·고·화·정·함주 등에서 공험진에 이르기까지 고래부터 우리나라 영토였다……"[127]라고 하였다.

철령위 설치에 대한 외교적 노력이 실패하자,[128] 우왕과 최영은 명의 무리한 요구에 대하여[129] 요동을 정벌하기 위하여 군대를 파견하였다.[130] 그리고 홍무 연호를 폐지하고 胡服을 입게 하였다.[131] 요동정벌은 명의 무리한 요구에 편승해서 최영이 국내 정치의 돌파구를 마련하기 위하여 단행하였던 것이다. 명에 대한 사대외교를 고집하지 않았다.

우왕 14년 4월에 최영은 요동정벌을 결행하였다.[132] 최영은 팔도도통사, 조민수가 좌도도통사, 이성계가 우도도통사가 되어 출전하도록 하였다. 그런데 압록강의 위화도에 도착한 조민수와 이성계는 도망가는 군사가

---

127) 『高麗史』 권137, 列傳50 辛禑5(14년 2月 경신)(하, 949) "大明欲建鐵嶺衛, 禑遣密直提學朴宜中表請曰,……鐵嶺迤北, 歷文高和定咸等諸州, 以至公嶮鎭, 自來係是本國之地……."

128) 최영은 이성계와 연합하여 임견미 일파를 숙청하였는데, 이후 주도권을 둘러싸고 정국이 불안하였다. 최영은 국내 정국의 불안정과 명의 외압을 요동정벌을 통하여 극복하고자 하였다. 이는 이성계 세력의 급부상과 임견미 일당의 축출과정에 나타난 정치적 불안정을 일거에 해결하려는 것이었다(姜芝嫣,「威化島 回軍과 推進勢力에 대한 검토」, 『梨花史學硏究』 20·21, 1993, 61~65쪽).

129) 우왕 14년 3월 서북면도안무사 崔元沚는 "명이 철령위 설치를 결정하여 요동에서 철령에 이르기까지 70여 개의 驛站을 설치하였다"고 보고하였다. 이어 명의 後軍都督府에서 遼東 百戶 王得明을 보내어 철령 설치를 정식으로 통고하러 왔다. 우왕은 응대를 거절하였다. 최영은 榜文을 가지고 양계에 이른 요동군사 21명을 죽였다(『高麗史節要』 권33, 辛禑(14년 3월)(821)).

130) 『高麗史節要』 권33, 辛禑(14년 4월)(821~822).

131) 『高麗史節要』 권33, 辛禑(14년 4월 을축)(822) "停洪武年號, 令國人復胡服."

132) 이때 각 부대의 元帥는 징발된 군사의 출신지와 일치시켜 편제되었는데 이성계는 平安 江原 咸鏡道 지역의 군사를, 조민수는 하삼도와 경기도의 군사를 거느렸다(吳宗祿,「高麗後期의 軍事指揮體系」, 『國史館論叢』 24, 1990, 253쪽). 최영은 우왕과 함께 평양으로 가서 각도의 징병을 독촉하고 압록강에 다리를 가설하며 임견미와 염흥방에게서 몰수한 재산을 군대의 재정으로 쓰고 전국의 승려들도 군대에 편입시켰다. 경기의 군사만은 왜적의 침입을 막기 위하여 원정군에 편입시키지 않았다(『高麗史』 권137, 列傳50 辛禑5(14년 4월 신미)).

늘고 장마로 강물이 불어 건너기가 쉽지 않았다. 이성계는 두 차례에 걸쳐 현지의 어려운 상황을 설명하면서 회군을 요청했으나, 우왕과 최영은 이를 받아들이지 않았다. 이성계는 조민수와 더불어 회군을 단행하였다.[133] 이성계는 4불가론을 통하여 요동정벌에 반대하였고, 이때 중요한 논거는 명분론이었다. 작은 나라가 큰 나라를 치는 것은 도의에 어긋난다는 것이다. 이밖에 여름철에 군사를 동원하는 것은 시기를 잘못 선택한 것이며, 온 나라의 군대로 원정하게 되면 왜적이 빈틈을 타서 쳐들어올 수 있으며, 장마철에 대군이 병에 걸릴 우려가 있다고 하였다.[134] 이성계는 여러 장수들에게 "작은 나라가 큰 나라를 치는 것은 순리에 어긋나므로 요동정벌의 주동자인 최영을 제거하여 사직을 보호하겠다"라고 설득하여 군사를 되돌렸다. 회군한 이성계군과 대치한 최영은 휘하의 군대를 요동정벌과 왜구 방비를 위해 보내 전력이 약화되었고 결국 패하였다. 최영은 고봉현에 유배되었고 우왕은 폐위되어 강화도로 보내졌다. 다시 洪武연호를 행하고 명나라 관복을 입고 胡服을 금하였다.[135]

　우왕 14년에 철령위 설치[136]와 최영의 요동정벌, 위화도 회군 등 급변하는

---

133) 『高麗史節要』 권33, 辛禑(14년 5월 을미)(823~824).

134) 『高麗史』 권137, 列傳50 辛禑5(14년 4월 을사)(하, 951) "太祖曰, 今者出師有四不可, 以小逆大, 一不可, 夏月發兵, 二不可, 擧國遠征倭乘其虛, 三不可, 時力暑雨弓弩膠解 大軍疾病, 四不可."

135) 『高麗史節要』 권33, 辛禑(14년 6월)(826) "復行洪武年號, 襲大明衣服, 禁胡服."

136) 당시 명의 요동진출 최전선인 요양·심양에서 중간지대를 건너 뛰어 두만강·압록강으로 진출하여, 군사적 중계기지가 설치되고 지속적인 군량보급이 쉽지 않았고, 女眞의 저항도 거세어 삼만위와 철령위는 설치 초기에 개원과 봉집으로 후퇴해야 했다. 따라서 명태조가 철령위를 奉集으로 철퇴한 것은 쌍성총관부 지역의 유래를 역설한 權近의 표문이나 이 표문을 가지고 南京에 간 박의중의 외교 활동에 힘입은 것이 아니고, 최영의 요동정벌이라는 군사적 示威 때문에 명태조가 위축되어 철령위를 철퇴시킨 것이 아니라 명태조가 나하추를 굴복시키고 나서 요동 전역의 접수가 가능해지자, 쌍성총관부 지역을 元이 지배하였던 시기를 기준으로 접수하려는 의욕이 앞섰을 뿐(박원호, 『鐵嶺衛 설치에 대한 새로운 관점」, 『韓國史 研究』 136, 2007, 129쪽)이라고 한다.

정세 변화에 대하여 이색은 형세·문화적 화이관으로 대응하였다. 임견미
등이 제거된 후, 판삼사사가 된 이색[137]은 사대외교[138]로 고려의 보위에
주력했다.

명의 부당한 요구에 대하여 이색은 천자국인 명을 존중하는 가운데
타협적 외교론으로 해결하려고 하였다. 우왕 14년 3월에 이색은 철령위
설치를 통고하러 온 왕득명에게 고려의 실정을 명 황제에게 설명해 주도록
요청하였다.[139] 권근과 박의중도 철령위의 철회를 위해 노력했다. 권근은
표문을 지어 철령위 설치의 부당함을 말하였고[140] 박의중은 권근의 표문을
가지고 철령위의 철회를 요청하였다.[141] 당시 많은 유학자들이 반대한
것으로 보인다.[142]

이색은 사대관계를 존중하는 입장에서 최영의 요동정벌에 반대하였다.
사대라는 기존의 외교 원칙을 견지한 이색은 小로서 大를 치는 것은 옳지
않다고 보았기 때문이다. 최영의 요동정벌에 대한 조정의 논의에서 "무진년

---

137) 『高麗史節要』 권33, 禑王(14년 정월)(818) "以崔瑩爲門下侍中, 我太祖守門下侍中,
李穡判三司事."

138) '以小事大, 保國之道'(『高麗史』 권137, 列傳50 辛禑5(우왕 14년 5월 병술)(하, 953)라
는 신라 통일기 이래의 事大論은 국가를 보존하고 주권을 유지하는 외교론이었다.

139) 『高麗史』 권137, 列傳50 辛禑5(14년 3월)(하, 950) "大明後軍都督府, 遺遼東百戶王得
明來 告立鐵嶺衛, 禑稱疾, 命百官郊迎. 判三司事李穡領百官, 詣王得明乞歸敷奏,
得明曰, 在天子處分, 非我得專."

140) 『太祖實錄』 권12, 6년 12월 경자(1책, 112쪽) "花山君權近上書曰,……東北面王業所
基根本之地. 上國欲於鐵嶺立衛之時, 臣撰表文, 欽奉回咨曰, 鐵嶺之故, 王國有辭,
由是國家, 更無東北之憂, 爲我臣僕."

141) 『高麗史』 권137, 列傳50 辛禑5(14년 2월)(하, 949) "遣政堂文學郭樞, 如京師, 謝賜藥,
密直提學朴宜中,……請還鐵嶺迆北."

142) 하륜은 이에 반대하다가 襄州에 추방되었다(『太宗實錄』 권32, 16년 11월 계사(2책,
138쪽)). 이숭인은 최영의 문객인 정승가의 참소로 통주로 유배되었다. 하륜과
박가흥은 이인임의 인척이라는 이유로 유배되었는데 실제로는 요동정벌에 반대하
였기 때문이었다(姜芝嫣, 「威化島 回軍과 推進勢力에 대한 검토」, 『梨花史學研究』
20·21, 1993, 61~65쪽).

에 최영이 요동위를 공격하자고 청하여, 우왕이 耆老와 兩府로 하여금
모여서 可否를 논의하라고 하니, 모두 임금의 뜻에 부합해서 반대하는
자가 적고 찬성하는 자가 많았다. 이색도 衆議를 따랐는데, 물러 나와서
자제들에게, '오늘날 내가 너희들을 위해서 의리에 거슬리는 논의를 했
다'[143] 고 하였다.[144] 이색은 논의 과정에서 조정의 대세에 따랐고 최영
주도의 요동정벌 논의에 적극적으로 반대하지 않았던 것으로 보인다. 성리
학을 익히고 중국을 천자국으로 하고 고려를 제후국으로 하는 명분론에
누구보다도 강하게 침착했던 이색은 최영의 요동정벌론에 찬성하지 않았을
것이다.

　이색은 형세·문화적 화이관으로 명을 천자국으로 인식하였다. 명의 무리
한 요구에 반발하기는 했지만, 대국·상국인 명에 대한 사대외교를 폐기할
수 없었다. 사대는 형식과 명분이 현실에서 반영되어야 한다. 철령위의
문제는 공민왕이 제주문제를 명에 稟命했던 것처럼 처리해야 할 것으로
보았다. 즉 천자국의 영토를 침범하는 행위는 정당화될 수 없고 그 처분을
받아야 한다는 입장이었다.[145] 그러므로 이색은 최영의 요동정벌에 반대하
는 입장을 취하였던 것이다.

---

143) 『太祖實錄』 권9, 5년 5월 계해(1책, 91쪽하단ㄹ) "韓山君李穡卒于驪興神勒寺,……
　　　戊辰崔瑩請功定遼衛, 禑命耆老兩府會議可否, 皆希旨, 否者少而可者多. 穡亦附衆
　　　議, 退謂子弟曰, 今日我爲汝輩, 從逆義之論, 及上回軍, 執退瑩等."
144) 최근 연구에서 이 자료가 근거하는 『太祖實錄』 줄기는 이색의 제자인 권근,
　　　변계량이 찬술한 것으로 이색을 변호하는 입장이 반영된 것이라고 한다(남동신,
　　　「牧隱 李穡의 전기 자료 검토」, 『韓國思想史學』 31, 2008).
145) 원 세조가 濟州에 말을 방목한 이래 그곳의 말과 牧胡들은 고려 통치권 밖에
　　　있었다. 제주는 고려에 귀속되어 목사, 만호가 설치되기도 했으나 그곳 소산인
　　　말·양 등은 원 帝室 소유로서 고려는 관할하지 못하였다. 공민왕은 명에게 탐라와
　　　그곳의 목자, 목양에 대해 고려에 맡겨줄 것을 요청하였고, 산물은 고려가 알아서
　　　공물로 바치겠다고 했다. 이에 명은 묵인하였다. 제주에서 반란이 있자, 고려는
　　　명에 탐라 토벌에 대한 승인을 구하였다(김순자, 「고려말 대중국관계의 변화와
　　　신흥유신의 사대론」, 『역사와 현실』 15, 1995, 115~117, 131쪽).

최영의 요동정벌에 반대한 이색은 위화도 회군을 인정하였다. 중국을
천자국으로 하고 고려를 제후국으로 하는 사대관계를 전제로 이를 위배한
최영의 요동정벌에 반대하였으므로 자연스럽게 위화도 회군에 찬성하게
되었던 것이다.

### 2) 監國의 실현과 중국 활용

이색은 우왕을 폐위하는데 동의하고, 우왕의 아들인 창왕을 옹립시켰다.
우왕의 폐위는 北伐, 곧 요동정벌에 대한 책임 때문이었다. 명에 대해
이소사대의 사대외교를 지향하는 입장에서 요동정벌은 名分질서를 어기는
것으로 인식되었기 때문이다.[146) 前王인 우왕은 함부로 군사를 일으켜
상국의 영토를 침범함으로써 事大의 禮를 어겼으며, 그로 인해 백성들을
도탄에 빠뜨린 부덕한 군주로 퇴위당했다.[147)

회군 이후 조민수와 이성계는 권력을 장악하였고, 우왕은 北伐 곧 요동정
벌에 대한 책임으로 국왕 자리에서 물러났다. 유학에서는 '君君 臣臣 父父
子子'의 명분관계를 중시하고 형식에 맞는 내용을 추구한다. 제후국인
고려가 천자국인 명을 공격하는 것은 유교의 명분질서를 무너뜨리는 일이
되는 것이다. 이는 창왕 원년 7월에 명나라에 보낸 글에서 알 수 있다.

> 門下贊成事 禹仁烈과 政堂文學 偰長壽를 명나라에 보내어 우왕의 양위를
> 고하고 창왕의 襲封을 청하며 崔瑩이 軍士를 일으켜 요동을 치려 한 罪를
> 상주하였다. 禑의 表에 다음과 같이 말하였다. '臣이 어릴 적에 先臣 공민왕
> 顓이 죽자 오직 할머니 洪氏의 가르침을 의지하였는데, 또 불행히 할머니가
> 돌아가시자 병마도통사 최영이 鷹犬을 보내 田獵을 하도록 이끌고 서연을

146) 李佑成,「高麗史 및 李朝文獻 記錄과 圃隱의 재평가」,『實是學舍散藁』, 1995 ;「牧隱
    에게 있어서 禑昌問題 및 田制問題」,『牧隱 李穡의 生涯와 思想』, 1996, 4~10쪽.
147) 金順子,『韓國 中世 韓中關係史』, 혜안, 2007, 132쪽.

폐하게 하였고, 신은 그 때문에 듣고 배운 것이 없었습니다. 근래 최영이
권신 임견미 등을 죽이고 이를 기회로 문하시중이 되어 군국의 일을
농단하면서 주살을 자행하고 군사를 일으켜 요동을 치려고 유도하였으나
제장은 모두 불가하다고 하였습니다. 신이 삼가 생각하건대 최영이 이
지경에 이른 것은 실로 신이 그렇게 만든 것이니 부끄럽고 송구하여
죄를 벗어날 수 없습니다. 하물며 신은 평소 질병에 쌓여 있고 국사는
또한 번잡하니 한가롭게 살면서 보양하기를 원합니다. 삼가 신의 高祖
忠烈王 昛, 曾祖 忠宣王 謜, 祖 忠肅王 燾의 3代가 아들에게 물려준 고사에
의거하여 洪武 21年 6月 初八日에 臣의 아들 昌에게 왕위를 관장하도록
하였습니다. 엎드려 바라건대 폐하는 臣의 어리석음을 용서하시고 양찰하
시어 신의 아들 창이 명을 받아 신의 名爵을 잇게 하시면 참으로 다행이겠습
니다."[148]

　회군이 단행된 직후 고려 정부는 문하찬성사 우인열과 정당문학 설장수
를 明 남경에 보내어 우왕의 양위를 알리고 창왕의 습봉을 청하며 최영이
군사를 일으켜 요동을 치려 한 罪를 상주하였다. 여기에서 우왕은 최영이
출병을 권유함에 따라 요동을 공격하였고, 이는 자신의 잘못이 크다고
하였다. 그래서 충렬왕, 충선왕, 충숙왕이 아들에게 퇴위한 고사에 근거해서
1388년 6월에 아들 창이 임시로 국왕을 맡게 되었으니 허락해 달라는
것이었다. 형식적인 조공 책봉 관계가 그렇듯이, 고려에서 바뀐 국왕의

---

148) 『高麗史』 권137, 列傳50 辛禑5(창왕 즉위년 7월 기묘X하, 959~960) "遣門下贊成事
　禹仁烈, 政堂文學偰長壽, 如京師, 告禑遜位, 請昌襲封, 兼奏崔瑩興師攻遼之罪. 禑表
　曰, 臣在蒙幼, 先臣恭愍王顓薨逝, 惟賴祖母洪氏訓誨, 又不幸而祖母亡, 有兵馬都統
　使崔瑩進鷹犬導田獵, 罷去書筵, 臣由是無所聞, 知近瑩因誅權臣林堅味等, 遂爲門
　下侍中, 擅執軍國之柄, 恣行誅殺, 從臾興師, 將攻遼陽, 諸將皆以爲不可. 臣竊自念,
　瑩之至此, 實由臣致, 慚懼殞越, 無所逃罪, 況臣素嬰疾病, 國事且繁情, 願閑居頤養,
　謹依臣高祖忠烈王昛, 曾祖忠宣王謜, 祖忠肅王燾, 三代退位於子故事, 於洪武二十
　一年六月初八日, 令臣男昌, 權行句當, 伏望陛下, 恕臣妄作, 諒臣愚衷, 俾臣男昌,
　獲霑恩, 命襲臣名爵, 不勝幸甚."

사후 승인을 요청하는 것이었다.

우왕이 폐위되고 후계 왕을 논의할 때 고려 정부의 실권자들이 참여하였다. 정치권력은 위화도 회군을 단행한 두 주역인 조민수와 이성계가 장악하고 있었다. 조민수는 좌시중, 이성계는 우시중, 조준이 簽書密直司事兼大司憲이었다.[149] 우왕을 대신할 새로운 국왕 옹립에 대하여 이성계는 고려 王氏의 후손으로 대통을 잇자는 입장이었는데, 조민수는 우왕의 아들인 昌을 세우고자 하였으나 여러 장수들이 반대할까 두려워하여, 당시의 名儒인 이색의 말을 의지하고자 하였다. 이색은 마땅히 前王의 아들을 세워야 한다고 하였고, 조민수는 定妃의 下敎로써 昌을 국왕으로 세웠다.[150]

우왕의 폐위와 새로운 국왕의 옹립은 공민왕의 비이며 우왕의 모인 定妃의 명에 의하여 실행되었다. 위화도 회군 이후 백관들은 국왕의 인장을 정비전에 두었고,[151] 定妃의 교서로 창왕이 즉위하였다.[152] 우왕은 그냥 폐출된 것이 아니라 上王으로 추대되는 형식을 취하였다. 국왕에서 물러난 후인 1388년 7월과 그 다음해인 1389년 7월에 각각 우왕 생일에 중앙의 신료들이 대표를 파견하여 축하 절차를 행하고 죄가 가벼운 죄수를 석방케

---

149) 『高麗史節要』권33, 禑王(14년 6월)(826) "罷禹玄寶, 以曹敏修爲左侍中, 我太祖爲右侍中, 趙浚簽書密直司事兼大司憲, 諸將皆復職."

150) 『高麗史』권137, 列傳50, 辛禑5(창왕 즉위년 6월)(하, 957) "太祖欲擇立王氏後, 曹敏修念李仁任薦拔之恩, 欲立昌, 恐諸將違己, 以李穡爲時名儒, 欲籍其言, 密問之. 穡曰, 當立前王之子. 辛亥, 敏修以定妃敎立昌, 年九歲." ; 『高麗史節要』권33, 禑王(14년 6월 辛亥) "曹敏修 以定妃敎, 立禑子昌. 太祖於回軍之時, 與敏修, 議復立王之後, 敏修亦以爲然, 及是日, 太祖欲擇立王氏, 敏修念李仁任薦拔之恩, 謀立仁任外兄弟李琳之女謹妃之子昌, 恐諸將違己意, 立王氏. 以韓山君李穡, 爲時名儒, 欲籍其言, 密問於穡, 穡亦欲立昌. 乃曰, 當立前王之子, 太祖謂敏修曰, 其如回軍時所言何? 敏修作色曰, 元子之立, 韓山君已定策矣, 何可違也? 遂立昌, 年九歲."

151) 『高麗史』권137, 列傳50, 辛禑5(창왕 즉위년 6월 庚戌)(하, 956) "……百官奉傳國寶, 置定妃殿."

152) 『高麗史』권137, 列傳50, 辛禑5(창왕 즉위년 6월 辛亥)(하, 957) "敏修以定妃敎, 立昌, 年九歲."

하였으며,153) 추석 역시 신료들이 파견되어 의복과 술 등을 보냈다.154)
더욱 우왕은 상왕으로서 현왕에게 정치를 잘하라고 훈계하는 편지를 썼다.
그러므로 우왕이 물러난 것은 그 존재가 말살된 것이 아니라 형태상 아들에
게 왕위 자리를 물려주는 禪讓에 해당한다고 할 수 있다.155)

　大妃인 定妃의 전교에 따른 국왕의 즉위는 『공양춘추전』에서 말하는
不孝를 저지른 아들인 국왕을 母后가 廢位할 수 있다는 것에 근거한다.
신하가 군주를 폐하는 의리는 없지만, 효를 다하지 못하는 군주에 대하여
母는 그를 끊어버릴 수 있으며 신하는 母의 명령에 따라야 한다는 것이다.
왕권의 혈연적 계승은 왕조의 정통성을 부여받는 우선 순위라고 할 수
있다. 창왕의 즉위는 유교의 종법에 따라 혈연관계에 의해 왕위 계승이
관철된 것이다.156)

　창왕 원년 7월 조민수가 사전개혁을 저해한다는 이유로 창녕현에 유배되
자,157) 8월에 이색은 문하시중이 되고158) 이성계는 수문하시중이 되었

---

153) 『高麗史』 권137, 列傳50, 辛禑5(창왕 즉위년 7월)(하, 959) "己卯, 都堂以禑生日,
遣三司左使趙仁璧·同知密直具成老于江華, 獻衣襦." ;『高麗史』 권137, 列傳50, 辛
禑5(하, 965)(창왕 원년 7월) "癸酉以禑生日, 放輕繫, 我太祖與判三司事沈德符·判開
城府事裵克廉·門下評理鄭地等, 享禑于黃驪府."
154) 『高麗史』 권137, 列傳50, 辛禑5(창왕 원년 8월 戊申)(하, 961) "都堂以秋夕, 遣知密直
李彬等, 獻禑衣襦酒果."
155) 李佑成, 「牧隱에게 있어서 禑昌問題 및 田制問題」, 『牧隱 李穡의 生涯와 思想』,
일조각, 1996, 4~10쪽.
156) 도현철, 「종법의 관점에서 본 고려말 왕권 변동」, 『한국사학보』 35, 2009.
157) 『高麗史節要』 권33, 禑王(창왕 즉위년 7월)(하, 833) "流曹敏修于昌寧縣. 敏修當林廉
之誅, 恐禍及已, 凡攘奪民田, 悉還其主, 旣得志, 稍稍還奪, 復肆貪婪, 沮革私田,
大司憲趙浚, 劾而逐之."
158) 최근 연구에서 우왕대 적극적으로 정치에 참여하지 않은 이색이 위화도 회군으로
문하시중이 될 수 있었던 것은 흔히 '유종'이라 지칭되듯이 성리학자로서 학문적
권위를 인정받고 있었고, 좌주-문생관계 등을 통해 형성된 신흥유신세력의 중심인
물로서 지위를 확보하고 있었으며, 위화도 회군으로 정권을 장악한 이성계나
정몽주·정도전과도 평소 가까운 관계를 유지하고 있었던 것에 연유한다고 하였다
(이익주, 「우왕대 이색의 정치적 위상에 대한 연구」, 『역사와 현실』 68, 2008).

320

다.159) 이색은 여러 차례 시중에서 물러나겠다는 뜻을 전하였고, 창왕
원년 7월에 판문하부사가 되었는데,160) 얼마 후 사직하였다.161)

그런데 이색은 회군 주도세력의 저의를 의심하였다. 고려체제 내에서의
개혁을 지향한 그는 창왕의 즉위를 통해 구래의 지배질서에 의존하여
왕조를 유지하려고 하였다. 당시 권세가들의 토지 탈점으로 국가재정은
악화되고 농민들의 생활이 어려워져 토지제도의 개혁이 시급하게 처리해야
할 현안문제로 제기되었다. 이때 조준은 私田을 혁파하자는 이른바 田制改
革을 주장한 반면, 이색은 舊法은 가벼이 고쳐서는 안 된다는 이유로 사전혁
파에 반대하였다. 이성계·정도전·윤소종 등은 조준의 의견에 동의하였고,
우현보·변안열·유백유 등은 이색의 의견을 좇았다.162)

이색은 토지제도와 마찬가지로 지배질서의 근거가 되는 禮制의 경우에도
온건하고 점진적인 입장을 취하였다. 이색은 고려의 유불도 3교가 결합된
예제 대신 주자가례 보급에 적극적이었지만, 이를 실행할 때 人情이나
형편상 어쩔 수 없는 경우는 宗法에 구애받을 필요가 없다고 하였다. 구래의
예제는 그 뿌리가 깊고 튼튼히 박혀 있으므로 갑자기 혁파되어서는 안
된다는 이유에서였다.163) 당시 상황에서 주자학에 입각한 개혁의 필요성은

---

159) 『高麗史節要』 권33, 禑王(창왕 원년)(하, 833) "八月 以李穡爲門下侍中, 我太祖守侍
中, 開書筵以李穡領書筵事, 門下評理鄭夢周, 知書筵事. 左代言權近, 左副代言柳琰,
成均大司成 鄭道傳, 竝充書筵侍讀. 又令司憲府重房史官, 各一人, 更日入侍."
160) 『高麗史節要』 권34, 恭讓王1(848) "(昌王 元年 7月) 門下侍中李穡, 乞解職, 擧李琳自
代. 以穡判門下府事, 琳爲侍中, 洪永通領三司事."
161) 『高麗史節要』 권34, 恭讓王1(원년 10월)(854) "判門下府事李穡, 乞退, 不允. 穡又上箋
曰, 臣於去歲, 賀正京師, 副使崇仁, 今被彈劾流竄, 臣不敢自安, 乞辭職事. 不允,
下敎, 賜酒慰諭."
162) 『高麗史』 권118, 列傳31 趙浚(하, 589) "我太祖與浚鄭道傳議革私田, 浚與同列上疏
辛昌極論之, 語在食貨志. 舊家世族交相謗毁, 執之愈固, 都堂議利害, 侍中李穡以爲
不可輕改舊法, 持其議不從, 李琳禹玄寶邊安烈及權近柳伯濡, 附穡議. 道傳紹宗附
浚議, 鄭夢周依違兩閒. 又令百官議, 議者五十三人, 欲革者十八九, 其不欲者, 皆巨室
子弟也. 太祖卒用浚議, 革之."

인정하지만, 고려의 법과 제도를 유지하는 가운데 점진적이고 온건한 개혁
을 주장하였던 것이다.

　이색은 창왕의 즉위를 통해 구래의 지배질서에 의존하여 왕조를 유지하
려고 하였고, 중원의 지배자인 명을 천자국으로 하는 사대외교론에 근거해
명과의 관계를 강화하려고 하였다. 형세를 중심으로 한 화이관은 곧 중국
中原의 지배여부, 무력기반의 소재를 중시하고 또 천자국의 힘에 의존할
수밖에 없게 된다.

　이색은 명과의 관계를 개선하고 명과의 문화 교류를 확대하려고 하였다.
창왕이 원년 10월에 이색은 이숭인, 김사안과 함께 명에 갔다.

　　侍中과 李穡과 簽書密直司事 李崇仁, 同知密直 金士安은 京師에 신년을
　하례하러 가서, 王官이 監國할 것과 子弟의 入學을 청하였다. 監國을 청하는
　표문에 이르기를 "나라를 보전하는 것은 事大에 있고 遠方을 懷綏하는
　것은 감관을 두는 것에 달려있습니다. 이에 정성을 다하여 聰聽을 더럽히나
　이다. 가만히 생각하건대 小邑이 멀리 변방에 처하여 비록 聲敎의 은택을
　입었으나 아직도 禮儀의 風習에 어두우니 王官이 오셔서 聖化를 펼치시기
　를 바랍니다. 엎드려 바라건대 폐하께서는 넓은 도량으로 모든 것을 포용하
　시고 어진 마음으로 천하사람들을 똑같이 대하시니 員吏를 설치하도록
　명하여 要荒을 편안케 하시면 신은 삼가 마땅히 직분을 지켜 허물이
　없게 하고 황제의 만수무강을 빌겠나이다." 하였다.[164]

---

163) 『高麗史』 권78, 志32 食貨1 田制(중, 722) "大司憲趙浚等上疏曰,……而世臣巨室,
　　猶踵弊風, 以爲本朝成法, 不可一朝遽革, 苟革之, 則士君子生理日蹙, 必趨工商相.";
　　『高麗史』 권117, 列傳30 李詹(하, 580) "成均博士金貂上書曰,……剃髮者殺無赦,
　　淫祀者殺無赦, 議者謂, 此二弊根深蔕固, 不可遽革. 然殿下中興一新法制, 豈可因循?
　　若能革之, 堯舜之治可及也."
164) 『高麗史』 권115, 列傳28 李穡(창왕 원년 10월)(하, 529) ; 『高麗史』 권137, 列傳50
　　辛昌(원년 10월)(하, 962) "侍中李穡·簽書密直司事李崇仁·同知密直金士安, 如京師
　　賀正, 請王官監國, 且請子弟入學. 請監國表曰, 保國在於事大, 綏遠在於置監. 玆殫卑
　　忱, 庸瀆聰聽. 竊惟小邑, 邈處邊陲, 雖蒙聲敎之漸, 尙昧禮義之習, 冀王官之來莅,

이색은 명 수도 북경에 신년 하례차 갔다. 아울러 명이 관리를 파견하여 나라를 감독할 것과 고려 자제의 명 국자감 입학을 청하였다.[165] 공민왕 때부터 명은 집정대신을 불러 入朝하도록 하였지만, 모두 두려워 가지 않으려고 하였는데, 이색은 이때 侍中이 되어 입조하려고 하였던 것이다.[166] 그 다음달에는 밀직사 강회백과 부사 이방우를 명에 파견하여 朝見을 청하였다. 창왕의 入朝를 요청하였던 것이다.[167]

이색이 재상으로서 監國[168]과 朝見을 요청한 것은 창왕의 국왕권을 명의 황제를 통하여 인정받고 그 권위를 강화하려는 뜻이 있다. 중국과의 사대관계를 유지하는 이상, 명을 천자국으로 하고 고려를 제후국으로 하는 명분과 그를 통하여 상하질서는 반드시 지켜져야 하기 때문이다. 명과 조선의 천자와 제후라는 명분관계를 분명히 설정하는 가운데 국왕의 지위

---

惟聖化之是宜. 伏望陛下, 度擴兼容, 仁推一視, 命設員吏, 俾安要荒, 臣謹當守侯度以罔愆, 祝皇齡於有永."

165) '王官監國'을 명이 창왕에게 監國의 직위를 요청하는 것으로 해석하기도 한다(이태진, 「14세기 동아시아 국제정세와 목은 이색의 외교적 역할」, 『목은 이색의 생애와 사상』, 1996, 일조각, 78~81쪽).

166) 『高麗史節要』 권33, 辛禑(창왕 즉위년 10월)(841) "遣侍中李穡, 簽書密直司事李崇仁, 如京師賀正, 請王官監國. 又請子弟入學, 自玄陵之薨, 天子每徵執政大臣入朝, 皆畏懼不敢行, 及穡爲相, 自請入朝."

167) 『高麗史』 권137, 列傳50 辛禑5(창왕 즉위년 11월 병술)(하, 962~963) "遣密直使姜淮伯, 副使李芳雨, 如京師, 請朝見. 表曰, 禮莫重於朝覲, 心用切於顧呼. 惟先臣恭愍之時, 値中國聖神之作, 奉表內附, 稱臣東藩, 第在遐陬, 仍遭多故, 雖勤, 歲時之進貢, 尙阻天日之親. 瞻以臣之微, 承父之命, 玆權署於小邑, 當述職於帝庭. 伏望陛下, 度擴兼容, 仁推一視, 遂令屛質, 獲覿耿光, 臣謹當參萬國之會同, 祝一人之富壽."

168) 監國은 고려시대에도 보인다. 원종 4년 8월에 왕이 蒙古에 가게 되었는데, 김준으로 하여금 監國하도록 하였고(『高麗史』 권26, 世家26 元宗2(상, 521) "癸丑. 王如蒙古太子諸王, 文武百僚至梯浦, 辭命金俊先入京, 使之監國.") 원종 10년 12월 왕이 蒙古에 갈 때 順安公 琮에게 역시 감국하도록 하였으며(『高麗史』 권26, 世家26 元宗2(상, 532) "庚寅. 王如蒙古, 命順安侯悰監國") 闊里吉思의 노비개혁에 대하여 김지숙의 말에 世祖皇帝가 일찍이 帖帖兀를 보내어 監國하도록 했다는 말이 있다(『高麗史』 권108, 列傳21 金之淑(하, 372)).

를 강화하고 국왕을 정점으로 하는 상하·존비의 군신질서를 확립하려던
것이라 할 수 있다.

위화도 회군 이후 이성계, 정도전 등의 일군들이 권력을 장악하고 개혁을
주장하였는데, 이들의 존재를 알고 있던 이색으로서는 이들을 견제할 필요
가 있었다. 당시 이성계는 많은 군공을 세워 정치적 입지를 더욱 넓혀가고
있었으므로 그 불안감은 더 가중될 수밖에 없었다. 이색은 명에 있을 때
변란이 있을까 두려워 이성계의 아들을 데리고 가기를 원하였고, 20세의
이방원(태종)을 동행하도록 하였다.[169] 아직도 이색이 이성계 일파에 대한
견제세력으로 존재하였음을 보여주는 것이다.[170]

요컨대 이색은 창왕의 입조를 통하여 명과의 관계를 강화하고 以小事大
를 확인하려고 하였고, 명과 고려의 천자와 제후라는 名分관계를 분명히
설정하는 가운데 고려 내부의 君臣秩序를 확고히 다져 국왕의 지위를
강화하고 국왕을 정점으로 하는 上下·尊卑의 名分질서를 확립하여 정도전
등의 반대파를 견제하려고 하였던 것이다.

그런데 명에서 돌아온 이색은 홍무제를 평가하면서 "마음에 주견이 없는
군주였다. 내가 물을 것이라고 생각한 것은 묻지 않았고, 또 황제가 물은
것은 내가 당연히 물으리라 생각했던 것이 아니었다"고 했다.[171] 이색은
자신의 생각을 홍무제에게 전달하지 못하고 돌아온 것으로 보인다. 명은
고려의 불안정한 정국변화와 판단하기 어려운 정세변화에 방관하는 입장을
취하였다.

---

169) 『高麗史』권115, 列傳28 李穡(중, 529) "遂與李崇仁·金士安, 如京師賀正, 且請王官監
國. 穡以我太祖, 威德日盛, 中外歸心, 恐其未還乃有變, 請一子從行. 太祖以我太宗爲
書狀官, 及入朝."
170) 이익주, 「고려말 신흥유신의 성장과 조선 건국」, 『역사와 현실』 29, 1998, 27~28쪽.
171) 『高麗史節要』권34, 恭讓王(창왕 원년 여름 4월)(846) "李穡還自京師, ……穡還語人
曰, 今此皇帝心無, 所主之主也. 我意帝必問此事, 則帝不之問, 帝之所問, 皆非我意
也."

명은 강회백이 가지고 간 창의 입조에 대한 답 글에 다음과 같이 말하였다.

　　강회백이 중국에서 돌아왔다. 예부에서 황제의 명을 받았는데, 자문에서 다음과 같이 말하였다. 고려는 산이 막히고 바다를 등지고 있어 풍속이 다르니 비록 중국과 교통하고 있으나 離合이 일정하지 않았다. 이제 신하가 그 아버지를 내쫓고 아들을 왕으로 세우고는 중국에 조회하러 오기를 청하니 대개 인륜이 크게 무너지고 왕의 도가 전혀 없으며 신하로서 할 수 없는 반역이 크게 드러났기 때문에, 使者는 돌아가고 童子(창왕)는 入朝할 필요가 없으니 왕을 세우는 것도 너희에게 있고 폐하는 것도 역시 너희들에게 있으니 중국과는 서로 관계가 없다고 유시한다.[172]

　　咨文에서는 천자국 명과 제후국 고려의 상호 계서적이며 호혜적인 정치 관계의 성격을 분명히 하였다. 그리고 명은 고려 왕이 중국에 入朝하러 오기를 청하나 굳이 올 필요 없다고 하여, 고려국의 정치 문제에 관여하지 않겠다는 태도를 명백히 하였다.[173] 禑王非王說이나 田制改革論으로 위기에 몰린 이색 등은 명에 의존해서 정도전과 같은 사대부를 제어하려고 하였지만 이루어지기 어렵게 되었다. 게다가 창이 너무 어리다는 이유로 母 李씨의 반대가 있어 창왕의 명 입조도 불가능해졌다.[174] 이색의 노력이 실패했다고 할 수 있다.

　　창왕의 입조를 통하여 이성계, 정도전과 맞서려는 이색의 의도는 실패한

---

172)『高麗史節要』권34, 恭讓王(창왕 원년 3월)(845) "姜淮伯還自京師, 禮部奉聖旨, 咨曰, 高麗限山負海, 風殊俗異, 雖與中國相通, 離合不常. 今臣子逐其父, 立其子, 請欲來朝, 蓋爲彝倫大壞, 君道全無, 不臣之逆, 大彰諭使者歸, 童子不必來朝. 立亦在彼, 廢亦在彼, 中國不與相干."

173) 명 홍무제는 내정불간섭 정책을 폈고, 명 성조는 내정간섭 불사 정책을 폈다고 한다(朴元熇,「明 '靖難의 役'에 대한 朝鮮의 對應」,『明初朝鮮關係史研究』, 일조각, 2002, 162쪽).

174)『高麗史節要』권34, 恭讓王(창왕 원년 9월)(849) "昌將親朝, 李穡曰, 遼野塞甚, 宜早行. 旣而昌母李氏, 憫其年幼, 言於都堂, 寢其行."

데 이어 우왕은 고려의 왕씨가 아니라는 이른바 우왕비왕설이 주장되었고, 김저의 옥을 구실로 공양왕이 옹립되었다.

그런데, 공양왕 옹립과정에서 중요한 근거였던 우왕비왕설[175) 곧 '廢家立眞'이 우왕과 창왕을 폐하고 고려의 왕씨를 회복한다는 의미로 사용된 최초의 자료는 창왕 원년(1389) 6월에 윤승순과 권근이 명에 가서 9월에 돌아올 때 가져온 명 자문이다. 최근 연구는 명 예부의 자문이 조작되었다는 설을 제기하고 있다.[176) 현재로서는 사실 관계를 파악하기 곤란한 점이 있지만, 이성계·정도전측이 권력 장악 과정에서 명을 이용하고 여러 정치적 사건을 최대한 활용한 점은 부인할 수 없다.

이색은 공양왕의 즉위를 고려 왕실의 정통을 계승한 것으로 보고,[177) 공양왕을 통한 왕조 유지에 진력하였다. 공양왕 2년(1390) 5월의 윤이·이초 사건과, 2년 11월의 西京千戶 윤귀택의 이성계 살해계획이 발각되면서

---

175) 禑王非王說은 신돈이 실각한 후, 공민왕이 신돈의 侍婢인 般若와 관계해서 아들을 낳았다고 말함으로써 알려지게 되었다. 그후 禑로 개명하고 江寧府院大君에 봉하였으며 백문보를 사부로 삼았다(『高麗史節要』 권29, 恭愍王 20년 7월, 22년 7월). 공민왕은 禑를 죽은 궁인 韓氏의 소생으로 삼은 다음 한씨의 3대와 그의 외조에게 벼슬을 추증하였다. 공민왕이 죽자 이인임과 왕안덕의 추대로 10세로 즉위하였다(『高麗史節要』 권29, 恭愍王 23년 9월).

176) 최근 연구에서 '廢家立眞'에 의해 창왕이 국왕에서 물러나게 된 근거가 '天子之命'에 의한 것이었는데, 이 '天子之命'은 명 예부 자문을 정도전 계열에서 조작한 것이라는 주장이 제기되었다. 즉 창왕 원년(1389) 6월에 창왕의 친조를 요청하기 위해 윤승순과 권근이 명에 갔고, 동 9월에 명 예부 자문을 가지고 귀국했다. 이 명 예부 자문에는 공민왕이 시해된 이후 왕씨의 후손이 끊어져 異姓이 왕위를 계승하고 있으므로 三韓을 지키는 좋은 계책이 아니라는 내용이 있다. 창왕 원년 11월에 김저의 옥이 발생하고 곧이어 창왕이 국왕에서 물러나게 되는데 그 근거로 제시한 것이 명 예부 자문의 '天子之命'이라는 것이다. 그런데, 이 명 예부 자문은 『고려사』에 근거한 것으로, 명 『太祖實錄』의 동일 기사를 비교해보면 『고려사』의 내용이 명 『太祖實錄』에는 없다. 그러므로, 여기에 있는 명 예부 자문의 '天子之命'은 조작된 것이라고 한다(金順子, 『韓國 中世 韓中關係史』, 혜안, 2007, 133~157쪽).

177) 『高麗史』 권115, 列傳28 李穡(공양왕 3년)(하, 534).

이색과 정몽주 계열 인물 등은 또 다시 탄핵을 받게 된다. 마침내 정몽주가 암살됨으로써 고려왕조가 멸망하고 조선왕조가 건국되기에 이른다.

　이색은 형세·문화적 화이관을 바탕으로 요동정벌이나 위화도 회군에 대응하였다. 명의 철령위 설치를 타협적인 외교론으로 해결하려고 하였고, 위화도 회군에 대해서는 명에 대한 사대의 입장에서 수용하였다. 또한 창왕의 즉위를 통하여 기존의 지배질서를 재확인하고 明의 감시를 통해 舊法을 수호하고 대내외 문제에 대처하려고 하였다. 즉 이색은 기존의 지배질서를 유지하면서 타협적인 외교론으로 대외문제와 국내문제를 타개하고자 하였던 것이다.

# 제7장 맺음말

고려말 정치적, 사상적으로 중요한 역할을 수행한 목은 이색(1328~1396)의 사상과 활동을 살펴보고, 이를 통하여 고려말과 조선초의 시대적 성격을 구명하려는 것이 본서의 목표였다. 이상의 논의를 요약하고 이색 사상의 역사적 성격을 정리하면 다음과 같다.

이색의 집안은 충청도 한산에서 대대로 호장직을 역임하였는데, 이곡대에 이르러 명문가문으로 성장하였다. 이색은 14세에 진사시에 합격하고, 15세 때 부음으로 별장이 되었으며, 21세 때에 원의 관료의 아들이라는 이유로 원 국자감의 생원이 되었다. 공민왕 2년 과거에서 장원 급제하였고, 그 이듬해 원 제과에 합격하였다. 원의 선진적인 학문을 익힌 이색은 공민왕의 개혁에 참여하였다. 공민왕 원년(1352)에 전제와 국방, 학제와 과거제, 불교 문제 등에 관한 복중상소를 올렸고, 공민왕 5년에 시정에 관한 8가지 상소를 올렸다. 공민왕 8년과 10년에 걸쳐 홍건적이 침입하자, 왕을 안동으로 호종하여 辛丑扈從功臣 1등이 되었다. 공민왕 14년 신돈이 집권하자, 이색은 과거제 개혁에 참여하고, 성균관이 다시 지어져 성균관 대사성이 되어 성리학을 진흥시키는데 기여하였다. 공민왕 20년 어머니가 돌아가시므로 3년상을 치르고, 병이 들어 관직을 맡지 않고, 7~8년간을 두문불출하였다. 우왕 5년 홍중선의 뒤를 이어 우왕의 師傅가 되지만, 우왕대 이색의 정치 참여는 제한되어 있었다. 우왕 10년 명 황제가 사신으로 장부, 주탁을 보냈는데, 장부 등은 국경에 도착하여 이색의 안부를 묻자, 우왕은 이색을 판삼사사로 명 황제의 조칙을 받게 하였다. 우왕 14년 이색은 위화도 회군에 찬성하였고, 요동정벌에 대한 책임을 묻는다는 명분으로 우왕의 폐위와 창왕의 옹립에 동조하였다. 창왕 원년(1389) 당시 현안 문제로 떠오른 전제개혁에 대해서는 이성계, 정도전, 조준과는 달리 반대하였다. 또한 이 해에 문하시중으로 명으로 가, 명의 監國과 창왕의 入朝를 관철시키려고 하였다. 하지만, 명의 미온적인 태도로 실패하였다.

정도전 등은 이른바 우왕비왕설을 주장하고, 공양왕을 즉위시켰다. 이들은 이색을 개혁을 반대하는 세력으로 몰아 탄핵하고, 마침내 정몽주를 죽임으로써 조선왕조를 개창하였다. 조선왕조가 개창되고 이색은 고려말에 당을 결집하여 난을 일으켰다는 이유로 논죄되었다. 이색은 고려의 신하로서 조선조에 출사하지 않다가 태조 5년(1396) 5월 여흥의 신륵사에서 세상을 떠났다.

이색은 가족관계를 비롯한 학교 등을 매개로 한 인간관계를 맺었다. 이색은 부친인 이곡의 1남4녀의 외아들로, 매부인 박보생·박상충·나계종·정인량, 3남인 이종덕·이종학·이종선과 직계가족을 형성하였다. 또한 이색은 안동 권씨인 권중달의 딸과 혼인하였는데, 처남인 권사종과 권계용, 동서인 전분·유혜방·민근·김윤철과 처가쪽 가족을 이루었다. 이색의 외가는 함창 김씨로 외삼촌인 김요, 이모부인 김호와 김의명이 있으며, 김창, 김원함, 김한계, 김계선 등의 사촌이 외가쪽 가족관계를 이루었다.

이색은 과거제를 기반으로 형성된 인간관계를 존중하였다. 과거제에서 파생된 좌주문생제, 용두회, 동년회, 명족회 등을 중시하여 이를 통해서 형성된 유대감이 국가 사회를 발전시키는 데 기여할 것으로 보았다. 이색이 응시한 과거 시험의 좌주는 김광재, 이제현, 홍언박이었고, 충혜왕 2년

성균시 동년으로는 한홍·오혁림·이동수·안종원·서영·이몽유·성사달·이
무방·김군필·주인성·박언진·곽충수·안면·임희좌 등이 있다. 공민왕 2년
예부시의 동년으로는 한홍도·권중화·정추·박진록·곽충록·채련·정양·이
구·송무 등이 있다.

　이색은 공민왕 16년에 성균관이 중영되었을 때 성균관대사성이 되어
김구용, 정몽주, 박상충, 박의중, 이숭인과 함께 성리학을 연구하였다. 어릴
때부터 친구로 한수, 염흥방, 정추, 이집이 있다. 또한 승려인 환암 혼수와
나잔자, 절간, 휴상인과 일본 승려인 萬峯 惟一, 天祐大有, 弘慧 등이 역시
이색과 교류한 인물이라고 할 수 있다.

　이색은 원과 명초의 성리학을 수용하였다. 세계제국을 건설한 몽골족
원은 중국을 지배하면서 정복 위주에서 지배 위주로 체제를 전환하였다.
중국식 제도를 통해 중국을 지배하는 이른바 漢化정책을 시행하여 유교를
관학화하고 과거제를 실시하였던 것이다. 그리고 원은 송대의 여러 학문
가운데 程朱學을 관학으로 삼았다. 이때 원의 정주학은 理에 대한 본원적
탐구와 도덕의 본질에 대한 철학적 논의보다는, 주어진 직분을 정당화하는
守分的 도덕규범을 중시하였다. 원을 이어 등장한 명은 원에 의해 왜곡된
중국의 문물제도를 정상화하고, 중국 고유의 철학과 역사, 문물제도의
정리 작업을 진행하였다. 우주 자연과 인간사회를 설명하며 그 이치를
이론적으로 탐구하기보다는, 주자의 말을 실천하고 학습하는 실용적인
측면이 강조되었다.

　이색은 원 국자감에 수학하고 원 제과에 합격하여 원 성리학을 받아들였
다. 이색은 杜祐의『통전』, 王應麟의『옥해』·『문헌통고』·『책부원귀』등의
최신 서적을 통하여 유학적 세계관을 익혔고, 성리학 연구에 핵심이 되는
『자치통감강목』·『주자가례』·『대학연의』와 같은 성리학서 뿐만 아니라 문
학에 대한 소양을 쌓았다.

　이색은 중국의 모범적인 인물을 상정하고 그들의 삶을 동경하고 정신적인 스승으로 삼았다. 도연명(365~427)은 그 대표적인 인물이다. 이색은 도연명을 성리학의 의리, 도의를 견지한 인물로 보았다. 도연명이 현실 정치에서 벗어나 전원으로 돌아간 것이 표면적으로는 명교에 위배되는 것이지만, 심층적으로 전원생활을 통하여 유학의 도의를 밝혔다고 평가하였다.

　또한 이색은 소옹의 安樂窩를 통하여 마음의 안식을 얻었다. 이색은 안락와를 '현실의 어려움에서 벗어나 마음의 안정을 취한다'는 의미와 '유교의 태평성대이고 이상향인 하은주 삼대(혹은 요순시대)를 뜻한다'는 두 가지 의미로 해석했는데, 이를 통해 현실에서 초탈하여 평상한 마음을 유지하는 삶을 지향하였다.

　이색은 주렴계의 애연설을 마음에 두고 연꽃을 감상하며 군자적 삶을 추구하였다. 진흙 속에서도 물들지 않고, 안팎으로 곧은 연꽃의 모습은 마치 군자가 세속이 어지러움 속에서도 도리를 다하는 삶과 같았기 때문이다. 연꽃을 군자의 이미지로 상징화하는 작업은 주렴계에게서 비롯된다. 이색은 주렴계를 통하여 성리학을 익히는 한편으로, 그의 애연설을 통해 마음을 안정시키고 정서를 함양하였던 것이다.

　이색은 『대학』의 공부론과 성학론을 익히며 성인 군주를 지향하는 인간관을 견지했다. 수기치인의 수양론을 전제로 齊家·治國·平天下의 앞 단계로서 修身·格物·致知를 제시하였다. 이색은 성인을 지향하고 천리를 보존하며 인욕을 제거하는 마음공부를 제시하였다. 이때 이색이 사대부로 하여금 성인이 되는 수양·수기에 힘쓸 것을 당부한 것이 그것이다. 그런데, 당시 공부하는 사람들은 학문하는 자세와 태도에 문제가 있다고 보았다. 조금 안다고 자부하는 자들은 요순과 같은 성인의 도에 나아가고 있다고 자만하거나, 요나 순이 어떤 사람인가하고 자포자기하는 사람들도 있었다. 또한 과거 공부하는 자들 가운데는 성인이 되기 위해 공부하기 보다는 녹을 구하기만 하고 문장과 시구를 조탁하는데 마음을 지나치게 써 성의·정심의 도를 알지 못한다고 이색은 지적하였다. 이색은 선비는 천하의 일을 자임하고 천자를 도와 그 뜻을 행하고 배운 것을 베풀어야 한다고 하였다.

이색은 성리학자로서 유학의 문제의식에 충실했고 현실을 이상사회로 이끌어갈 방책을 구상하였다. 그는 유학자로서 도의 실현 여부에 따른 은둔과 출사의 통일된 삶을 지향하고 이에 근거하여 출처를 생각하였다. 이색은 천하에 도가 있으면 나아가고 도가 없으면 숨는다는 공자의 출처관을 기준으로 제시하였고, 이를 숨음[隱]과 드러남[顯]의 통일이라는 성리학의 體用論으로 설명하였다. 유학적 은자로서의 삶은 은둔적 삶 그 자체가 목적이 되는 것이 아니라 治人적 삶에 대한 지향을 기반으로 한다고 하였다. 산림에 묻혀 사는 것과 세상 사람들과 어울려 사는 것을 하나로 파악하고, 도의 실현 여부를 근거로 현실 참여 여부를 결정하려한 것이다.

이색은 당시를 대동사회의 전 단계인 소강의 시기로 인식하여 도가 실현될 수 있는 사회로 판단하고, 구체적인 현실 정치에 적극적으로 참여하고자 하였다. 이색은 위화도 회군 이후 정치에 참여하여 구법을 준수하는 입장을 견지하면서, 정도전, 이성계와 대립하였다. 당시의 민감하고 위험한 정국 현안에 대해서는 분명하게 의사표시를 하였다. 은자의 호를 쓰면서도 현실에 대한 강력한 책임의식과 사명의식을 표출한 것은 현실 참여의 고려후기적 표현이고 성리학 수용자의 출처관이기도 하였다.

이색은 원으로부터 성리학을 수용하여 성리학적 세계관과 인간론을 견지하였다. 당시 원은 송대의 여러 학문 가운데 정자·주자로 이어지는 정주학 곧 도학을 정통으로 삼고 관학화 하였다. 이색은 16字의 心法으로 표상화된 도통론을 받아들였던 것이다.

이색은 『사서집주』로 성리학을 익혔다. 이색은 『대학』을 통하여 유교 본래의 문제의식인 수기치인의 8조목을 익히고 정통·정학으로 유학을 인식했다. 그리고『맹자』와『논어』를 통하여 성리학적 인론과 경세론을 전개했고,『중용』을 통하여 人道, 天道, 天性에 대한 성리학적 세계관을 견지하였다. 이색은 주자가 직접 주석한『주역』·『시경』과 주자가 동의한 三經의 입장에서 오경을 이해하였다. 이색은 의리와 천명 그리고 윤리 도덕을 근본으로 하는 정이천의『주역』을 받아들이고,『시경』을 주자의 주를 통해 이해하였고, 채침의『서경』주를 받아들였으며,『춘추』역시 주자의 견해에 입각하여 이해하였기 때문이다.

이색은 성인을 최고의 인간형으로 설정하였지만, 보다 구체적으로는 군자를 지향하였다. 군자는 천명을 알아 진퇴에 신중하고 본래의 뜻을 굳게 지키는 사람으로 경을 통해 도달할 수 있다고 보았다. 이색의 군자론은 치인을 전제로 수기와 본성 함양을 강조한 것이었다. 이색에게서 자학에 가까운 자기 비하나 자기 부정이 나타나는 것은 역으로 자기 완성에 대한 그의 강렬한 지향을 보여주는 것이다. 이와 같은 內向的 군자관은 군자와 소인을 대립적으로 파악한 것이라기보다는 단계적이고 계기적인 수양의 위계상의 구분이다. 그 점에서 이색의 군자소인론은 주자학의 군자소인론 을 기초로 군자와 소인을 대립적인 시각에서 이분화하고 개혁을 지향한 강경파의 입장과는 다른 것이다.

또한 이색은 시세를 중시하는 예론을 전개했다. 이색은 經과 權을 혼용하 는 입장을 취하였고, 時勢를 중시하는 예론을 취했다. 이색은 대내외적 위기와 정치사회변동 속에서 고려의 질서를 유지하는 대안을 생각했고, 현실변화에 능동적으로 대처할 수 있는 상황 중시의 현실타개책을 구상하 였다. 시세를 중시하는 예론과 경과 권을 조화시키는 혼합주의적이고 절충 적인 입장을 견지한 것이 그것이다.

이색은 경 중시 성리학과 유불동도론을 지향하였다. 경 중시의 성리학은 도덕 실천에 있어서 인간의 주체적이고 자발적인 행위를 중시하였음을 의미한다. 이색이 경 위주의 성리학을 전개한 것은 유불동도론과 밀접한 연관을 가지고 있다. 이색은 불교를 이단으로 보았지만 현실적 순기능을 인정하였고, 유교와 불교가 추구하는 목표는 동일한 것으로 보았다. 아울러 불교는 유교로부터 파생되었고, 불교가 윤리도덕의 실현과 교화에 기여한다고 인정하였다. 이색이 경에 치우치고 유불동도론을 견지한 것은 성리학이 고려왕조의 재건을 위하여 수용되었다는 역사적 맥락과 궤를 같이하는 것이고, 불교·도교와 유교의 병존과 조화를 특징으로 하는 고려 사상계와의 절충을 시도하는 결과로 해석할 수 있다.

이색은 왕안석을 존중하면서도, 문장에는 도덕 혹은 삶의 참된 도리를 담아야 한다는 문이재도적 문학론에 따라, 왕안석의 신법을 비판적으로 바라보았다. 이는 왕안석의 문학은 인정하지만, 왕안석의 신법과 같은 정치적 행적은 수용하지 않는 이중적인 인식을 가지고 있었음을 보여준다.

이색은 성리학을 받아들였고, 성리학적 역사인식을 토대로 역사편찬에 적극적이었다. 이색은 주자의 역사인식을 견지했다. 그는 의리와 명분에 충실한 주자의 역사관을 받아들여 왕실의 권위를 회복하고 지배질서를 확고히 하려고 하였다. 이색은 도덕규범의 실천을 중시하고 주어진 직분과 분수를 강조함으로써, 현존하는 지배관계로서의 천자와 제후, 군주와 신하의 상하관계를 옹호하였던 것이다.

그런데 이색은 『공양춘추』에 경도되고, 大一統 의식을 기반으로 한 천하통일의 역사관을 견지했다. 『공양춘추』는 元이 하나된 중국 천하의 일원적 지배를 합리화하는데 유용할 뿐만 아니라 종족과 관계없이 문화를 기준으로 화이관을 구분하는 논리는 자신들의 중국지배를 정당화할 수 있는 사상적 근거가 될 수 있었다. 원은 이러한 이유에서 『공양춘추』를 채용하였고, 이색은 원 성리학을 수용하는 가운데 원을 중국의 정통 왕조로

334

파악하였던 것이다.

이색은 성리학적 역사인식과 공양춘추론을 중시하면서도 상황을 중시하는 역사인식을 보여주었다. 중국 진나라는 司馬씨가 왕의 성씨였지만 성이 牛씨인 元帝가 大統을 이었는데, 이는 당시 胡羯의 침입 때문에 불가피한 조치였다. 이색은 이러한 사실을 근거로 고려의 위급한 상황을 고려할 때 辛氏를 세우는 것에 대하여 이론을 제기할 수 없었다고 하였다. 형세에 따라서 일을 처리할 수밖에 없다는 상황 중시의 논리인 것이다.

이색은 성리학적 세계관과 역사관을 견지하면서 우리나라 역사의 유구성을 밝혔다. 이색은 중국의 역사가 반고에서 시작하여 金나라에 이른 것과 비교해서, 우리나라는 단군에서 출발하여 고려에 이르고 있음을 밝혔다. 또한 단군을 건국의 시조로, 기자를 교화의 시조로 파악하여 성리학의 역사관을 견지하면서도 독자적인 한국사 체계를 인식하였다.

이색은 왕패겸용적 이상군주론과 성학론을 지향하였다. 이색은 이제삼왕을 聖人君主로 파악하면서도, 서연에서 우왕을 가르치며 대외적 위기상황에 능동적으로 대처해 나갈 수 있는 패도적 군주상을 중시하였다. 이색은 왜구와 홍건적의 침입이라는 대외적 위기 속에서 당 태종을 이상군주로 설정하여 고려왕조를 재건하려고 하였다.

이색은 고려의 집권체제를 정상화하려고 하였고, '先王之法'·'古制'·'舊制' 등으로 표현되는 고려의 제도를 회복하여 공적인 국가질서를 유지하려고 하였다. 『주관육익』은 『주례』의 육전에 근거하여 고려의 문물제도를 정비한 것이다. 여기에는 고려의 正統을 밝히는 삼한이래의 역대사와 世系, 戶典과 관계있는 각 지방의 산물, 각 지방의 성씨를 기록하고 있다. 이색은 이를 통하여 고려왕조 성립의 필연성, 성립의 의의를 밝히고 그 존립 근거를 재확인하려고 하였다.

이색의 구상은 관료의 자율권을 보장하는 가운데, 관료의 양식과 재량에 의하여 합리적으로 국정이 운영되는 것을 지향하였다. 이색은 학교 설립의 문제와 관련하여 현실적으로 전국적인 차원에서 시행하는 것이 불가능하다면 의식 있는 몇몇 사대부가 자율적으로 학교를 세우고 농민을 교화해야 한다고 생각하였다. 이색은 민의 항산을 마련하기 위한 대책으로 의창을 통한 진휼을 제시하였는데, 이 역시 의식있는 사대부의 개인적인 노력으로 군현에 의창을 세워야 한다고 하였다. 당시 왜구와 홍건적의 침입 등 대외적인 불안과 饑饉·流亡·流移 등 대내적인 불안으로 말미암아 민이 불안정하고 생산기반이 붕괴되는 시기에, 국가적이고 제도적인 차원에서 근본적으로 민의 생산기반을 마련해주기 보다는 개별적으로 의식있는 사대부의 良識에 의해 기왕의 제도를 합리적으로 운영하는 가운데 민의 고통을 해결하려고 하였던 것이다. 이는 최소한도의 제도 개선이나 운영상의 문제만을 처리하여 고려의 지배질서, 구법을 수호하려는 이색의 현실문제에 대한 온건한 입장을 보여주는 것이다.

이색은 성리학을 수용하였고 인성을 중시하는 교육과 이를 기초로 한 관료 양성을 제시하였다. 즉 치인을 전제로 한 수기를 강조하고, 본성 함양에 치중하는 가운데 국가운영, 대민 지배를 실현할 수 있을 것으로 보았던 것이다. 그는 관학 중심의 교육 개혁안을 제시하였다. 이 방안은 지방의 향교와 개경에 학당을 설치하여 학생들의 재능을 보고 12도로 올리며, 또 다시 살펴서 성균관에 올리게 하면, 성균관에서는 덕과 재능을 시험하고 과거에 응시하게 하여, 합격자에게는 관직을 주게 하자는 것이다. 아울러 그는 관직자를 제외하고 국학생만을 과거에 응시할 수 있게 하자고 주장하였다. 이는 과거와 학교교육, 관직 수여까지의 과정을 하나의 계통으로 연결시켜, 관료 선발을 보다 공정하고 엄격하게 관리함으로써 과거의 권위를 높이려는 생각이다.

이색은 과거 시험을 통한 관료 선발을 주장했는데, 과거에서 경학과

책문, 시부를 모두 중시하면서 인재를 등용하고자 하였다. 이색은 고려의 문학 전통을 이해하면서 성리학적 인식을 견지하고 시를 마음 수양의 문제로 확대해서 이해하였던 것이다. 그는 시부를 중심으로 하는 고려 과거제의 기초 위에 四書 중심의 주자학적 과거제를 수용하고자 하였다.

이색은 교육 과거제를 중시하고 이를 통하여 학문이 발전하고 문치가 일어날 것으로 생각했다. 교육 과거제를 통한 인재 양성이 정치적 유대감으로 이어지고, 사문이 일어날 것으로 기대하였다. 이색은 장원 급제자 모임인 용두회, 같은 해에 급제한 모임인 동년회와 명족회를 통하여 인적 결합과 유대 관계를 돈독히 하려고 하였다. 이색은 성리학의 천리인욕, 공사론에 입각한 관료 선발, 정치운영에는 어긋나지만, 과거제를 존중하고 과거제에서 파생되는 좌주문생제, 용두회와 같은 인적 유대감을 중시하였다. 고려의 혈연을 존중하는 귀족기반 위에 성리학을 수용한 이색 사상의 특색을 보여주는 것이라 할 수 있다.

이색은 의미와 명분을 중시하는 주자학을 수용하여 공의에 입각한 정치운영과 능력을 본위로 하는 관료제 운영론을 지향하였다. 이와 동시에 이색은 혈연과 가문을 중시하는 고려 귀족사회의 분위기를 중시하였다.

또한 이색은 중국 중심의 세계관과 형세·문화적 화이관을 견지하였다. 그는 중국을 천자국으로 고려를 제후국으로 하는 유교의 명분에 충실한 사대의식을 견지했다. 당시 몽고족 원은 漢族 우위의 화이론을 변화시켜, 중국 중원의 지배 여부로 천자국의 기준을 정하고 여기에 문화적 결합을 중시하는 화이론을 제시하였다. 이색은 주자학을 수용하면서도 種族에 입각한 화이관이 아니라 形勢와 文化에 입각한 화이관을 따랐다. 그리고 이를 근거로 만족인 몽고족 원을 천자국인 華로 파악하였다. 이색은 형세·문화적 화이관에서 한 걸음 더 나아가 문화·문명을 특히 강조하는 소중화 의식을 견지하였다.

이색은 성리학 수용자로서 유학의 대외관, 이민족관에 따라 일본을 인식하였다. 이색은 왜구와 일본을 분리 인식하며 유교 이념에 따라 대응하였다. 왜구를 일본의 정치 혼란으로 발생한 도적으로 파악하였고, 유학의 화이론과 교화론에 기반하여 일본을 이해하면서, 일본 승려와 적극적으로 교류하였다. 성리학자인 이색은 중국 중심의 천하관·세계관을 견지하면서도 일본의 이질적인 문화를 존중하였고, 일본 승려와 자유롭게 교류하였던 것이다. 유교에는 수레바퀴의 폭이 같듯이 문물제도가 통일되어 있고 문자가 통일되어 있으며, 윤리도덕의 기준과 예의범절이 통일되어 있다는 한자문화권 내지 유교문명의식이 전제되었다. 세계는 천자의 덕화가 미치고 그 은덕을 입는 주변국가로 구성되었으며, 주변국은 천자국의 덕화로 인의도덕을 실천하고 문명국으로 전환될 수 있다는 의식을 견지하였고, 일본에 대한 인식도 그러했다.

이색은 유교의 문명관, 문화관에 기초하여 일본을 교화의 대상으로 보고, 일본과의 사신 왕래, 일본 승려와의 교류, 일본 승려의 시 요구, 당시 문명의 상징이었던 대장경 요구의 수용 등에 대하여 호의적이었다.

이색은 형세·문화적 화이관을 바탕으로 요동정벌이나 위화도 회군에 대응하였다. 명의 철령위 설치를 타협적인 외교론으로 해결하려고 하였고, 사대관계를 존중하는 입장에서 최영의 요동정벌에 반대하였으며, 위화도 회군에 동의하였다.

고려체제 내의 개혁을 지향한 이색은 창왕의 즉위를 통해 구래의 지배질서에 의존하여 왕조를 유지하려고 하였고, 중원의 지배자인 명을 천자국으로 하는 사대외교론에 근거해 명과의 관계를 강화하려고 하였다. 형세를 중심으로 한 華夷論은 곧 중국 中原의 지배여부, 무력기반의 소재를 중시하고 또 천자국의 힘에 의존할 수밖에 없게 된다. 따라서 이색은 명의 監國과 창왕의 入朝를 관철시켜 명과의 관계를 강화하고 以小事大를 확인하려고 하였다. 명과의 천자와 제후라는 名分관계를 분명히 설정하는 가운데 고려 내부의 군신질서를 확고히 다지고, 현왕의 권위를 확보한 가운데 정도전 등의 반대파를 견제하려고 하였던 것이다.

그러나 이러한 시도는 명의 미온적인 태도로 실패하고 말았다. 명은 창왕이 입조할 필요도 없으며, 왕을 세우고 폐하는 것은 고려 스스로 정하는 것이라고 이색의 제안을 거절하였다. 명을 통하여 고려 왕권을 강화하고 정도전을 견제하려던 이색의 노력은 결국 실패하였다.

고려체제의 개혁을 주장한 정도전 등은 이른바 '우왕비왕설'을 주장하면서, 공양왕을 즉위시켰다. 그리고 윤이·이초 사건과 정몽주의 죽음을 계기로 조선왕조는 개창되었다.

이상과 같이 이색은 성리학을 고려의 유불도 삼교의 사상적 전통이나 그에 연결된 정치 사회 문화적 흐름과 결합하면서 수용하고자 하였다. 특히 그는 인간의 도덕적 본성과 그에 따른 본성의 함양, 敬의 활용을 통하여 인륜도덕의 확립과 사회의 안정, 국가질서의 확립을 도모하고자 하였다. 이는 불교에서 말하는 좌선과 같은 마음공부, 심신 수련의 심학, 수양의 전통을 성리학의 인성론, 수양론과 결합하여 인간으로서 지켜야 할 인륜도덕에 충실하고자 함이었다. 성리학은 유교 본래의 문제의식에 충실하고 이단에 비판에 철저한 정치사회 사상을 갖고 있는데, 이색은 이러한 성리학을 고려의 유교·불교·도교의 전통 학문과 결합하면서 고려왕조를 유지하는 체제 유지의 논리로 활용하였던 것이다.

[부록]

# 이색의 대책문 역주

## 해제

여기에서 소개하는 이색의 대책문은 2종으로 공민왕 2년 5월의 예부시와 동왕 2년 가을에 치러진 정동행성 향시의 과거시험 문제와 답안이다.

이색은 공민왕 2년(1353) 5월에 이제현(1287~1367)과 홍언박(1309~1363) 문하에서 장원으로 급제하였고, 같은 해 공민왕 2년 가을에 안보(1302~1357)가 시관이었던 정동행성 鄕試에 합격하였으며, 공민왕 3년 2월에 원나라 과거의 會試를 거쳐 3월에 殿試에 제2갑 제2명으로 합격하였다.

이색의 과거 시험 답안은『목은집』에 없다. 최근, 日本 名古屋 蓬左文庫에 있는『策文』에서 안축, 이색, 정몽주 등 고려인의 과거 시험답안이 발견되었고,『東人策選』(고려대, 서울대 소장)과『策文』(고려대 소장)에 있는 안축과 이색의 그것이 찾아지게 되었다. 일본 蓬左文庫의『策文』에는 이색의 대책문이 1개가 있지만,『東人策選』과『策文』(고려대 소장)에는 일본의 것을 포함해서 2개가 존재한다.

대책문의 작성시기와 관련해서, 대책문 가운데 '왜구가 끊이지 않아 변방의 근심거리가 된 지 4년이 되었다'는 표현이 있는데, 이는 왜구가 본격적으로 등장하는 충정왕 2년(1350) 경인년부터 계산하면 4년 뒤인 공민왕 2년이 되어 이색이 과거에 합격한 해와 일치한다.

　2종의 대책 가운데 '六經의 교화'(대책1)를 내용으로 한 글이 3종의 책에 모두 실려 있는데, 이것이 공민왕 2년에 실시된 고려 예부시 답안으로 추정되고, '왜구에 대한 대책'(대책2)을 내용으로 2종에 책에 있는 글이 정동행성 향시의 답안으로 판단된다. 예부시 답안으로 추정되는 대책의 질문에서 '우리나라는 대대로 가르쳐온 것이 오래되었다(吾東方世敎尙矣)'라 하고, 답안에서 '우리나라에서 학문이 시작되고(吾東方爲學之始)' '우리 태조 임금께서 삼한을 통일하시고……사백여 년이 되었습니다(洪惟太祖 肇一三韓……四百餘年)'라는 내용이 있어 고려왕조를 전제하는 가운데 답안이 작성되고 있음을 알 수 있다. 또한 '삼가 생각건대 주상전하께서는(恭惟主上殿下)'라고 하였는데, '殿下'는 제후국 왕에게 쓰는 표현으로, 원 간섭하 고려 국왕을 의미한다고 할 수 있다.

　정동행성의 향시의 문제와 답안으로 추정되는 '왜구에 대한 대책'(대책2)이 있는 글은 유교의 일반적인 교화론이나 중국 황제의 덕화가 강조되고 중국(聖元)을 우선하는 가운데 고려(東方)를 말하고 있다. 질문인 책문에서 『예기』의 구절을 인용하여 유교 교화를 설명하고, 세조 황제(쿠빌라이)와 우리 황제폐하(我皇帝陛下)의 치적에서 동방에 교화가 곳곳에 미친다고 하면서 원을 주체로 하는 왜구의 방어 대책을 질문하고 있다. 고려대 소장본인 『策文』에 이색의 글이 兪鎭, 蕭應元, 周尙之 등 중국인 元 鄕試 합격자의 글 속에 포함된 것도, 이 글이 정동행성 향시 문제일 개연성을 높게 해준다.[1]

---

1) 이색의 대책문과 관련된 연구로 다음이 있다(도현철, 「이색의 유교교화론과 일본인식 - 새로 발견된 대책문을 중심으로 -」, 『한국문화』 49, 2010 ; 정재철, 「이색의 국자감 유학과 문화교류사적 의미」, 『고전과 해석』 8, 2010).

## 1. 대책(1)

問.

『記』曰, "入其國, 其敎可知也. 其爲人也, 疏通知遠, 『書』敎也. 潔精淨微, 『易』敎也. 屬辭比事, 春秋敎也. 溫柔敦厚, 詩敎也." 夫四經爲天下國家之所由以爲理者, 則宜若無所失也. 然其疏通知遠之失於誣, 潔精淨微之失於賊, 屬辭比事之失於亂, 溫柔敦厚之失於愚, 何也? 蓋有是四敎, 則必有是四失者歟? 抑其失之所由生者, 何自歟? 吾東方世敎尙矣, 必居一於此四, 未知以何敎成其俗也. 如有其失, 必有其弊, 如拔其弊, 必有其術. 諸生博學窮理, 陳之無隱.

   묻는다.

   『예기(禮記)』에서 "그 나라에 들어가면 그 가르침을 알 수 있다. 그 사람의 됨됨이가 트이고 통달하면서도 멀리 아는 것은 『서』의 가르침 때문이다. 바르고 깨끗하면서도 정밀히 아는 것은 『역』의 가르침 때문이다. 문장을 이어 엮고 사건을 비교하여 평가할 줄 아는 것은 『춘추』의 가르침 때문이다. 온유하고 돈후한 것은 『시』의 가르침 때문이다."[2] 라고 말하였다. 대저 네 경전은 천하 국가가 다스려지는 근거이다. 따라서 그 가르침들에 응당 잘못된 것이 없을 것이다. 그러나 트이고 통달하면서도 멀리 알고 있는 것이 남을 속이는 데로 잘못 빠지고, 바르고 깨끗하면서도 정밀히 아는 것이 남을 해치는 데로 잘못 빠지고, 문장을 이어 엮고 사건을 비교하여 평가할 줄 아는 것이 반란을 일으키는 데로 잘못 빠지고, 온유하고 돈후한 것이 어리석은 데로 잘못 빠지는 것은 무엇 때문인가? 대개 이 네 가지 가르침이 있으면 반드시 이 네 가지 잘못도 있기 때문인가? 아니면 그 잘못이 발생하는 근원은 무엇에서 비롯하는가?

---

2) 『禮記』 권26, 經解 孔子曰, "入其國, 其敎可知也. 其爲人也, 溫柔敦厚, 詩敎也. 疏通知遠, 書敎也. 廣博易良, 樂敎也. 絜靜精微, 易敎也. 恭儉莊敬, 禮敎也. 屬辭比事, 春秋敎也. 故詩之失愚, 書之失誣, 樂之失奢, 易之失賊, 禮之失煩, 春秋之失亂. 其爲人也, 溫柔敦厚而不愚, 則深於詩者也. 疏通知遠而不誣, 則深於書者也. 廣博易良而不奢, 則深於樂者也. 絜靜精微而不賊, 則深於易者也. 恭儉莊敬而不煩, 則深於禮者也. 屬辭比事而不亂, 則深於春秋者也."

342

우리나라도 대대로 가르쳐온 것이 오래되었으니, 반드시 이 네 가지 가르침 중 어느 것인가에 속해 있을 것이지만 어느 가르침으로 풍속을 이루었는지 모르겠다. 잘못이 있다면 그 폐단이 있을 것이요, 또 그 폐단을 발본하자면 반드시 적절한 방법이 있을 것이다. 제생들은 널리 배우고 이치를 궁구하였을 것이니 감추지 말고 소견을 진술해보라.

對.
垂世以爲敎者, 道之常也. 隨時而可救者, 道之變也. 聖人作其經, 以明其理, 故道之常, 於是乎立. 人君用經以成其俗, 故道之變, 於是乎生. 道立而不知敎, 變生而不知救, 則聖人作經之意荒矣. 執事先生據『戴記』「經解」之文, 慨然四敎之所以失, 與夫東方成俗之由, 繼之以救弊之術, 以資承學, 偉哉, 先生之心也! 其挽回世道之機乎, 其轉移風俗之時乎! 愚雖不敏, 請言其故.

　대답합니다.
　대대로 전하여 가르침으로 삼는 것은 도의 변함없는 것입니다. 시대상황에 따라 잘못에서 구제할 수 있는 것은 도의 변하는 것입니다. 성인이 경(經)을 지어 그 이치를 밝혔기 때문에 도의 변함없는 것이 이에 확립되었습니다. 인군이 경(經)을 이용하여 나라의 풍속을 이루기 때문에 도의 변하는 것이 이에 생겨납니다. 도가 확립되어 있어도 가르칠 줄 모르고, 변화가 발생하여도 구제할 줄 모른다면, 성인이 경을 지은 의도가 쓸모없게 됩니다. 집사선생께서 『예기(禮記)』「경해(經解)」의 경문에 근거하여 네 가지 가르침이 잘못으로 빠진 이유와 우리나라에서 풍속을 이룬 유래에 대하여 탄식하면서 폐단을 구제할 방법을 우리 제생들에게 자문하였습니다. 훌륭합니다, 선생의 마음이여! 세도를 만회할 기회요, 풍속을 변화시킬 시기가 될 것입니다! 제가 비록 불민하지만 그 방법을 말씀드려보겠습니다.

昔者, 聖人之作六經也, 如化工之著於物. 六經之在天下, 如日月之行乎天, 實萬世之規範, 百王之龜鑑也. 夫溫柔敦厚者, 『詩』之敎也. 溫則不暴, 柔則致曲,

所以使人敦且厚也. 如是而能通其權, 則志之善矣. 何愚之足慮? 疏通知遠者,
『書』之敎也. 疏則無弊, 通則盡變, 所以使人知其遠也. 如是而能闕其疑, 則事
之明矣, 何誣之足患?『易』之所以爲敎者, 非潔淨精微之謂乎? 潔者無汚也,
淨者有守也. 精而不雜, 微而不彰, 又能顯其幽, 則可謂道之明矣. 於賊乎何有?
『春秋』之所以爲敎者, 非屬辭比事之謂乎? 辭者, 理其名也, 事者, 記其實也.
屬以連之, 比以附之, 又能知所謹, 則可謂法之正矣. 於亂乎何有?

　　옛날에 성인이 육경을 지은 것은 조화가 사물에 드러난 것과 같습니다.
육경이 세상에서 가지는 의미는 해와 달이 하늘에서 운행하는 것과 같습니다.
실로 모든 시대의 기준이요 모든 임금의 귀감입니다. 온화하고 후덕한 것은
『시』의 가르침입니다. 온화하면 사납지 않고 부드러우면 곡진해지니 사람을
돈독하고 후덕하게 만드는 근본입니다. 이와 같으면서도 그 권도에 통달한다면
뜻이 선할 것입니다. 어찌 어리석음이 염려할 만한 것이 되겠습니까? 트이고
통달하면서도 멀리 아는 것은『서』의 가르침입니다. 트이면 폐단이 없고 통달하
면 변화를 다 알게 되니 사람으로 하여금 멀리 알게 하는 방법입니다. 이와
같으면서도 의심나는 것에 대해서는 유보해둔다면 일에 대하여 밝아집니다.
어찌 속이는 것이 염려할 만한 것이 되겠습니까?『역』이 가르침이 되는 이유가
바르고 깨끗하면서도 정미하게 아는 것을 말함이 아니겠습니까? 바르면 오염됨
이 없고 깨끗하면 지키는 바가 있게 됩니다. 정밀하여 박잡하지 않고 은미하여
드러내지 않으면서도 또한 그 은미한 것에서 파악할 수 있으면, 도에 대하여
밝다고 할 수 있습니다. 해치는 것이 무슨 문제가 되겠습니까?『춘추』가 가르침
이 되는 이유는 문장을 이어 엮고 사건을 비교하여 평가할 줄 아는 것을
말함이 아니겠습니까? 문장은 명분을 다스리는 것이요, 사건은 실상을 기록하는
것입니다. 그것을 이어서 연결하고 나란히 세워 분류하면서 또한 삼가야할
바를 알 수 있다면 법이 바르다고 말할 수 있습니다. 반란을 어찌 걱정하겠습니
까?

然於『春秋』之敎而不知所謹, 則近於亂矣. 於『易』之敎而不知顯其幽, 則近於賊

344

矣.『書』之或陷於誣者, 以其不能闕其疑也.『詩』之或入於愚者, 以其不能通其
權也. 然此四敎之有四失者, 豈如形影之相隨者哉? 人心之操舍, 學術之趣向,
有以使之也. 然則四經之敎, 論其初則未必有其弊, 論其終則未必無其弊矣. 其所
由生者, 抑何自歟? 愚謂習俗之成·性情之偏, 有以爲之也. 夫豈『詩』·『書』·『易』·
『春秋』之過哉?

　　그러나 『춘추』의 가르침에 대하여 삼가야할 바를 알지 못하면 반란을 일으키
는데 가깝게 됩니다. 『역』의 가르침에 대하여 그 은미한 것에서 파악할 줄을
모르면 해치는 것에 가깝게 됩니다. 『서』의 가르침이 더러 속이는 것에 빠지는
것은 의심스런 부분을 유보하지 못하기 때문입니다. 『시』의 가르침이 어리석음
에 빠지는 것은 권도에 통달하지 못하기 때문입니다. 그러나 이 네 가지 가르침에
네 가지 잘못이 있게 되는 것이 어찌 몸체와 그림자처럼 서로 수반되는 것이겠습
니까? 사람의 심성이 수양되는 정도와 학문의 기풍이 그렇게 야기하는 것입니다.
그러므로 네 경의 가르침에 대하여 그 시초를 논하면 폐단이 반드시 있는
것이 아니요, 그 결과를 논하면 폐단이 반드시 없는 것도 아닌 것입니다.
그것이 생겨나는 것이 대체 어디에서 비롯하겠습니까? 제 생각으로는 습속이
이루어진 것과 성정(性情)의 치우침이 그렇게 야기하는 것입니다. 어찌 『시』·『서』·
『역』·『춘추』의 잘못이겠습니까?

明問所謂, 東方之世敎, 尤有以起愚生之感也. 蓋誦唐風者, 慕堯之遺風, 歌豳
雅者, 念周之盛治, 況自此國人而不知其國之世敎, 其可乎? 箕子當周之初,
武王不之臣而封于朝鮮. 箕子, 告武王以洪範者也. 洛書之數, 天人之學, 千載
之下, 蔚有遺風. 則吾東方爲學之始, 成俗之由, 意必權輿於此矣. 惜乎, 綿遠而
莫之考也. 洪惟太祖肇一三韓, 列聖相承, 咸能繼述, 禮制大備, 衣冠文物, 煥然
可觀, 雖中國, 未能或之先也. 於是尊尙儒術, 設科取士, 內立成均之學, 外設郡
縣之學, 豊芑之雅, 菁莪之詩, 於倫於樂, 四百餘年, 其所以養育人才, 薰陶德性
者, 無所不備矣.

　책문에서 이른바 우리나라의 세교(世教)는 더욱 저로 하여금 생각하게 하는 바가 있습니다. 대개 「당풍(唐風)」을 외우는 자는 요(堯)의 유풍(遺風)을 사모하고, 「빈풍(豳風)」과 「소아(小雅)」, 「대아(大雅)」를 외우는 자는 주나라의 성대한 치세를 사모합니다. 더구나 이 나라 사람이 되어서 이 나라의 세교(世教 : 대대로 전하는 가르침)를 몰라서야 되겠습니까? 기자가 주나라 초기에 나왔지만 무왕은 그를 신하로 삼지 않고 조선에 봉하였습니다. 기자는 무왕에게 「홍범(洪範)」을 알려준 분입니다. 낙서(洛書)의 수(數)와, 하늘과 인간의 도리에 대한 학문은 천년 뒤에도 성대하게 유풍(遺風)으로 남아 있습니다. 따라서 우리나라에서 학문이 시작되고 풍속을 이룬 유래는 생각건대 틀림없이 기자의 학문에서 비롯하였을 것입니다. 아쉽게도 연원이 오래되어 아무도 살피지 못하였을 뿐입니다. 우리 태조임금께서 삼한을 통일하고, 여러 훌륭한 임금들이 서로 이어받아 모두가 태조의 뜻을 잘 계승하여 실천함에 예제가 크게 갖추어지고, 복식 등 문물이 찬연하여 볼만하니, 비록 중국이라고 해도 혹 우리보다 나을 수 없습니다. 이에 유학의 학문을 존숭하고 과거를 설치하여 선비를 선발하고, 중앙에는 성균관을 설립하고 지방에는 군현마다 학교를 세워 「문왕유성」 등 아(雅)와 「청청자아」 등 시를 외우면서 인륜과 예악에 젖은 지 400여 년이 되었습니다. 인재를 양육하고 덕성을 훈도하는 방법이 갖추어지지 않은 바가 없습니다.


是以人人自以爲稷契, 家家自爲周孔. 溫柔敦厚而深於『詩』者有之. 疏通知遠而深於『書』者有之. 潔精淨微而不賊者, 非深於『易』者乎? 屬辭比事而不亂者, 非深於『春秋』乎? 祖宗之治, 蓋兼四經而用之矣. 其乃何, 比年以來, 世衰道微, 民囂俗頑. 廉恥之道日喪. 而『詩』『書』之敎安在? 異端之道日盛, 而仁義之效何爲? 雖欲扶顚持危, 其乃狂瀾旣倒, 何哉? 是以性情有邪而無正. 何以得『詩』之敎? 誣詐日以成風. 何以得『書』之敎? 貪污興行, 何以得『易』之敎? 名實紊雜, 何以得『春秋』之敎? 是則不可謂之無失矣. 有失, 亦不可謂之無弊矣. 其可緩救之之術乎? 宜執事先生拳拳焉, 以此爲先也.

    그러므로 사람들마다 스스로 후직(后稷)과 설(契)의 무리가 되고 집집마다
자연히 주공과 공자의 도리를 익혔습니다. 온유하고 돈후하면서『시』에 깊은
조예를 지닌 자가 나오기도 하고, 트이고 통달하면서 멀리 알아『서』에 깊은
조예를 지닌 자가 나오기도 하였습니다. 바르고 깨끗하면서 정밀하게 알고
해치지 않는 자는『역』에 깊은 조예를 지닌 이가 아니겠습니까? 문장을 이어
엮고 사건을 비교하여 평가하면서도 반란을 일으키지 않는 자는『춘추』에
깊은 조예를 지닌 이가 아니겠습니까? 우리 조종(祖宗)의 정치는 대개 네
경을 함께 이용하였습니다. 그런데 어찌하여 근년 이래로 세상이 퇴락하고
도리는 은미해졌고, 백성은 거칠어지고 풍속은 완악해졌습니다. 염치를 아는
도리는 날로 줄어드니『시』와『서』의 가르침이 어디에 있겠습니까? 이단의
도가 날로 번성해지니 인의의 효과가 무슨 힘이 있겠습니까? 비록 무너지는
것을 부지하고 위태로운 것을 부축하고자 해도 미친 듯한 물결이 이미 뒤덮었으
니 어떻게 하겠습니까? 그리하여 성정이 사악하고 바르지 못한 일이 생겨나니
『시』의 가르침을 어떻게 얻겠습니까? 무고하고 속이는 것이 날로 풍속화되니
『서』의 가르침을 어떻게 얻겠습니까? 탐악하고 부정한 것이 흥행하니『역』의
가르침을 어떻게 얻겠습니까? 명분과 실질이 어지러워졌으니『춘추』의 가르침
을 어떻게 얻겠습니까? 그렇기 때문에 잘못이 없다고 할 수 없습니다. 잘못된
바가 있으면 또한 폐단이 없다고 할 수 없습니다. 구제하는 방책을 찾기를
늦추어서 되겠습니까? 집사선생께서 항상 마음을 두면서 이 문제를 급선무로
삼는 것은 당연한 것입니다.

聖人之作經有六, 而執事取其四. 愚請以曰禮曰樂二者爲救四者之失焉. 物得
其和謂之樂, 以樂爲敎, 則人心和矣. 事得其序謂之禮, 以禮爲敎, 則事理宜矣.
事理之宜, 人心之和, 可以幹敎化, 可以回風俗, 可以參天地, 可以贊化育, 況其
四者之失乎? 變而通之, 推而行之, 獨不在於今日乎? 恭惟主上殿下聰明天性,
樂於爲善, 道學之通塞, 風俗之澆漓, 尤所軫念, 誠能命一儒臣, 以爲師表, 肇開
經筵, 以講道理, 使人人知震念所在, 挽回世道轉移風俗之機, 不出乎此, 而所
謂『詩』也・『書』也・『易』也・『春秋』也, 四者之敎, 可以竝行乎國中, 而無一事之

失矣. 嗚呼, 幼學者, 所以壯行也. 窮養者, 所以達施也. 執事倘以狂斐之言爲可, 而轉聞于上, 幸甚. 謹對.

　　성인이 경을 지은 것에 여섯 분야가 있습니다만 집사께서는 네 분야를 취하였습니다. 저는 예(禮)와 악(樂) 두 가지로 네 가지의 잘못됨을 구제하는 것으로 삼고자 합니다. 사물이 조화로움을 얻은 것을 악이라고 합니다. 악을 가르침으로 삼으면 인심이 화목합니다. 사물이 질서를 얻은 것을 예라고 합니다. 예로 가르침을 삼으면 사물의 이치가 합당하게 됩니다. 사물의 이치가 합당하게 되고 인심이 화목하면 교화에 근간을 세울 수 있고, 풍속을 바꿀 수 있고 천지에 참여하고 화육(化育)에 도울 수 있습니다. 하물며 네 가지의 잘못됨에 대해서 구제하지 못하겠습니까? 변화하여 통하게 하고 미루어서 행하는 것이 유독 오늘날에만 없겠습니까? 삼가 생각건대 주상전하께서는 총명한 천성을 타고나 선을 행하기를 좋아하고, 도학이 막히고 풍속이 부박해지는 것에 더욱 마음을 쓰십니다. 진실로 유학에 정통한 한 신하에게 명하여 사표가 되게 하고 경연을 열어 도리를 강론하게 하여 사람들마다 모두 전하의 관심이 어디에 있는지 알게 한다면 세도를 만회하고 풍속을 변화시키는 계기가 여기에서 벗어나지 않을 것입니다. 이른바 『시』·『서』·『역』·『춘추』 등 네 가지의 가르침이 나라 가운데에서 모두 행해져도 하나도 잘못됨도 없게 될 것입니다. 아, 어려서 공부하는 것은 장성하여 행하기 위함이요, 곤궁한 처지에서 배양하는 것은 영달하여 시행하기 위함입니다. 광망하고 조리없는 말이지만 집사께서 혹 가하다고 여기시어 전하께 말씀해주시면 다행이겠습니다. 삼가 대답합니다.

## 2. 이색 대책문(2)

問

天地運於四時, 王伯乘於五運, 其理一致也. 自包羲·唐·虞三代, 皆順承五運, 而秦獨以水德遽亡, 則漢承周之運乎? 觀夫秦以暴·漢以寬, 下而歷代治亂興亡, 皆可知已. 然治天下不過曰爲王伯, 故記曰, "上下相親謂之仁, 除去天下之

害謂之義." 仁與義, 興王伯之器也. 然則伯與王, 無異道歟? 孔子之貴王賤伯
者, 何也?『史記』曰, "蚩尤不用命, 黃帝戰於逐鹿之野." 王者有征而無戰, 史書
之戰抑何歟? 若禹之於有苗, 禹班師振旅, 舞干羽于兩階, 七旬有苗格, 則其辭
足以感格者歟?

恭惟聖元肇興, 朔方奄有. 及世祖皇帝繼統, 偃武修文, 其功德兼濟時, 今我皇
帝陛下, 持盈守成好生之德, 加于四海. 然而南有叛亂之賊, 至勞王師, 若大禹
之格有苗, 以示王者之治, 此豈非朝廷之所願聞者歟? 抑至元之間, 命將征倭,
以海隅之阻, 置之度外, 而東方兵賦之額, 悉委合浦之鎭. 今倭寇絡繹, 至爲藩
維之患者, 四年于玆矣. 屛其海外之寇, 以固東方之安, 其術安在? 其各悉心以
對. 李穡

묻는다.

천지는 사시(四時)를 따라 운행되고 왕자와 패자는 오운(五運 : 오행의 운행)
을 타고 전개되는데 그 이치는 하나로 합치한다. 포희(包羲) 당우(唐虞) 삼대는
모두 오운을 순종하여 따랐지만, 진(秦)만은 수덕으로 갑자기 망했으니 한(漢)이
주(周)의 오운을 잇는 것인가? 살펴보건대, 진은 사나운 정치로 다스렸고,
한은 관대한 정치로 다스렸다. 아래로 역대의 치난흥망을 모두 알 수 있다.
그러나 천하를 다스리는 것은 왕자와 패자가 되는 것에 불과하다고 할 수
있다. 그러므로『예기』에서 "上下가 서로 친애하는 것을 仁이라고 하고, 天下의
해로움을 제거하는 것을 義라 한다"[3]라고 하였다. 인과 의는 왕도와 패도를
진흥시키는 도구이다. 그렇다면 패자와 왕자는 도에 차이가 없는가? 공자가
왕도를 귀하게 여기고 패도를 천하게 여긴 것은 왜인가?『사기』에 "蚩尤가
명을 따르지 않자 黃帝가 逐鹿의 들판에서 싸웠다."[4]고 하였다. 왕자는 정벌은

---

3)『禮記』권26, 經解 "發號出令而民說謂之和. 上下相親謂之仁. 民不求其所欲而得之
謂之信. 除去天地之害謂之義. 義與信和與仁覇王之器也. 有治民之意而無其器, 則
不成."

4)『史記』권1, 五帝本紀第一 "蚩尤作亂, 不用帝命. 於是黃帝乃徵師諸侯, 與蚩尤戰於
涿鹿之野, 遂禽殺蚩尤."

해도 전쟁은 하지 않는다는데 『사기』에서 '전쟁을 하였다'고 기록한 것은 또 왜인가? 우(禹)가 유묘(有苗)와 벌인 전쟁과 같은 경우는, 우가 군대를 철수해 돌아오고, (순임금이) 동계(東階)와 서계(西階)에 간무(干舞)와 우무(羽舞)를 추자, 70일만에 유묘(有苗)가 항복했다[5]고 하니 그 말이 항복시키기에 충분한 것이었던가?

공경히 생각건대 성스러운 원나라가 일어나 북쪽을 차지하였고, 세조황제가 황통을 계승함에 이르러 전쟁을 그치고 문교를 닦아 그 공덕이 천하의 만민을 구제할 때, 지금 우리 황제폐하는 창업의 뜻을 완성하려는 의지와 살리기를 좋아하는 덕을 가지고 사해에 미치고 있지만, 남쪽에는 반란하는 도적이 왕사(王師)를 매우 수고롭게 만들고 있다. 왕이 우가 유묘를 항복시킨 것을 따라 왕자의 정치를 보여주는 것 이것이 어찌 조정이 원하는 바가 아니겠는가? 그러나 지원(至元) 년간에 정벌하려 하였으나 바다 멀리 외진 곳으로 막혀 있어 내버려 두고 말았다.[6] 우리나라 군사는 모두 합포진(合浦鎭)에 맡겨 두고 있다. 지금 왜구가 끊이지 않아 변방의 근심거리가 된 지 4년이 되었다.[7] 바다 건너 왜구를 물리쳐 우리나라의 안정을 공고히 할 방법은 어디에 있는가? 각각 마음을 다해 대답해보라.

對

治天下仁義而已, 王伯之道不外是矣. 執事先生典文衡進承學, 策之以王伯征

---

5) 『書經』 권2, 虞書 大禹謨 "三旬, 苗民逆命. 益贊于禹曰, 惟德動天, 無遠弗屆, 滿招損, 謙受益, 時乃天道. 帝初于歷山, 往于田. 日號泣于昊天, 于父母. 負罪引慝, 祗載見瞽瞍, 蘷蘷齋慄, 瞽亦允若. 至誠感神, 矧玆有苗. 禹拜昌言曰, 兪, 班師振旅. 帝乃誕敷文德, 舞干羽于兩階, 七旬有苗格"

6) 원 세조는 지원 년간(1264~1294)에 충렬왕 즉위년(1274), 충렬왕 7년(1281) 2차례에 걸쳐 일본 정벌에 나섰다. 경상도 합포는 일본 정벌의 출발지가 되었고, 후에는 정동행성이 설치되어 왜구 방비의 중심지가 되었다.

7) 잠잠하던 왜구는 경인년 이래(『高麗史』 권37, 世家37 忠定王(2년 2월) "倭寇之侵始此") 다시 출몰하기 시작하였다고 하는데, '변방의 근심거리가 된 지 4년'이라는 표현에서 경인년인 1350년에서 4년인 공민왕 2년이 되어 이색의 과거합격 연대와 일치하게 된다.

伐之道, 繼之以當日制寇之術, 乃曰, '天地運於四時, 王伯乘於五運.' 此豈執事
以五行之在天下, 其數明, 五常之在人心, 其理微, 故願諸生因其敎闡以其理
歟? 淵乎先生之心也! 其諸敷衍王伯之道, 發揚仁義之說, 以推當世之務乎?
愚請枚擧而陳之.


　　대답합니다.
　　천하를 다스리는 방법은 인의일 뿐이니, 왕도(王道)와 패도(覇道)는 이것에서
벗어나지 않습니다. 집사 선생은 문형(文衡)을 맡아 학문에 종사하는 사람들을
선발함에, 왕자와 패자의 정벌의 도를 책문하고 이어서 이즈음의 왜구를 제압하
는 방법을 물으면서, '천지는 사시를 따라 운행하고 왕자와 패자는 오운을
타고 전개된다'고 하였습니다. 이것은 오행(五行)이 천하에 운행되는 것은
그 원리가 분명하지만 오상(五常)이 인심에 있는 것은 그 이치가 미묘하기
때문에 제생들에게 그 가르침을 따라 그 이치를 드러내기를 바란 것이 아니겠습
니까? 깊도다! 선생의 마음이여! 왕패의 도를 부연하고 인의의 설을 드러내어
당세의 급무(急務)에까지 미루어 가는 것에 대해서 이니, 제가 하나하나 열거하
여 진술하겠습니다.


包義氏之王天下也, 始畫八卦, 以闡五行之敎. 五行用事, 先起於木. 木者, 東方
萬物之始也. 羲者, 上世帝王之始也. 故首以木德自居, 而起後世之相承焉. 且
水火木金土, 人之形氣以具, 仁義禮智信, 人之性情以生, 孰有偏廢者乎? 自此
以後, 迄于三代, 蘊之爲心術之微, 發之爲政事之著, 皆五常也. 其以五行王天
下, 不亦宜乎?


　　포희씨(包義氏)가 천하의 왕이었을 때 처음으로 팔괘(八卦)를 그려서 오행의
가르침을 천명하였습니다. 오행의 작용은 먼저 목(木)에서 일어나고, 목은
동방으로 만물의 시작입니다. 포희씨는 상세(上世) 제왕의 시초이므로 먼저
목덕으로 자처하여 후세로의 전승의 길을 열었습니다. 또 수화목금토는 사람의
형기(形氣)가 그것으로 갖추어지고, 인의예지신은 사람의 성정이 그것으로

생겨나니 그 가운데 어느 것 하나라도 버릴 수 있겠습니까? 이로부터 三代에 이르기까지 심술(心術)의 은미함으로 온축되고 정사의 현저함으로 발해진 것들이 모두 오상이니 오행으로 천하의 왕노릇하는 것이 당연하지 않겠습니까?

黃帝涿鹿之戰, 仁義之師也, 所以討蚩尤之不用命也. 王者之師, 有征而無戰. 史之書戰, 所以著蚩尤拒王命也. 大禹有苗之征, 亦仁義之師也, 所以討苗民之不卽功也. 益贊其德, 禹班其帥, 干羽之舞, 雍容不迫, 有苗之格, 適當其時, 此亦至誠感神之一機也. 自夏而周, 典章法度, 極爲明備. 師旅之制, 又有成規, 無非仁義之擧也. 及周之衰, 伯者出焉. 非不曰上下相親, 非不曰除去天下之害也, 然假其名, 以成其私, 豈眞所謂仁義者哉? 孔子之徒鄙之不道, 宜矣.

황제가 탁록에서 전쟁을 벌인 것은 인의의 군사였습니다. 이는 치우가 황제의 명령을 따르지 않아 정벌했던 것입니다. 왕자(王者)의 군대는 정벌은 해도 전쟁은 하지 않는데, 『사기』에 '전쟁'이라고 기록한 것은 치우가 왕명을 거역한 사실을 드러내고자 한 것입니다. 위대한 우가 유묘(有苗)를 정벌한 것 역시 인의의 군대였습니다. 이는 유묘의 백성이 우의 일에 따르지 않아 토벌한 것입니다. 익(益)이 그 덕을 도와 우가 군대를 철수하고, 방패와 깃으로 춤을 추어 온화하게 하면서 핍박하지 않았으니 유묘가 항복해온 것은 그 때에 들어맞았던 것으로 이 역시 지극한 정성으로 신명(神明)에 감응을 일으키는 하나의 계기였던 것입니다. 하나라로부터 주나라에 이르는 동안 전장법도가 매우 명료하게 갖추어지고 군사제도 또한 완성된 규약이 있어, 인의에 따른 거사 아닌 것이 없었습니다. 주나라가 쇠하게 되자 패자가 등장하였습니다. 그들은 '상하가 서로 친애하게 한다'거나 '천하의 해를 제거한다'고 말하지 않은 자가 없었지만, 명분만을 빌려 사사로움을 이루고자 하였으니 어찌 진실로 인의라고 할 수 있겠습니까? 공자의 문도들이 비루하게 여기고 언급하지 않은 것은 당연합니다.

秦承周統, 振長策御宇內. 其不旋踵而亡者, 仁義不施故也. 雖能識以木<sup>8)</sup>德,

何補於國祚哉? 漢高寬仁大度, 能得天下, 又能守之以仁義, 則其以秦爲閏位,
以漢接周統, 儒者之論未爲過也. 自是以降, 三國鼎峙, 五胡雲擾, 曰隋曰唐,
以至于宋, 王伯之略, 渾爲一道. 仁義之效, 闃然無聞. 天啓皇元, 肇興朔方,
積仁積義, 世祖皇帝, 混一區宇, 偃武修文, 列聖相承, 重熙累洽.

　진나라가 주나라의 정통을 이어 장구한 계책을 천하에 펼쳤으나 바로 망한
것은 인의를 베풀지 않았기 때문입니다. 비록 수덕(水德)을 표방했지만 국가의
운명에 무슨 도움이 되었겠습니까? 한 고조는 관인대도(寬仁大度)로 천하를
얻을 수 있었고 또 인의로 천하를 지킬 수 있었으니 진을 비정통으로 보고
한을 주의 정통과 연결시키는 유자의 논의는 잘못이라고 할 수 없습니다.
이로부터 삼국이 정치(鼎峙)하고 오호(五胡)가 요란하고 수와 당을 거쳐 송에
이르면서 왕패의 책략은 뒤섞여 하나가 되었고 인의의 공효는 조용히 사라져
들리지 않았습니다. 하늘이 원나라를 열어주어 북방에서 흥기하기 시작하였고
인과 의를 쌓아 오다가 세조황제가 천하를 통일하면서 무력을 가라앉히고
문치를 행하여 잇달아 성군이 계승하면서 기쁨과 넉넉함이 거듭 쌓였습니다.

今我皇帝, 持盈守成, 一皆仁義爲心, 動法皇王, 伯者之事, 無足道矣. 宜其普天
率土, 並被生成之化, 愚婦愚夫, 同沾樂育之恩. 豺狼不敢肆其虐, 蠆蜂不敢致
其毒, 而趺行喙息, 皆有以鼓舞於鳶飛魚躍之閒. 乃何比年以來, 孽堅潛植其
黨, 根據大河之南, 島夷連引其類, 相侵東海之隅, 民何罪日就鋒鏑? 東土敵愾,
欲斬鯨鯢, 戍卒抽及於偏戶, 官資告罄於軍需, 聖上竭宵旰之憂, 廷臣盡帳幄之
籌, 其故何哉?

　지금 우리 황제께서는 수성(守成)의 뜻을 가득 품고 모든 것을 한결같이
인의를 마음으로 삼고 행동은 위대한 왕자를 본받고자 하시니 패자의 일은

말할 것이 없습니다. 하늘아래 모든 곳이 생성의 교화를 입고, 모든 백성들이
즐거이 양육하는 은혜에 젖어드는 것은 당연한 일입니다. 승냥이도 제멋대로
포학함을 부리지 못하고 전갈과 벌도 감히 독을 쏘아대지 못하며, 곤충과
동물들이 모두 '솔개가 날고 물고기가 뛰는' 사이에서 고무되고 있습니다.
그런데 근년에 들어 사악한 자들이 그 무리를 잠식하여 대하의 남쪽에 뿌리를
두고 섬 오랑캐들이 그들의 무리를 연합하여 이끌고 와 동해의 귀퉁이를
침략하니 백성들이 무슨 죄로 날마다 창끝과 살촉에 피해를 입어야 합니까?
우리나라가 적개심에 불타 오랑캐를 베고자 수졸을 편호에서까지 뽑고 군수(軍
需)를 확보하기 위해 국가재정이 다 지출되면서, 성상께서는 밤낮으로 근심하
고, 조정의 신하들은 군막 안에서 작전 계획을 짜고 있으니 그 이유가 무엇입니
까?

以堂堂天朝, 赫然斯怒, 勃興仁義之師, 則可以雷厲風飛, 迅掃六合, 而有會朝
淸明之慶矣. 況玆孼芽者乎? 是使南賊授首, 東寇屛迹, 蔑惟難矣. 雖然文德之
敷, 舜之所以格苗也. 至誠之感, 益之所以贊禹也. 矢石之勞, 不爲樽俎之談,
斧鉞之征, 何似干羽之舞? 此上心之軫慮, 將相之深謀, 潛消反側之情, 反有歸
降之勢者也. 南寇之亂, 廟筭之功, 必有所制. 置海隅迂生, 何足以知之? 獨倭寇
之於我邦, 爲患不淺, 切思所以待之之道. 願因執事之問 而獻焉, 執事采之乎?

　당당한 중국의 조정이 불끈 분노하여 인의의 군사를 일으킨다면 우뢰가
치고 바람이 날 듯 신속하게 육합을 쓸어내고 오랑캐의 조회를 받는 청명한
경사가 있을 것입니다. 하물며 이 미천한 이들에 대해서랴! 이렇게 한다면
남쪽의 도적들이 머리를 바치고 동쪽 왜구를 물리치는 일도 어려움이 없을
것입니다. 그렇지만 문덕을 펼친 것이 순이 유묘를 바로 잡은 방법이었고,
지극한 정성으로 항복시킨 것이 익이 우를 찬미한 이유였습니다. 무력으로
토벌하여 백성을 수고롭게 하는 것은 연회를 열어 담화로 해결하는 것만
못하니, 도끼와 무기로 정벌하는 것이 어찌 방패와 깃으로 춤추는 것만 하겠습니
까? 이는 임금의 염려와 장상의 깊은 계책은 가만히 난폭함을 없애주고자

354

안타까워하는 마음에서 나온 것이니 도리어 도적들을 항복시키는 기세가 있는 것입니다. 남쪽 왜구의 난동에 대해서는 군사를 동원하지 않고 조용히 이기는 계책으로도 반드시 제압되는 바가 있을 것입니다. 바닷가의 우활한 사람인 내가 어찌 알 수 있겠는가마는 유독 왜구가 우리나라에 깊은 근심거리가 되므로 그것을 대처하는 방법을 절실하게 생각한 바 있습니다. 집사의 책문으로 인하여 소견을 올리니, 집사는 받아들이시겠습니까?

倭之爲人, 性狠情惡, 見於授命, 視死如歸, 故及其鬪擊, 無不一當百. 生長水國, 便習舟楫, 其輕迅飄疾, 往來如飛, 眞逆亮之絶船也. 我國家人知禮讓, 俗尙溫柔, 加以皇恩浸淫, 世敎責漸, 昇平百年, 恬不知兵. 見敵功潰, 望捷無由. 使之水戰, 不必有利, 使之陸守, 庶可爲恒. 思昔至元之間, 世祖皇帝, 命將征倭, 非以海外之阻, 置之度外, 立合浦之鎭, 以輝皇威, 以扞本朝, 德至涯也, 慮甚遠也. 吾東方安枕肆志, 以永太平, 非世祖之功乎?

　왜인은 성정이 사납고 악하며 명령을 받으면 죽음 보기를 돌아가는 것처럼 여깁니다. 그러므로 전투에 임해서는 한명이 백명을 감당하지 못함이 없습니다. 섬나라에서 낳고 자라나, 배타기와 노젓기를 익혀 가볍고 빠르기가 회오리바람 같고 오고가는 것은 날아가는 듯하여 참으로 역양(逆亮)의 절선(絶船)9)이라고 할 수 있습니다. 우리나라 사람들은 예양할 줄 알고 풍속은 온유함을 숭상하는데다 황은에 감화되고 세교에 조금씩 젖어들어 백년 동안의 태평을 누리면서 편안하게 전쟁을 몰랐습니다. 적을 보면 공이 무너져 이기고자 해도 그 방법이 없습니다. 그들에게 바다에서 싸우게 하면 반드시 유리한 것이 아니고, 육지에서 방어하도록 해야 항구적인 대책을 바랄 수 있습니다. 옛날 지원(至元) 년간을 생각해 보면, 세조황제가 장수들에게 왜구를 정벌하도록 명령하였는데, 바다 밖 험난한 곳에 있다 하여 치지도외하지 않고 합포에 진을 세워 황제의 위엄을

---

9) 逆亮은 금나라 完顔亮(1122~1161)이 임금을 죽이고 즉위하였으므로 역적인 完顔亮을 말하고, 絶船은 完顔亮이 남송을 정벌할 때의 뛰어난 배를 의미한다(『金史』本紀5 海陵(完顔亮)).

떨치고 본조를 방어하였으니 덕은 지극히 크고 생각함이 매우 원대하였습니다. 우리나라가 편안히 베개를 베고 안심하면서 오래도록 태평을 누릴 수 있던 것은 세조의 공이 아니겠습니까?

或曰, "普天之下, 莫非王土. 倭旣不庭, 又肆猖獗, 罪在不赦, 宜顯天誅." 是大不然. 自古聖人待遠人, 來則接之, 去則不追, 況此倭寇, 邈在東表, 衣冠語語, 不類華俗, 得其人, 不足爲中國之用, 得其財, 不足爲中國之資. 況世祖成昭憲在天地閒歟!

　혹자는 "넓고 넓은 하늘 아래 왕의 땅 아닌 것이 없는데, 왜구가 조정에 조회하지 않고 방자하게 미처 날뛰는 것은 그 죄를 용서할 수 없으니 하늘의 뜻에 따라 주벌(誅罰)함을 분명히 보여야 할 것이다."10)라고 하였습니다. 그러나 이것은 결코 그렇지가 않습니다. 옛날부터 성인이 멀리 있는 사람을 대하는 방법은, 오면 접대하고 떠나면 쫓아가지 않는 것입니다.11) 하물며 왜구는 멀리 동쪽 끝에 있고 의관과 언어가 중화의 풍속과는 다르니 어떠하겠습니까? 그들을 얻는다고 해도 중국에 도움이 되지 못하고, 그들의 재물을 얻어도 중국의 밑천이 되지 못합니다. 하물며 세조가 완성한 밝은 조칙이 천지 사이에 있습니다.

爲今之計, 莫若擇有材智者, 爲之將使, 有威望者, 爲之監才. 不借於異代, 用何

---

10) 『詩經』 권13, 小雅 北山之什 北山 "溥天之下, 莫非王土. 率土之濱, 莫非王臣."
11) 『中庸』 제20장, "凡爲天下國家有九經, 曰, 脩身也, 尊賢也, 親親也, 敬大臣也, 體群臣也, 子庶民也, 來百工也, 柔遠人也, 懷諸侯也. 脩身則道立, 尊賢則不惑, 親親則諸父昆弟不怨, 敬大臣則不眩, 體群臣則士之報禮重, 子庶民則百姓勸, 來百工則財用足, 柔遠人則四方歸之, 懷諸侯則天下畏之. 齊明盛服, 非禮不動, 所以脩身也. 去讒遠色, 賤貨而貴德, 所以勸賢也. 尊其位, 重其祿, 同其好惡, 所以勸親親也. 官盛任使, 所以勸大臣也. 忠信重祿, 所以勸士也. 時使薄斂, 所以勸百姓也. 日省月試, 旣稟稱事, 所以勸百工也. 送往迎來, 嘉善而矜不能, 所以柔遠人也. 繼絶世, 擧廢國, 治亂持危, 朝聘以時, 厚往而薄來, 所以懷諸侯也. 凡爲天下國家有九經, 所以行之者一也."

患於無人? 旣以委任, 毋或疑貳, 或處置便宜, 一從其意. 而又立屯田, 以助軍
餉, 脩戰法, 以備不虞. 按廉以時, 督察守令, 器械以精 烽火以謹. 信賞以勸,
必罰使懲, 使濱海之郡, 謹守其封. 倭不得犯, 使無所食, 則倭賊自屛, 東方自安
矣. 嗟! 夫終軍長纓之請, 賈誼五餌之表, 儒生怯懦, 莫之敢望. 至如陸贄興元之
詔, 相如巴蜀之檄, 愚當執筆候之. 斐然狂簡, 執事進而敎之. 謹對.


　　지금의 상황을 타개할 계책으로는 재주와 지혜가 있는 사람들을 선택하여
장사로 삼고 위엄과 중망이 있는 사람을 감재로 삼는 것 만한 것이 없습니다.
후대에서 빌리지 않아도 등용함에 사람이 없음을 어찌 걱정하겠습니까? 이미
위임을 하였다면 의심하거나 딴 생각을 해서는 안 됩니다. 편의대로 처리하게
하였으면 한결같이 그의 의견을 따릅니다. 둔전(屯田)을 세워 군량을 조달하고
전술을 훈련하여 예기치 않은 사태에 대비하고, 정기적으로 안렴사를 파견하여
수령을 감찰하고 군사기물은 정치하게 하며, 봉수는 정비되게 합니다. 공이
있으면 반드시 상을 주어 권면하고 벌이 있으면 반드시 징계하여 빈해(濱海)의
군으로 하여금 경계를 굳게 지키도록 합니다. 그리하여 왜가 침범할 수 없어
침탈당하는 곳이 없게 하면 왜적은 스스로 잦아들고 동방은 저절로 편안해질
것입니다. 아! 종군(終軍)이 긴 포승줄로 적을 사로잡겠다고 요청한 것12)과
가의(賈誼)가 흉노를 회유하겠다는 다섯 가지 방책을 계진한 표13)와 같은
것은 겁이 많고 나약한 유생으로는 감이 바랄 수도 없지만, 육지(陸贄)의 흥원지
조(興元之詔)14)와 사마상여(司馬相如)의 파촉지격(巴蜀之檄)15)과 같은 것은

---

12) 한나라 終軍이 남월왕을 묶어서 바칠 긴 포승줄을 요청한 것(『漢書』 列傳34하,
　　嚴朱吾丘主父徐嚴終王賈).
13) 한나라 賈誼(B.C.200~168)는 三表五餌의 흉노대책을 제시하였다. 三表는 의족을
　　애호하고 신의를 지키면 자연히 漢에 복속케 한다는 유교의 인의론에 입각한
　　대원칙이고, 五餌는 夷族을 유혹할 다섯 가지 미끼, 사치스런 의복, 차마, 음식,
　　구택과 아름다운 음악, 미희 등이다(『新書』 권4, 匈奴).
14) 당나라 때인 783년 朱泚의 난으로 봉천으로 피난한 덕종은 陸贄(754~805)에게
　　자신의 잘못이라는 조칙을 작성하라고 하였다(『舊唐書』 列傳139, 陸贄).
15) 한나라 초기에 司馬相如는 巴蜀 지방의 낭이 되었을때, 唐蒙이 巴蜀의 관리와
　　백성을 징발하고 군수물자를 조달하는 과정에서 파촉민을 두려움에 떨게 하였다.

제가 응당 붓을 잡고 기다리겠습니다. 광망하여 거칠고 소루하니16) 집사께서
가르쳐 주십시오. 삼가 대답합니다.

---

이에 司馬相如는 파촉민을 위무하는 글을 썼다(『史記』 列傳57, 司馬相如).

16) 『論語』 권5, 公冶長 "子在陳, 曰, "歸與! 歸與! 吾黨之小子狂簡, 斐然成章, 不知所以裁
之.""

# 참고문헌

## 1. 자료

『牧隱集』『益齋集』『陶隱集』『稼亭集』『拙藁千百』『圃隱集』『柳巷詩集』
『竹軒遺集』『三峯集』『陽村集』『東文選』『新增東國輿地勝覽』『慵齋叢話』
『高麗史』『高麗史節要』『朝鮮王朝實錄』『增補文獻備考』『麗史提綱』『東史綱目』
『漢書』『元史』『新元史』『明史』『文獻通考』『資治通鑑』『資治通鑑綱目』
『朱子大全』『魯齋遺書』『圭齊集』『元文類』『氏族源流』

## 2. 저서

강문식, 『권근의 경학 사상 연구』, 일지사, 2008.

姜恩景, 『高麗時代 戶長層 研究』, 혜안, 2002.

姜芝嫣, 『高麗 禑王代(1374~88) 政治勢力의 研究』, 이화여대 박사논문, 1996.

高惠玲, 『高麗後期 士大夫와 性理學 受容』, 일조각, 2003.

權重達, 『中國近世思想史研究』, 중앙대 출판부, 1998.

琴章泰, 『朝鮮前期의 儒學思想』, 서울대학교 출판부, 1997.

金光哲, 『高麗後期世族層研究』, 동아대 출판부, 1991.

金南日, 『고려말 조선초기의 세계관과 역사의식 연구』, 경인문화사, 2005.

金塘澤, 『元 干涉下의 高麗政治史』, 일조각, 1998.

金成煥, 『高麗時代의 檀君 傳承과 認識』, 경인문화사, 2002.

金順子, 『韓國 中世 韓中關係史』, 혜안, 2007.

金陽燮, 『方孝孺(1357~1402) 研究』, 경희대 박사논문, 1992.

金鎔坤, 『朝鮮前期 道學政治思想硏究』, 서울대 박사논문, 1994.

김용선, 『고려 금석문 연구』, 일조각, 2004.

김용섭, 『東아시아 역사 속의 한국문명의 전환-충격, 대응, 통합의 문명으로』, 지식산업사, 2008.

김용천, 『전한후기 예제담론』, 선인, 2007.

金仁昊, 『高麗後期 士大夫의 經世論 硏究』, 혜안, 1999.

金駿錫, 『韓國中世儒教政治思想史論』Ⅰ, 지식산업사, 2005.

金宗鎭, 『鄭道傳 文學의 硏究』, 고려대 박사논문, 1990.

金昌賢, 『高麗後期 政房硏究』, 고려대 출판부, 1998.

金惠苑, 『高麗後期 瀋王 硏究』, 이화여대 박사논문, 1998.

김호동, 『한국 고·중세 불교와 유교의 역할』, 경인문화사, 2007.

都賢喆, 『高麗末 士大夫의 政治思想 硏究』, 일조각, 1999.

馬宗樂, 『高麗後期 登科儒臣의 儒學思想 硏究-李奎報·李齊賢·李穡을 중심으로』, 계명대 박사논문, 1999.

牧隱硏究會, 『牧隱 李穡의 生涯와 思想』, 일조각, 1996.

문철영, 『고려 유학 사상의 새로운 모색』, 경세원, 2005.

閔賢九, 『高麗政治史論』, 고려대 출판부, 2004.

朴京安, 『高麗後期 土地制度 硏究』, 혜안, 1996.

朴晉勳, 『麗末鮮初 奴婢政策硏究』, 연세대 박사논문, 2005.

朴連鎬, 『朝鮮前期 士大夫 敎養에 관한 硏究』, 精文院 박사논문, 1994.

朴元熇, 『明初朝鮮關係史硏究』, 일조각, 2002.

朴龍雲, 『高麗時代 蔭敍制와 科擧制硏究』, 일지사, 1990.

박종기, 『새로 쓴 5백년 고려사』, 푸른역사, 2008.

朴贊洙, 『高麗時代 敎育制度史硏究』, 경인문화사, 2001.

邊東明, 『高麗後期性理學受容硏究』, 일조각, 1995.

成範重, 『惕若齋 金九容의 文學世界』, 울산대 출판부, 1997.

성범중·박경신, 『한수와 그의 한시』, 국학자료원, 2004.

申安湜, 『高麗 武人政權과 地方社會』, 경인문화사, 2002.

申千湜, 『牧隱 李穡의 學問과 學脈』, 일조각, 1998.

_____, 『麗末鮮初 性理學의 受容과 學脈』, 경인문화사, 2004.

呂運弼, 『李穡의 詩文學 硏究』, 태학사, 1985.

_____, 『高麗後期 漢詩의 硏究』, 월인, 2004.

360

柳昌圭,『李成桂 勢力과 朝鮮建國』, 서강대 박사논문, 1996.

연세대 국학연구원 편,『중세사회의 변화와 조선건국』, 혜안, 2005.

윤정분,『中國近世 經世思想 硏究』, 혜안, 2002.

尹薰杓,『麗末鮮初軍制改革硏究』, 혜안, 2000.

윤훈표·임용한·김인호,『경제육전과 육전체제의 성립』, 혜안, 2007.

위은숙,『高麗後期 農業經濟 硏究』, 혜안, 1996.

李景植,『朝鮮前期土地制度硏究』, 일조각, 1986.

_____,『韓國中世土地制度史－朝鮮前期』, 서울대학교 출판부, 2006.

李楠福,『高麗後期 新興士族의 硏究』, 경인문화사, 2004.

李範稷,『韓國中世禮思想硏究』, 일조각, 1991.

李炳赫,『高麗末 性理學 受容期의 漢詩 硏究』, 태학사, 1989.

李炳熙,『高麗後期 寺院經濟 硏究』, 경인문화사, 2008.

李相佰,『韓國文化史硏究論攷』, 을유문화사, 1947.

李碩圭,『朝鮮初期 民本思想硏究』, 한양대 박사논문, 1995.

李成茂,『朝鮮初期 兩班硏究』, 일조각, 1980.

이 영,『잊혀진 전쟁, 왜구』, 에피스테메, 2007.

李源明,『高麗時代性理學受容硏究』, 國學資料院, 1996.

李益柱,『高麗·元 關係와 高麗後期 政治體制』, 서울대 박사논문, 1996.

이인재 엮음,『지방 지식인 원천석의 삶과 생각』, 혜안, 2007.

李廷柱,『性理學 受容期 佛教 批判과 政治·思想的 變容－鄭道傳과 權近을 중심으로』, 고려대학교 민족문화연구원, 2007.

李泰鎭,『韓國社會史硏究』, 지식산업사, 1988.

_____,『朝鮮儒教社會史論』, 지식산업사, 1989.

_____,『의술과 인구 그리고 농업기술－조선 유교국가의 경제발전 모델－』, 태학사, 2002.

李亨雨,『高麗 禑王代의 政治的 推移와 政治勢力 硏究』, 고려대 박사논문, 1998.

임용한,『朝鮮前期 守令制와 地方統治』, 혜안, 2002.

_____,『조선전기 관리등용제도 연구』, 혜안, 2008.

張東翼,『高麗後期外交史 硏究』, 일조각, 1994.

_____,『元代麗史資料集成』, 서울대학교 출판부, 1997.

全淳東,『明王朝成立史研究』, 개신, 2004.

鄭杜熙,『朝鮮初期政治支配勢力研究』, 일조각, 1983.

정요근,『高麗·朝鮮初의 驛路網과 驛制 研究』, 서울대 박사논문, 2008.

정재철,『이색시의 사상적 조명』, 집문당, 2002.

정재훈,『조선전기 유교정치사상 연구』, 태학사, 2005.

趙明濟,『高麗後期 看話禪 研究』, 혜안, 2004.

조병순,『高麗本新刊類編歷擧三場文選對策研究』, 韓國書誌學會, 2006.

朱雄英,『麗末鮮初의 社會構造와 儒敎의 社會的 機能』, 경북대 박사논문, 1993.

주자사상연구회 역,『朱子封事』, 혜안, 2011.

池斗煥,『朝鮮前期 儀禮研究』, 서울대학교 출판부, 1994.

蔡尙植,『高麗後期佛敎史研究』, 일조각, 1991.

최연식,『수성과 창업의 정치사상』, 집문당, 2003.

포사연,『元代性理學』(포은연총서), 1993.

한국역사연구회,『14세기 고려의 정치와 사회』, 민음사, 1994.

_____,『개경의 생활사』, 휴머니스트, 2007.

許興植,『고려의 문화전통과 사회사상』, 집문당, 2004.

韓永愚,『鄭道傳思想의 研究』, 서울대학교 출판부, 1973/1983.

_____,『朝鮮前期 史學史 研究』, 서울대학교 출판부, 1981.

_____,『朝鮮前期社會經濟研究』, 을유문화사, 1983.

한영우·이익주·윤경진·염정섭,『행촌 이암의 생애와 사상』, 일지사, 2002.

韓亨周,『朝鮮初期 國家祭禮 研究』, 一潮閣, 2002.

함현찬,『주돈이』, 성균관대 출판부, 2007.

黃仁奎,『고려후기·조선초 불교사연구』, 혜안, 2003.

_____,『고려말·조선전기 불교계와 고승 연구』, 혜안, 2005.

洪榮義,『高麗末 政治史研究』, 혜안, 2005.

## 3. 논문

강대철,「이색의 정치활동에 대한 일고찰」, 전남대 석사논문, 1983.

姜玟求,「牧隱 李穡의 疾病에 대한 意識과 文學的 表現」,『東方漢文學』42, 2010.

姜世求,「姜希顔의『養花小錄』에 관한 一考察」,『韓國史研究』60, 1988.

姜芝嫣,「威化島 回軍과 推進勢力에 대한 검토」,『梨花史學研究』20·21, 1993.

高英津,「15·16세기 朱子禮의 施行과 그 意義」,『韓國史論』21, 1989.

高惠玲,「李仁任 政權에 대한 一考察」,『歷史學報』91, 1991.

구산우, 「일본 원정, 왜구 침략과 경상도 지역의 동향」, 『한국중세사연구』 22, 2007.

權正顔, 「麗末鮮初 朱子學 導入期의 經典理解(1)-牧隱 李穡의 경전이해를 중심으로-」, 『東洋哲學硏究』 22, 2000.

金乾坤, 「高麗時代의 詩文選集」, 『精神文化硏究』 68, 1997.

김경수, 「麗史提綱의 史學史的 考察」, 『韓國史學史學報』 1, 2000.

金光洙, 「高麗 官班體制의 變化와 兩班戶籍整理」, 『歷史敎育』 35, 1984.

김광철, 「개혁정치의 추진과 신진사대부의 성장」, 『한국사』 19, 1996.

_____, 「麗末鮮初 世族層의 동향」, 『釜山史學』 35, 1998.

_____, 「여말선초 松隱 朴翊의 생애」, 『考古歷史學志』 17·18, 2002.

김기덕, 「고려의 諸王制와 皇帝國體制」, 『국사관논총』 78, 1997.

金琪燮, 「14세기 倭寇의 동향과 고려의 대응」, 『韓國民族文化』 9, 2005.

金南日, 「李穡의 歷史意識」, 『淸溪史學』 11, 1994.

김동욱, 「朝鮮 初期 官學派의 政治活動과 그 思想的 基盤-權近·河崙·李詹을 중심으로-」, 고려대 석사논문, 2000.

김방룡, 「여말 三師의 간화선 사상과 그 성격」, 『보조사상』 23, 2005.

김보영, 「이색 : 여말선초 여성 인식의 일국면」, 『우리 한문학사의 여성인식』, 집문당, 2003.

_____, 「牧隱 李穡의 버들골살이와 시」, 『東洋古典硏究』 27, 2007.

김보한, 「中世 麗·日 관계와 倭寇의 발생원인」, 『왜구 위사문제와 한일관계』, 경인문화사, 2005.

金成俊, 「高麗와 元 明 關係」, 『韓國史』 8, 1977.

김순자, 「원 간섭기 민의 동향」, 『14세기 고려의 정치와 사회』, 민음사, 1993.

_____, 「고려말 대중국관계의 변화와 신흥유신의 사대론」, 『역사와 현실』 15, 1995.

金陽燮, 「遼·金·宋 三史編纂에 대하여」, 『中央史論』 6, 1988.

_____, 「南宋代 金華地域의 反道學運動과 朱子學 受容」, 『中央史論』 10·11, 1998.

김영미, 「11세기후반~12세기초 고려·요 외교관계와 불경교류」, 『역사와 현실』 43, 2002.

김유철, 「동아시아의 지식정보전통과 '정보화시대'의 역사학」, 『역사학과 지식정보사회』, 일조각, 2001.

_____, 「고대 중국에서 매체의 변화와 정보·지식·학술의 전통」, 『한국사시민강

좌』37, 2005.

김윤주, 「조선 태종 11년(1411) 이색 비명을 둘러싼 논쟁의 정치적 성격」, 『도시인문학』1, 2008.

金潤坤, 「懶翁 惠勤의 檜巖寺 중창과 反佛論의 制壓企圖」, 『大丘史學』62, 2001.

김인호, 「유교정치이념의 발전과 성리학」, 『한국역사입문』②, 풀빛, 1995.

_____, 「여말선초 군주수신론과 『大學衍義』」, 『역사와 현실』29, 1998.

_____, 「高麗後期 經濟倫理와 奢侈禁止」, 『龜泉元裕漢教授定年紀念論叢』, 혜안, 2000.

_____, 「金祗의 周官六翼 편찬과 그 성격」, 『역사와 현실』40, 2001.

_____, 「여말선초 육전체제의 성립과 전개」, 『東方學志』118, 2002.

_____, 「고려의 元律 수용과 高麗律의 변화」, 『韓國史論』33, 국사편찬위원회, 2002.

_____, 「元의 高麗認識과 高麗人의 대응−法典과 文集내용을 중심으로」, 『韓國思想史學』21, 2003.

_____, 「정도전의 역사인식과 군주론의 기반」, 『韓國史研究』131, 2005.

_____, 「이색의 자아의식과 심리적 갈등−우왕5년기를 중심으로−」, 『역사와 현실』62, 2006.

金駿錫, 「朝鮮前期의 社會思想」, 『東方學志』29, 1981.

_____, 「儒教思想論」, 『韓國史認識과 歷史理論』(金容燮教授停年紀念韓國史學論叢1), 1997.

김창현, 「고려말 유자세력의 유교사상」, 『한국중세사연구』18, 2005.

金泰永, 「려말선초 성리학 왕정론의 전개」, 『朝鮮時代史學報』14, 2000.

김호동, 「몽골제국과 '大元'」, 『歷史學報』192, 2006.

김호동, 「여말선초 향교교육의 강화와 그 경제적 기반의 확보과정」, 『대구사학』61, 2000.

金洪徹, 「元代 許衡의 朱子學受容과 官學主導에 관한 一考察」, 한양대 석사논문, 1990.

金勳埴, 「여말선초의 민본사상과 명분론」, 『애산학보』4, 1986.

_____, 「高麗後期 『孝行錄』 普及」, 『韓國史研究』73, 1991.

_____, 「麗末鮮初 儒佛交替와 朱子學의 定着」, 『韓國 古代·中世의 支配體制와 農民』(金容燮教授停年紀念韓國史學論叢 2), 1997.

_____, 「16세기 군신윤리의 변화와 출처론」, 『역사와 현실』50, 2003.

_____, 「寒暄堂 金宏弼에 대한 조선시대의 평가와 그 의미」, 『東方學志』133,

　　　　　　2006.

南基鶴, 「고려와 일본의 사회인식」, 『日本歷史硏究』 11, 2000.

남동신, 「麗末鮮初의 僞經 硏究-『現行西方經』의 分析을 中心으로-」, 『韓國思想 史學』 24, 2005.

_____, 「목은 이색과 불교 승려의 시문(詩文) 교유」, 『역사와 현실』 62, 2006.

_____, 「여말선초기 懶翁 현창 운동」, 『韓國史硏究』 139, 2007.

_____, 「牧隱 李穡의 전기 자료 검토」, 『韓國思想史學』 31, 2008.

남인국, 「원 간섭기 지배세력의 존재양태-안동김씨 김방경계를 중심으로-」, 『歷史敎育論集』 38, 2007.

南智大, 「朝鮮初期의 經筵」, 『韓國史論』 6, 1980.

都賢喆, 「牧隱 李穡의 政治思想硏究」, 『韓國思想史學』 3, 1990.

_____, 「鄭道傳 『經濟文鑑』의 朱子 글 援用과 그 意圖」, 『실학사상연구』 10·11, 1999.

_____, 「『經濟文鑑』의 典據로 본 鄭道傳의 政治思想」, 『歷史學報』 165, 2000.

_____, 「元天錫의 顔回的 君子觀과 儒佛道 三敎一理論」, 『東方學志』 111, 2001.

_____, 「權近의 佛敎批判과 權道 重視의 出處觀」, 『韓國思想史學』 19, 2002.

_____, 「朝鮮建國期 士大夫의 朱子學 이해와 王安石 인식」, 『朱子思想과 朝鮮의 儒者』, 혜안, 2003.

_____, 「정도전의 사공학 수용과 정치사상」, 『韓國思想史學』 21, 2003.

_____, 「원 간섭기 『사서집주』 이해와 성리학 수용」, 『역사와 현실』 49, 2003.

_____, 「조선 건국과 유교문화의 확대」, 『東方學志』 124, 2004.

_____, 「李穡의 歷史觀과 公羊春秋論」, 『歷史學報』 185, 2005.

_____, 「高麗末 尹紹宗의 현실인식과 정치활동」, 『東方學志』 131, 2005.

_____, 「李穡의 隱仕觀」, 『韓國史硏究』 133, 2006.

_____, 「이색의 서연강의」, 『역사와 현실』 62, 2006.

_____, 「이색의 경학관과 그 지향」, 『震檀學報』 102, 2006.

_____, 「고려말 염흥방의 정치활동과 사상의 변화」, 『東方學志』 141, 2008.

_____, 「여선교체기 李詹의 霍光 認識과 인 정치론」, 『韓國思想史學』 30, 2008.

_____, 「『三峯集』의 전거를 통해본 신유학 수용」, 『東方學志』 145, 2009.

_____, 「대책문을 통해본 정몽주의 국방 대책과 문무겸용론」, 『한국중세사연구』 26, 2009.

_____, 「종법의 관점에서 본 고려말 왕권 변동」, 『韓國史學報』 35, 2009.

_____, 「고려말 사대부의 일본인식과 문화 교류」, 『韓國思想史學』 32, 2009.

_____, 「이색의 유교교화론과 일본인식-새로 발견된 대책문을 중심으로-」, 『한국문화』 49, 2010.

류주희, 「조선초 비개국파 유신(儒臣)들의 정치적 동향」, 『역사와 현실』 29, 1998.

馬場久幸, 「고려판대장경의 일본 전존에 관한 연구」, 『韓國宗敎』 27, 2003.

馬宗樂, 「韓國 中世의 儒學과 政治權力」, 『한국중세사연구』 창간호, 1984.

_____, 「고려후기 성리학 수용과 사대부의 정치적 성장」, 『사회과학논평』 20, 2000.

文喆永, 「麗末 新興士大夫의 新儒學 수용과 그 특징」, 『韓國文化』 3, 1982.

_____, 「朝鮮初期 新儒學 수용과 그 性格」, 『韓國學報』 36, 1984.

_____, 「정치가 정도전에 대한 역사심리학적 고찰-청년기 정체성 형성·위기 극복과정을 중심으로」, 『정치가 정도전의 재조명』, 경세원, 2004.

閔賢九, 「辛旽의 執權과 그 政治的 性格」, 『歷史學報』 38, 40, 1968.

_____, 「고려의 멸망과 조선의 건국」, 『한국사시민강좌』 35, 2004.

_____, 「고려에서 조선으로의 왕조교체를 어떻게 평가할 것인가」, 『한국사시민강좌』 40, 2007.

朴美子, 「高麗時代 詩에 있어서의 「蓮」의 一考察」, 『人文學硏究』 30, 2000.

박원호, 「鐵嶺衛 설치에 대한 새로운 관점」, 『韓國史硏究』 136, 2007.

朴龍雲, 「安東權氏의 사례를 통해 본 高麗社會의 一斷面-'成化譜'를 참고로 하여-」, 『歷史敎育』 94, 2005.

박인호, 「『여사제강』·『공양왕기』의 산삭과 그 정치적 함의」, 『韓國史學史學報』 7, 2003.

朴宰佑, 「高麗 恭讓王代 官制改革과 權力構造」, 『震檀學報』 81, 1996.

朴宗基, 「고려시대의 대외관계」, 『한국사』 6, 1994.

_____, 「이색의 당대사(當代史) 인식과 인간관」, 『역사와 현실』 66, 2007.

_____, 「고려말 왜구와 지방사회」, 『한국중세사연구』 24, 2008.

朴鍾進, 「高麗末의 濟用財와 그 性格」, 『蔚山史學』 2, 1988.

_____, 「고려말 조선초 조세제도의 재정운영체계의 성격」, 『중세사회의 변화와 조선건국』, 혜안, 2005.

朴晉勳, 「高麗末 改革派 사대부의 奴婢辨正策」, 『學林』 19, 1997.

_____, 「高麗末 朝鮮初의 訴良에 대하여」, 『韓國史의 構造와 展開』, 혜안, 2000.

박평식, 「高麗末期의 商業問題와 抹弊論議」, 『歷史敎育』 68, 1998.

朴漢男, 「恭愍王代 倭寇侵入과 禹玄寶의 '上恭愍王疏'」, 『軍史』 34, 1997.

박홍규, 「정도전의 '공요(攻遼)'기도 재검토 : 정치사상의 관점에서」, 『정치사상연구』 10, 2004.

邊東明, 「鄭可臣과 閔漬의 史書編纂活動과 그 傾向」, 『歷史學報』 130, 1991.

_____, 「金台鉉의 『東國文鑑』 편찬」, 『震檀學報』 103, 2007.

裵淑姬, 「元代 科擧制와 高麗進士의 應擧 및 授官格」, 『東洋史學研究』 104, 2008.

宋容德, 「고려-조선전기 백두산 인식」, 『역사와 현실』 64, 2007.

_____, 「高麗後期 邊境地域 변동과 鴨綠江 沿邊認識의 형성」, 『歷史學報』 201, 2009.

宋寅州, 「恭愍王代 軍制改革의 實態와 그 限界」, 『한국중세사연구』 5, 1998.

沈慶昊, 「麗末鮮初의 詩僧, 卍雨와 義砧」, 『莊峰金知見博士華甲記念師友錄－東과 西의 思惟世界』, 1991.

安啓賢, 「李穡의 佛敎觀」, 『韓國佛敎史研究』, 동국대 출판부, 1983.

安大會, 「朝鮮時代 文章觀과 文章選集」, 『精神文化研究』 68, 1997.

안병우, 「고려후기 농장의 발달과 사전개혁」, 『한국사』 6, 한길사, 1994.

_____, 「고려후기 농업생산력 발달과 농장」, 『14세기 정치와 사회』, 1994.

_____, 「고려말 어느 관료의 輪廻的 死生觀」, 『경기 지역의 역사와 문화』, 한신대학교 출판부, 2003.

양은용, 「운곡 원천석 삼교일리론의 연원」, 『원주학연구』 3, 2002.

엄경흠, 「정몽주와 권근의 사행시에 표현된 국제관계」, 『한국중세사연구』 6, 2004.

_____, 「麗末 明 使臣의 接賓과 詩」, 『한국중세사연구』 22, 2007.

_____, 「려말선초(麗末鮮初) 일본사승문계(日本使僧文溪)의 활동(活動)과 사행시(使行詩)」, 『동남어문논집』 23, 2007.

_____, 「麗末 日本通信使의 使行과 送詩」, 『東洋漢文學研究』 25, 2007.

여운필, 「高麗 末期 文人의 僧侶 交遊－三隱과 僧侶의 詩的 交遊」, 『고려시대의 문인과 승려』, 파미르, 2007.

吳宗祿, 「高麗後期의 軍事指揮體系」, 『國史館論叢』 24, 1990.

오종일, 「유학사상의 '經'과 '權'」, 『東洋哲學研究』 24, 2001.

유경아, 「麗末鮮初 李詹의 정치활동과 사상」, 『國史館論叢』 55, 1994.

柳廣眞, 「諸家評文을 通해본 牧隱의 詩」, 『誠信漢文學』 3, 1991.

劉永奉, 「高麗時代 文人들의 花卉에 대한 趣向과 文人畵」, 『漢文學報』 3, 2000.

柳仁熙, 「退·栗 이전 朝鮮性理學의 問題發展」, 『東方學志』 42, 1984.

柳昌圭, 「高麗末 趙浚과 鄭道傳의 改革방안」, 『國史館論叢』 46, 1993.

윤　정, 「숙종대 太祖 諡號의 追上과 政界의 인식-조선 創業과 威化島回軍에 대한 재평가」, 『東方學志』 134, 2006.

尹薰杓, 「高麗末 偰長壽의 築城論」, 『韓國思想史學』 9, 1997.

_____, 「經濟六典의 主導層의 변화」, 『東方學志』 121, 2003.

_____, 「高麗末 改革政治와 六典體制의 導入」, 『學林』 27, 2006.

_____, 「고려말 개혁정치와 경연제도의 개편」, 『史學硏究』 93, 2009.

_____, 「조선 定宗때의 경연에 대하여」, 『한성사학』 25, 2010.

李康漢, 「고려 충숙왕대 科擧制 정비의 내용과 의미」, 『大東文化硏究』 71, 2010.

_____, 「'친원'과 '반원'을 넘어서-13~14세기사에 대한 새로운 이해-」, 『역사와 현실』 78, 2010.

이개석, 「정통론과 13~14세기 동아시아 역사서술」, 『大丘史學』 88, 2007.

이경희, 「고려말 왜구의 침입과 對倭政策의 一斷面」, 『부산여대사학』 10·11, 1993.

李楠福, 「麗末鮮初 座主門生에 관한一考察」, 『藍史鄭在覺博士古稀紀念東洋學論叢』, 1984.

李炳赫, 「牧隱詩의 後人評說考」, 『詩話學』 3·4, 2001.

李秉烋, 「麗末鮮初 科業教育-書齋를 중심으로」, 『歷史學報』 67, 1975.

李秉烋·朱雄英, 「麗末鮮初 興學運動」, 『歷史教育論集』 13·14, 1990.

李範鶴, 「南宋 後期 理學의 普及과 官學化의 背景」, 『韓國學論集』 17, 1994.

_____, 「眞德秀 經世理學의 成立과 그 背景-南宋 後期 理學의 官學化와 그 意義-」, 『韓國學論集』 20, 1997.

이봉규, 「권근(權近)의 경전 이해와 후대의 방향」, 『韓國實學研究』 13, 2007.

李逢春, 「高麗後期 佛教界와 排佛論議의 顚末」, 『佛教學報』 27, 1990.

李碩圭, 「鄭道傳의 政治思想에 관한 연구」, 『韓國學論集』 18, 1990.

李成茂, 「朱子學이 14·15세기 韓國教育·科擧制度에 미친 영향」, 『韓國史學』 4, 1983.

이　영, 「고려말 왜구와 마산」, 『한국중세사연구』 17, 2004.

_____, 「14세기 동아시아 국제정세와 왜구-공민왕15년(1366)의 禁倭使節의 파견을 중심으로」, 『韓日關係史研究』 26, 2007.

_____, 「고려말 왜구의 허상과 실상」, 『大丘史學』 91, 2008.

李友石, 「麗末鮮初의 廬墓制」, 건국대 석사논문, 1996.

李佑成,「高麗史 및 李朝文獻 記錄과 圃隱의 재평가」,『實是學舍散藁』, 1995.

_____,「牧隱에게 있어서 褕昌問題 및 田制問題」,『牧隱 李穡의 生涯와 思想』, 1996.

李銀順,「李朝初期 高麗王朝의 肅淸」,『梨大史苑』 12, 1965.

_____,「李穡의 思想과 社會改革案」,『外大史學』 4, 1992.

_____,「朴世采의「朝鮮建國」史觀-威化島 回軍의 評價와 관련하여-」,『外大史學』 5, 1993.

이익주,「서평『高麗後期世族層 研究』」,『역사와 현실』 8, 1992.

_____,「고려후기 정치제제의 변동과 정치세력의 추이」,『한국사』 5, 1994.

_____,「공민왕대 개혁의 추이와 신흥유신의 성장」,『역사와 현실』 15, 1995.

_____,「권문세족과 신흥사대부」,『한국역사입문』, 1996.

_____,「고려말 신흥유신의 성장과 조선 건국」,『역사와 현실』 29, 1998.

_____,「14세기 전반 성리학 수용과 이제현의 정치활동」,『典農史論』 7, 2001.

_____,「14세기 유학자의 현실인식과 성리학 수용과정의 연구-민지의 사례를 중심으로-」,『역사와 현실』 49, 2003.

_____,「삼봉집 시문을 통해 본 고려말 정도전의 교유관계」,『정치가 정도전의 재조명』, 경세원, 2004.

_____,「고려말 정도전의 정치세력 형성 과정 연구」,『東方學志』 134, 2006.

_____,「『牧隱集』의 간행과 사료적 가치」,『震檀學報』 102, 2006.

_____,「14세기 후반 원·명 교체와 한반도」,『전쟁과 동북아 국제질서』, 일조각, 2006.

_____,「우왕대 이색의 정치적 위상에 대한 연구」,『역사와 현실』 68, 2008.

_____,「『牧隱詩藁』를 통해 본 고려 말 李穡의 일상-1379년(우왕5)의 사례-」,『韓國史學報』 32, 2008.

_____,「고려-몽골 관계사 연구 시각의 검토-고려 몽골 관계사에 대한 공시적, 통시적 접근-」,『한국중세사연구』 29, 2009.

이인재,「高麗末 按廉使와 都觀察黜陟使」,『역사연구』 2, 1993.

_____,「高麗中·後期 農莊의 田民確保와 經營」,『國史館論叢』 71, 1996.

_____,「高麗中·後期 收租地 奪占의 類型과 性格」,『東方學志』 93, 1996.

이정훈,「고려시대 支配體制의 변화와 中國律의 수용」,『韓國史論』 33, 국사편찬위원회, 2002.

李宗峯,「高麗後期 勸農政策과 土地開墾」,『釜大史學』 15·16, 1992.

이종서, 「高麗後期 이후 '同氣' 理論의 전개와 血緣意識의 變動」, 『東方學志』 120, 2003.

李鎭漢, 「高麗末 對明 私貿易과 使行貿易」, 『The Annual Report Research Center for Korean Studies』 Vol.9, 2009.

이철승, 「『논어』에 나타난 '권도(權道)'의 논리 구조와 의미」, 『시대와 철학』 21권 3호, 2010.

李泰鎭, 「吉再 忠節 追崇의 時代的 變遷」, 『韓國思想史學』 4·5, 1993.

_____, 「고려-조선중기 天災地變과 天觀의 변천」, 『韓國思想史方法論』, 소화, 1997.

李弼相, 「高麗時代 服制의 研究」, 『韓國史論』 2, 1975.

李亨雨, 「鄭夢周의 政治活動에 대한 一考察」, 『史學研究』 41, 1990.

임용한, 「麗末鮮初의 守令制 整備와 運營」, 『人文學研究』 창간호, 1997.

_____, 「麗末鮮初의 學校制와 科擧制」, 『韓國史의 構造와 展開』, 혜안, 2000.

_____, 「고려후기 수군 개혁과 전술변화」, 『軍史』 54, 2005.

張東宇, 「朱熹 禮學에서 『朱子家禮』의 位相과 企劃 意圖」, 『정신문화연구』 2000년 가을.

_____, 「『禮記』의 成立에 관한 一考察－禮의 正當化에 관련된 두 相異한 論點을 중심으로－」, 『哲學』 69, 2001.

_____, 「『朱子家禮』 成服章의 淵源에 대한 고찰」, 『東方學志』 116, 2002.

_____, 「『周禮』의 經學史的 位相과 改革論」, 『한국중세의 정치사상과 周禮』, 혜안, 2005.

_____, 「한국의 주자가례 수용과 보급과정－東傳 版本의 문제를 중심으로－」, 『국학연구』 16, 2010.

張得振, 「趙浚의 政治活動과 그 思想」, 『史學研究』 38, 1984.

장지연, 「태조대 景福宮 殿閣名에 담긴 의미와 사상적 지향」, 『韓國文化』 39, 2007.

鄭求福, 「雙梅堂 李詹의 歷史敍述」, 『東亞文化』 17, 1989.

정순우, 「麗末鮮初 '私置書齋'의 역할과 성격」, 『정신문화연구』 33-4, 2010.

鄭玉子, 「麗末 朱子性理學의 導入에 관한 試考」, 『震檀學報』 51, 1981.

정요근, 「고려 역로망 운영에 대한 원(元)의 개입과 그 의미」, 『역사와 현실』 64, 2007.

정은정, 「元 수도권정비의 영향과 고려궁궐의 변화」, 『역사와 경계』 76, 2010.

鄭仁在, 「元代의 性理學」, 『東洋文化』 19, 1979.

정재철,「목은시에 있어서 시경시의 수용과 그 의의」,『한국한문학연구』24, 1999.

_____,「韓國 詩話에 있어서 李穡 詩의 비평 양상」,『漢文學論集』18, 2001.

_____,「이색의 국자감 유학과 문화교류사적 의미」,『고전과 해석』8, 2010.

정재훈,「정도전 연구의 회고와 사상사적 모색」,『韓國思想史學』28, 2007.

_____,「이색 연구의 몇 가지 문제」,『韓國思想史學』31, 2008.

鄭治憲,「麗末鮮初 科擧文臣勢力의 政治動向」,『韓國學報』64, 1991.

정호훈,「鄭道傳의 학문과 功業 지향의 정치론」,『韓國史研究』135, 2006.

朱雄英,「家廟의 成立背景과 그 機能」,『歷史敎育論集』7, 1986.

趙啓纘,「朝鮮建國과 尹彛·李初事件」,『斗溪李丙燾博士九旬紀念韓國史學論叢』, 1987.

趙明濟,「高麗後期 戒環解 楞嚴經의 盛行과 思想史的 意義」,『釜大史學』12, 1988.

_____,「牧隱 李穡의 佛敎認識」,『韓國文化研究』6, 1993.

_____,「高麗末 士大夫의 儒佛一致論과 그 意義」,『民族文化論叢』27, 2003.

_____,「14세기 고려 지식인의 入元과 순례」,『역사와 경계』69, 2008.

周采赫,「元 萬卷堂의 設置와 高麗儒者」,『孫寶基博士停年紀念韓國史學論叢』, 1988.

조성을,「유수원의 고려시대 인식」,『실학사상연구』10·11, 1999.

_____,「유형원의 고려시대 인식」,『韓國史의 構造와 展開』, 혜안, 2000.

_____,「이익과 정약용의 고려시대 인식」,『朝鮮後期史學史研究』, 한울, 2004.

池斗煥,「朝鮮前期 大學衍義 이해과정」,『泰東古典研究』10, 1993.

陳錫宇,「高麗 趙胖事件의 정치적 성격」,『호남대학교논문집』21, 2000.

車美姬,「高麗末期 恭愍王代의 科擧制 改革」,『祥明史學』7, 1999.

채웅석,「고려 문종대 관료의 사회적 위상과 정치운영」,『역사와 현실』27, 1998.

_____,「여말선초 향촌사회의 변화와 埋香활동」,『歷史學報』173, 2002.

_____,「원 간섭기 성리학자들의 화이관과 국가관」,『역사와 현실』49, 2003.

_____,「고려말 조선초기 향촌사회의 변화와 지배질서의 재편」,『중세사회의 변화와 조선건국』, 혜안, 2005.

_____,「『목은시고』를 통해본 이색의 인간관계망-우왕3년(1377)~우왕9년 (1383)을 중심으로-」,『역사와 현실』62, 2006.

_____,「11세기 후반~12세기 전반 동북아시아 국제정세와 고려」,『전쟁과 동북 아의 국제질서』, 일조각, 2006.

_____,「고려시대 과거를 통한 인간관계망의 형성과 확장」,『사회적 네트워크와 공간』(문화로 보는 한국사 1, 이태진 교수 정년기념논총간행위원회), 태학사, 2009.

千惠鳳,「癸未字本《宋朝表牋總類》解題」,『奎章閣』16, 1993.

_____,「朝鮮朝의 乙亥小字體 活字本《御試策》」,『書誌學研究』15, 1998.

최봉준,「이제현의 성리학적 역사관과 전통문화 인식」,『韓國思想史學』31, 2008.

崔 淑,「麗末鮮初 新興士大夫의 婚姻制度 改革論」,『韓國史의 構造와 展開』, 혜안, 2000.

최연식,「공민왕의 정치적 지향과 정치 운영」,『역사와 현실』15, 1995.

최종석,「여말선초 명(明)의 예제(禮制)와 지방 성황제(城隍祭) 재편」,『역사와 현실』72, 2009.

한기문,「고려후기 일연주관 인각사 구산문도회 성격」,『일연과 삼국유사』, 신서원, 2007.

韓永愚,「稼亭 李穀의 生涯와 思想」,『韓國史論』40, 1998.

韓正吉,「朱子의 佛敎批判－'作用是性'과 '識心'說에 대한 비판을 중심으로－」,『東方學志』116, 2002.

한정수,「고려후기 天災地變과 王權」,『歷史敎育』99, 2006.

한정훈,「고려시대 漕運制와 마산 石頭倉」,『한국중세사연구』17, 2004.

韓嬉淑,「趙浚의 社會政策方案」,『淑大史論』13·14·15, 1989.

許興植,「金祉의 選粹集·周官六翼과 그 價値」,『奎章閣』4, 1981.

_____,「李穡의 18인 結契로 본 高麗 靑少年의 集團행태」,『정신문화연구』21-1, 1998.

黃元九,「朱子家禮의 形成過程」,『人文科學』45, 1981.

黃香周,「고려 起復制와 14세기말 起復論爭」, 서울대 석사논문, 2010.

홍영의,「恭愍王의 反元改革과 廉悌臣의 軍事活動－國防改革을 중심으로－」,『軍史』23, 1991.

_____,「고려말 신흥유신의 추이와 분기」,『역사와 현실』15, 1995.

_____,「高麗末 新興士大夫의 反元改革과 軍制認識」,『軍史』32, 1996.

홍원식,「주륙화회론과 퇴계학의 심학화」,『오늘의 동양사상』, 2003.

_____,「권근의 성리설과 그 철학사적 위치」,『韓國思想史學』28, 2007.

## 4. 외국 글

372

金錚, 『科擧制度與中國文化』, 上海人民出版社, 1990/김효민 옮김, 『중국과거문화사』, 동아시아, 2003.

謝寶森, 『李退溪與朝鮮朱子學』, 團結出版社, 1992.

范壽康 著, 洪瑀欽 譯, 『朱子와 그 哲學』, 영남대 출판부, 1988.

徐遠和, 『洛學源流』, 齊魯書社, 1987/손흥철 옮김, 『이정의 신유학』, 동과서, 2011.

蕭公權, 『中國政治思想史』, 聯經出版事業公司, 1984/崔明譯, 法文社, 1991.

束景南, 『朱熹佚文輯考』, 江蘇古籍出版社, 1991.

余英時, 『朱熹的歷史世界』, 新華書店, 2004.

呂振羽, 『中國政治思想史』, 人民出版社, 1981.

袁國藩, 『元許魯齋評述』, 臺灣商務印書館, 1978.

王琦珍, 『禮與傳統文化』, 江西高校出版社, 1994/김응엽 옮김, 『예로 읽는 봉건의 역사』, 예문서원, 1999.

王處輝, 『中國社會思想史』, 1988/심귀득·신하령 옮김, 까치, 1992.

兪榮根, 『儒家法思想通論』, 江西人民出版社, 1993.

張國華, 『中國法律思想史新編』, 北京大出版部, 1991.

張立文, 『朱熹思想研究』, 谷風出版社, 1986.

陳來, 『宋明理學』, 遼寧出版社, 1992/안재호 옮김, 『송명성리학』, 예문서원, 1997.

陳淳, 『北溪字義』/김영민 옮김, 『북계자의』, 예문서원, 1993.

陳榮捷 지음, *Chu Hsi ; life and thought* /표정훈 옮김, 『진영첩의 주자강의』, 푸른역사, 2001.

韓儒林(主編), 『元朝史』, 人民出版社, 1986.

候外廬, 『中國思想史綱』, 靑年出版社, 1980/양재혁 옮김, 『中國哲學史』 상·중, 일월서각, 1988.

_____, 『宋明理學史』, 人民出版社, 1984/박완식 옮김, 『송명이학사』 1,2, 이론과실천, 1995.

피터 K. 볼 지음, 심의용 옮김, 『중국지식인들과 정체성』, 북스토리, 2008.

John W. Chaffee 지음, 양종국 옮김, 『송대 중국인의 과거생활』, 신서원, 2001.


江原謙, 「三峰鄭道傳の改革思想」, 『朝鮮史硏究會論文集』 9, 1972.

溝口雄三, 『中國の公と私』, 硏文出版, 1995/鄭台燮·金容天 옮김, 『中國의 公과私』, 신서원, 2004.

宮崎市定, 『科擧』, 秋田屋, 1946/중국사연구회 옮김, 『중국의 시험지옥－과거(科

擧)』, 청년사, 1993.

宮嶋博史, 「朝鮮社會と儒敎」, 『思想』 750, 1986.

金谷 治, 『中國思想史』/조성을 옮김, 『중국사상사』, 이론과 실천, 1988.

檀上寬, 『明朝專制支配の史的構造』, 汲古書院, 1995.

渡邊義浩, 『後漢における儒敎國家の成立』, 汲古書院, 2009/김용천 옮김, 『후한
　　　유교국가의 성립』, 동과서, 2011.

島田虔次, 「宋學の展開」, 『岩波講座 世界歷史』 9, 1970.

島田虔次, 『朱子學と陽明學』, 1967/김석근·이근우 옮김, 『주자학과 양명학』, 까치,
　　　1986.

東京大 中國哲學硏究室, 『中國思想史』/조경란 옮김, 『중국사상사』, 동녘, 1992.

六反田豊, 「科田法の再檢討－土地制度史からみたその制定の意義をめぐる一試
　　　論－」, 『史淵』 134, 1997.

李成市, 「朝鮮における外來思想とその受容者層」, 『朝鮮史硏究會論文集』 19,
　　　1982.

末松保和, 「朝鮮經國典再考」, 『靑丘史草』 제2, 1966.

木田濟, 「眞德秀について」, 『東方學』 90, 1976.

梶浦晋, 「本館所藏高麗版大藏經-傳存と現狀」, 『書香』 11, 1990.

朴美子, 「牧隱 李穡と「연못(蓮池)」」, 『朝鮮學報』 181, 2001.

朴美子, 『韓國高麗時代における「陶淵明」觀』, 白帝社, 2000.

福田殖, 「許衡について」, 『文學論輯』 31, 九州大學, 1985.

_____, 「吳澄小論」, 『文學論輯』 32, 九州大學, 1986.

夫馬進, 『中國東アジア外交交流史の研究』, 京都大學出版會, 2007.

浜中昇, 「高麗末期 政治史序說」, 『歷史評論』 437, 1986.

山根幸夫, 「元末の反亂と明朝支配の確立」, 『世界歷史』 12, 1971.

森平雅彦, 「朱子學の高麗傳來と對元關係(その一)－安珦朱子學書將來說の再檢討
　　　－」, 『史淵』 143, 2006.

三浦國雄, 『朱子』, 講談社, 1979/김영식·이승연 옮김, 『인간 주자』, 창작과 비평사,
　　　1996.

_____, 『王安石』, 集英社, 1985/이승연 옮김, 『왕안석』, 세상, 2005.

細野浩二, 「元·明 交替の論理構造」, 『中國前近代史研究』, 雄産閣, 1980.

小島毅, 『宋學の形成と展開』, 創文社, 1999/신현승 옮김, 『송학의 형성과 전개』,
　　　논형, 2004.

_____,『朱子學と陽明學』, 2004/신현승 옮김,『사대부의 시대』, 동아시아, 2004.

小田幹治郎,「內地に渡れゐ高麗大藏經」,『朝鮮』74, 1921.

宋晞,「朱子の政治論」,『朱子學入門』, 1974.

守本順一郎,『東洋政治思想史硏究』, 未來社, 1967/김수길 옮김,『동양정치사상사 연구』, 동녘, 1985.

須長泰一,「高麗後期の異常氣象に關する一考察」,『朝鮮學報』119·120, 1985.

手塚良道,『儒敎道德に於ける君臣思想』, 藤井書店, 1935.

市來津由彦,『朱熹門人集團形成の硏究』, 創文社, 2002.

矢木毅,『高麗官僚制度硏究』, 京都大學學術出版, 2008.

市川安司,『朱子－學問とその展開』, 評論社 1975.

安部健夫,『元代史の硏究』, 創文社, 1972.

岩間一雄,『中國政治思想史硏究』, 未來社, 1990/김동기·민혜진 옮김,『중국정치사 상사연구』, 동녘, 1993.

愛宕松南,『元朝史』, 三一書房, 1988.

奧村周司,「高麗の圓丘祀天禮と世界觀」,『朝鮮社會の史的展開と東アジア』, 山川 出版社, 1997.

友枝龍太郎,『朱子の思想形成』(改訂版), 1979.

諸橋徹次,『儒學の目的と宋儒の活動』(諸橋徹次著作集1), 大修館書店, 1975.

佐藤仁,『朱子』, 集英社, 1985.

佐伯富,「宋朝集權官僚制の成立」,『岩波講座 世界歷史』9, 1970.

佐野公治,『四書學史の硏究』, 創文社, 1987.

土田健次郎,『道學の形成』, 創文社, 2002/성현창 옮김,『북송도학사』, 예문서원, 2006.

平岡武天,『經書の成立』, 創文社, 1983.

學鷗漁史,「騎牛子と息牧叟」,『朝鮮』117, 1925.

戶口芳郎 外,『儒敎史』, 山川出版社, 1983/조성을 옮김,『유교사』, 이론과 실천, 1990.

花村美樹,「周官六翼とその著者」,『京城帝大法學論集』12-3·4, 1934.

黑坂滿輝,「周敦頤の愛蓮說について」,『福井大學敎育學部紀要』第1부, 人文科學 37호, 1989.

# 찾아보기